구술사, 기억으로 쓰는 역사

구술사, 기억으로 쓰는 역사

윤택림 편역

아르케

Thompson, Paul. 2000. "1. History and the Community" in The Voice of the Past: Oral History"(3rd edition), Oxford University Press. © Paul Thompson. pp. 1-24.
Portelli, Alessandro. 1991. What makes oral history different. in The Death of Luigi Trastulli and Other Stories: Form and Meaning in Oral History. State University of New York Press. © State University of New York. pp.45-58.
Popular Memory Group. 1982. "Popular Memory: Theory, Politics, Method". in Johnson, et al. eds. Making Histories. Minneapolis: University of Minnesota.pp.205-252. © Centre for Contemporary Cultural Studies, University of Beirmingham in Britain. .
Elena Cabezali, Matilde Cuevas and Maria Teresa Chicote, 1990. "Myth as Suppression: Motherhood and the Historical Consciousness of the Women of Madrid, 1936-9". R. Samuel and P. Thompson. eds.The Myths We Live By. Routeldge. pp. 161-173. Editorial materials © R. Samuel and P. Thompson. Individual contributions © individual contributors.
Portelli, Alessandro. 1997. "The Massacre at Civitella Val di Chiana(Tuscany, June 29, 1944): Myth and Politics, Mourning and Common Sense". in The Battle of Valle Giulla. Madison: University of Wisconsin Press. pp.140-160. © The Board of Regents of the University of Wisconsin System.

이 책의 한국어판 저작권은 저작권자와의 독점계약으로 도서출판 아르케에 있습니다.
저작권법에 의해 한국 내에서 보호를 받는 저작물이므로 무단 전재와 무단 복제를 금합니다.

위 논문들을 제외한 나머지 논문들의 한국어 저작권 계약을 위해 모든 노력을 기울였으나 출간 시점까지 저작권자의 거소를 파악하지 못하거나 응답이 없어 부득이하게 저작권 계약을 하지 못하고 게재하게 되었습니다. 추후 저작권자와 연락이 닿으면 정당한 저작권료를 지불할 예정임을 밝힙니다.

〈일러두기〉

번역본의 모든 인용기호, 괄호와 주는 저자들의 원본을 그대로 따랐다.
단지 원본의 이탤릭체는 고딕으로 표현했다. 아울러 독자의 이해를 돕기 위해서 역자주를 붙이거나 본문에 [ ]로 역자의 설명을 삽입했다. 역자주와 원문의 주는 모두 미주로 표시하였다.

〈주요 용어 번역의 예〉

academic history 학문적 역사
archives 고문서
ceremony 의식
documentary sources, written sources 문헌 자료
interviewer 면담자
life story 생애이야기
local history 지방사
memory 기억
national 국민적, 국립, 민족적
oral evidence 구술 증거
oral sources(materials) 구술 자료
oral tradition 구전
people's history 민중사
personal 개인의, 개인적
popular memory 대중기억
public history 공공의 역사
publicize 공공화
recollection 회상
representation 재현
retrospective 회상의, 회고의
sources, historical sources 사료
speaking subject 구술 주체
transcript 녹취문
version 판본
written document 기록 문헌

archival material 고문서 자료
celebration 축하연
commemorate 기념하다.
informant 제보자
life history 생애사
local community 지역 사회
local 지역, 지방
narrator 구술자
official 공스적
oral literature 구비문학
oral testimony 구술 증언
orality 구술성
personal reminiscence 개인의 회상
popular history 대중사
private 사적
public 공적, 공공
raw material 원자료
remember, recall 기억하다. 회상하다
resources 자원
ritual 의례
speaker 화자
testimony 증언
verbal 구두의, 말의
witness 목격자, 증인

| 편역자 서문 |

기억과 역사가 만날 때: 구술사

내가 이 글에서 의도한 바와 같이 구술사는 애매한 면이 있다. 즉 구술사는 역사가들이 듣는 것과 역사가들이 말하거나 쓰는 것 둘 다를 의미한다. 더 적절하게 말하자면 구술사는 역사가가 자료를 제공하는 구술자와 인터뷰를 하면서 만나는 동안에 함께 만들어진다.[1]

1. 구술사와의 만남

한국에서 구술사가 학계에 등장한 지도 30년이 되어간다. 그동안 구술사 연구는 크게 성장하여 1990년대부터는 많은 연구 논문과 구술 자료집이 출간되고 있다.[2] 2000년대 이후 다양한 기관에서 대규모의 구술 채록 사업이 이루어짐으로써 구술사는 양적으로 획기적인 발전을 이루었다. 이제 구술사는 인문사회과학의 연구 프로젝트나 학회, 세기나에 자주 등장하면서 중요하고 또한 필요한 연구로서 간주되고 있다. 그러나 구술사에 대한 학계와 사회의 관심에 비해 구술사 연구가 질적으로 발전하기 위한 토대는 매우 부족한 것이 현실이다. 구술사는 학제적 성격이 있고, 따라서 어느 분야에서나 할 수 있다. 그러나 실제로 구술사를 전문적으로 배울 수 있는 학부 또는 대학원 과정은 거의 없다. 또한 구술사 연구에 관한 출판물도 다른 분야에 비해 매우 적고, 구술사 연구의 토대라고 볼 수 있는 구술 아카이브를 갖추고 있는 기관도 매우 적다. 결과적으로 학계에서 구술사는 담론 속에서는 인정을 받고 있지만, 물질적으로나 제도적으로는 하나의 학문 분야로서 자리를 잡지 못하고 있다.

내가 구술사와 만난 지도 거의 20년이 되어간다. 1989년 역사인류학에 뜻을 두고 충남 예산군 시양리에서 현지조사를 하면서, 나는 구술사가 무엇인지도 모른 채 마을 사람들의 생애사와 가족사를 인터뷰했다. 나는 박사학위 논문을 작성하면서 시양리 주민들이 겪은 한국전쟁을 역사화하는 데 있어 마을 사람들의 구술 증언이 핵심적인 자료임을 알게 되었다. 그래서 나는 구술 증언이 학문적으로 정당한 자료임을 밝히고, 시양리 주민들의 구술 증언이 한국전쟁에 대한 지방민의 해석을 드러내는 사료임을 입증하기 위해서 구술사 공부를 시작했다.

이렇듯 많은 연구자가 구술사를 잘 모르면서도 이미 구술사의 영역에서 연구하고 있는 경우가 많다. 이들은 시행착오를 거듭하면서 나름대로 구술사 연구의 노하우를 가지게 된다. 그러나 이제는 구술사를 제대로 공부하여 자신의 학문적 이력을 쌓으려고 하는 이들도 나오고 있다.

이러한 상황에서 구술사 연구의 질적인 발전을 위하여 구술사 연구방법론을 소개하는 책들도 출간되었다.[3] 현재까지 진행되어온 구술사 연구들이 서구의 구술사 이론과 방법론의 토대 없이 자생적으로 연구되어 발전한 성과도 적지 않다. 그러나 한국 구술사 연구 발전에 도움이 될 수 있는 서구의 구술사 이론과 쟁점 그리고 사례연구들은 아직도 접근하기 쉽지 않다.

이 책은 구술사를 연구하고자 하는 전문연구자와 학생들에게 서구를 대표하는 구술사가들의 이론과 사례연구를 소개함으로써 한국 구술사 연구의 이론적·방법론적 발전에 기여하고자 한다. 이 책에서 번역된 논문들은 구술사 이론 연구가 발달한 서유럽학자들의 고전적인 논문들로서 구술사를 공부하고자 하는 연구자들에게 중요한 논문들이다.

이 책은 네 부분으로 구성되어 있다. 첫 번째 부분은 구술사에 대한 입문적 논문들이고, 두 번째 부분은 기억에 대해 이론적으로 논의하는 논문들이다. 세 번째 부분은 특히 구술사와 연관하여 대중기억에 대한 이론적·방법론적인 논문들이고, 마지막 부분은 스페인, 이탈리아, 유대인의 구술사 사례연구들로 구성되어 있다.

다음에서 나는 한국적 상황과는 많이 다른 서구의 역사적 경험들이 구술사 연구를 통하여 어떻게 역사화 되는지를 각 논문이 다루는 이론적 쟁점들을 통하여 논의하고자 한다. 이러한 논의가 궁극적으로는 구술로서 한국의 역사적 경험들을 연구하는 데 이바지하고, 한국 구술사의 특수성과 전통을 만들어가는 데에도 도움이 되길 바란다.

2. 구술사란 무엇인가

> 구술사는 사람들에게 그들 자신의 말로 역사를 되돌려준다. 그리고 과거를 되돌려줄 때, 구술사는 또한 사람들이 자신이 만드는 미래를 향하게 도와준다.[4]

구술사에 대해 이야기할 때 가장 먼저 나오는 문제가 바로 구술사의 개념과 정의에 대한 것이다. 많은 구술사가가 있듯이 구술사에 대한 개념 정의도 다양하다. 대체로 구술사에 대한 정의는 구술사가의 연구 스타일이나 자신이 속한 나라의 구술사 연구 전통과 깊은 관계가 있다.[5] 예를 들면 구술사가의 기록 관리사(archivist)적인 역할을 강조하는 미국의 구술사에서는 구술 자료의 수집과 관리가 연구의 초점이 된다. 반면 이탈리아 구술사의 전통은 구술의 서술적 측면과 해석을 중시하는 경향이 있다.

이 책의 첫 번째 부분에서 소개하는 논문들은 구술사란 무엇인가를 논하는 입문적인 글들이다. 서구의 대표적인 구술사가인 영국의 폴 톰슨(Paul Thompson)과 벨기에 역사가이며 인류학자인 얀 반시나(Jan Vansina), 그리고 유명한 이탈리아 구술사가인 알레산드로 포르텔리(Alessandro Portelli)의 논문들은 구술사의 특징을 잘 설명하고 있다. 톰슨과 반시나는 역사가로서 경험주의적 내지는 실증주의적 입장에서 구술을 다루는 반면 포르텔리는 구술 자체의 내재적 특성, 즉 역동성에 주목한다. 톰슨과 반시나는 구술 자료가 문헌 자료만큼 신뢰할 수 있는 경험적 자료임을 증명하는 동시에 문헌 자료가 줄 수 없는 정보를 제공하고 있다는 사실을 주장한다. 즉 구술 자료의 특성을 적극적으로 주장하기보다는 문헌 자료가 얼마나 주관적인 자료인가를 비판하는 소극적 방식을 통하여 기존의 실증주의적 역사가들에게도 구술 자료가 인정받을 수 있도록 방어적인 자세를 취한다. 그러나 포르텔리는 역사가들에게서 구술 자료를 문헌 자료처럼 인정받고자 하는 것이 아니라, 구술 자료의 특수성을 조명하고 그것을 어떻게 활용할 것인가에 관심을 두기 때문에 구술사에 대해서 방어적이지 않다. 이러한 입장의 차이는 톰슨과 반시나가 초기의 구술사가로서 실증주의 역사학의 강력한 비판에 맞서야 했던 반면, 포르텔리는 구술사가 학문적으로 인정된 시기의 구술사가이므로 더 이상 구술사에 대해서 방어적일 필요가 없기 때문에 생긴 것이다. 또한 톰슨과 반시나는 역사가로서 구술사를 하는 반면, 포르텔리는 문학을 전공하면서 구술사를 하기 때문이기도 하다.

폴 톰슨은 영국 에섹스 대학(University of Essex)의 사회사학자로서 대표적인 서구 구술사가다. 그는 1970년대 초기 영국 구술사학회(British Oral History Society) 창립에, 그리고 1970년대 말 국제적인 구술사 운동의 발전에 중요한 역할을 했다.[6] 그의 저서인 『과거의 목소리』는 1978년에 초판이 나온 이래 전 세계적으로 구술사 연구의 교과서가 되었고, 2000년에 3판이 나왔다. 톰슨은 사회주의자로서 노동자 계급의 경험과 구술에 기초한 역사 쓰기에 전념했고, 구술사에 대한 비판자들에 대항하여 구술사를 방어하고 구술사의 정당성과 가치를 증명하고자 노력해왔다. 그가 추진한 거대한 구술사 프로젝트 『에드워드시기 사람들』(The Edwardians)은 그의 대표적인 연구이며, 그 외에도 다른 구술사가들과 함께 많은 저서를 냈다.[7] 이 책에서 소개한 글은 『과거의 목소리』의 1장인 「역사와 지역사회」(History and Community) 중에서 부분적으로 발췌하여 번역한 것이다.

이 글에서 톰슨은, 구술사의 도전은 부분적으로 역사의 본질적인 사회적 목적과 관계가 있다고 주장한다. 그리고 구술사는 자신의 말을 통해서 역사를 만들었고 경험했던 사람들에게 중심적인 자리를 줄 수 있고, 새롭고 다양한 접근과 자료를 통해서 과거를 좀 더 사실적으로 재구성할 수 있다고 보고 있다. 즉 하층민, 비특권 집단 그리고 패배자도 목격자가 될 수 있기 때문에 다양한 시각에서 과거에 대한 좀 더 사실적이고 공정한 재구성이 가능하다는 것이다.[8]

그렇게 볼 때, 구술사는 전체적으로 역사의 사회적 메시지에 급진적인 함의를 가지고 있다. 즉 밑바닥으로부터 새로운 증거를 도입하고, 초점을 이동시키고, 연구의 새로운 영역을 열고, 역사가들의 가정과 이미 인정된 해석에 도전하고, 무시되었던 실제적인 집단을 인정하게 함으로써 역사 서술 자체의 폭을 넓히고 풍성하게 한다. 다시 말해 역사는 구술사를 통해 더 민주적이 된다는 것이다.[9] 톰슨은 구술사 연구방법이 구술자와 연구자가 함께 만들어내는 창조적이고 협동적인 성격을 갖추고 있기에 이러한 변화가 본질적으로 가능하다고 본다. 구술사 연구가 구술자와 역사가 사이의 협동적인 성격을 갖고 있기 때문에, 지역사회 주민들은 구술사를 통해서 자신의 역사를 쓸 수 있게 된다. 따라서 톰슨은 구술사가 역사의 사회적 의미를 급진적으로 변화시킬 수 있는 수단을 제공한다고 주장한다.[10]

톰슨은 이렇듯 구술사를 사회의 민주화를 위한 정치적 실천으로 보았다. 그러나 톰슨은 1990년대 이후의 유럽 구술사가들에게 많은 비판을 받고 있다. 왜냐하면 톰슨이 실제 구술사 연구에서 보여준 구술사 연구방법은 지식인 구술사가와 연구 대상인 구술자들 사이의 사회적 분업을 인정함으로써 톰슨이 지향하는 구술사의 정치성과 모순되었기 때문이다. 아울러 톰슨은 실증주의적 역사학에서 문헌 자료를 사용하는 것과 별 차이 없이 구술 자료 자체의 특수성을 고려하지 않고 구술 자료를 사용하였기 때문이다.[11, 12]

구술 자료에는 구전(口傳, oral tradition), 구술 증언(oral testimony) 그리고 구술 생애사(oral life history)가 있다. 얀 반시나는 아프리카의 구전 연구를 통해서 구술사 연구에 기여했다. 그는 벨기에 인류학자이며 구술사가이고 미국 위스콘신 대학 역사학과 빌라스 연구교수로 있다. 이 책에서 번역된 논문은 『아프리카 과거는 말한다』(African Past Speaks)에 있는 그의 논문 「기억과 구전」이다. 이 논문에서 반시나는 아프리카 구전 자료로부터 구술사 연구에서 끊임없이 제기되는 기억의 문제를 논하고 있다. 반시나가 기억의 문제를 다루는 이유는 구전이 얼마나 믿을 만한가, 즉 구술 자료의 신뢰성을 증명하기 위해서다. 이 작업을 통해 반시나는 우리가 문헌 자료를 신뢰하는 것에 그다지 확실한 근거가 있는 것은 아니라는 점을 밝히면서 구술 자료를 사용할 것을 조심스레 주장한다.

반시나는 역사가의 모든 자료는 기억의 산물이라고 말한다. 왜냐하면 과거로부터 직접적으로 오는 메시지는 최소한 한 목격자의 기억을 통하여, 많게는 일련의 목격자들의 기억을 통해 전해지기 때문이다.[13] 기억은 마치 도서관처럼 코드화되어 있어서 한번 저장되면 절대 없어지지 않는다. 그럼에도 우리가 기억하지 못하는 것은 코드화와 해독화 과정에 오류가 있기 때문이라고 그는 주장한다.[14] 그는 문화마다 정신의 지도(mental map)가 다르기 때문에 문화가 다르면 사람들의 기억도 달라서 보편적인 '인간 기억'이라는 것은 존재하지 않는다고 본다.[15]

반시나는 구전이 모두 개인의 회상으로부터 시작되지만 개인의 회상이 모인 '집합기억'(collective memory)이라고 본다. 구전은 예를 들면, 개인의 회상으로부터 발전한 이야기들은 사실로 주장되고, 한 세대에서 차후 세대에게 진실로서 전해진다는 것이다. 여기서 그 이야기들은 지역사회의 지배적인 담론에 따라서 편집되고 재구성된다고 한다. 구전은 말 그대로 기억들의 기억인 셈이다.[16] 결론적으로 반시나는 기억을 연구함으로써 모든 역사적 자료들에 태생부터 주관성이 들어 있음을 알 수 있다고 말한다.

이와 같이 톰슨과 반시나가 구술사에 대한 경험주의적 입장을 취한다면, 이탈리아 신세대 구술사가 알레산드로 포르텔리는 해석적이고 급진적인 입장을 보여준다. 포르텔리는 로마 대학 미국문학과 교수이며 세계적으로 유명한 구술사가다. 그의 저서들은 유럽에서뿐만 아니라 미국에서 출판되기도 하였다.[17]

포르텔리는 그의 책 『루이기 트라스툴리의 죽음과 다른 이야기들』(*The The Death of Luigi Trastulli and Other Stories: Form and Meaning in Oral History*)에 실린 「무엇이 구술사를 다르게 하는가?」라는 논문에서 구술사의 내재적인 특성은 바로 구술성이라고 주장한다. 사실상 구술사가들도 녹음테이프나 음성파일과 같은 음성자료가 아니라 녹취문을 가지고 작업을 하지만, 녹취문은 구술의 속도, 리듬을 포함하는 구술의 형태를 객관적으로 재현할 수 없다는 것이다.[18] 구술 자료의 또 다른 특징은 서술 자료라는 것이고, 그렇기 때문에 구술 자료의 분석은 문학과 민속에서 서사 이론의 일반적인 범주들을 이용해야 한다고 주장한다.[19] 그래서 구술사는 우리에게 사건에 대해서보다는 의미에 대해서 더 많은 것을 말해준다는 것이다. 다른 자료들과 달리 구술 자료가 역사가들에게 주는 가치는 바로 구술자의 주관성이라고 한다. 왜냐하면 주관성은 더 가시적인 '사실들'만큼이나 역사적이기 때문이다.[20]

포르텔리는 구술 자료에 다른 종류의 신빙성이 있다고 주장한다. 구술 자료의 사실적 신빙성을 검사한다면, 구술사의 다양성은 '틀린' 진술이 심리적으로 계속 '진실'이고, 이러한 진실은 사실적으로 믿을 수 있는 설명과 동일하게 중요하다는 데에 있다고 한다.[21] 그는 구술 자료는 인공적이고 가변적이고 부분적이기 때문에 객관적이지 않다고 본다.[22] 따라서 이것은 구술 자료의 내재적인 비완성성의 문제를 낳고, 각 인터뷰에서 나온 자료들은 항상 상호관계에서 생산된 선택의 결과인 것이다. 그래서 구술사 연구는 항상 진행 중인 미완성의, 끝나지 않은 작업이다. 여기서 '부분성'(partiality)은 '미완성'(unfinishedness)과 '편들기'(taking sides) 모두를 말하기 때문에 구술사는 편들기 없이는 결코 이야기될 수 없다고 주장한다.[23]

포르텔리가 하는 구술사는 실증주의적 역사학에서 볼 때 더 이상 역사 연구가 아닐 수 있다. 그는 구술 증언을 통해서 사실적 진실(factual truth)을 찾는 것이 아니라, 서사적 진실(narrative truth)이 사실적 진실만큼 역사적 진실임을 주장하기 때문이다. 구술사가 부분적이고 미완성된 연구라는 주장도 또한 사회과학적 입장에서는 받아들이기 쉽지 않다. 하지만 어떤 종류의 역사 연구나 사회과학 연구도 부분적이고 파편적인 자료를 쓰는 이상 부분적일 수밖에 없으며 미완성적일 수밖에 없다. 구술사의 편들기는 정치적 당파성을 말하는데, 이 또한 가치중립적인 역사학과 사회과학에서는 받아들이기 쉽지 않다. 하지만 대부분의 사회과학과 역사학도 이미 연구 주제의 선택이나 분석, 해석에 있어 연구자의 정치적 입장이나 사회적인 의미, 미래에 대한 조망과 무관하지 않다. 오히려 포르텔리처럼 구술사의 부분성, 미완성, 당파성을 인정하고 그 위에서 구술사의 특징을 살려 기존의 역사 연구에서 줄 수 없는 역사적 진실들을 밝히는 것이 더 좋을 수도 있다.

한국 구술사에서는 톰슨과 같이 경험주의적 접근을 하는 구술사 연구가 더 많다. 이는 실증주의적 역사학과 경험주의적 사회과학의 영향으로 구술 자료를 경험적인 사료로서, 다름의 증거로서, 새로운 역사 쓰기를 위한 근거로서 다루기 때문이다. 이렇게 경험적 사료로서 구술 자료를 다룰 때 구술 자료의 신뢰성이 가장 중요한 기준이 된다. 그러나 포르텔리가 주장하듯이, 구술 자료 자체의 특성이 구술성, 서술성, 주관성에 있고, 구술 자료는 다른 종류의 신뢰성을 가지고 있다는 것을 인정한다면, 구술 자료를 객관적인 근거로 사용하는 것에는 항상 긴장과 모순이 있을 수밖에 없다. 한국에서 구술사가 더 많이 연구될수록 구술 자료 자체의 특성을 최대한 살리면서 경험적인 사료로서 새로운 역사 해석을 가능케 하려는 시도가 더 많아지리라고 본다.

3. 기억과 역사

이 비판적 분석의 결과, 역사가의 목적은 변화했다. 즉 역사가는 사실적 자료로서 기억의 내용보다는 기억의 발달 과정에, 그 신빙성보다는 기억이 어떻게 작동하는가에 더 관심을 두게 되었다. 그래서 회상은 더 이상 과거에 대한 다소 정확한 성찰이 아니라 현실의 한 부분인 재현으로 다루어지게 되었다. 그리고 모든 기억에는 역사가 있기 때문에 기억의 역사를 구성하는 것은 가능하지 않을까?[24]

구술을 이야기할 때 기억이 항상 따라오게 된다. 구술은 사실상 기억이 재현된 한 형태일 뿐이다. 그리고 대체로 기록과 글자로 기억을 보존할 수 없는 사람들이 기억을 보존하고 되살리는 재현의 방식 중의 하나다. 이 책의 두 번째 부분은 바로 기억에 대한 논문들이다. 기억에 대한 이론적 논의는 주로 프랑스에서 시작되었고 이탈리아와 영국의 구술사가들에 의해 발전하였다.

나탕 바슈텔(Nathan Wachtel)은 프랑스 파리에 있는 고등사회과학원(L'Ecole des hautes etudies en sciences sociales, Paris)의 교수다. 피에르 노라는 프랑스의 대표적인 구술과 기억에 대한 이론가다. 바슈텔과 노라가 말하는 기억의 개념은 반시나나 톰슨이 논의하는 기억의 개념과는 다르다. 반시나나 톰슨은 역사적 자료로서 그 내용과 신빙성을 논의하는 맥락에서 기억에 관심을 갖고 있는 반면, 이 두 논문은 기억을 현재의 한 부분으로 취급하면서 기억 자체가 역사를 갖고 있으며 기억의 작동에 더 많은 관심을 가져야 한다고 요구한다.

바슈텔의 논문은 마리-노엘 부르게(Marie-Noelle Bourguet), 루세트 발랑시(Lucette Valensi), 나탕 바슈텔이 1990년 공동으로 편집한 『기억과 역사 사이에서』(*Between Memory and History*)의 서론이다. 바슈텔은 미국과 프랑스에서 이루어진 구술사의 발전 상황이 구술 아카이브를 목표로 한다는 점에서 실증주의적 역사학과 본질적으로 같다고 비판한다.[25] 바슈텔은 폴 톰슨을 비롯한 다수 구술사가의 논지가 항상 구술사에 대한 변명 내지 실증주의 역사학의 공격에 대한 방어로 시작한다고 지적한다. 그리고 역사가는 사실적 자료로서 기억의 내용보다는 기억의 발달 과정에, 그 신빙성보다는 기억이 어떻게 작동하는가에 더 관심을 두어야 하고, 회상은

더는 과거의 반영이 아니라 현재의 한 부분인 재현으로 다루어져야 한다고 주장한다.[26]

바슈텔은 기억 연구의 선구자라고 할 수 있는 프랑스의 두 학자인 모리스 알브바크스(Maurice Halbwachs)와 로제 바스티드(Roger Bastide)의 연구 쟁점들을 소개한다. 알브바크스는 '집합기억'(collective memory)이라는 개념을 만들어냈다. 그에 의하면 개인의 회상들이 존재하지만, 개인들은 사회적 집단의 한 성원으로서만 기억한다는 것이다. 그리고 그 집합기억은 세대 간의 '살아 있는 연계'를 통해서 지속된다고 본다.[27] 그래서 그는 사회집단들이 시간을 통해서 정체성을 인식하게 하는 집합기억의 지속성을 주장한다. 또한 보편적 기억이란 없으며, 모든 집합기억은 동일한 공간적·시간적 경험이 있는 집단이 갖고 있는 것이라고 말한다.

알브바크스의 집합기억이라는 개념을 더욱 발전시킨 바스티드는 해방된 도시 흑인들의 사례에서 집합기억의 공간적 차원이 사회적으로 지속되고 보존되어야만 이것이 훗날 재창조되어 살아남는 것을 확인했다. 또한 기억은 사회의 정체성을 정의하는 데 도움을 주고 그 사회의 운명에 따라서 변형되는데, 집합기억의 변형은 집합기억이 있는 집단들 사이의 권력관계에 의존한다고 그는 주장한다.

마지막으로 바슈텔은 역사적 기억과 집합기억의 차이를 규명하면서, 역사적 기억이 역사가들의 단선적이고 한 목소리를 가진(univocal) 역사 서술이라면 집합기억은 그 복수적 성격과 여러 목소리(multivocal)를 가진 특성이 있음을 주장한다. 따라서 이제는 절대적 사실로서의 역사가 아니라, 과거의 재현으로서의 기억, 기억의 다양한 형태와 기능, 그리고 상호 간의 권력관계를 분석하는 것이 역사가의 임무임을 강조한다.[28]

이러한 바슈텔의 논의는 기억에 대해 좀 더 적극적으로 인식하게 해 준다. 즉 기억은 구술사에서 더 이상 극복해야 하는 장애물이 아니라, 현재와 과거를 연결하면서 과거가 현재에 어떻게 작동하는지, 그리고 이와 동시에 현재가 과거의 재현에 어떻게 영향을 주는지를 알려주는 적극적인 장치로서 분석되어야 한다는 것이다. 이렇게 볼 때 구술사는 단순히 사실적 진실(factual truth)인 과거에 대한 진상을 규명하고 해석하는 작업이 아니라, 과거-현재의 역학적 관계를 규명해주는 유용한 도구라고 할 수 있을 것이다.

한국 구술사에서는 기억보다는 구술 증언 수집이 주류를 이루고 있기 때문에 기억이 어떻게 작동하는가에 대한 연구는 매우 적다. 또한 기억을 연구해도 개인의 기억이나, 기억 자체에 대해서보다는 특정 집단의 기억이나 특정 지방민의 집합기억에 대해 연구한다. 바슈텔이 주장하는 바와 같이 기억을 적극적으로 인식하게 되면 한국 구술사 연구도 매우 복합적이고 다층적인 측면에서 기억에 접근하거나 논의할 수 있을 것이다.

피에르 노라(Pierre Nora)는 '기억의 장소들'(Les Lieux de Memoire)이라는 개념을 이용하여 바슈텔의 기억에 대한 이론적 논의를 더욱 발전시키고 있다. 노라는 근대의 산업화와 도시화로 인한 급격한 변화 속에서 과거가 급속히 역사가 되어 가고 있고, 이러한 상황 속에서 기억과 역사는 급격히 분리되고 있다고 본다.[29] 현대의 역사적인 움직임은 기억과 역사가를 분리시켰고, 기억 전통이 없어지면서 대신 기억의 장소가 만들어지고 있다는 것이다. 그래서 노라는 오늘날 우리가 기억으로 부르는 것은 기억이 아니라 이미 역사이고, 기억을 추구하는 것은 사람의 역사를 추구하는 것이라고 주장한다.[30]

노라에 따르면 기억의 장소는 물질적·상징적·기능적 장소이며, 여러 가지 형태의 기억의 장소를 예를 들어 설명한다. 그리고 기억의 장소의 특질은 우리가 익숙한 역사의 모든 형태로부터 자신을 분리시킨다는 것이다. 즉 기억의 장소는 현실에 준거하지 않고 오히려 순수하고 배타적으로 자기

준거적인(self-referent) 기호들로서 기억의 장소 자체가 준거가 된다는 것이다.[31]

노라가 주장하는 기억의 장소는 기억 연구의 한 측면이면서도 매우 흥미 있는 연구 주제다. 한국에서도 국기, 애국가, 독립문으로부터 시작하여 현대에 이르러 독립기념관, 5·18 기념탑 등 노라가 주장하는 기억의 장소는 무수히 많다. 기억의 장소를 만들어내고 보존하는 것이 현대사회의 특징이기 때문이다. 이렇게 다양한 기억의 장소들의 계보를 추적하는 작업은 단순히 과거로서 역사를 연구하는 것이 아니라, 그것들의 주제가 되는 과거의 경험과 현재의 해석 사이에 존재하는 기억의 정치학을 밝혀내는 일이다. 앞으로 구술사 연구에서 다양한 기억의 장소들에 대한 분석을 통하여 기억의 역동성과 정치학에 대해서 적극적으로 인식하고 분석하는 연구들이 나오길 기대한다.

4. 대중기억

오늘날은 값싼 책들로 충분하지 않습니다. 텔레비전과 영화처럼 더 효과적인 수단들이 있습니다. 그리고 나는 이 수단들이 대중기억을 재프로그램화하는 하나의 방식이라고 생각합니다. 대중기억은 존재했지만 자신을 표현하는 방식을 가지지 못했었습니다. 그래서 사람들은 과거의 자신들의 모습을 보는 것이 아니라, [대중매체가 재프로그램한] '자신들의 모습이었다고 기억해야 하는 것'을 봅니다.

기억은 실제로 투쟁에서 매우 중요한 요소이기 때문에—정말 투쟁은 의식적으로 역사를 앞으로 움직이면서 발전합니다만—누군가가 사람들의 기억을 통제한다면 그것은 그들의 활력을 통제하는 것입니다. 또한 그들의 경험, 예전의 투쟁에 대한 그들의 지식을 통제하게 됩니다. 레지스

탕스가 무엇이었는지 더는 알려져서는 안 되는 것처럼…[32]

프랑스에서 기억에 대한 논의들은 훗날 미셸 푸코(Michel Foucault)의 영화와 대중기억에 대한 논의로 발전했고, 이것은 영국의 대중기억연구회의 연구에 영향을 주었다. 이 책의 세 번째 부분에서 기억에 대한 논의는 대중기억의 정치학에 대한 논의로 확장된다. 영국 버밍엄 대학 현대문화연구센터의 대중기억연구회는 구술사를 대중기억에 가장 가까운 것으로 보고, 구술사를 하나의 사회적 실천으로 인식한다. 그리고 사회적 실천으로서 구술사 연구를 둘러싼 장애물과 그것들을 극복할 수 있는 구술사 연구의 이론적·방법론적 논의를 정교하게 전개한다.

프랑스 후기구조주의자인 푸코는 『카이에 뒤 시네마』(*Cahiers du Cinema*)와의 인터뷰에서 '영화와 대중기억'(Film and Popular Memory)에 대해 말한다. 『카이에 뒤 시네마』의 편집자는 1974년 즈음 후기 드골주의 시기에 나온 여러 편의 영화들이 부르주아지의 이미지를 수정하는 효과를 내고 있음에 주목하면서, 과거 프랑스의 반파시즘에 대한 새로운 역사적 재현의 고고학을 파헤쳐달라고 푸코에게 부탁한다. 이에 푸코는, 프랑스에서 제2차 세계대전에 대한 역사는 드골주의에 기초하여 공식적으로 쓰인 것 외에 다른 역사적 재현들이 없었다는 사실에 주목한다.[33] 그리고 전쟁 시기 프랑스인들이 그렇게 반파시즘적이지 않았다는 메시지를 전달하는 여러 편의 영화들이 그동안 마르크스주의가 제공한 경제중심적·정치중심적 틀에서 제외되었거나 가려져 있었던 측면들, 그리고 권력의 에로틱한 측면들을 이용하여 새로운 역사적 기억들을 만들어내고 있다고 주장한다. 푸코는 여기서 핵심이 되는 것이 바로 대중기억이라는 사실에 주목하면서, 현재 대중기억에 대한 투쟁이 진행되고 있음을 강조한다.[34] 그래서 사람들은 과거에 대해서 다르게 기억하고 해석하는 틀을 강요당하고 있다는 것이다.

푸코의 주장처럼 현대사회에서 대중기억은 텔레비전, 영화, 인터넷과 같은 대중매체를 통하여 공공연히 만들어지고 있다고 볼 수 있다. 교육기관이나 연구서를 통해서가 아니라, 이렇게 대중 역사소설이나 대중적 역사서를 비롯한 대중매체를 통해서 대중들에게 제공되는 역사를 '공공의 역사'(public history)라고 한다. 공공의 역사는 역사 드라마, 다큐멘터리, 역사영화, 역사소설 등을 통해서 정규 역사교과서나 연구서에서 읽을 수 없는 부분에 대해 대중들에게 상상력을 동원하여 특정한 역사적 기억을 갖도록 유도한다. '실미도', '태극기 휘날리며', '왕의 남자'와 같이 천만 명 이상의 관람객을 동원한 역사를 주제로 하는 영화들은 대중의 기억에 매우 강력한 영향력을 미친다. 예를 들면 '태극기 휘날리며'는 한국전쟁을 경험하지 못한 세대에게 한국전쟁에 대한 생생하지만 특정한 이미지를 각인시킬 것이기 때문이다. 따라서 구술사를 연구하고자 하는 사람들에게는 과거를 재현하는 대중매체가 어떻게 구술자들에게 작동하고 있는지를 연구 분석해 보는 것도 매우 중요한 연구 과제 중의 하나가 될 수 있다.

영국 신좌파 연구자들인 대중기억연구회는 푸코가 제기한 대중기억에 대한 문제의식을 공유하면서, 대중기억의 이론, 그 정치학과 이론으로서 구술사에 대한 이론적·방법론적 논의를 전개한다. 이들은 『대중기억: 이론, 방법, 정치학』(*Popular Memory: Theory, Politics and Method*)에서 기존 학계의 한계와 모순을 직시하고 그 대안으로서 대중자서전과 지역사회에 기초한 구술사에 주목한다. 우선 대중기억연구회는 대중기억을 연구대상으로 간주함으로써 과거에 대한 의미가 생산되는 주요한 방식을 공공 재현(public representations)과 집합적이고 공유된 사적 기억(private memory)으로 구별한다.[35] 또한 모든 정치적 지배는 역사적 규정을 포함하는데 대중기억을 사회적 실천으로 간주함으로써 대중기억은 헤게모니 쟁취를 위한

끊임없는 투쟁에 있어 중요하다고 주장한다.[36]

　대중기억연구회는 구술사가 대중기억에 가장 가까운 형태이고, 한 사회에서 역사적·정치적 목적들이 가장 뚜렷하게 경합하는 곳이라고 말한다. 그런데 이들은 구술사 연구에는 네 가지 장애물이 있다고 설명한다. 첫 번째 경험주의에 대한 비판으로 이들은 폴 톰슨의 『과거의 목소리』를 분석하고, 그 대안으로서 구술 자료에 대한 문화적 읽기와 구조적 읽기를 제안한다.[37] 또한 이들은 구술의 대표성 문제를 해결하기 위해서 마르크스주의 논쟁과 구술사의 실천 사이에 만나는 지점을 강조하면서, 그람시(A. Gramsci)의 인간에 대한 개념을 근거로 하여 인간의 개념을 바꿀 필요가 있다고 주장한다. 그리고 기억과 구술은 과거가 아니라 과거와 현재(past-present)의 관계로서 역사를 보게 해준다는 점을 강조한다.

　마지막으로 대중기억연구회는 연구의 사회적 관계에 대해 논의하면서 사회적 분업과 관련된 문제점을 지적한다. 즉 연구회는 지역사회에 대한 글과 출판이 양적으로 질적으로 발전할 수 있도록 노력하는 것이 중요하다고 주장한다. 왜냐하면 이러한 활동과 노력을 통해 지적인 생산과 분배, 그리고 독자층의 불평등한 사회적 관계에 도전하고 그 관계를 재구성해 갈 수 있기 때문이다.

　이와 같이 대중기억연구회는 기억과 구술사의 정치성을 적극적으로 드러내면서 사회적 실천과 운동으로서 구술사 연구를 지향하고 있다. 구술사가 갖고 있는 '주변으로부터의 시각' 내지 '침묵해야 했던 언어의 발성'이라는 가능성은 구술사가 사회적으로 급진성을 띨 수 있게 해 준다. 그러나 구술사를 한다고 해서 반드시 피지배층의 역사를 드러내는 것도 아니고, 구술사가들이 모두 피지배층이나 소외집단을 연구하는 것도 아니다. 이 논문의 요지는 대중기억을 이론적으로 정리하고 기억과 권력 문제를 다루었다는 데 있다. 즉 기억을 통제하고 만들어내는 작업은 권력과 밀접하기 때문에 기억을 통제하는 역사 쓰기 역시 권력과 무관하지 않다. 구술사가 그런 면에서 새로운, 다름의 기억을 드러내어 기존의 기억 통제 구조에 균열을 줄 수 있다면, 그 구술사는 사회적 급진성을 띨 것이다.

한국의 구술사 연구는 초기부터 '밑으로부터' 또는 '기록이 없는 이들'의 기록을 만들기 위해서 시작되었다. 그래서 일본군 위안부, 제주 4·3 항쟁의 피해자들, 5·18 광주 민주항쟁의 피해자들과 같이 한국 근현대사에서 문헌 기록만으로는 규명될 수 없는 이들의 목소리를 기록해왔다. 이제는 대중기억연구회가 주장하는 바와 같이 피해자의 구술 증언 수집에서 더 나아가 피해자건 아니건 간에 연구자가 지역운동의 일환으로, 그리고 지방민들이 구술자로서 자신의 역사를 쓸 수 있게끔 도와주는 방향으로 나아간다면 '밑으로부터의 역사 쓰기'를 실천하는 구술사의 운동성과 정치성을 담보할 수 있을 것이다.

앞으로 구술사가 계속 확대되면 구술자의 범위도 한국 근현대사의 피해자라는 범주에서 벗어나 다양한 계층과 집단의 구술자들이 나올 것이다. 또한 초기 구술사의 정치성과 급진성을 담보하지 않은 구술사 연구들도 많이 나올 가능성이 크다. 이렇게 구술사 연구의 스펙트럼이 넓어진다는 것은 구술사를 풍성하게 하는 것이면서, 이와 동시에 구술사가들이 그 스펙트럼 안에 자신들을 위치시키는 자의식을 가질 필요가 있다는 것을 의미한다. 왜냐하면 구술사는 구술사가의 당파성에 대한 끊임없는 자의식적 성찰을 요구하기 때문이다.

5. 기억의 정치학

사실 우리가 '분열된 기억'을 말할 때, 우리는 즉각적이고 순수하고 공동체적인 기억 대 공적이고 이데올로기적인 기억 사이의 대립만을 상상해서는 안 된다. 그래서 우리가 후자를 해체하면 전자가 갖고 있는 중재되지 않은 고유성을 즉시 그리고 암묵적으로 당연하게 받아들일 수 있다. 그러나 우리는 오히려 다수의 파편화되고 내적으로 분열된 기억들을 다루고 있다. 그리고 그 기억들은 모두가 한편에 또는 다른 편에 이데올로기적으로 그리고 문화적으로 중재된 것이다.[38]

이 책의 마지막 부분은 실제적인 구술사 연구로서 아프리카와 유럽의 유대인, 스페인 내전 그리고 제2차 세계대전 시 이탈리아 토스카나 지방의 한 도시에서 발생했던 한 학살 사건에 대한 사례연구다. 각 논문은 유럽의 각기 다른 지역의 사람들을 다루지만, 구술자들 모두 전쟁이라는 공통된 경험이 있고, 그들의 구술은 다양하고 파편화되고 분열되고, 지방적인 기억들의 경합, 변형, 즉 기억의 정치학을 보여준다. 프랑스 구술사가인 루세트 발랑시는 유대인의 이산(diaspora)경험에서 드러나는 개인의 기억과 유대인의 성스런 역사와의 관계를 분석한다. 스페인의 여성 현대사가인 카베잘리, 쿠에바스와 치코트(Elena Cabezali, Matilde Cuevas and Maria Teresa Chicote)는 스페인 내전에서 마드리드 여성들의 전쟁 경험에서 드러나는 모성이데올로기와 기억과의 관계를 논의한다. 이탈리아의 구술사가인 알레산드로 포르텔리는 제2차 세계대전 동안 이탈리아 토스카나의 키비텔라 발 디 키아나에서 일어났던 학살에 대한 지방민들의 기억과 국가의 공식적인 기억 사이의 갈등과 경합을 분석한다.

발랑시는 유대인의 역사와 기억을 "성스러운 역사로부터 역사적 기억으로"로 표현한다. 그는 이 논문에서 아프리카 튀니지 제르바 섬의 유대인들과 프랑스로 이주해온 북아프리카 유대인들을 사례로 유대인의 역사적 경험으로부터 그들의 집합기억이 만들어지는 과정을 다룬다. 발랑시는 우선 유대인들을 기억의 민족이라고 부르면서, 유대인의 성스런 역사가 특정 사건들을 중심으로 그리고 일정한 패턴으로 종교적 기억을 만들어내어 유대인의 집합기억이 되었음을 보여준다.[39] 그는 이 종교적 집합기억의 구체적인 사례로서 튀니지 제르바 유대인 지역사회에서 지방 사건이 종교적인 전통의 패러다임에 상응하기 위해서 어떻게 정교화되고 개념화되는가를 보여준다. 마지막으로 발랑시는 유대인의 기억에서 성스런 역사를 기초로 한 종교적 기억이 프랑스로 이주해온 북아프리카 유대인들의 생애 이야기들과 자서전들에서도 반복적으로 나타나서 유대인으로서 종족적 기억을 만들어내고 있음을 보여준다.

발랑시가 말하듯이 유대인이 기억의 민족이라는 것은 매우 타당하다. 유대인들에게는 종교적 기억이 민족의 집합기억이 되지만, 한국과 같이 종교적 다원주의 국가에서는 어떻게 민족의 집합기억이 만들어지고 통제되어왔는가. 유대인에게는 종교적 기억이 바로 역사적 기억이라면, 한국인들의 역사적 기억은 어떻게 구성되어 있을까. 유대인들에게 일상이 종교적 기억이나 역사적 기억과 밀접하게 연결되어 있다면, 한국인의 일상에서는 개인의 기억과 사회적 기억이 어떻게 작동할까. 예를 들면 불교신자의 경우 종교적 의례와 행사가 개인의 기억에 얼마만큼 영향을 주고, 어떻게 역사적 기억과 연결되어 있을까. 이러한 질문들은 우리가 앞으로 한국 구술사 연구에서도 포함해야 할 부분이다.

스페인의 현대사 연구자들인 카베잘리, 쿠에바스, 치코트는 스페인 내전이라는 비극적 시기 동안 여성을 어머니로서 보는 신화가 어떻게 그 역할을 계속 수행했는가를 분석하고, 이와 동시에 전쟁 상황이 이러한 이데올로기적 구성물 사이의 틈새들을 더욱 명백하게 보여주었다는 것을 밝히고 있다. 그래서 이들은 1936~1939년 마드리드에서 발행된 인쇄물과 여성들의 전쟁 경험에 대한 구술 자료들을 통해 여성들의 모성과 역사의식을 분석한다.

전쟁 시기 동안 나온 인쇄물에서 여성들은 남편과 아들을 전쟁터에 보내고 후방에서 남성들의 빈 공간을 대신하는 노동자 및 생계부양자로 칭송받았다. 이는 여성의 본질은 모성이라는 모성신화에서 연유한다. 이 신화에서 여성은 항상 자제, 희생, 보호와 같은 특성과 연결되어 있고, 이것은 남성의 필요를 충족시키는 소극적인 역할이었다. 반면 미혼여성들은 성적 매력을 포함한 이미지를 가지면서도, 미래의 어머니가 될 사람들을 위한 행동 지침서를 제공받았다.[40] 전쟁 기간에 전선의 이동에 따라서 미혼여성들은 '용맹한 여전사'로서 부각되기도 했으나, 곧 여성의 성적 방종을 근거로 해서 다시 원래의 위치로 돌아올 것을 종용당한다. 그러나 노동 및 정치적 참여와 소집을 통해, 그리고 여성노동자나 여성운동가에 의해 더 새롭고 더 긍정적인 여성의 이미지가 선택되기도 했다. 따라서 당시를 경험한 여성들의 구술은 내전 동안 여성들이 다양한 사회적 역할을 경험했음을 드러내기도 하지만, 동시에 마드리드 여성들이 모성신화라는 틀 속에서 자신이 전쟁 동안 한 일들을 해석하고 있음을 드러내고 있었다.

　여성학에서 구술사를 통한 여성 연구가 활발하게 진행되고 있지만, 구술사에서는 특히 여성의 구술을 통한 전쟁 연구는 많지 않다. 전쟁이라는 주제 자체가 남성적이기 때문이기도 하고, 전쟁의 주역은 항상 남성이기 때문이기도 하다. 하지만 전쟁터에 나간 남성의 자리를 채워온 것은 여성이고, 남성을 대신하여 생계부양자로서 살아온 것도 여성이다. 이 연구는 전쟁의 동원 이데올로기가 성차별적이며, 모성신화를 통해 여성들을 전쟁의 편의에 따라 이용하고 있음을 잘 보여주고 있다.

　한국에서도 최근에 전쟁에서 여성을 드러내는 연구들이 나오기 시작했다.[41] 전쟁 연구에서 폭력의 피해자, 성적 피해자로서의 여성이 아니라, 남성을 대신한 행위자(agent)로서의 여성을 드러내는 연구들이 필요하다. 그뿐만 아니라, 이 논문에서 보는 바와 같이 구술 증언에서 여성들의 행위자로서의 활동이 단지 어머니, 아내, 누이로서의 역할 수행으로 해석되는 데 작동하는 것은 모성 이데올로기였다. 이러한 모성 이데올로기가 한국 근현대사에서 어떤 방식으로 작동해왔는지도 연구해봄 직한 주제가 될 수 있을 것이다. 이 논문은 또한 구술 증언만을 사용한 것이 아니라 스페인 내전시 발행된 다양한 신문, 잡지를 활용하여 구술 증언과 비교 검토하는 연구방법을 제시해주기도 한다.

마지막으로 알레산드로 포르텔리는 그의 책 『발 귈리아의 전투』(*The Battle of Valle Giulia: Oral History and the Art of Dialogue*)에서 제2차 세계대전 당시 1944년 이탈리아 토스카나의 키비텔라 발 디 키아나에서 일어났던 학살에 대한 기억을 다루고 있다. 이것은 레지스탕스 당원들이 3명의 독일군을 죽인 후, 독일군이 키비텔라와 그 부근에서 약 200명의 시민과 아이들을 학살한 사건이었다. 이 사건을 두고 전후 반독일 레지스탕스의 지배적 담론 속에서 전쟁에 대한 공식적인 기억은 키비텔라 시민들의 지방적 기억과는 계속 충돌해왔다. 포르텔리는 이 두 가지 기억의 격돌에서 '분열된 기억'을 말할 때, 순수하고 공동체적인 기억과 동적이고 이데올로기적인 기억 사이의 대립만을 상상해서는 안 된다고 경고한다. 그것들은 오히려 다수의 파편화되고 내적으로 분열된 기억들이고, 모두가 서로 다른 쪽에 이데올로기적으로, 문화적으로 중재된 것이라고 그는 주장한다.

포르텔리는 전후의 상황과 달라진 1990년대 상황이 이제 키비텔라 시민들로 하여금 다른 기억을 말할 수 있게 했다고 설명한다. 즉 그들의 집합적 기억은 '착한 독일군'의 존재에 기반하여 레지스탕스 당원들에 대한 비난으로, 당시 학살이 하나의 신화로서 만들어졌음을 보여준다.[42] 더 나아가서 그는 키비텔라 도시의 기억도 사실은 경제적으로 우월한 성벽 안에 살았던 시민들과 성벽 밖의 열등한 농민들의 기억으로 분열되어 있고, 기관들의 기억과 레지스탕스의 기억도 분열되어 있음을 보여준다. 즉 당원들의 기억이 결코 국가의 담론과 일치하지 않았음을 보여준다. 그는 마지막으로 레지스탕스의 제도적인 기억과 지역사회의 집합기억으로 나뉘는 이분법, 그리고 그것이 암시하는 위계질서뿐만 아니라, 다른 기억들의 파편화된 다수성을 규정하기 위해서는 '분열된 기억'이 확대되고 급진적으로 되어야만 한다고 주장한다.[43]

이 논문은 제2차 세계대전에 대한 공식적인 역사 내지 기억과 키비텔라 시민들의 비공식적, 대항 기억과의 경합을 다루고 있다. 푸코의 논문에서 나온 영화들처럼, 키비텔라 지방민의 기억은 '착한 독일군'이라는 이미지를 갖고 전쟁 중 이탈리아인들이 그렇게 반파시즘적이 아니었다는 메시지를 전달한다. 아울러 이 논문이 단순히 공식(레지스탕스) 대 비공식(키비텔라) 기억 간의 대립만을 다룬 것이 아니라, 기억의 복수성, 즉 기억이라는 것은 다를 수 있다는 것, 동일한 사건에 대한 기억이 여러 가지로 존재할 수 있음을 지적하고 있다는 점은 높이 평가할 만하다. 요컨대, 기억의 정치학은 단순히 이분법적이지는 않은 것이다.

또한 이 논문은 기존의 연구논문과는 다른 서술 형식을 취한다는 점에서 특이하다. 즉 연구자 자신이 논문 안에 존재하고, 구술 자료 분석과 구술 자료 생성의 맥락이 잘 드러나고 있다는 점이다. 이는 구술 자료를 단순히 사실적 진실의 증거로서 다루는 것이 아니라, 학살 신화라는 키비텔라 시민들의 집합기억의 생성 경로를 분석하면서 구술 자료를 분석하고 있기 때문에 구술 자료의 역동성을 잘 드러내는 글쓰기를 하고 있다고 할 수 있다.

한국 구술사 연구에서 구술 자료의 수집에 비해 연구자들을 더욱 고민하게 하는 것은 구술 자료의 해석과 텍스트화의 문제다. 앞의 세 사례는 서구의 구술사가들이 어떻게 구술 자료를 텍스트화하는가를 잘 보여준다. 발랑시와 카베잘리, 쿠에바스, 치코트의 글은 사회과학적 글쓰기의 틀 속에 있지만 포르텔리의 글은 상당히 문학적이다. 어떤 방식의 글쓰기를 할 것인가도 구술사를 연구하는 이들이 고민해야 할 중요한 문제다. 기존의 사회과학적 글쓰기는 구술사의 역동성과 풍부함을 담보하기에는 너무나 도식적이기 때문이다. 따라서 구술사의 글쓰기는 실험적 글쓰기가 될 수밖에 없다.

차례

편역자 서문 | 기억과 역사가 만날 때: 구술사   7
   1. 구술사와의 만남   7
   2. 구술사란 무엇인가   9
   3. 기억과 역사   15
   4. 대중기억   19
   5. 기억의 정치학   23

I. 구술사란 무엇인가

01. 구술사, 과거의 목소리   폴 톰슨   35

02. 기억과 구전   안 반시나   55
   기억   56
   개인의 회상들   59
   개인의 회상에서 구전으로   67
   결론   73

03. 무엇이 구술사를 다르게 하는가?   알레산드로 포르텔리   77
   이론으로 나아가는 기억들   78
   구술 자료의 구술성   79
   서술로서의 구술사   82
   사건들과 의미   83
   구술 자료를 믿어야 하나   85
   객관성   89
   구술사에서 누가 말하는가   91

II. 기억과 역사

04. 기억과 역사 사이에서　　　　　　　나탕 바슈텔　 97
　　사료에서 대상으로　　　　　　　　　　　　　　　　 98
　　기억의 사회적 틀　　　　　　　　　　　　　　　　　103
　　역사적 기억과 집합기억　　　　　　　　　　　　　　113

05. 기억의 장소들　　　　　　　　　　　피에르 노라　121
　　역사의 가속화　　　　　　　　　　　　　　　　　　121
　　역사에 의해 장악된 기억　　　　　　　　　　　　　130
　　기억의 장소들: 또 하나의 역사　　　　　　　　　　140

III. 대중기억

06. 영화와 대중기억　　　　　　　미셸 푸코와의 인터뷰　155

07. 대중기억의 이론, 정치학과 방법론　　대중기억연구회　179
　　대중기억 규정하기　　　　　　　　　　　　　　　　181
　　자원과 어려움　　　　　　　　　　　　　　　　　　197
　　경험주의의 문제　　　　　　　　　　　　　　　　　207
　　역사적 과정과 자전적 형식　　　　　　　　　　　　226
　　현재들과 과거들　　　　　　　　　　　　　　　　　242
　　연구의 사회적 관계에 대해서　　　　　　　　　　　256

IV. 기억의 정치학

08. 성스런 역사로부터 역사적 기억으로―유대인의 역사와 기억
루세트 발랑시 265
유대인의 과거에서 기억의 정책 267
그럴듯하지 않은 역사적 기억 276
제르바, 또는 전통적 맥락에서 기억의 기술 278
프랑스에 살고 있는 북아프리카 유대인의 생애 이야기들
―성스런 역사로 돌아가기 284
내가 기억하는 한 287
종족적 기억 289

09. 억압으로서의 신화―1936-1939년 마드리드 여성들의 모성과 역사의식
까베살리, 꾸에바스, 치꼬타 301

10. 키비텔라 발 디 키아나에서의 학살―신화와 정치학, 애도와 상식
알레산드로 포르텔리 319
애도와 상식 319
결백 328
신화와 정치학 336
후기 349

주석 350
찾아보기 377

I. 구술사란 무엇인가

01. 구술사, 과거의 목소리 _ 폴 톰슨
02. 기억과 구전 _ 얀 반시나
03. 무엇이 구술사를 다르게 하는가?
_ 알레산드로 포르텔리

01
구술사, 과거의 목소리[*]

폴 톰슨[**]

모든 역사는 궁극적으로 그 사회적 목적에 의해 좌우된다. 이것이 과거에 역사가 구전과 연대기로서 전승되어온 이유이고, 오늘날 역사학자들이 공공 자금으로 연구를 지원받는 이유이며, 아이들이 학교에서 역사를 배우고, 아마추어 역사 연구회가 번성하고, 대중 역사책이 가장 잘 팔리는 베스트셀러에 속하는 이유다. 그러나 역사의 사회적 목적은 간혹 불분명하다. 현실과 거리가 먼 문제들에 대한 사실만을 찾고, 더 넓은 해석이나 현재의 쟁점들과 연루되는 것을 피하며, 지식 자체만을 위한 지식 추구를 주장하는 학자들이 있다. 그러한 부류의 학자들은 '과거'를 이용해 우리가 현실에서 도피해 휴식할 수 있는 관광지를 개발해내는 관광업자들과 한 가지 공통점을 갖고 있다. 유적지의 건물과 풍경은 너무나 아름답게 보존된

---

[*] 이 논문은 *The Voice of the Past: Oral History*(Oxford, Oxford University Press, 2000, third edition)의 1장 "History and Community"을 번역하였으나 특수한 사례들은 생략하여 "중략"으로 표기하였다.

[**] 폴 톰슨(Paul Thompson)은 영국 구술사 연구의 대가이고, 영국 에섹스 대학의 연구교수다.

반면, 그 유적지가 담지한 사회적 고통과 잔인함, 갈등은 사라져버리고 만다는 점에서 그러하다. 노예 집단농장 농장주의 저택을 보면서'관광객들은 노예 집단농장을 하나의 즐거움으로 받아들일 뿐 아무런 거리낌이 없다. 이러한 역사학자와 관광업자들은 사회적 쟁점에 연루되지 않음으로써 이득을 얻고 결과적으로 사회체계에 아무런 도전도 하지 않는다.

또 다른 극단에서 역사의 사회적 목적은 너무나 뻔하다. 그것은 전쟁과 정복, 영토 장악, 혁명, 반혁명, 한 계급의 지배 또는 한 인종의 지배를 정당화하기 위한 것이다. 즉시 사용될 수 있는 역사가 없다면, 그것은 곧 만들어진다. 남아프리카의 백인 지배자들은 도시 흑인들을 부족과 '모국'(homelands)[1]으로 나누었다. 웨일즈 민족주의자들은 음영시인들의 시 낭송대회에 모인다.[2] 문화혁명 당시 중국인들은 기층민 투쟁에서 새로운 '네 개의 역사'를 구성하도록 고무되었다.[3] 급진적 페미니스트들은 모성 본능이 없는 어머니들을 찾기 위해서 유모의 역사를 찾았다.

이러한 두 극단 사이에는 다소 불분명한 다른 목적들이 많이 있다. 정치인들에게 과거는 자신을 지원해주는 상징의 원천이다. 제국의 승리, 순교자들, 빅토리아 시대의 가치들, 기아 행진들(hunger marches)[4]이 그 예다. 공식적인 역사적 서술에는 거의 공통적으로 공백이 있는데 그 예로는 러시아에서는 트로츠키에 대한 침묵, 서독에서는 나치 시대에 대한 침묵, 프랑스에서는 알제리전쟁에 대한 침묵이 있다.

역사를 통해 일반인들은 그들의 삶에서 경험했던 대변동과 변화를 이해하고자 한다. 사람들이 이해하고자 하는 대변동에는 전쟁, 변화하는 젊은이들의 지위와 같은 사회적 변형, 증기력의 종말과 같은 기술적 변화, 또는 개인들의 새 지역사회로의 이주가 포함된다. 특히 가족사는 개인에게 죽은 후에도 계속 남아 있는 더 긴 생애 기간에 대한 강한 의식을 제공한다. 지방사를 통하여 한 마을 또는 도시는 자신들의 변화가 갖는 성격의 의미를 발견하고, 새 이주자는 자신의 역사적 지식이 뿌리를 갖고 있음을 느낄 수 있다. 학교에서 가르치는 정치사와 사회사는 현 정치·사회체계가 어떻게 만들어졌고 어떤 힘과 갈등들이 있었으며, 그러한 변화 속에 그것들이 어떤 역할을 했는지를 이해하고 받아들이도록 한다.

구술사의 도전은 부분적으로 역사가 본질적으로 추구하는 사회적 목적과 관계가 있다. 이것이 바로 구술사가 몇몇 역사가들을 흥분시키고, 또한 다른 이들을 두렵게 하는 주요한 이유다. 그러나 사실상 구술사에 대한 두려움은 근거가 없다. 이제 우리는 전문 역사가가 자료로서 인터뷰를 사용하는 것이 오래된 일이고 그것은 학자적 기준에 완벽하게 들어맞다는 사실을 알게 될 것이다. 미국의 구술사 연구는 구술사 방법이 사회적·정치적으로 보수적인 방식에 의해서도 사용될 수 있다는 것을 명확하게 보여준다. 존 톨랜드(John Toland)의 『아돌프 히틀러』(*Adolf Hitler*, New York, 1976) 처럼 구술사는 파시즘에서도 공감할 수 있을 정도로 정말로 보수적으로 사용될 수 있다.

구술사가 반드시 사회적 변화를 위한 도구인 것은 아니다. 구술사는 그것을 사용하는 사람들의 정신에 따라 달라진다. 그럼에도 불구하고, 구술사는 틀림없이 역사의 내용과 목적 모두를 변형할 수 있는 수단이 될 수 있다. 역사의 초점 그 자체를 변화시키는 데 사용될 수 있고 연구의 새로운 영역을 열 수도 있다. 구술사는 교사와 학생 사이, 세대 간, 교육기관과 외부 세계와의 벽을 무너뜨릴 수도 있다. 책, 박물관, 라디오나 영화에서와 같이 역사 서술에서 구술사는 자신의 말을 통해서 역사를 만들고 경험했던 사람들에게 중심적인 자리를 되돌려 줄 수 있다.

현세기까지 역사의 초점은 본질적으로 정치적이었다. 그것은 종교개혁, 영국의 장미전쟁, 프랑스 혁명과 같은 위기의 시기를 제외하고, 평범한 사람들의 삶이나 경제, 종교의 작용이 거의 주목받지 못했던 권력 투쟁의 기록이었다. 역사적 시대는 왕의 통치와 왕조로 나누어졌다. 지방사조차도 그 지역사회와 거리에서의 일상생활보다는 교구 행정에 관심을 두었다. 이는 부분적으로 행정과 지배 계급에 속했던 역사가들이 그것을 가장 중요한 것으로 생각했기 때문이다. 그들은 노동자가 특별히 성가시지만 않다면 노동자의 입장에 대해서는 조금도 관심을 두지 않았다. 그들은 남자였기 때문에 여성의 변화하는 삶의 경험에 관심이 없었다. 그러나 그들이 정치사가 아닌 다른 종류의 역사를 쓰길 원했더라도 결코 쉽지 않았을 것이다. 역사의 원자료인 문서 역시 특권을 가진 사람들에 의해 보존되고 파괴되었기 때문이다. 문서가 개인적이고, 지방적이고, 비공식적일수록 살아남을 가능성은 더욱 적었다. 권력 구조가 그 자체의 이미지로 과거의 모양을 만들어내는 거대한 기록 기계로 작동했다.

이것은 지역마다 기록을 보관하기 시작한 후에도 변함이 없었다. 출생과 혼인신고, 업무일지, 모든 종류의 법적인 기록들은 다수가 보존되어 있다. 교회 고문서와 회계 기록, 대규모의 사기업과 토지를 소유한 신분과 계층에게서 나온 책들, 그리고 토지를 소유한 지배계급의 사적인 편지들조차도 많았다. 그러나 노동자 계급 남녀들의 수많은 엽서, 편지, 일기, 신변잡기들, 또는 길모퉁이 작은 상점 혹은 구릉지 농부와 같은 소자영업자의 서류들은 어디에서도 거의 남아 있지 않다.

결과적으로 역사의 범주가 넓어졌다 해도 원래의 정치적, 행정적인 초점은 그대로 남아 있다. 보통사람들이 역사에 등장한다 해도 그들은 일반적으로 일찍이 해왔던 행정적인 조사로부터 뽑아진 통계적 집합체로서 나타난다. 그래서 경제사는 세 가지 종류의 사료로 만들어진다. 첫 번째, 임금, 가격 그리고 실업률, 두 번째, 전국적·국제적인 차원에서 이루어지는 경제에 대한 정치적 중재들과 이것들로부터 나오는 정보, 그리고 세 번째, 각 기업의 성과를 기록하기 위해서 규모가 크고 성공적인 기업에 의존하는 특정한 무역, 사업에 대한 연구가 있다. 마찬가지로 오랫동안 지속되어 온 노동사도 일반적으로는 노동자 계급과 국가 사이의 관계에 대한 연구였으며, 또 다른 한편으로는 특수하지만 본질적으로는 노동조합과 노동자 계급의 정치 조직에 대한 제도적 설명이었다. 그래서 필연적으로 기록을 남기거나 자신들의 역사를 위임했던 것은 규모가 크고 성공적인 조직들이었다. 특히 사회사는 복지국가의 등장과 같은 법률적이고 행정적인 발전 또는 인구 규모, 출생률, 혼인 연령, 가구, 가족 구조와 같은 집합적 통계에 관심을 가졌다. 최근에 진행되고 있는 특수한 역사 연구들 중 인구학은 오로지 집합체에 관심을 가지고 있다. 가족사는 감정과 느낌의 역사로 돌파구를 찾으려는 다소 야심 차지만 잘못 판단된 시도에도 불구하고, 전통적인 사회사의 노선을 따르는 경향을 띠었다. 적어도 최근까지 여성사는 주목할 만할 정도로 시민의 평등권, 특히 투표에 대한 여성의 정치적 투쟁에 초점을 맞췄다.

물론 이들 각 분야에는 중요한 예외가 존재하고, 그것은 기존의 사료들을 갖고 다른 접근이 가능하다는 것을 보여준다. 그리고 재판 문헌과 같이 공식적인 기록이지만 사용되지 않아서 새롭게 사용될 수 있는 평범한 개인정보들이 놀랄 만큼 남아 있다. 아마도 역사서술의 지속적인 패턴은 관료, 국가 권력, 과학 그리고 통계의 시대에 더 이상 지배계급 자체는 아니더라도 다수의 직업상의 우선순위를 반영할 것이다. 그럼에도 불구하고, 문헌 자료를 이용해 다른 종류의 역사를 쓴다는 것은 매우 어렵고 특별한 천재성을 요구하는 작업인 것은 분명하다. 에드워드 톰슨(E.P. Thompson)의 『영국 노동자 계급의 형성』(*The Making of the English Working Class*, 1963)과 힌톤(James Hinton)의 『첫 번째 상점집사들의 운동』(*The First Shop Steward's Movement*, 1973)은 많은 부분을 19세기 초와 제1차 세계대전 시 정부가 고용한 제보자들의 보고서에 의존했다. 사회주의 역사가들이 정부 스파이들의 기록을 토대로 역사를 쓸 수밖에 없게 될 때 그 한계는 분명하다. 슬프게도 우리는 묘비를 인터뷰할 수 없다. 하지만 최소한 제1차 세계대전과 19세기 말에 관한 한 구술사는 창의적인 역사가에게 즉각적이고 풍부하고 다양한 자료를 제공한다.

가장 일반적인 의미로, 모든 종류의 사람들이 살아온 경험들이 역사의 원자료로서 사용될 수 있다면 그것은 역사에 새로운 차원을 부여할 것이다. 구술사는 그 성격에서 출판된 자서전과 매우 비슷하지만 훨씬 더 넓은 범위의 자료를 제공한다. 대다수의 출판된 자서전은 정치적, 사회적, 지적 지도자들이라는 제한된 집단에서 나왔다. 그래서 역사가가 운 좋게 특정한 공간과 시간대에 살았던 사회적 집단으로부터 자서전을 찾았다 하더라도 그 자서전은 [역사 연구의] 쟁점이 될 수 있는 사안에 거의 또는 전혀 관심을 두지 않았을 수 있다. 반대로 구술사가는 정확하게 누구를 인터뷰할 것인지, 무엇을 물어볼 것인지 선택할 수 있다. 또한 인터뷰는 찾기 어려운 기록 문헌과 사진 자료를 발견하는 수단을 제공하기도 한다. 학자는 더 이상 손때 묻은 낡은 [참고문서] 목록이라는 울타리 안에 갇혀 있을 필요가 없는 것이다. 구술사가는 자신을 마치 출판업자로 여기면서 어떤 증거가 필요한지 상상하고, 그것을 찾아서 수집할 수 있다.

이러한 새로운 접근방식이 기존의 역사에 주는 결정적인 영향은 새로운 방향에서 증거를 찾는 것일 것이다. 노동자계급의 정치를 연구하는 역사가는 정부 또는 노동조합 본부의 진술과, 무관심하건 전투적이건 평조합원의 목소리를 나란히 놓을 수 있다. 이것이 과거에 대한 좀 더 사실적 재구성이라는 데에는 의심의 여지가 없다. 현실은 복합적이고 다면적이다. 구술사의 주요한 장점은 대부분의 사료보다 복수적인 관점을 더 많이 재생시킨다는 것이다. 그러나 이러한 이점이 역사 서술에만 중요한 것은 아니다. 대부분의 역사가는 암시적 또는 명시적인 판단을 한다. 매우 적절하게도 역사의 사회적 목적은 직접적 또는 간접적으로 현재에 연결된 과거의 이해를 요구하기 때문이다. 근대의 전문적 역사가들은 마카울리(Thomas B. Macaulay)[5] 또는 마르크스보다 자신들의 사회적 메시지를 잘 드러내지 않는다. 왜냐하면 학자적 기준이 표명된 편견과 충돌하는 것처럼 보이기 때문이다. 그러나 아무리 학자들의 의견이 불분명해도, 사회적 메시지는 항상 존재한다. 한 역사가가 직접적으로 자신의 의견을 나타내지 않아도, 자신이 감탄하는 한 사회적 지도자에게 대부분의 관심을 보이고 [그 지도자를] 인용하기란 매우 쉽다. 대부분 현존하는 기록의 성격이 권위의 기준을 반영하기 때문에 역사의 판정이 종종 현존하는 권력을 옹호해왔다는 것은 그리 놀라운 사실이 아니다. 이와는 대조적으로 구술사는 훨씬 더 공정한 심판을 가능하게 한다. 구술사에서는 하층민, 비특권 집단 그리고 패배자가 목격자가 될 수 있다. 그럼으로써 과거에 대한 좀 더 사실적이고 공정한 재구성이 가능하다. 이것은 이미 정립된 설명에 대한 도전이다. 이를 통해 구술사는 역사의 사회적 메시지 전달이라는 급진적인 함의를 갖게 된다.

동시에 구술사는 대부분의 역사 연구에서 초점을 이동시킨다. 그래서 교육사학자는 어린이와 학생들의 경험들뿐만 아니라 교사들과 행정가들의 문제에도 관심을 갖게 된다. 군사와 해군사학자는 사령관 수준의 전략을 넘어서 다른 계급과 수병들의 조건, 그들이 즐기는 오락과 그들의 기개를 볼 수 있다. 사회사가는 행정관료와 정치가로부터 빈곤 그 자체로 관심을 돌려서 빈민층이 구제 담당자를 어떻게 보았고 그의 거절에도 불구하고 어떻게 살아남았는지를 배울 수 있다. 정치사가는 투표자를 집과 직장에서 쉽게 만날 수 있는 어떤 정치적 신문 또는 조직도 만들지 않았던 보수적 노동계급에 대한 이해를 기대할 수 있다. 경제학자는 고용주와 노동자 둘 다를 사회적 존재로서 그들의 평범한 일터에서 볼 수 있고, 전형적인 경제활동, 그 성공과 모순에 대한 이해에 좀 더 가까이 갈 수 있다.

어떤 분야에서는 구술사가 단순히 초점의 이동뿐만 아니라 새로우면서도 중요한 연구 영역을 열기도 한다. 예를 들어 노동사가들은 노동조합으로 조직되지 않은 다수의 남성, 여성 노동자와 일상적인 작업 경험, 작업이 가족과 지역사회에 미치는 영향에 대한 연구를 효과적으로 수행할 수 있다. 그들은 더 이상 조합화된 직종, 또는 쟁의나 극단적인 빈곤 때문에 당대에 공공연히 알려지고 조사된 것만을 한정하여 연구하지는 않는다. 마찬가지로 도시사학자들은 도시 빈민가와 같이 개척이 잘 된 문제 영역에서 벗어나 다른 형태의 도시의 사회적 생활을 들여다볼 수 있다. 예를 들면 소규모 산업 또는 상업 도시, 혹은 중산층의 교외지역 사회적 집단이 구별되는 지방적 패턴, 이웃과 친척 사이의 상호 협력, 여가와 노동 등을 들 수 있다. 도시사학자들은 또한 이민사를 이민 집단의 내부로부터 접근할 수 있다. 이런 이민의 역사는 영국에서 더 중요하게 여겨질 것이 확실하지만, 이제까지는 외부에서 주로 사회적 문제로서 기록되었다. 이러한 기회와 여타의 것들은 사회사가와 공유될 수 있다. 예를 들면 노동자계급의 여가와 문화, 보통사람들이 바라본 범죄, 종종 발각되지 않고 반쯤은 용인되는 밀렵자, 들치기, 직장에서 도둑질하는 사람 등이 있을 수 있다.

아마도 이 중에서 가장 놀라운 것은 구술사가 가족사에 주는 충격적인 변화일 것이다. 역사가는 어떤 증거가 없다면 평범한 가족의 이웃 친척과의 접촉이나 또는 내적인 관계에 대해서는 거의 알아낼 수가 없다. 남편과 아내의 역할, 여자아이와 남자아이를 키우는 것, 감정적·물질적인 갈등과 의존, 젊은이들의 독립에 대한 투쟁, 구혼, 혼내·혼외의 성적인 행동, 피임과 유산, 이 모든 것은 효과적으로 잘 은폐된 영역이다. 이 영역에 대한 실마리는 오직 집합적 통계로부터, 그리고 대개 몇몇 관찰자로부터만 극히 제한된 상태로 발견될 뿐이었다. 이러한 역사적인 결핍의 결과는 마이클 앤더슨의 『19세기 랭커셔 가족 구조』(*Family Structure in Nineteenth-Century*

Lancashire, 1971)에 잘 요약되어 있다. 이 연구는 훌륭하고 사색적이지만 추상적이고 불균형적이라는 한계를 가지고 있다. 인터뷰를 사용하면 지난 수십 년간의 가족에 대한 더 풍부한 역사를 발전시킬 수 있다. 시간과 장소에 따라, 한 생애 동안 그리고 남녀 사이에서, 가족사의 주요 패턴과 변화를 정립하는 것이 가능하다. 아울러 아동기 전체에 대한 역사 연구가 최초로 실행 가능해진다. 대부분의 여성의 삶에서 여성이 가사, 가내 보조, 어머니 노릇을 수행할 때 가족을 우선시하는 것이 드러나서 여성사의 범위는 거의 동일하게 확대된다.

밑바닥으로부터 새로운 증거를 도입하고 초점을 이동시키고, 연구의 새로운 영역을 열고, 역사가들이 갖고 있는 가정과 이미 용인된 판정에 도전하고, 무시되었지만 실제 존재했던 집단을 인정하게 함으로써 역사의 모든 분야에서 점진적인 변화의 과정이 진행되고 있다. 따라서 역사서술 자체의 폭도 넓어지고 풍성해지고 동시에 사회적 메시지도 변화한다. 단순하게 말하자면 역사는 좀 더 민주적으로 서술된다. 왕들의 연대기도 평범한 사람들의 삶의 경험에 관심을 두게 된다. 그러나 이러한 변화에는 똑같이 중요한 다른 차원이 존재한다. 즉 역사를 쓰는 과정은 그 내용과 함께 변화한다는 것이다. 구술 증거의 사용은 연대기 학자들과 청중 사이의 벽을, 학교와 외부 세계와의 벽을 무너뜨린다.

이러한 변화는 본질적으로 구술사 연구방법의 창조적인 그리고 협동적인 성격에서 나온다. 물론 한번 기록된 구술 증거는 다른 형태의 문헌 자료처럼, 도서관에서 학자들이 혼자서 사용할 수 있다. 그러나 이것에 만족하는 것은 방법의 핵심적 이점, 융통성, 필요한 적소에 증거를 끄집어내는 능력을 잃어버리는 것이다. 일단 역사가들이 인터뷰를 시작하면 그들은 필연적으로 다른 이들과, 최소한 그들의 제보자들과 함께 작업해야 한다. 성공적인 면담자가 되기 위해서는 새로운 기술이 필요한데, 이것은 인간관계를 이해하는 것을 포함한다. 어떤 사람들은 [자신이 가진] 이러한 기술을 즉각적으로 발견할 수도 있고, 다른 이들은 그것들을 배울 필요가 있다. 그러나 전문적인 역사가가 문헌 분석과 해석에 유리한 정보를 배우고 축적하는 평생에 걸친 누적적인 과정과는 달리, 유능한 면담자가 되는 것은 빠른 시일 내 가능하다. 그래서 현지조사자로서 역사가들은 전문적 지식의 이점을 지닌 동시에, 책상을 떠나 인간적인 차원에서 경험을 공유하게 된다.

이러한 성격 때문에 구술사는 특별히 학교, 대학, 전문학교, 평생교육센터나 지역교육센터에서 집단과 개별 학생들을 위한 프로젝트에 적합하다. 어떤 곳에서도 구술사는 진행될 수 있다. 어디에서도 지역적으로 연구될 수 있는 주제들은 많이 있다. 지역 산업 또는 수공업의 역사, 특정 지역사회의 사회적 관계, 문화와 사투리, 직장에서 가족에서 성역할의 변화, 전쟁과 파업의 충격 등등. 만일 해당 프로젝트가 당대의 한 관심사의 역사적 뿌리에 특별히 초점을 두고 있다면, 구술사는 역사적 연구가 인접한 사회적 환경과 가지고 있는 연관성을 매우 잘 증명해 보일 것이다.

학교에서는 아이들의 환경을 더 넓은 과거와 연결하는 데 효과적인 방식인 가족사 프로젝트를 발전시켜 왔다. 가족사는 두 개의 다른 특별한 교육적 장점을 갖고 있다. 가족사는 가족과 친척에 대한 정보, 사진, 오래된 편지, 문헌, 신문 자료, 그리고 기억에 대한 접근을 프로젝트의 기초로서 사용하기 때문에 아이가 중심이 되는 접근 방식을 제공한다. 마찬가지로 가족사는 부모들이 학교활동에 참여하도록 권장한다.

아이 자신의 가족사는 아마도 가장 단순한 형태의 프로젝트 주제일 것이다. 이것은 역사적 문제를 해결하기보다는 제시하는 데 더 적합하다. 더 나이 든 집단들은 좀 더 집단적인 관심을 가진 쟁점을 선택할 것이다. 예를 들면 옥스퍼드의 코퍼스 크리스티 대학(Corpus Christi College)에서 브라이언 해리슨(Brian Harrison)은 대학 고용인(college servants)의 역사에 대한 소규모 연구프로젝트를 통해 학생들을 지도했다. 대학 고용인들이 가진 오래된 관습, 고용주에 대한 공손한 존경심, 일에 대한 충성심과 세심함, 그리고 복장과 매너와 관련된 격식은 오늘날 대부분의 학생들에게는 당혹스러운 것이다. 그러나 이 프로젝트를 통해 학생들은 대학 고용인에 대해서 더 잘 이해하게 되었고, 동시에 역사 자체의 중요성을 더 잘 이해하게 되었다. 한 학생이 논평한 바와 같이, "나는 매우 세밀하고 구체적으로 사회적 변화의 충격을 보는 것과 일반적인 사회 환경의 변화가 전통적인 지역사회 안에서 생활양식, 가치, 관계를 어떻게 변화시켰는지를 보는 것이 똑같이 중요하고 흥미롭다는 것을 알았습니다." 인터뷰를 통한 발견에서 학생들의 주변 환경 또한 생생한 역사적 의미를 얻게 된다. 단순히 아는 것이 아니라 개인적으로 느낀 과거에 대한 인식 말이다. 한 지역사회나 지역구에 새로 온 이주자에게 이것은 정말 그러하다. 이사 오기 전에도 집 주위에 존재해 있었던 거리나 벌판이 나름의 과거를 가지고 있다는 것을 알 수 있다. 그러나 이것은 그 지역 노인들의 정신 속에 아직도 살아있는 기억된 과거로부터 그 특별한 벌판에서 벌어졌던 사랑에 대한 개인의 친밀감, 그 특별한 거리에 있었던 이웃들과 집들, 그 특별한 상점에 있었던 작업에 대해 듣게 되는 것과는 별개의 문제다.

이와 같은 파편적 사실은 단순히 그 자체가 [과거를] 불러낼 뿐만 아니라, 연구할 가치 있는 역사를 위한 원자료로 이용될 수 있다. 학생들은 개별 여름 방학 프로젝트에서 인터뷰를 통해 역사적 지식을 확대시키면서 이를 적용해 볼 수도 있다. 그리고 또한 다른 이들이 나중에 사용할 수도 있는 새로운 자료를 만들어내는 것도 가능하다. 집단 프로젝트에서는 이러한 기회들이 자연적으로 더 확대된다. 인터뷰의 수가 많아지면 많아질수록 고문서 조사는 더 확대되고 연구 주제는 더 심화된다.

그룹 프로젝트에는 그 자체의 독특한 성격이 있다. 그룹 프로젝트에서는 교육에서 흔히 나타나는 경쟁적인 분위기 대신에 지적인 협동정신이 요구된다. 즉 협동적인 역사 연구가 개인들이 혼자 하는 독서, 시험, 그리고 혼자 듣는 수업을 대체하게 된다. 협력적 연구는 또한 교사와 학생들로 하여금 더 가깝고 덜 위계적인 관계를 맺을 수 있도록 하며 둘 사이에 비형식적인 접촉을 더 많이 할 수 있게 한다. 구술사 프로젝트를 통해 둘 사이의 관계는 상호 의존적인 성격이 될 것이다. 교사는 학생들로 하여금 기존의 것과는 색다른 사료 해석이나 지식을 경험시킬 수 있겠지만, 조직책이며 현지조사자인 학생들의 지지를 얻어야만 할 것이다. 이 과정에서 어떤 학생들은 예상치 못했던 능력을 보일 수도 있다. 최고의 작가만이 최고의 면담자가 되는 것은 아니며, 더군다나 면담자가 꼭 교사일 필요는 없다. 따라서 이와 같은 좀 더 평등한 상황이 구술사 프로젝트를 통해 만들어질 수 있다. 그러나 이와 동시에 역설적으로 연구와 교습 사이의 갈등을 해결하거나 정지시킴으로써 교사들은 더 나은 전문가가 될 수 있다. 그룹 프로젝트는 연구이자 교습이고 서로는 떼어질 수 없게 섞여있기 때문에 결과적으로 연구와 교습은 더 효과적으로 이루어진다.

그러나 그룹과 개인 프로젝트의 본질적인 가치는 비슷하다. 학생들은 내재적 가치가 있고 창의적인 역사 연구에 대해서 흥분과 만족을 함께 나누며, 동시에 작업의 어려움을 개인적으로 경험한다. 그들은 해석이나 이론을 만들어내고 설명하기 어려운 예외적인 사실들을 발견한다. 아울러 인터뷰한 사람들이 예비조사에서 제시된 사회적 유형에 쉽게 들어맞지 않는다는 사실도 발견하게 된다. 학생들은 사실들, 사람들과 기록이 필요하지만, 그것들은 감질나게 파악하기 어려울 수 있다. 그들은 증거가 갖는 편견, 모순, 해석의 문제들을 만나게 된다. 무엇보다도 그들은 기록된 역사의 거대한 패턴으로부터 당황스럽게도 개인의 삶으로 되돌아오게 된다. 그리고 그 개인의 삶들은 바로 기록된 역사의 기초다.

아울러 두 가지 종류의 프로젝트 모두는 교육을 제도라는 울타리 안에서 세상으로 나가게 하는 중요한 결과를 낳으며 이러한 결과로부터 양자 모두는 이득을 얻는다. 인터뷰는 서로 가깝게 알지 못하는, 서로 거의 만나지 않았던 다른 사회적 계급과 세대 집단에 속한 사람들을 함께 모은다. 일반인들이 가지고 있는 학생에 대한 지배적인 적대감은 학생들이 실제로 어떠한지, 무엇을 하는지에 대해서 거의 알지 못하기 때문에 나타난다. 이러한 만남은 학생들 사이에 널리 퍼져있는 진지하고 순수한 마음과 이상주의를 이해하게 해 준다. 학생들 또한 사람들에게 역사가 그들의 삶과 무관하지 않다는 것을 보여준다. 반대로 교사들과 학생들은 일반 사람들이 가지고 있는 자신들에 대한 이미지를 직접적으로 인식할 수 있게 된다. 그리고 제보자의 삶에 들어감으로써 자신들이 공유하지 못하는 가치에 대해 더 잘 이해하게 되고, 자신들보다 훨씬 덜 특권적인 사람들의 삶에서 보게 된 그들의 용기를 존경하게 된다.

그러나 이보다 더 근본적인 것은 인터뷰가 교육 제도와 세상 사이의, 전문가와 보통사람들 사이의 경계를 허물게 한다는 것이다. 역사가는 배우기 위하여 인터뷰에 임한다. 역사가는 사회적으로 계급이 다르고, 제대로 교육받지 못했고, 더 나이가 많기 때문에 어떤 것을 더 잘 알고 있는 구술자들의 발밑에 앉아서 인터뷰한다. 역사의 재구성 자체는 비전문가들이 중요한 역할을 해야 하는 더 협동적인 과정이 된다. 다양한 부류의 사람들이 글쓰기와 발표에서 중심적인 위치를 차지함으로써 역사는 너무나 많은 것을 얻게 된다. 그리고 노인들이 특히 더 많은 혜택을 받게 된다. 구술사 프로젝트를 통해 그들은 새로운 사람들과 사회적 접촉을 하게 될 뿐만 아니라, 때로는 우정을 지속할 수도 있다. 또한 구술사 프로젝트는 더없이 귀중한 사회적 서비스를 제공한다. 너무나 자주 무시되고 경제적으로 무능한 노인들이 자신들의 삶을 되돌아보고 젊은 세대에게 귀중한 정보를 전해줌으로써 존엄과 목적의식을 가질 수 있는 것이다.

구술사를 통해서 가능한 이러한 변화들은 출판과 프로젝트에만 한정된 것이 아니다. 그 변화들은 박물관, 기록관, 도서관 등에서 역사를 보여주는 데에도 영향을 준다. 이들 기관들은 삶을 소장 자료에 흡수시키는 수단을 가지게 됨으로써 지역사회와 더 밀접한 관계를 맺을 수 있게 된다. 버밍햄(Birmingham)의 시 목욕탕과 세탁소에 대한 프로젝트, 사우스햄프턴(Southampton)의 서인도 항구 사회에 대한 프로젝트, 초기 항공과 양심적인 반대자들에 대한 제국 전쟁 박물관 프로그램(Imperial War Museum programmes)과 같이 각 기관은 자체의 연구 프로젝트를 만들 수 있다. 1970년대와 1980년대 많은 영국 박물관들은 인력서비스위원회(Manpower Services Commission)를 통해서 실업 청년들에게 단기 작업을 제공하는 구술사 프로젝트를 지원한 적이 있었다. 이것은 미국에서 뉴딜 시기의 연방작가프로젝트(Federal Writers Projects)를 연상시키는 것이었다. 이와 관련하여 매우 주목할 만한 접근 중 하나는 벨기에서 에티엔 베르나르드(Étienne Bernard)가 건물이 없는 박물관이라는 아이디어를 가지고 시작한 '생태박물관'(ecomusée) 프로그램이다. 이것은 지역사회에서 행한 기록 프로젝트로서 이웃들로부터 사진과 물증을 받아서 일시적으로 전시하고 다시 주인에게 돌려주는 것이었다. 또 한가지 흥미로운 일은 맨체스터(Manchester)의 유대 박물관(Jewish Museum)이 폴리테크닉(Polytechnic) 출신의 빌 윌리엄스(Bill Williams)가 시작한 맨체스터 구술사 프로그램의 결과물이었다는 사실이다. 이 프로그램은 맨체스터시의 유대인 지역사회를 자극해서 폐쇄된 유대인 회당을 보존하도록 했다. 이 유대인 회당은 영구적인 박물관으로 개방되었는데 이곳에서 사람들은 전시된 물증들을 보면서 [앞에 전시된] 전화기를 들면 그 물체들과 연관된 기억을 들을 수 있다. 얼디그(Erddig)에 있는 체셔(Cheshire)의 국민자산관

(National Trust House)은 예전의 하인 거주 구역을 통해서 그곳에 들어가면 마지막 세대 하인들과 주인의 목소리를 들을 수 있게 되어 있다.

구술사 연구는 또한 전시 자체를 역사적 원형에 더 가깝게 만드는 것에 일조하기도 한다. 예를 들어 물중들을 설명하는 '시대적 배경'은 마치 장인들이 계속 쓰고 있는 듯이 남아있는 [장인들의] 도구, 그리고 깎아낸 부스러기들과 반쯤 만들어진 바구니가 놓여 있는 전시실로 대체되기도 한다. 어떤 박물관에서는 그 전시실이 실제로 사용되기도 한다. 슈롭셔(Shropshire)의 액톤 스캇(Acton Scott)에 있는 농장 박물관은 그러한 예 중의 하나다. 그곳에서는 기록 작업과 함께 오래된 [장인들의] 작업 과정을 일상적으로 그대로 사용하는 것이 전체 사업 목표다. 지역 노인들은 이러한 유형의 박물관을 보면서 논평을 하게 되고, 더 나아가 그들 자신의 것을 제공하며 자신의 경험을 이야기해 전시실이 더 풍부해지도록 한다. 런던 동부의 한 박물관에서는 이러한 종류[지역 노인들의 논평들]의 대화를 들은 한 안내원이 큐레이터에게 이 사실을 알려주자, 큐레이터는 노인들에게 차한 잔을 대접하여 즉석에서 그들이 받은 인상을 채록할 기회를 얻기도 했다. 대부분의 지역사회 프로젝트에서와 같이 몇몇 채록은 지역학교에서 교육적으로 사용되며 주말에는 학생들, 일반적으로 초등학교 6학년들이 노인들을 만날 기회를 얻는다. 따라서 노인들, 지방사, 그리고 사회적으로 센터가 된 박물관은 이들 사이에 대화를 활성화시키고 발전시켜 나가는 데 기여하게 된다. 이것이 곧 거대한 잠재력을 가진 역사를 위한 사회적 역할 모델이며, 다른 곳으로도 전파시켜 이를 본받게 할 필요가 있다.

방송에서 역사적 시연을 하기 위해서 인터뷰를 사용하는 것은 물론 오래되었다. 이것은 수십 년 전으로 거슬러 올라가는, 사실 '구술사'라는 용어가 소개되기 훨씬 전에 사용되었던 구술사 연구 기술의 훌륭한 전통이다. 또한 전문적인 역사가들에게는 세 라디오(Radio Three: BBC Radio

3, CBC Radio 3, Rai Radio 3)의 프로그램 사이에 간단하게 강의할 기회가 주어진다. 그러나 내가 아는 대부분의 사람들은 원자료를 사용하여 역사를 되불러오는 라디오와 TV 프로그램에 더 많은 흥미를 보인다. 그 프로그램들 중 어떤 것은 기원으로부터 출발하기도 하고, 어떤 것은 현재로부터 과거로 거슬러 올라가면서 출발하기도 한다. BBC 소리 아카이브(Sound Archives)에 있는 것들과 함께 이러한 프로그램들이 보관된다면 미래의 역사가들은 풍부한 사료를 제공받게 될 것이다. 의심할 것도 없이 이러한 라디오 프로그램 중 가장 야심에 찬 것은 전국적으로 방송되는 기념비적인 지방 라디오 시리즈인 '세기를 말하다'(Speaking the Century)이다. 이 프로그램은 전례 없이 전국적으로 6,000건의 인터뷰 자료를 수집하도록 계획되었다. 연구자들은 대영도서관(British Library)에서 그 인터뷰 자료를 사용할 수 있을 것이다. 그러나 불행히도 현재 TV에서 방영되는 것 중에 매우 적은 부분만이 보존되고 있다. 그런데 역사가들은 기묘하게도 이러한 체계적인 기록 파괴에는 거의 관심이 없다.

[중략]

구술사가들은 그들의 원래의 목적으로부터 멀리 여행을 해왔기 때문에 그 둘[구술사가와 구술자] 사이에 갈등의 위험이 있다. 예를 들면, 인터뷰 기획 차원에서 중산층 전문가가 누구를 인터뷰할 것인가와 무엇이 논의될 것인가를 결정하고 다시는 듣지 않을 누군가의 삶에 대한 테이프를 갖고 사라진다. 그래서 이와 같은 연구자와 제보자와의 관계에 대한 예리한 비판이 있었다. 만약 그렇다면, 제보자들은 그들이 한 말에 의도되지 않은 의미가 강요된 것에 화를 낼 것이다. 평등한 토론에 초점을 두고 그 결과를 지역에서 출판하는 것을 장려하는 자발적 집단 또는 공개된 공적 회의, 그리고 지시된 인터뷰가 아니라 대화라고 볼 수 있는 개별적 인터뷰라는 이상적인 인터뷰 형태에는 분명한 사회적 이점이 있다. 그러나 그러한 대안에는 또한 결점도 존재한다.

　자발적인 집단은 한 지역사회를 충분히 대표하지 못할 것이다. 그 집단은 숙련 노동자 계급 또는 하급 중산층 배경을 중심으로 한 집단에서 구성될 가능성이 더 크다. 지방의 상층계급도 극심한 빈곤층도 없을 것이고, 확신이 적은, 특히 여성 또는 인종적 소수자인 이민자들도 없을 것이다. 이러한 유형의 집단이 포함될 때 지방 구술사는 좀 더 진실하고 사회적으로 더 가치 있는 형태로 창조될 수 있다. 예를 들어 여주인과 하인을 나란히 놓거나, 방앗간 주인과 방앗간 일꾼을 나란히 놓을 수 있다면 그 책의 출판은 더욱더 많은 것을 말해줄 것이다. 지역사회에서는 더 나은 또는 더 나쁜 경험을 한 집단에서 다양한 사회적 경험이 드러날 것이다. 그리고 아마도 그것은 그 지역사회에 대해서 무엇을 할 수 있는지를 생각하게끔 할 것이다. 제한된 사회계층에게서 나온 지방사는 지역사회 신화의 재규정과 마찬가지로 더 자기만족적인 경향이 있다. 이러한 역사는 틀림없이 기록될 필요가 있다. 이것을 할 수 있는 자족적인 지역 집단은 의심할 것 없이 많은 다른 사람들을 돕고 있다. 그러나 급진적인 역사가에게 이것은 충분하지 않다. 역사는 단순히 위안만을 주어서는 안 된다. 그것은 도전을, 변화를 향해 나아가기 위한 이해를 확대 심화시켜야 한다. 이를 위해 신화는 역동적일 필요가 있다. 즉 갈등의 복합적인 면들을 총괄해야 한다. 그래서 사회주의자로서 일하고 서술하기 원하는 역사가의 과제는 단순히 노동계급을 그 자체로 찬양하는 것이 아니라 그 의식을 고양할 수 있어야 한다. 상류계급이 지닌 지혜에 대한 보수적인 신화를 하층계급의 것으로 대체하는 것은 의미가 없다. 역사는 행위를 이끌어내는 것이다. 세계를 확인하는 것이 아니라 바꾸는 것이다.

　원칙적으로 지방사 프로젝트가 이러한 목적을 가져서는 안 될 이유는 없다. 오히려 해당 지역사회 안으로부터 자기 확신과 역사 쓰기를 고무하는 것을 지속시킬 필요가 있다. 통상적으로 지역사회 내 집단 대부분은 좀 더 역사적인 경험을 가진 구성원들을 갖고 있다. 그들은 틀림없이 자신들의 이점을 강조하기보다는 평가절하하는 재치를 발휘할지 모른다. 그러나 그들이 자신들의 이점을 버린다면 그것은 결국 모두의 손해다. 그들은 자신들이 속한 집단이 좀 더 넓은 시각을 갖도록 도와줌으로써 [지방사 프로젝트에] 기여할 수 있다. 비슷한 경우가 상호 존중이 절대적으로 필요한 녹음 시간이라고 볼 수 있다. 우월한, 지배하려는 태도는 어쨌든 좋은 인터뷰를 만들지 못한다. 구술사가는 잘 듣는 사람이어야 하고, 제보자는 적극적으로 도와주는 사람이어야 한다. 조지 에워트 에반스(George Ewart Evans)가 말하길, "나이 든 생존자가 걸어다니는 책이라지만, 그들을 책장 넘기듯이 할 수는 없다. 그들은 사람이다."[6] 그리고 역사가도 마찬가지다. 역사가들은 목적을 위해, 정보를 얻기 위해 왔고, 궁극적으로 정보를 얻는 것을 부끄러워하려면 오지 말았어야 한다. 단지 우연적인 회상에 종사하는 역사가는 흥미 있는 정보를 수집하겠지만, 역사적 논쟁과 해석의 구조에 결정적인 증거를 얻는 기회를 잃어버리게 될 것이다.

역사와 지역사회 간의 관계는 어느 한 쪽으로 기울어져서는 안 된다. 오히려 정보와 해석 사이, 교육자와 현장 사이, 계급과 세대 사이 일련의 변증법적인 교환이 있어야 한다. 거기에는 많은 종류의 구술사를 위한 공간이 있을 것이고 많은 다른 사회적 결과가 있을 것이다. 그러나 그것들은 밑에서는 모두 서로 연결되어 있다.

구술사는 사람들을 중심으로 만들어진 역사다. 그것은 삶을 역사에 강제로 떠밀어서 역사의 폭을 넓힌다. 구술사는 지도자뿐만 아니라 다수의 알려지지 않은 사람들을 영웅으로 드러내기도 한다. 그것은 교사와 학생이 공동작업자가 될 수 있도록 하고, 역사를 지역사회 안으로 혹은 밖으로 데려간다. 구술사는 비특권적인, 특히 노인들로 하여금 존엄성과 자기 확신을 갖게 하고, 사회계급 간에, 세대 간에 접촉을 유발하여 상호이해를 확대시킨다. 그리고 개별 역사가들과 다른 이들에게는 공유된 의미를 가진 한 장소 또는 한 시대에 속해 있다는 소속감을 줄 수 있다. 즉 더 충만한 인간 존재가 되게 한다. 마찬가지로 구술사는 이미 용인된 역사의 신화에, 전통 속에 내재된 권위주의적인 판단에 도전한다. 구술사는 역사의 사회적 의미를 급진적으로 변화시킬 수단을 제공하는 것이다.

02
기억과 구전[*]

얀 반시나[**]

역사, 기억 그리고 신화[1] 사이의 관계는 역사가의 주요한 관심사다. 역사가의 모든 자료는 기억의 산물이고 그 모든 것은 신화다. 과거로부터 직접적으로 오는 메시지는 최소한 한 목격자의 기억을 통해, 많게는 일련의 목격자들의 기억을 통해 전해진다. 여러 가지 이유로 인해 메시지의 선택과 변형이 나타나지만, 아마도 그중 가장 중요한 것은 기억 그 자체로부터 올 것이다. 그래서 기억에 관한 연구는 모든 역사가들에게 흥미롭다. 특히 구전을 다루는 역사가들에게 여러 기억을 통해서 반복적으로 전해지는 메시지는 기억의 효과를 만들어내기 때문에 더욱 그러하다. 이 논문에서 우리는 먼저 심리학자들이 기억에 관해 발견한 것을 개괄해보고, 개인의 회상, 그리고 개인의 회상으로부터 발생하는 구전에서 심리학자들이 발견한 것

---

[*] 이 논문은 *The African Past Speaks: Essays on Oral Tradition and History*(Joseph C. Miller, ed., Dawson, Archon, 1980) 중에서 발췌한 것이다. 논문의 원제는 "Memory and Oral Tradition"이다.

[**] 얀 반시나(Jan Vansina)는 인류학자이며 구술사가이고 아프리카에서 현지조사를 통해서 아프리카 구전을 연구해 왔다.

이 어떤 의미를 갖는지에 대해 논의할 것이다.

기억[2]

기억은 내면화된 행위, 즉 '회상 이미지'(remembrance-image)로 사건이나 상황을 재현하는 것이다. 그러한 회상은 아무리 불완전하더라도 연속적인 서술 형태로 표현된다. 재현은 모방적인 행위이고 연속적인 형태 속에서 창조적인 활동을 내포한다.[3] 이미지를 만들어내고 동시에 그것을 서술하는 두 가지 과정에서 감각적인 자료는 선택되거나 버려지고 재구성되어서, 그 가운데 생기는 '공백'(gaps)은 '그랬음이 틀림없어'(it must have been)라고 논리적으로 연결되어 채워진다. 예를 들면, 교통사고를 회상하는 경우에도 이 모든 것은 명백하게 나타난다. 증언은 반복되면 될수록 거듭 재구성되고, 어떤 정보는 생략되고 관찰되지 않았던 것들이 첨가된다. 한 목격자는 A차가 한쪽 길에서 오고 있었고, B차가 다른 한쪽 길에서 오고 있었다고 증언할지 모른다. 그는 명백히 차가 충돌하기 전에 두 차 모두를 보고 있지는 않았다. 그러나 그는 차사고 장면 자체로부터 차들의 움직임을 유추해낸 것이다. 감각적 자료를 기억하는 것은 또한 감정에 의해서 강하게 채색된다. 그래서 기분 나쁜 감각은 무시되거나 또는 억압된다. 이에 대한 실험은 자신의 생각과 다른 의견을 배워야 할 때 감정적으로 채색되는 것이 사실이라는 것을 보여주었다.[4] 마지막으로 고정적인 이야기가 만들어질 때까지 또는 암기된 텍스트가 다른 구조화된 메커니즘에 확실하게 연결될 때까지 메시지는 기계적인 암기나 반복을 통해서 반복될수록 축약되면서 점점 더 구조화된다.[5]

기억은 도서관과 같다.[6] 종목들은 코드 체계에 따라서 라벨이 붙여지고 저장된다. 라벨이 주어지면 회상이 일어나고 이와 함께 해당 종목이 찾아진다. 라벨이 붙여지지 않았거나 후에 라벨이 망가졌거나 또는 그 종목이 잘못 정리되었다면, 그 종목은 잃어버리게 된다. 도서관 코드는 도서관 전체가 작동하는 데 결정적인 요소이다. 이와 비슷하게 기억코드는 정신의 전체적인 작동을 지시하며, 기억코드를 이루는 주요한 세 개 차원은 오늘날 이미 알려져 있다. 그중 두 개는 기억 과정에서 언어(language)와 담화(parole) 사이의 연관성과 중요성의 근저가 되는 언어 코드와 일치한다. 첫 번째 차원은 언어적 표현을 준비해주는 정보와 프로그램 전체를 갖고 있는 구두 코드(verbal code)[말]다.[7] 두 번째는 지배적인 차원인 마스터 코드인 어의적 기억(semantic memory)이다. 이것은 도서관 코드처럼 주제별로 위계적으로 구성되어 있고 세계관과 그 안에 지각된 논리적 관계에 따라서 하나의 체계로 통합되어 있다. 이것은 인류학적으로 말하면 '인식범주'(cognitive category) 또는 '정신의 지도'(mental map)와 같다. 우리는 유아기에 이 코드를 획득하고 이 코드는 문화적으로 결정된다.[8] 세 번째 차원은 시각적인 것이다. 행위와 이미지로 쉽게 전환되는 실제적인 종목들은 추상적인 종목보다 더 잘 유지된다. 왜냐하면 실제적인 종목들은 구두적 표현[말]과 시각적 코드화[글]라는 이중의 코드화를 거치기 때문이다.[9]

두 종류의 검색 전략 중 하나를 선택하면 기억은 검색된다. 첫 번째 전략은 원하는 종목이 인식될 때까지 특정 기간 동안 기억되었던 정보 전체를 스캔하면서 기억을 구성하는 자료들이 연결된 선들을 쫓아가면서 검색하는 것이다. 이것은 마치 찾고 싶은 부분이 들릴 때까지 녹음테이프를 다시 들어보는 것과 같다. 주로 구두적 코드에 기초하고 있는 이 기술은 두 번째 전략보다도 훨씬 빠르지만 비경제적이다. 왜냐하면 원하는 종목이 나타나지 않으면 반드시 다른 코드를 사용해야 하기 때문이다.[10] 이 기술은 구비 문학을 공부하는 학생들이 확인해준 것이다.[11] 이들은 또한 두 번째 기술을 확인해주었고 그것을 '큐를 준다'(cueing)고 했다. 어의적인 라벨에 '큐'가 주어지면 특정한 종목이 곧장 인식된다. 이 기술은 예상대로 더 느리지만 스캐닝보다 훨씬 더 정확하다. 큐는 어의적 코드에 있는 종목의 논리적 위치나 그 종목이 기억될 수 있는 특질, 예를 들면 재질, 색깔, 음성 발음 등과 관계가 있다. 이런 특질은 주 코드를 가로지르는 두 번째 정리 체계를 형성한다.[12]

한번 저장된 기억들은 절대 없어지지 않는다. 그러나 우리는 곧잘 잊어버리곤 한다. 그렇다면 무엇이 기억하지 못하게 하는가? 기억을 방해하는 것들은 프로이트(Freud) 시대부터 알려져 왔다.[13] 일시적인 기억상실증의 많은 사례는 회상이 너무 고통스러우면 사람들은 기억하지 않는다는 것을 보여주었다. 그러나 대부분의 경우 기억하지 못하는 것은 코드화와 해독 과정에 무엇인가가 잘못되었기 때문이다. 반복되는 특정한 사건이나 상황은 쉽게 기억되지 않는다. 왜냐하면 그러한 사건들의 라벨은 그것들을 구별하는 연속적인 표시를 제외하고는 실제로 동일하기 때문이다. 예를 들자면 내가 빵을 사러 가는 때는 요일만 제외하면 언제나 그전과 같다. 실험에 따르면 그러한 상황에서는 단지 첫 번째 그리고 마지막 경험만이 기억된다고 한다. 그래서 주어진 상황을 기억하는 능력은 전형적으로 U자 모양을 띤다.[14] 코드화가 부적절할 수도 있지만 그렇다고 결코 생략되지는 않는다. 만약 코드화가 안 되었다면 그 종목은 결코 기억될 수 없다. '고양이'가 '동물'이 아니라 '광물'로 구분되고 그 후에 '고양이' 큐가 '가정에서 기르는 동물'로 언급되는 것과 같이 부적절하게 코드화되었다면, 원래 '고양이'에 대한 기억은 결코 되찾을 수 없다. 코드가 정확하다고 할지라도 기억코드를 방해하거나, 혹은 기억코드에 맞지 않는 암시적인 코드에 근거를 둔 큐로 불릴 수도 있다. 내가 만일 '고양이'를 '가정에서 기르는 수염이 있는 동물'로 기억하고 있는데, 확고한 코드가 아니라 '집합명사로서 여성형[15]이 사용되는 집에서 기르는 동물은?'이라고 질문받는다면, 이 모든 추상적인 문법은 사용된 직접적인 어의적 코드를 방해한다. 나는 이 질문에 혼란스러움을 느끼게 되고, '고양이'를 전혀 기억해내지 못하거나 어떤 추론에 의해서만 그 이미지를 찾을 수 있을 것이다.

어의적 코드는 전체 기억의 작동을 쥔 열쇠다. 이것은 사람들이 아동기에 획득하는 세계관 또는 정신의 지도다. 이것은 사람들이 획득하는 체계이고 따라서 사람들이 배우는 것이기 때문에 공유된 집합적 코드다. 문화마다 정신의 지도가 다르기 때문에 문화가 다르면 사람들의 기억도 다르다. 어린아이들의 기억은 더 큰 아이들의 기억 그리고 어른들의 기억과도 다르다. 대부분의 문화에서 남성과 여성의 교육과 직업이 다르기 때문에 그들의 기억이 상이하다고 주장할 수 있다. 그래서 보편적인 '인간 기억'이라는 것은 존재하지 않는다. 한 지역사회의 기억과 그 지역사회가 갖고 있는 사회문화적 틀 간의 관계가 잘 이해된다면[16] [지역마다] 특유한 차이점들이 존재한다는 사실을 제외하고는 그 차이점에 대해 더 많이 이야기할 필요는 없다. 더 나아가 개인이 속한 문화 간의 상호 작용에 대한 연구는 구전을 공부하는 학생들에게 매우 적절한 것이다.

개인의 회상들

무엇보다도 기억에 대해 심리학자들이 아는 자료는 명백히 구술사가들과 관련이 있다. 왜냐하면 구술사가들은 이론적으로는 모든 것을 기억할 수 있다는 것을 전제로 하며 살아 있는 증인을 다루기 때문이다. 그래서 증인들의 회상은 정의될 수 있고 설명될 수 있는 특성을 가진 하나의 구술 문서가 된다. 그러나 증인들은 정보 제공에 수동적이다. 증인이 면담자에게 인터뷰를 자청한 경우는 물론이고, 이런 경우는 생각보다 훨씬 적다. 그래서 증인들이 증거를 제공하도록 도와주면서 자극할 수도 있다. 기록된 문헌 자체가 구전을 받아 적은 기록이 아닌 원본인 경우에도 이를 다루는 역사가 역시 기억을 다루게 된다. 그러나 기록된 문헌은 구술 제보자보다 더 많이 편집됐을지도 모르는 적극적인 제보자의 산물이다. 구전은 모두 개인의 회상으로부터 시작된다.[17] 이것이 구술사 제보자와 관련하여 기억에 대해 우리가 아는 실제적인 결과를 우선하여 알아보는 이유다. 사실상 모든 개인의 기억은 더 큰 생애사의 작은 부분이다. 생애사는 역사의 모든 다른 장르들을 위한 자료가 흘러나오는 주맥이다. 그러나 하나의 장르로서 '생애사' 그 자체는 잘못 이해되고 있다. 원칙적으로 기억은 절대 사라지지 않는다. 그래서 한 개인의 모든 기억을 되찾는 것이 가능해야 한다. 이것이 사실이라면 모든 사람의 생애사는 매우 긴 문헌이 될 것이다. 심리상담가에 따르면, [과거의 기억을 되살리는 것은] 어느 정도 가능하기 때문에 그 결과물은 대단히 길 수 있다. 그러나 책 한 권 분량의 자서전을 만들어내는 생애사조차 실제로는 되찾을 수 있는 기억의 한 부분만을 포함한다.[18] 기억할 시간을 준다면 사람들은 주어진 시기나 사건에 대해서 더욱더 많이 기억할 수 있을 것이다(한번 공부했지만 잊어버린 단어가 '다시 되돌아오는' 현상을 보라). 대부분의 구술사 프로그램에서 생애사라고 인정되는 것은 분명 그러한 것이 아니다!

소위 '생애사'의 대부분은 [완벽한] 생애사의 서투른 모방이다. 면담자들은 특정한 질문 또는 대답에만 한정되고 그 밖의 것들을 제외시킨다. 종종 제보자는 자신의 경력을 요약한 것을 생애사로 내놓는다. 여기에는 에피소드가 있기도 하고 아예 없기도 하다. 이 같은 문헌을 '생애사'로 명명해서는 안 된다. 그와 같이 명명되려면 그것은 좀 더 정확하게 좁혀진 범위의 회상을 반영해야 한다.

자신의 진정한 생애사를 되찾고자 하는 제보자는 매우 드물고 대부분의 문화에서 이런 유형의 제보자는 기이한 사람이다. 그러나 생애사는 되찾아질 수 있다. 제보자가 일단 이것이 연구의 목표라는 것을 이해하고 연구자가 충분히 그리고 자주 제보자와 만난다면 완전한 생애사가 나올 수 있다. 그러나 그렇게 하더라도 한 개인이 가지고 있는 기억의 편집된 판본을 얻을 뿐이다. 한편으로는 많은 회상이 너무 사적(私的)이어서, 기억하기가 너무 고통스러워서, 혹은 설명하거나 정당화하기가 번거로워서 제외되기도 한다. 또 다른 한편으로는 회상이 소설처럼 꾸며지기도 한다. 한 사람이 기억을 모으기 시작하면 자기의 삶에서 새로운 의미를 보게 되고 이에 따라 자료를 강조하게 된다. 처음에 사람들은 기억의 조각들을 멋대로 기억할지 모른다. 그러나 사람들은 그 기억의 조각들을 곰곰이 생각해보고 새로운 패턴을 만들어내고 감지되는 틈새를 채워나간다. 사람들은 때론 더 걱정스러운 기억을 찾지 않기 위해 면담자가 더는 질문하지 못하도록 막기도 한다. 대체로 사람들은 과거를 연속적으로 기억할 수 없을 때 불안해진다. 여기에 공백에 대한 두려움이 존재한다. 이렇게 소설처럼 꾸며지는 이야기들은 항상 원래의 이야기보다 더 '논리적'이 되고, 특히 제보자가 이미 나이 든 사람이라면 제보자가 현재 가진 자기 이미지에 더 잘 들어맞는다. 그러면 이러한 소설화(fabulation) 여부를 찾아내는 일은 면담자에게 달려 있다. 즉 예를 들면 논리가 너무 산뜻하다거나, 또는 쉽게 기억하지 못하는 동기와 의견인데도 제보자가 만들어냈기 때문에 다음 사건들과 너무나 잘 들어맞는다는 것을 보여줌으로써 제보자가 자신의 이야기를 소설처럼 꾸미고 있다는 사실을 증명하는 것은 면담자의 몫이다.

생애사의 애매함, 그것을 수집하는 데 드는 시간,[19] 제보자와 연구자 사이에 성립되어야 하는 라포 그리고 결과적으로 나타나는 심리적인 문제들을 고려하면, 하나의 완벽한 생애사를 수집하지 않는 것이 현명하다. 그러나 생애사의 부분들을 수집하는 것은 바람직할 것이다. (다른 제보자들을 포함하여) 다른 출처에서 나온 자료를 보완하기 위해 특정한 기억들을 찾아보거나 아주 적은 자료만이 남아 있는 문제에 대한 답을 구할 때 사람들의 기억에 똑똑 문을 두드리는 것은 대단히 효과적인 방법이다. 예를 들어 아프리카에서 관련 문헌 자료가 존재하지 않거나 존재한다 해도 한결같이 편견이 들어간 식민지 시기 연구에 있어서 그러한 자료는 매우 소중하다. 다음에 언급하는 것은 이러한 제한된 종류의 구술사 인터뷰, 특히 연월일을 알아내는 문제와 관련 있다.

심리상담가들은 제보자들이 종종 특정한 성격을 지닌 초기 아동기의 생생하지만 자기충족적인 기억을 갖고 있다는 사실을 매우 잘 알고 있다. 제보자들은 어릴 때 일어났던 사건을 길게 서술하기보다는 짧은 장면을 '본다.' 아이의 기억은 짧은데 이는 아이가 주의를 집중하는 시간이 어른보다 짧기 때문이다. 아이의 기억 '프로그램'이 아직 초기 단계에 있기 때문에 아이의 기억은 자기충족적이다. 대개 그러한 회상은 어른과는 다른 징후들을 가지고 있다. 크기는 아이의 눈높이에 따르기 때문에 몸집이 더 크게 기억된다. 그러한 기억은 초기 아동기, 대개 18개월에서부터 아마도 열 살까지의 것으로 추정될 수 있다. 나이가 많아짐에 따라서 자기충족적인 부분이 점점 적어지고 기억하는 '사건'의 행위 부분이 점차 증가하게 된다. 예를 들자면 한 사람이 한 장면을 기억하지만—기억으로부터—자신이 그때 이 학교에 다니고 있었고 학교와 집 사이의 길이 이러저러했다고 말할 때, 그 사람은 기억의 덩어리를 갖고 있는 것이다. 회상은 더 이상 따로 떨어져 있거나 자기충족적이지 않다. 그래서 이 기억은 아마도 열 살 정도의 후기 아동기의 것으로 추정될 수 있다. 그러한 자기충족적 기억이 일관된 이야기가 될 때 소설처럼 꾸며내는 것일 가능성이 크다. 종종 사람들은 처음으로 그들이 기억하는 상황을 이야기했을 때 부모나 나이가 더 많은 형제가 후에 그 상황에 대해서 이야기한 것과 자신이 진짜로 기억한 것을 뒤섞는다. 그러한 소설화가 심각한 잘못을 일으키는 것은 아니므로 연구자가 그것에 대해 너무 걱정할 필요는 없다. 그러나 이러한 소설화가 사실을 심각하게 왜곡하지는 않는다 하더라도, 다른 사건들로부터 그것이 언제 일어났는지 추론하려는 시도를 방해할 가능성이 있다. 그렇지만 자기 합리화를 위해 소설처럼 꾸며내는 것은 아주 다른 문제다. 왜냐하면 이는 왜곡을 낳기 때문이다. 하지만 그것은 오히려 쉽게 간파될 수 있다.

실제 사례들은 제보자들이 젊었을 때의 사건일수록 더 잘 기억한다는 사실을 보여준다. 이것은 아마도 첫 번째 경험이 더 잘 기억되기 때문일 것이다.[20] 그 후에 비슷한 사건들이 반복되면 우리가 본 바와 같이 부정적으로 작용한다. 즉 대개의 경우 첫 번째와 마지막 경험만이 기억된다. 그래서 어떤 사람은 어렸을 때 빵을 사오라고 심부름 갔던 것을 기억하고, 때로는 잔돈을 받았으며 얼마나 냈는지조차 기억하기도 한다. 그러나 평생 빵을 살 때마다 얼마를 냈는지를 모두 기억하는 사람은 없다.

가정 내에서의 초기의 경험은 공적인 성격을 가진 경험보다 더 어렸을 때 일어난다. 사회적 관계에 대해서 거의 알지 못하는 상태에서 하는 첫 번째 공적인 경험은 사회적 관계에 대한 이해를 전제하는 것들보다 더 이르다. 알지 못할 때는 그러한 지식을 둘러싸고 있는 구조화된 기억 코드가 제대로 기능할 수 없다. 그래서 장례식에 대한 아이의 기억은 어른의 것과 매우 다르다. 아이는 장례식 장면을 기억하지만 거기에 있던 사람들의 관계를 '기억하지' 못하기 때문이다. 그리고 대부분의 아이들은 죽음이 무엇인지를 아직 알지 못하기 때문이기도 하다. 아동기 기억은 단순한 장면들로 시작하고 나이가 들면서 좀 더 복잡해진다. 제보자가 '청년기'로부터 가정의 실제적인 일과 상황을 기억할 때 가정에 대한 기억은 더 어린 나이의 것으로 추정될 수 있다. 뿐만 아니라 기억력이 전제하는 아는 정도의 복잡성에 따라 시간상 순차적으로 정리하는 것도 가능하다.

실제로 더 조리 있는 회상은 여섯 살 혹은 일곱 살 이후에 일어나는 듯하다. 가정 밖에 대한 기억은 아이가 집 밖에서 돌아다니도록 허락된 나이에 좌우된다. 그리고 그 나이는 남자아이와 여자아이에게 다르고 문화마다 다르다. 아프리카 여러 문화에 대한 현지조사 경험을 통해[21] 열 살 정도가 되면 아이들이 친족관계와 그 관계에 적합한 행동에 대해서 완전히 이해하고 있다는 것을 확인할 수 있었다. 친족 집단 사이에 대한 충분한 이해 또는 그들의 경제적, 정치적 그리고 의례적 관계에 대한 파악은 훨씬 후인 약 열다섯 살 정도가 되었을 때 일어난다. 이상과 같은 것들은 명백히 일반적인 것을 제시할 뿐이다. 어떤 문화에서는 아이일 때 친족 계보를 배우지만 또 다른 문화에서는 전혀 배우지 않거나 나이가 더 들어서 배운다. 부룬디(Burundi) 귀족들은 열 살 된 아이들에게 계보와 혼인 동맹에 대해서 설명하지만, 아이들은 그 의미를 이해하지 못하고 기계적으로 암기한다. 반면 부룬디 농부들의 아이들은 그런 고상한 것은 전혀 배우지 않는다. 그래서 지역에서 실제로 어떻게 하는가를 본다면, 가정에 대한 것은 열 살, 공적인 것은 열다섯 살이라는 눈대중은 달라져야 한다. 여기서 중요한 논점은 '내가 어렸을 때…'와 같이 보기엔 어렴풋하게 언급되는 것이 오히려 한 사람의 생애사에서는 정확한 연월일로 종종 집어낼 수 있다는 사실이다. 즉 제보자의 현재 나이를 알면 그 연월일을 알아낼 수가 있다.

단지 생애사만이 아니라 구술사의 모든 장르에서[22] 회상의 가능성에 영향을 주는 몇몇 변수들을 주목할 필요가 있다. 그것은 경험의 반복 정도, 자료의 구체성, 의견 또는 동기가 들어가 있는지 여부, 기억이 기계적으로 암기되었는지 여부, 그리고 기억되는 사건과 연관된 감정의 강도를 포함한다. 반복적인 경험이 부정적으로 작용한다는 점은 이미 지적되었다. 아울러 구체적인 종목이 추상적인 것보다 훨씬 더 잘 기억된다. 이러한 사실은 사람들이 숫자를 잘 기억하지 못한다는 이미 잘 알려진 사실을 설명해 준다. 물론 사람들이 언제나 구체적인 숫자를 기억해내는 듯하지만 말이다. 숫자는 추상적이다. 그러한 추상적인 종목이 반복적인 경험과 결합될 때 물건의 가격처럼 연속적인 시리즈가 다 기억되는 것이 아니다. 일련의 숫자들을 기억한다고 주장하는 사람은 그것을 만들어냈거나 혹은 문제의 숫자들을 기억할 매우 특별한 이유가 있을 것이며 연구자들은 그 이유를 밝혀야 한다. 그래서 구술사, 더 넓게 말하면 구전은 본래 정량적인 역사를 위해 효과적인 수단이 되지는 못한다.[23]

추상적인 종목들은 기억하기가 어렵기 때문에 예전의 규범이나 일반적인 규칙에 대한 진술도 또한 믿어서는 안 된다. 그래서 '네 개의 매트에 달하는 신부대'(bride-wealth amounted to four mats)[24]는 매우 의심스러운 기억이다. 이것은 제보자의 한 가지 실제적인 사례에 대한 기억으로부터 일반화한 것이거나 혹은 과거에 '수정된' 현재의 규범을 적용한 것이기 때문이다. 제보자가 정말 예전의 기준을 기억한다면, 어떤 특별한 사건이 제보자로 하여금 그 규범을 그렇게 정확하게 기억하게 하는지 알아보아야 한다. 제보자들은 일반화하는 경향이 강하고 (종종 현재의 규범과 대조해서!) '규범'으로 이야기하기 때문에 이 경고는 자주 적용된다.

주장과 의도된 동기에 대해 말하자면 이것들도 또한 추상적이다. 우리는 사람들이 자신들의 생각을 전적으로 다 잊어버리지 않았다면 자신의 생각에 반하는 주장을 왜곡하는 경향이 있다는 사실을 보아왔다. 게다가 여기에 반복적인 상황의 효과가 개입한다. 그럼에도 불구하고 다양한 문화에 사는 대부분의 사람들은 자신과 다른 의견을 기억한다고 주장한다. 그러나 그러한 주장들은 모두 의심스럽다. 실제로 다른 사람들로부터 가져온 의견을 갖고 자기 것이라고 얼마나 빈번하게 주장하고 있는가? 게다가 사람의 기억은 자기가 갖고 있었던 의견의 모든 변화를 기록할 수 없다. 왜냐하면 대개 이러한 의견은 차츰 무의식적으로 변하기 때문이다. 더 나아가서 대부분의 기억된 의견은 연계된 강한 감정에 의해 왜곡된다. 마지막으로, 과거에 자신이 지속적으로 그 의견을 갖고 있었는지 아닌지에 대한 믿음은 모든 인성의 핵심적인 부분이라는 사실이다.[25] 누구도 과거의 의견과 그 결과의 다양한 층위를 분류할 수 있을 정도로 정신분열적이지 않다. 의견에 대한 기억은 반대로 강한 근거가 있지 않다면 믿어서는 안 된다. 이 같은 강한 근거는 하나의 의견에 기반을 둔 입장에서 나오는 구체적인 행위를 포함한다. 한 사람이 그의 신념 때문에 교도소에 가는 것이라든가, 매우 강한 감정을 대중들에게 표현하고 그에 따른 행위를 한다든가, 그 의견 자체에 대한 특별히 유감스러운 표현을 한다든가 하는 행위가 있어야 한다. 위의 모든 경고는 동기에 대한 기억에도 그대로 적용된다. 동기는 의견만큼 관찰하기 어렵고 쉽게 누구의 탓으로 돌려지며 종종 무의식적이지만 의견보다 더 복잡하다. 그래서 정량적 역사 연구에서와 마찬가지로 지성사 연구를 위해서 구술사와 구전은 별로 유용하지 않다.

의도적으로 암기된 종목은 더 잘 기억되는 것처럼 보인다. 왜냐하면 부분적으로는 빨리 기억되고 완전하기 때문이다. 기계적으로 배운 것과 같이 어떤 경우에는 비록 빠진 것이 있더라도 더 잘 기억되는 것처럼 보인다. 의도적으로 배우는 것은 '달라붙어서 떨어지지 않을' 때까지 메시지를 반복한다. 이러한 반복의 형태는 사실상 메시지에 붙어 있는 라벨이 모두 옳은 순서대로 기억될 때까지 그 메시지를 재구성한다. 기계적으로 외운 종목이 아닌 것은 항상 단순하고 간결하다. 인상적인 것들이 연속적인 흐름을 이룰 때 그 속에 있는 요소들은 하나의 서술이 되기 위해 논리적으로 서로를 뒤따르는 강조점을 갖게 된다. 이 모든 효과는 기계적으로 배우는 텍스트에서 감지되는 것이 아니라 그저 거기에 존재할 따름이다. 사실상 그것을 통해 어떤 단어들을 다른 것으로 교체할 수도 있다. 대체한 단어가 원본의 모든 이름표에 잘 들어맞고, 전후의 단어들이 주는 단서에 더 잘 연결된다면 말이다. 그래서 잘 표현되고 쉽게 기억하는 것은 이와 같은 근거 때문에 의심을 일으킬 수 있다.[26]

　감정은 우리가 지각하는 것에 강력하게 영향을 주고 그 기억도 마찬가지다. 감정은 어떤 종목이 기억될 것인가의 선택도 통제한다. 흥미 있는 상황들은 다른 것들보다 더 잘 기억된다. 왜냐하면 감각이 더 예민해져 있기 때문이다. 이것은 피로와 스트레스가 관찰력을 떨어뜨리고 그래서 기억도 흐리게 하는 것과 같다. 대체로 즐거운 감정을 동반하는 상황은 가장 잘 기억되고 불쾌한 감정을 동반하는 상황은 잊게 된다. 그리고 고통스러운 기억들은 봉쇄된다. 종종 이것은 겉으로 보기에 별 뜻 없이 일어난다. 사람들은 정말 '옛날 좋은 시절'을 잘 기억한다. 한 예로, 평화 시 징집된 군인들은 제대를 열망하게 했던 고통과 권태가 아니라 즐거운 '기억할 만한' 사건들을 기억하는 경향이 있다. 불행이 너무 심하거나 지속적이어서 그 사람의 성격에 '상처'를 주고 기억의 봉쇄 막을 뚫는 경우가 있는 것도 사실이다. 그러면 불행한 사건은 그 사람의 정신적 유산에서 매우 생생한 부분이 되어 버린다. 그러나 이러한 사건이 회상되지 않는 반대의 경우가 더 빈번하다. 구술사가가 이러한 사실을 명심하고 구체적이고 면밀한 질문을 한다면 즐겁지 못한 것들을 숨기려는 일반적인 경향에 능히 대처할 수 있을 것이다.

개인의 회상에서 구전으로

개인의 회상은 공공 영역에서 사용하는 데 적당하지 않다. 개인의 회상은 사사롭기 때문에 대부분은 단순히 대중과 함께 나눌 운명이 아니다. 구술사 인터뷰 상황에서 회상은 이미 어느 정도 다른 이들에 줄 충격의 가능성을 예측하고 편집되어 있다. 제보자는 스스로 할 수 있는 모든 것을 기억하길 원할지도 모른다. 그러나 그의 기억은 하나의 메시지다. 그것은 면담자를 향한 것이며, 대부분의 제보자들은 더 넓은 층의 대중을 의식하고 이에 따라 그들의 자료를 고친다. 결과적으로 정리된 텍스트는 면담자와 제보자 양측의 발의가 결합한 것이다. 작가는 자신의 회상을 같은 방식으로 편집한다. 단지 그들은 자신 혼자 발의를 갖고 있을 뿐이고 그래서 더 강한 동기를 갖고 대중을 위해서 글을 쓰는 것이다. 그들은 주장을 하기 위해서 또는 효과를 내기 위해 더 많이 생략하고, 자료를 더 많이 재배열하고, 더 많이 재조정한다. 그래서 작가와 제보자 사이에는 중요한 차이가 있다.[27] 그러나 우리는 실제 연구로부터 구술로 된 개인의 회상과 대부분의 구전 사이에 더 큰 차이가 있을 가능성이 있다는 것을 알 수 있다.

어떻게 개인의 회상이 구전되는가? 가족 구전의 경우 그 과정은 작가의 것과 크게 다르지 않다. 회상은 편집되며 일반적인 목표는 가족 정체성과 결합을 유지 보존하고 가족에 대한 자신의 개인성을 설명하는 것이다. 이것 외에도 경험으로부터 가르침을 주기 위해서, 가족의 가시적 또는 비가시적 우월성을 주장하기 위해서, 그리고 여타 다른 이유들로 인해 회상이 사용된다. 친구들에게 이야기되는 개인의 회상은 대부분이 현재의 상황에 대한 논평이거나 또는 자신을 설명하고자 하는 욕망을 표현한다.

특정 형식의 구전—시, 노래, 또는 목록—은 다르다. 그것은 개인의 회상으로부터 새롭게 창작된다. 목격자의 기억 속에 있는 요소들이 버려지고 다른 것들이 재조정되어서 새로운 구조가 만들어진다. 목록의 경우가 편집이 가장 심하지만 선택의 범주는 매우 분명하다. 시, 서사시, 또는 노래 등을 작곡할 때, 재창작을 위한 조정이 암기와 유사하게 지배적이고 이것 자체가 또한 창작이다. 그래서 우리는 이런 자료를 기억과 거의 같은 것으로 볼 수 있다. 이러한 텍스트에서 상징적 요소들이 두드러진 현상으로 종종 언급되기도 한다. 상징적 사고가 기억을 회상하는 것과 매우 비슷하다는 것을 알게 되면 상징에 의존하는 것이 놀라운 일은 아니다. 정신은 기억하기보다는 불러일으키는 기억 코드와 작용하고 새로운 관계들을 탐사하고자 연상의 가능성을 이용한다.[28]

그렇게 이미 형식화된 전통이나 옛날이야기 같은 허구적 재료들은 암송되기보다는 연행(performed)으로 전래된다. 이때 개인들이 새롭게 채택한 것을 삽입하고 개인의 창의성을 반영한다. 그러나 공식적인 역사학 전통에서 이러한 개작은 그렇게 뚜렷하지 않다. 예를 들면 개인의 회상으로부터 발전된 이야기는 사실로서 주장되고, 그래서 한 세대에서 차후 세대들로 진실로서 전해진다. 여기서 전래자는 가능하면 정확히 [전달하려고] 노력한다. 그러나 이러한 이야기가 만들어질 때, 이야기는 그 지역사회의 지배적인 이해관계에 따라서 편집되고 재구성된다. 이러한 종류의 편집은 기억코드 자체에 내재된 경향들이 확장된 것이다. 이 코드는 집합적이고 그래서 초기의 지각에 영향을 준다. 하지만 코드에 저장된 자료는 집합적인 관심사에 맞도록 변형된다. 다른 것과 달리, 이러한 공식적 전통은 재구성되고 전래되면서 가장 특유한 것들을 제거해왔다.

특정한 개인의 회상이 집합적인 공적 전통으로 변환된 것에 대한 경험적인 자료는 없다. 그러나 그 자체가 종종 전통인 허구적 이야기들과 역사적 전통들 사이에 일어나고, 아울러 여기서 발생하는 상호작용은 몇몇 공적 전통이 어떻게 태어났는지를 증명해준다.[29] 또한 다른 사례에서 보듯이 많은 개인의 기억이 하나의 공동 판본으로 만들어지기 위해서 합성된 것은 아닌지 의심을 받기도 한다. 우선하여 일반화되고 기억된 사건들 사이의 더욱더 상상된 논리적인 고리의 발전, 모순적인 기억을 제거하는 것 등이 선택 과정에 포함된다. 여기서 더 나아가면, 단순하게 하나의 판본을 강요하는데 대개 짐작은 하겠지만, 이것은 대표적인 판본이면서 가장 잘 연행된 것이기도 하다. 이 판본은 다른 판본들을 능가하는 집합적 이야기가 된다.

구전은 말 그대로 기억들에 대한 기억이다. 왜냐하면 우리는 다른 사람이 기억하고 말한 것으로부터 메시지를 전달받기 때문이다. 구전이 암송에 의존한다는 것을 볼 때 모든 암기에 구술적 차원이 있는 것이 확실하다. 사실상, 라임(rhyme), 운문, 유음(類音) 등과 같은 많은 기억 기술적 장치들은 더 충실하게 전달하고자 언어의 음소적인(phonemic) 특성을 이용한다. 암기를 통해 배우지 않는 산문에서조차 이러한 구술적 특징들은 중요하다. 결과적으로 구전은 그것을 전하는 언어에서 가장 쉽고 충실하게 기억되고 재생산되는 것이다. 기억의 가장 중요한 차원인 기억 코드가 구전이 전해지는 언어의 의미론적 코드와 일치한다는 것을 상기한다면 이것은 더욱더 확실하다. 그래서 구전을 그 원래의 언어로 말하는 것이 그것을 번역하는 것보다 더 쉽다. 가능한 한 구전은 원래의 언어로 수집되어야 한다. 구전이 번역된 형태로만 알려진 경우, 예를 들면 멕시코의 아즈텍 구전들처럼 번역된 텍스트는 단어, 표현, 이미지 등이 번역된 해당 언어에서 그 의미가 어떻게 다른지 면밀하게 분석되어야 한다. 이런 식의 번역의 경우 외국어의 의미론적 코드로의 전환이 예상되며, 이것은 글의 번역에서조차 일어나기 때문에 이것이 얼마나 많은 영향을 구술에 주게 되는지 예상할 수 있다.

기억은 대체로 집합적이다. 그리고 구전의 내용은 더욱더 집합적이다. 그러나 어느 정도인지는 아무도 정확하게 알 수 없다. 의미론적 코드가 언어적 코드와 일치하기 때문에 개인 언어(idiolect)가 사투리와 언어의 변형에 영향을 주는 것만큼 개인의 특수성이 많은 영향을 주지는 않지만, 적지 않은 영향을 준다는 것은 추론해낼 수 있다. 언어는 종종 매우 느리게 변할 뿐이어서[30] 구전에 대한 특수한 효과, 특별히 역사학 전통에 대한 효과가 사실상 매우 제한되어 있다고 추정할 수 있다. 언어의 의미론은 전체적인 변화보다 좀 더 빠르게 변화할지 모른다. 그러나 이 영역의 변화가 급격한 사회 변화나 다른 문화와의 접촉 없이도 매우 빠르게 이루어지고 있다고 믿을만한 이유는 없다. 그래서 일련의 중언에서 모든 목격자들의 기억 코드는 갑작스런 사회문화적 변동에도 불구하고 거의 동일하다. 따라서 구전이 몇 세기 이상 오래되지 않았다면 변화하는 집합적 기억 코드 때문에 생기는 변형은 두려워할 필요가 없다. 개인의 특수성이 역사학 전통에 미치는 영향은 미비하다. 세계에 대한 집합적인 견해는 느리게 변화한다. 이것은 오늘날 구전 전체 밑에 놓여있는 정신의 지도를 알아낼 수만 있다면 전승 동안 일어나는 변형의 주요한 원인을 알아낼 수 있다는 사실을 의미한다.

어떻게 이 코드를 밝혀낼 수 있을까? 정신의 지도를 구성하는 인식 패턴의 대부분이 무의식적이기 때문에 직접적인 연구에는 제보자의 자기 성찰로부터 나온 자료가 존재한다. 이러한 평가는 일정한 가치가 존재하기는 하지만 자기 성찰과정에 개인의 특수성과 상상적 해석이 빈번히 발생하기 때문에 그것들을 통제할 필요가 있다.[31] 몇몇 다른 접근 방식 또한 코드의 윤곽을 밝혀줄 수 있다. 구전 자료 자체는 그 편견을 발견하는 데 필요한 요소들을 동반한다. 왜냐하면 아이들은 기억 코드를 어른들로부터, 그리고 주로 구술 자료로부터 배우기 때문이다. 그래서 역사가는 그것이 허구에 대한 것이건, 역사에 대한 것이건 구전 전체를 검토할 수 있다. 역사가는 언급된 주제들, 특히 역사적 설명에서 주제 목록을 작성한다. 이를 통해 무엇이 중요하다고 생각되었고, 어떻게 선택이 진행되었는가에 대한 대략적인 가이드를 제공받을 수 있다. 이와 같은 분석에서 역사가는 기원적 전통과 종교적 텍스트에 집중할 수 있는데 이는 세계관 대부분이 이들 텍스트에 명백하게 나타나 있기 때문이다. 또한 이들 텍스트는 그 이상의 실마리, 즉 선입관, 핵심적 상징을 제공하는데 이들은 구전 전체 자료의 공통된 특징을 설명하는 데 도움이 된다. 이러한 접근 방식은 개념과 용어의 사용이라는 맥락에서 직접적으로는 의미론적 영역에 대한 연구와 관련된 많은 주요 개념과 용어를 인식할 수 있게 할 것이다. 데리브레(Delivré)가 그의 연구에서 보여주었듯이,[32] 이들 의미론적 영역은 연구자를 문화의 중심으로 이끌어갈 것이다. 또 하나의 접근 방식은 어린이들 또는 어린이들과 어른 모두를 위한 픽션에 초점을 두는 것이다. 여기에는 옛날이야기, 속담, 수수께끼, 게임 등이 포함된다. 이러한 자료들이 아이들에게 무엇을 가르칠까? 여기서 어른들의 해석은 매우 귀중하다. 왜냐하면 어른들이 아이들에게 해주는 설명을 살펴보면 직접적으로 그 정신의 지도가 어떻게 만들어졌는지 드러나기 때문이다.[33] 여기에 교육에 관한 전체 문화기술지(ethnography)가 관련되어 있다. 여기서 어느 한 접근 방식이 더 중요하다고 이야기할 수는 없다. 포괄적으로 연구자는 결과들을 비교 검토해보고 확인할 수 있다. 따라서 이런 방식으로 연구자는 제보자를 직접적으로 언급한다고 해서 유효성이 담보되는 것이 아니고 연구자의 상상과 같은 주관성이 상당 부분 포함되는 이러한 유형의 연구에 있는 주요한 장애물을 극복할 수 있다.[34]

기억 코드는 매우 집합적이기 때문에, 지역별로 사투리가 다른 것처럼, 사회마다 다르다. 같은 지역사회 구성원들의 증언이 비교될 때 이 집합적 편견은 발견되지 않고 그대로 남아 있다. 그래서 기억 코드를 체계적으로 찾을 필요가 있다. 아울러 다른 지역사회로부터 또는 다른 문화로부터 같은 사건에 대한 이야기를 비교 검토하는 것은 매우 가치 있는 일이다. 종종 이러한 시도는 같은 사건에 대한 이야기로 나오지 않기도 한다. 한 유명한 사례가 베닌(Benin)의 경우다. 이것은 기록된 문헌을 통해서 구전들을 비교 검토할 수 없는 상황이다. 구전들을 비교 증명하려고 했던 역사가는 다른 이들이 수집했던 구전에서 서술되는 사건을 명백하게 언급하는 자료를 문헌에서 찾을 수 없었다.[35] 문헌은 베닌 왕들의 이름을 언급하지 않고 있어 구전을 연대기적으로 정리하는 것조차 아직 이루어지지 않고 있다. 분명하게 문헌 기록자들과 전통주의자들이 가진 정신적 파장은 달랐다. 그들의 [기록으로 남기는] 선택 원칙들은 서로 달랐다. 그들은 세계관과 현실관이 다르고 그들 각각의 기억 코드가 너무나 달랐기 때문에 그들로부터는 베닌의 두 가지 역사가 나올 수밖에 없었다. 베닌의 경우는 문헌과 구술 모두의 역사에서 정신의 지도가 가지는 중요성이 증명된 독특한 사례다. 다른 문화의 자료와 비교할 때 이러한 결과는 일반적이라기보다는 예외적일 것이다. 어쨌든 이런 일 때문에 각각의 기억 코드의 증거를 위한 보충적인 자료를 다른 사회로부터 찾고자 하는 시도가 포기되어서는 안 된다.

결론

기억은 과거로부터의 인상에 기초한 하나의 재창조이기 때문에 실제로 일어났던 것과 기억이 그렇게 밀접할 수 있다는 것, 그리고 서로 다른 목격자들이 실제로는 서로 일치하며 또한 여타 존재하는 다른 자료와 일치하는 진술을 줄 수 있다는 것은 어찌 보면 놀라운 일이다.[36] 기억의 신빙성은 구술사나 문헌 자료에서보다 구전에서 좀 더 주목할 만하다. 이와 동시에 그 한계는 "하나의 증언은 아무것도 증언하는 것이 아니다"(testis unus, testis nullus)라는 오래된 격언의 진실을 더 잘 보여준다. 다수가 확인한 사실만을 의존한다는 기준을 발전시킨 로마인들은 법정에서 진술되는 이야기가 고의적으로 왜곡되는 것에 대해서만 생각했다. 모든 기억이 창조적 행위라는 것을 깨달으면 그 기준은 더 현명한 것이 된다. 어떤 종류의 잠재적이고 의도되지 않은 왜곡이 일어났는가만을 확실하게 알아내는 것이 더욱 어렵기 때문이다. 마찬가지로, 비록 **독립**이라는 개념이 예전보다 더 분명하지는 않지만, 독립적이면서도 일치하는 진술이 더 가치 있다. 한 예로 9~10세기 서유럽에서는 북쪽 사람들의 침략에 대한 많은 진술이 있다. 그 진술들은 서로 모르는 증인들로부터 나왔기 때문에 서로 독립적이라 할 수 있다. 그러나 이들 대부분은 성직자나 수도승이 쓴 것이다. 성직자들은 바이킹이 선택한 목표물인 한 사회적 지위를 공유할 뿐만 아니라, 이들 목격자가 가지고 있는 삶에 대한 전체적인 견해는 본질적으로 동일했다. 그 자료들은 진실로 독립적인 것이 아니다. 적어도 바이킹의 보고와 수도원의 보고가 서로 관련이 있다 하더라도 서로 독립적인 것이 아니다. 역사의 많은 부분에서 이 같은 자료들이 갖는 신빙성의 정도는 예전에 믿어졌던 것보다 더 떨어진다. 그러나 역사가는 '오염' 때문에 혹은 하나의 증언(testis unus) 규칙 때문에 이 같은 정보를 제거하지는 않을 것이다. 판사와 마찬가지로, 역사가는 일상생활로부터 자주 일치하는 진술들이 사실은 과거의 현실을 반영하는 것이라는 것을 알고 있다. 이 문단이 처음에 언급했던 그 놀라운 현상 말이다.

    같은 기준들이 구전에서 나오는 증언에도 마찬가지로 적용되어야 한다. 구전의 전승 경로가 독립적이라면 그 독립성은 문헌 자료 또는 구술사에서도 같은 가치를 가진다. 독립적이지 않다거나 긍정적으로 보이지 않는다 해도[37] 그 [구전] 자료는 하나의 가설을 세우기 위해 근거가 되는 입증 자료로서 사용될 수 있다. 비교 문화적 검토를 통해 확인된다면 그것은 가장 확실한 종류의 증거다.

    기억을 연구하는 것은 구전 연구자들에게 한 문화에서 어떤 종류의 편견이 일어나고 언제 의심해야 하는지를 가르쳐준다. 일련의 숫자들이 보고될 때, 일련의 되풀이되는 사건들에 대해서 단 하나의 경우만이 정확하게 기억된다고 주장될 때, 서술이 너무 우아하거나 너무 논리적일 때, 그림이 너무 아름답고 규범이나 동기가 너무 명백하게 기억될 때는 충분히 의심을 해야 한다. 일단 의심이 들면 자료를 제거하는 것이 아니라 더 면밀하게 조사해야 한다.

기억에 대한 연구는 모든 역사적 자료들이 시작부터 주관성이 들어 있다는 것을 가르쳐준다. 자료는 만들어지고 지각하는 행위에서조차 이미 기대되는 것이 있기 때문에 주관성은 이미 거기에 존재하는 것이다. 역사적 방법을 사용하는 과거의 일부 학자들이 이러한 사실을 충분히 이해했다면 이것은 그들을 절망으로 몰고 갔을 것이다. 그러나 이러한 자료의 당파성이야말로 역사가로 하여금 최종적으로 더 큰 객관성에 이르게 해준다. 마로(Marrou)가 말한 바와 같이, 모든 역사 연구는 목격자의 주관성과 역사가의 주관성 사이의 비율로 만들어진 산물이다.[38] 그러나 이것은 역사가의 주관성이 역사가가 갖고 있는 자료에서뿐만 아니라 목격자의 주관적인 해석에 의해 제한된다는 것을 의미하기도 한다. 일례로 고고학자처럼 과거를 재구성하는 이들은 그런 제한을 받지 않고 자유롭게 자신의 틀을 자료에 적용할 수 있다. 그래서 비범한 물체가 한 세대의 고고학자에게는 의례용 물건이 될 수 있고, 또 다른 한 세대의 고고학자들에게는 계급 구별의 표현이 될 수 있으며, 또 다른 한 세대에게는 기술적 도구의 잔재가 될 수도 있다.[39] 이러한 해석들은 그 자료를 만든 사람들의 견해에 의해 제한되지 않기 때문에 종종 다른 것들보다 저자의 선입관을 더 많이 드러낸다. 역설적이지만 역사가들은 그러한 잘못을 저지를 수 없다. 왜냐하면 그들의 자료에는 더 많은 주관성이 있기 때문이다. 즉 그들은 과거의 목소리 자체로부터 제한을 받는다.

게다가 목격자들의 주관성은 과거의 부분이고 조각이어서 일단 설명이 되면 역사가가 그것을 재구성할 때 더 많은 진실성을 담보할 수 있다. 이것이 우리로 하여금 과거를 더 잘 이해하게 하기도 한다. 따라서 자료가 더 주관적일수록 그것은 과거의 현실을 더 잘 반영한다는 역설이 존재하는 것이다! 이러한 진술은 조건을 필요로 한다. 해석을 통한 과거 현실은 해당 사건의 과거 현실과 같은 과거가 아니다. 그럼에도 불구하고 구전은 사건에 대한 증인의 해석뿐만 아니라, 비록 약간의 변형이 있더라도, 이를 전승했던 사람들의 해석을 전달해주기 때문에 매우 예외적인 가치를 지닌 자료다. 즉 다른 자료의 형성보다 구전의 창조에는 더 많은 역사적 성찰이 들어가 있다. 대체로 구전은 암기 과정을 통해서 이러한 부가적인 차원을 가지게 된다. 또한 구전이 드러내는 기억 코드가 집합적인 작업이기 때문에 구전은 집합적 사고이기도 하다.

03
무엇이 구술사를 다르게 하는가?*

알레산드로 포르텔리**

"예", 하고 올리버 부인이 말했다. "그리고 먼 후에 그들이 그것에 대해서 이야기하게 되었을 때, 그것에 대해서 그들 자신이 만들어낸 해결책을 가지고 있었어요. 그건 정말로 도움이 되죠, 그렇지 않나요?" 포이로트는 말했다. "비록 사람들이 사실이 무엇이었는지, 왜 그 일이 일어났는지, 또는 그것이 어떤 결과를 가져왔는지 정확하게 알지는 못하더라도, 사람들의 기억 속에 오래 머무르는 어떤 사실들을 아는 것은 중요합니다. 그러나 우리가 모르는 어떤 것, 우리가 배울 수단이 없는 어떤 것을 그들은 쉽게 알지 모릅니다. 그래서 이론으로 나아가는 기억들이 있었습니다…"
―아가사 크리스티, 『코끼리는 기억한다』

그러나 그의 역사적 연구는 책보다는 사람들에 대한 것이었다. 왜냐하면 그가 좋아하는 주제들에 대한 책들은 통탄할 정도로 적었기 때문

---

* 이 논문은 그의 저서 *The Death of Luigi Trastulli and Other Stories: Form and Meaning in Oral History*(State University of New York, Albay, 1991)의 일부이다. 논문의 원제는 "What makes oral history different"다.
** 알레산드로 포르텔리(Alessandro Portelli)는 이탈리아의 대표적인 구술사가이며, 세계적으로도 유명한 연구자로서 이탈리아와 미국 현대사가 주 연구 분야다. 그는 현재 로마대학 미국문학학과 과장이다.

이다. 그러나 그는 진정한 역사에서, 너무나 소중한 전설적인 구비전승에서 많은 늙은 사기꾼들과 그 아내들을 발견했다. 그래서 그는 지붕이 낮은 농가 위로 뻗어있는 무화과나무 아래에서 기분 좋게 처박혀 있는 순수한 네덜란드 가족을 만나게 되면, 그들을 검은 글자로 된 걸쇠가 잠긴 작은 책으로 생각했고, 책벌레와 같은 열정으로 그들을 연구했다.

—워싱턴 어빙, 『립 밴 윙클』

이론으로 나아가는 기억들

학계에 한 유령이 출몰하고 있다. 그 유령은 바로 구술사다. 이탈리아 지식인 사회는 항상 외부로부터의 뉴스를 경계하지만 한편으론 '외국의 발견'에 맹종해서 구술사가 무엇이고 어떻게 사용하는가를 이해하고자 노력해보기도 전에 서둘러서 구술사를 축소해버렸다. 그 방법은 모든 사람들의 마음을 편하게 하고자 구술사가 갖고 있지 않은 것들을 반박하고 이를 평계 삼아서 구술사를 질책하는 것이다. 예를 들면 가장 지적이고 국제적임을 지향하는 이탈리아 일간지인 『라 레푸블리카』(*La Repubblica*)는 "'밑으로부터'의 기술(記述)과 사물들이 스스로 움직이고 이야기하는 '구술사'의 거짓된 짐꾸러미를" 서둘러 처리해버렸다. 『라 레푸블리카』는 구술사가 "스스로 움직이고 말하는" 것을 기대하는 것이 사물이 아니라 사람(사람들은 종종 '사물' 정도로 취급되기도 하지만)이라는 것을 주목하지도 않았다.[1]

구술성의 물꼬가 터지면, 마치 즉각적이고 통제되지 않는 유동적이고 형체가 없는 거대한 물체의 흐름에 의해 글과 합리성은 휩쓸려버릴 것이라는 두려움이 있는 듯하다. 그러나 이러한 태도는 구술성이나 또는 글쓰기 자체의 성격을 이해하지 못할 정도로, 우리가 가진 글에 대한 경외가 언어와 의사소통에 대한 우리의 감각을 왜곡해왔다는 사실을 보지 못하게 한다. 사실상 글과 구술 자료는 상호 배타적이지 않다. 그 둘은 공통적일 뿐만 아니라 독립적인 특성과 단지 둘 중의 하나만이 채울 수 있는 특수한 기능, 또는 한 종류의 자료가 다른 것보다 더 나은 기능을 가지고 있다. 그래서 글과 구술 자료는 다른 특정한 해석 도구들이 필요하다. 그러나 구술 자료를 평가절하하거나 과대평가하면 구술 자료의 특수한 성격이 없어지며, 구술 자료는 단순히 전통적인 문헌 자료를 지원해주는 무엇이 되거나 또는 만병통치약이 되고 만다. 이 장은 구술사가 내재적으로 문헌 자료와 다르고, 그래서 특별히 유용한 몇 가지 방식들을 제시하고자 한다.

구술 자료의 구술성

구술 자료는 구술 자료다. 학자들은 실제 기록은 녹음테이프라는 것을 기꺼이 인정한다. 그러나 거의 모두가 녹취문을 가지고 작업을 하고, 출판되는 것은 녹취문일 뿐이다.[2] 때때로 테이프들은 훼손된다. 이것은 구어를 파괴하는 상징적인 경우다.

 녹취문은 구술적 대상을 시각적 대상으로 변화시키는데 이것은 필연적으로 변화와 해석을 의미한다. 녹취문과 비교할 때, 녹음의 다른 효력은, 예를 들어 교실에서 사용하기 위해서, 직접적으로 들어보아야만 인정될 수 있다. 이것이 [녹음의 다른 효력 때문에] 내가 녹취의 새롭고 더 정밀한 방법을 탐구하는 데 지나치게 주목할 필요가 없다고 믿는 이유다. 과학적 목적을 위해서 녹취문이 녹음테이프를 대체할 것을 기개하는 것은 복제물에 예술 비평을 하는 것, 또는 번역에 문학 비평을 하는 것과 같다. 문자 그대로 번역하는 것이 최선이 될 수 없고, 가장 충실한 번역일지라도 항상 어느 정도의 창작을 내포한다. 구술 자료의 녹취도 마찬가지라고 볼 수 있다.

구술 자료의 구술성을 무시하는 것은 해석 이론과 직접적인 관계가 있다. 대개 첫 번째로 지적되는 점은 기원(origin)이다. 즉 구술 자료는 문헌으로 된 역사가 잃어버려졌거나 또는 왜곡된 사회집단이나 문맹인 사람들에 대한 정보를 준다는 것이다. 또 하나 지적되는 점은 내용, 즉 사람들과 집단의 일상적 삶과 물질문화다. 그러나 이것들은 구술 자료만의 특수성이 아니다. 예를 들면 이주민들의 편지들은 같은 기원과 내용을 가졌지만 글로 쓰인 것이다. 반면, 많은 구술사 프로젝트는 글쓰기를 하는 사람들을 인터뷰해왔고, 대개 표준적인 고문서 자료들이 다루는 주제들에 관심이 있어왔다. 그래서 기원과 내용은 구술 자료를 일반적인 사회사가 사용하는 자료로부터 구별하는 데 충분하지 못하다. 따라서 구술사의 많은 이론은 사실 대체로 사회사 이론들이다.[3]

그래서 [구술 자료가 가진] 구별적인 요소를 찾기 위해서 우리는 우선 형태에 주의해야 한다. 글은 거의 분절적인 특질들, 문자소[文字素],[4] 음절, 단어 그리고 문장으로만 언어를 재현한다는 것을 여기서 되풀이할 필요는 거의 없다. 대중들이 하는 말의 음조, 음량과 리듬은 글에서 복제될 수 없는 암시적 의미와 사회적 함의를 가지고 있다. 글이 음악의 기보법과 같이 부적절하고 거의 접근할 수 없는 형태가 아니라면 말이다.[5] 화자의 억양에 따라서 같은 문장도 매우 모순적인 의미를 가질 수 있다. 이것은 녹취문에서 객관적으로 재현될 수 없고, 단지 녹취자 자신의 단어 속에서 근접하게 기술된다.

녹취문을 읽기 가능하게 만들기 위해서 녹취자가 다소 자의적으로 구두점을 첨가하여 삽입하는 것이 때론 필요하다. 구두점은 말이 멈추는 것이 문법적 규칙에 따라서 배분되어 있다는 것을 알려준다. 왜냐하면 각 구두점은 관습적인 자리, 의미 그리고 길이가 있기 때문이다. 이러한 것들은 구술 주체가 하는 구술의 리듬, 구술의 중단과 거의 일치하지 않는다. 그래서 구술이 항상 따르지는 않는 문법과 논리적 규칙들 안에 구술을 한정시키는 결과를 낳는다. 말을 중단하는 정확한 길이와 위치는 말의 의미를 이해하는 데 중요한 기능을 가지고 있다. 규칙적인 문법적 중단은 말해진 것을 기본적으로 설명적이고 준거적인 패턴으로 조직하는 경향이 있다. 반면 불규칙적인 길이로 불규칙적인 위치에서 말을 멈추는 것은 감정적 내용을 강조하고, 매우 무거운 리듬을 지닌 말의 중단은 서사적 서술 스타일을 생각하게 한다. 논의되고 있는 주제에 대한 구술자의 태도가 변하면서 같은 인터뷰 내에서도 많은 구술자는 한 형태의 리듬에서 다른 형태의 리듬으로 바꾼다. 물론 이것은 읽는 것이 아니라, 들어야만 감지될 수 있다.

인터뷰 동안 말의 속도와 그 변화에 대해서도 같은 점이 지적될 수 있다. 여기에는 고정된 해석적 규칙은 없다. 말이 느려지는 것은 더 강조하는 것뿐만 아니라 더 큰 어려움을 의미할 수도 있고, 말이 빨라지는 것은 어떤 지점을 슬쩍 넘어가기 위해서뿐만 아니라 더 친근하거나 편한 것을 나타낼 수도 있다. 모든 경우에 속도의 변화에 대한 분석은 리듬 분석과 함께 결합되어야 한다. 말에서는 변화가 규범이다. 반면 (대부분 인쇄된 글) 글쓰기에서는 규칙성이 규범이고, 읽기에서도 규칙성이 전제된 규범이다. 변이는 텍스트 자체가 아니라 독자에 의해서 만들어진다.

이것은 언어학적인 순수성의 문제가 아니다. 글의 분절들 안에 포함될 수 없는 특질들은 배타적이지는 않지만, 매우 중요하고 본질적인 서술적 기능들의 장소다. 그것들은 구술자의 감정, 그들이 이야기에 참여하는 정도, 이야기가 그들에게 영향을 주는 방식을 드러낸다. 이것은 종종 화자가 그렇지 않으면 표현할 수 없는, 또는 표현하고자 하는 태도나 화자가 통제할 수 없는 요소들을 포함한다. 이러한 특질들을 제거함으로써, 우리는 기록 문헌이 가지고 있는 것으로 추정되는 평정과 객관성으로 말의 감정적 내용을 무미하게 만든다. 이것은 민속 제보자들의 경우에 더욱 그러하다. 그들은 어휘 면에서는 매우 빈약하지만, 글의 단조로운 음조를 모방하는

것을 배운 중산층의 화자들보다 말의 음조, 음량, 억양에서는 풍부하다.[6]

서술로서의 구술사

구술사 사료는 서술 자료다. 그래서 구술사 사료의 분석은 문학과 민속에서 서사 이론에 의해 발전된 일반적인 범주들을 이용해야 한다. 이것은 자유로운 인터뷰에서 주어진 증언뿐만 아니라 좀 더 형식적으로 조직된 민속 자료의 경우에도 적용된다.

예를 들자면, 어떤 서술들은 서술의 '속도'에서, 즉 기술되는 사건의 지속과 그에 대한 서술의 지속 사이의 비율에서 상당한 차이를 보인다. 한 제보자는 오랫동안 지속되었던 경험들을 몇 마디로 줄여 이야기할 수도 있고, 짧은 에피소드를 길게 이야기할 수도 있다. 비록 [서술을] 해석하는데 일반적인 규범을 세울 수는 없지만 이러한 [서술 속도의] 차이는 중요하다. 한 에피소드에 계속 머무는 것은 그 중요성을 강조하는 방법일 수 있지만, 다른 좀 더 예민한 사항들로부터 주의를 분산시키기 위한 전략일 수도 있다. 모든 경우에서 구술자가 하는 서술의 속도와 구술자가 서술에 대해 가지고 있는 의미 사이에는 연관성이 있다. 제라르드 제네뜨(Gérard Genette)가 정교하게 만든, '거리' 또는 '시각'과 같이 이야기에 대한 구술자의 위치를 규정하는 다른 범주들도 마찬가지다.[7]

피지배층에서 나온 구술 자료들은 구비전승과 연결되어 있다. 구비전승에서 서술의 장르를 구분하는 것은 교육을 받은 계급의 문헌 전통에서의 구분과 다르다. 이것은 일반적으로 '사실적'과 '예술적' 서술 사이, '사건'과 '느낌' 또는 '상상' 사이를 구별하는 것과 같다. 한 이야기를 '진실'로 지각하는 것은 개인의 경험과 역사적 기억뿐만 아니라 전설에도 연관되어 있지만, 특별히 역사적 정보를 전승하는 구술 장르의 형식은 없다. 역사적, 시적 그리고 전설적인 서술들은 종종 뒤엉켜서 혼재해 있기 때문이다.[8] 결과적으로 구술자 밖에서 일어난 것과 안에서 일어난 것 사이, 개인에 관한 것과 집단에 관한 것 사이의 경계가 기존의 글이라는 장르에서 보다 불분명해져서 개인의 '진실'이 공유된 '상상'과 일치할 수도 있다.

이러한 요인들의 각각은 형식적 요소들과 스타일에 의해 드러날 수 있다. 형식화된 자료(속담, 노래, 공식 그리고 상투어)가 더 있거나 덜 있는 것은 집합적인 관점이 한 개인의 서술 안에 존재하는 정도를 알려준다. 표준어와 사투리 사이의 이러한 차이는 종종 화자가 서술을 통제하는 양식을 나타내는 징표다.

다음과 같이 하나의 전형적인 구조가 반복되어 나타난다. 표준어가 대체로 사용되지만, 사투리가 여담 또는 독특한 일화를 이야기할 때 사용된다. 여담과 일화는 구술자가 좀 더 개인적으로 연루되었을 때와, 또는 (사투리가 공식화된 언어와 일치할 때와 같이) 집합기억이 [구술에] 침투한 때와 일치한다. 다른 한편으로 정치와 같은 공적인 영역과 관련된 주제들을 다룰 때, 사투리로 말할 때도 표준어가 나타날지도 모른다. 이것은 다소 의식적인 소외의 정도, 또는 정치 참여와 함께 시작하는 더 '교육받은' 형태의 표현이 '정복'해가는 과정, 둘 다를 의미할지도 모른다.[9] 반대로, 기술적인 용어가 사투리로 되는 것은 전통적인 말의 생동감과, 화자가 자신 문화에서 표현 범위를 확대하려고 노력하는 방식의 징표일 수 있다.

사건들과 의미

그래서 구술사를 다르게 만드는 첫 번째 특징은 구술사는 우리에게 사건에 대해서보다는 의미에 대해서 더 많이 말해준다는 것이다. 이것은 구술사가 사실적 유용성이 없다는 것을 의미하지 않는다. 인터뷰는 종종 몰랐던 사건들 또는 알려진 사건들의 가려졌던 측면들을 드러내 준다. 이는 피지배층의 일상생활에서 연구되지 않았던 영역에 새로운 빛을 준다. 이러한 관점에서 구술 자료가 제기하는 유일한 문제는 증명의 문제다(이것은 다음 부분에서 다룰 것이다).

그러나 다른 자료들과 비교할 수 없을 정도로 구술 자료가 역사가들에게 떠맡기는 유일하고 소중한 요소는 화자의 주관성(subjectivity)이다. 연구에 대한 접근이 충분히 넓고 정교하다면, 한 집단 또는 계급이 가지고 있는 주관성의 단면도가 출현할지도 모른다. 구술 자료는 단순히 [과거에] 사람들이 했던 것만이 아니라, 그들이 하길 원했던 것, 하는 중이라고 믿었던 것, 그리고 [현재의 시점에서 이미] 했던 일이라고 생각하는 것도 말해준다. 구술 자료는 파업에 참여한 노동자들에게 준 물질적 대가와 같이 우리가 아는 것에 더 많은 것을 제공해주지 않을지도 모른다. 그러나 그들은 파업의 심리적 대가에 대해서 많은 것을 이야기해준다. 러시아 형식주의자(Russian formalist)들로부터 문학적 범주를 빌려오면, 이야기의 논리적·인과적 추이인 파블라(fabula)에 관한 한, 우리는 구술 자료, 특히 피지배 집단의 것은 다른 자료들을 매우 유용하게 통합한 것이라고 말할 수 있다. 그러나 플롯(plot), 즉 구술자가 이야기를 말해주기 위해서 이야기 재료들을 정돈하는 방식 때문에 구술 자료들은 독특하고 필요하다.[10] 서술의 조직은 역사에 대한 구술자들의 관계에 대해 많은 것을 드러낸다.

주관성은 더 가시적인 '사실들'만큼이나 역사의 영역 안에 있다. 제보자들이 믿는 것은 정말 일어난 것만큼이나 진정한 역사적 사실, 즉 그들이 그것을 믿는다는 사실이다. 테르니(Terni)에서 노동자들이 그 역사의 결정적인 사건, 즉 루이지 트라스툴리(Luigi Trastulli)의 죽음을 다른 날짜와 맥락에 잘못 놓았을 때, 이것은 실제적인 연대기에 의심을 가지게 하는 것이 아니라, 그 도시 역사의 전체 단계에 대한 우리의 해석을 조정하게 하였다.[11] 테르니의 늙은 평당원 지도자가 제2차 세계대전 이후 어떻게 자신이 공산당의 전략을 거의 뒤집을 뻔했는가에 대한 이야기를 할 때, 우리는 좌파 내 정치적 논쟁에 대해서 우리가 재구성했던 것을 수정하는 것이 아니다. 우리는 오히려 공산당이 했던 특정한 결정들이 평당원 활동가들에게 준 실제적인 대가의 정도를 배운다. 즉 평당원 활동가들은 그들의 잠재의식 안으로 혁명에 대한 필요와 욕망을 묻어야 했다. 다른 지방에서도 비슷한 이야기들이 회자한다는 것을 발견할 때, 우리는 반쯤 형성된 전설들을 인정하게 된다. 그 전설들에서 낙담한 늙은이의 '두서없는 이야기'가 공적인 당 지도자들의 길고 명료한 비망록에서 이야기되지 않은 당의 역사에 대해 많은 것을 알려 준다.[12]

구술 자료를 믿어야 하나

구술 자료는 믿을 만하지만 다른 종류의 신빙성을 가지고 있다. 구술 증언의 중요성은 사실에 대한 집착에 있기보다는 상상, 상징 그리고 욕망이 출현하면서 사실로부터 떠나는 데에 있다. 기존 언어학적 비평과 모든 종류의 자료에서 필요한 사실적 증명의 모든 범주를 가지고 구술 자료의 사실적 신빙성을 검사한다면, 구술사의 다양성은 '틀린' 진술이 심리적으로 계속 '진실'이고, 이러한 진실은 사실적으로 믿을 수 있는 설명과 동일하게 중요하다는 사실에 있다.

    물론 이는 사실적 신뢰성을 기록 문헌이 독점하고 있다는 지배적인 편견을 받아들이는 것을 의미하지는 않는다. 기록 문헌도 종종 출처를 알 수 없는 구술 자료가 통제되지 않고 전승된 것일 뿐이다(트라스툴리의 죽음에 대한 보도도 그와 같은데, 그 보도는 '구두 정보에 따르면'이라고 시작한다). 이러한 구술의 '초기 자료'(ur-sources)에서부터 기록 문헌으로의 이행은 종종 과학적 신뢰성이 전혀 없고, 빈번하게 계급적 편견으로 가득 찬 과정들의 결과다. (테이프 레코더나 속기 녹취에 법적인 가치가 없는 이탈리아와 같은 곳에서는 최소한) 재판에서 기록이 되는 것은 목격자가 실제로 한 말들이 아니라 사무원에게 판사가 불러준 것의 요약이다. 이러한 절차에 내재한 왜곡은 측정할 수 없을 정도다. 특히 화자가 원래 사투리로 자신의 의견을 말했다면 말이다. 그러나 구술 자료에 콧방귀를 뀌는 많은 역사가들은 아무런 질문도 하지 않고 이러한 법적 녹취문을 받아들인다. 이러한 상황은 (속기를 자주 사용한 덕분에 매우 적은 정도지만) 의회 기록문, 회의와 회담의 의사록들 그리고 신문에 보도된 인터뷰들에도 적용된다. 이 모든 자료들은 표준 역사 연구에서 정당하게 그리고 광범위하게 사용되는 자료들이다.

    이러한 편견의 부산물은 구술 자료가 사건과는 멀고 그래서 거짓된 기억의 왜곡을 거쳤다는 주장이다. 이러한 문제는 많은 기록 문헌에서도 존재한다. 왜냐하면 기록 문헌은 대개 문헌이 전해주는 사건이 일어난 지 얼마 후에, 그리고 종종 그 사건에 참여하지 않았던 사람이 쓰기 때문이다. 구술 자료는 훨씬 더 밀접하게 개인적으로 연루되어 있어서, 기록이 가지고 있는 연대기적 거리감을 보상할지 모른다. 정치가나 노조 지도자들의 비망록은 대개 잘못된 것이 증명되지 않는 한 신뢰를 받지만, 그것들은 많은 구술사 인터뷰들처럼, 사건의 어떤 측면에 대해서 멀리 떨어져 있으면서도, '텍스트'라는 변치 않는 형태를 가장함으로써 시간에 대한 의존성을 숨길 뿐이다. 한편으로 구술자들은 그들 문화 안에서 기억에 도움을 주는 장치들을 가지고 있다. 많은 이야기는 계속 반복되어 이야기되고 지역사회의 구성원들과 함께 논의된다. 형식화된 서술은 그 운율조차도 한 사건의 텍스트적인 판본을 보존하는 것을 도와줄 수 있다.

사실, 구술 제보자가 글을 읽고 쓸 수 있다는 것을 잊어서는 안 된다. 로마 구릉지대 겐자노(Genzano)에서 농업 노동자 연맹의 지도자였던 티베리오 두치(Tiberio Ducci)는 전형적 [제보자는] 아닐 것이다. 그는 자신의 경험을 기억하는 것뿐만 아니라, 지방 고문서를 연구했다. 그러나 많은 제보자가 책과 신문을 읽고, 라디오와 TV를 듣고 보고, 설교와 정치 연설을 듣고, 일기, 편지, 메모, 사진 앨범을 보관하고 있다. 수 세기 동안 구술성과 글은 분리되어 존재하지 않았다. 많은 기록 자료가 구술성에 기초하고 있다면, 근대 구술성에도 또한 글이 침투되어 있다.

그러나 정말로 중요한 것은 기억이 수동적인 사실의 보관소가 아니라 의미를 창조해내는 적극적인 과정이라는 것이다. 그래서 역사가에게 구술 자료의 특수한 유용성은 과거를 보존하는 능력이라기보다는 바로 기억이 가져오는 변화들에 있다. 이러한 변화들은 과거를 이해하고, 삶에 한 형식을 부여하고 인터뷰와 서술을 역사적 맥락 속에 위치 지우려는 구술자들의 노력을 드러낸다.

구술자의 주관적 의식이나 사회경제적 위치에서 추후에 일어나는 변화는 이전의 사건들에 대한 재진술이 아니더라도 최소한 그 이야기에 대한 평가와 '색채'에 영향을 줄 것이다. 예를 들면 몇몇 사람들은 사보타주와 같이 불법적인 형태의 투쟁을 기술할 때는 말이 적어진다. 이것은 그들이 그 투쟁들을 명확하게 기억하지 않는다는 것을 의미하는 것이 아니라, 그들의 정치적 의견, 개인의 상황이나 또는 당의 노선에 있어서 변화가 있었다는 것을 말한다. 과거에 합법적이고 정상적이고 또는 필요하다고 간주되었던 행위들이 지금은 받아들여질 수 없고, 말 그대로 전통 밖으로 던져졌다고 볼 수 있다. 이러한 경우에 가장 귀중한 정보는 제보자들이 말하는 것이 아니라, 그들이 숨기는 것, 그리고 그들이 그것을 숨긴다는 사실에 있다.

그러나 종종 구술자들은 자신들이 가졌던 과거의 태도가 더 이상 현재의 것과 일치하지 않을 때에도 자신들의 과거의 태도를 재구성할 수 있다. 이러한 사례가 1953년 대량 실업을 책임졌던 관리직들에 대한 폭력적인 복수를 인정하지만, 왜 그때 그러한 복수가 필요했고 현명한 것이었는지를 매우 명료하게 재구성하는 테르니 공장 노동자들의 경우다. 우리 시대의 가장 중요한 구술 증언들 중의 하나인 『말콤 엑스의 자서전』(*Autobiography of Malcolm X*)에서 구술자는 현재의 의식에 다다르기 전까지 자신의 정신이 어떻게 작동했는지를 매우 생생하게 묘사하고, 현재 자신의 정치적·종교적 의식의 기준으로 과거 자신을 판단한다. 만약 인터뷰가 노련하게 진행되었고, 그 목적이 구술자들에게 명확하다면, 구술자들이 현재와 과거의 자신들을 구별하고, 과거의 자신을 현재의 것이 아닌 다른 것으로 객관화하는 것이 불가능하지 않다. 이러한 경우에, 말콤 엑스는 전형적인 예인데, 주요 서술 양식은 아이러니다. 두 개의 다른 도덕적, 혹은 정치적, 종교적, 그리고 서술 기준들이 중재하고 겹치면서 그들 사이의 긴장이 이야기 전개의 모양새를 만든다.

한편으로는 레지스탕스 전사나 재향군인들, 그리고 아마도 1960년대 학생운동전사와 같이 의식이 개인 경험의 절정인 순간에 사로잡혀 있는 구술자들을 또한 만나게 된다. 종종 이러한 개인들은 그들이 참여했던 역사적 사건 전체에 전적으로 몰입되어 있어서, 그들의 이야기는 서사시의 운율과 말씨와 비슷하다. 아이러니와 서사시 형식 사이의 구분은 역사적 시각 사이의 구별을 의미한다. 이 구별은 증언에 대한 우리의 해석에서 고려되어야만 하는 부분이다.

객관성

구술 자료는 객관적이지 않다. 글의 신성함이 종종 잊게 하지만, 이 사실은 물론 모든 자료에도 적용된다. 그러나 구술 자료의 내재적인 비객관성은 인공적이고, 가변적이고 부분적이라는 특수한 내적 특성에 있다.

알렉스 헤일리(Alex Haley)가 쓴 『말콤 엑스의 자서전』 서문은 면담자의 질문이 그 자신과 그가 투사하려는 이슬람 민족의 매우 공적이고 공식적인 이미지에서 벗어나게 했기 때문에, 말콤이 어떻게 서술적 접근을 바꾸었나를 기술하고 있다. 이것은 구술사의 문헌이 항상 관계의 결과, 즉 비록 조화롭지 못하더라도 면담자와 구술자가 함께 연루되고 공유된 프로젝트의 결과라는 사실을 밝혀준다. [글로] 쓴 문헌은 고정되어 있다. 문헌들은 우리가 인식하건 안 하건 존재하고 우리가 발견하면 변화하지 않는다. 구술 증언은 연구자가 그 존재를 요구할 때까지는 잠재적인 자원일 뿐이다. 기록 자료가 존재하기 위한 조건은 발행(emission)이고, 구술 자료는 전승(transmission)이다. 이것은 민속과 문학의 생성 과정 사이에 대해서 로만 제이콥슨(Roman Jakobson)과 삐오트르 보가트레프(Piotr Bogatyrev)가 기술한 것과 비슷한 차이다.[13]

기록된 자료의 내용은 연구자의 필요와 가설과 무관하다. 그것은 안정된 텍스트이고 우리는 단지 그것을 해석하기만 하면 된다. 반면, 구술 자료의 내용은 질문, 대화 그리고 개인의 관계를 가지고 면담자가 무엇을 얻는가에 크게 의존한다.

무엇보다도 인터뷰할 것이라고 결정하는 것은 바로 연구자다. 종종 연구자들은 특정한 종류의 왜곡을 저지른다. 제보자들은 연구자들에게 그들이 듣고자 한다고 믿는 것을 말하고, 그래서 연구자가 누구라고 생각하는지를 드러낸다. 한편으로, 엄격하게 구조화된 인터뷰는 면담자에게 예전에 알려지지 않았고 질문 일정에 고려되지 않은 것들의 존재나 연관성을 배제시킬 수 있다. 그러한 인터뷰는 역사가가 지닌 예전의 준거 틀을 확인해주는 경향이 있다.

그래서 첫 번째 필요한 사항은 연구자가 제보자를 '받아들이고', 대답되지 않은 질문들을 차후 또는 다음 인터뷰로 남기면서 연구자가 듣고자 하는 것이 아니라, 그녀 또는 그가 말하고자 하는 것에 우선권을 주는 것이다. 의사소통은 항상 쌍방향으로 진행된다. 면접대상자들은, 아마도 겸손하게 하겠지만, 항상 그들을 '연구하는' 면담자들을 연구한다. 역사가들은 불가능하고 아마도 바람직하지도 않은 중립성을 위해서 이러한 사실을 제거하려 하기보다는 이것을 인정하고 최대한 이용할 수도 있다.

인터뷰의 마지막 결과물은 구술자와 연구자 둘 다의 산물이다. 종종 그런 경우가 많지만, 인터뷰가 면담자의 목소리를 완전히 생략하고 출판될 때, 미묘한 왜곡이 일어난다. 텍스트는 질문 없이 대답이 주어지기 때문에, 구술자가 어떤 상황에서도 같은 것을 항상 말할 것이라는 인상을 준다. 즉 구술자는 기록된 문헌만큼 안정적이고 반복적이라는 인상 말이다. 연구자의 목소리가 배제될 때, 구술자의 목소리는 왜곡된다.

사실상 구술 증언은 결코 매번 같지 않다. 이것은 모든 구술 의사소통의 특징이지만, 특별히 인터뷰에서 주어진 자전적 또는 역사적 진술들과 같이 비교적 비구조화된 형태들에서는 더욱 그러하다. 같은 면담자조차도 다른 시기에 같은 구술자에게서 다른 판본을 얻는다. 두 주체가 서로를 더 잘 알게 됨에 따라, 구술자의 '경계심'은 약화될 수 있다. 구술자가 인터뷰 목적과 더 무관하게 이야기할 수도 있고, 인터뷰 목적에 대해 더 충분한 이해를 가지고 이야기할 수도 있다. 이렇게 될 때 구술자가 생각하는 것과 동일시하는 것이 면담자의 관심이라는 계급적 종속이 약화될 수도 있다. 또는 예전의 인터뷰는 단순히 그 이후의 만남에서 들을 수 있는 기억들을 일

깨웠을지 모른다.

　동일인과의 인터뷰가 계속될 수 있다는 사실은 결국 구술 자료의 내재적인 미완성성의 문제와 연결된다. 제보자 한 사람의 전체 기억을 모두 끌어낸다는 것은 불가능하다. 각 인터뷰에서 나온 자료들은 항상 상호관계에서 생산된 선택의 결과다. 그래서 구술 자료를 가지고 하는 역사 연구는 항상 진행 중인 미완성된 성격의 작업이다. 1949년에서 1953년 사이의 테르니 노동 쟁의를 위한 모든 가능한 구술 자료를 검토하기 위해서는 몇천 명의 사람들을 심층면접해야 한다. 어떤 표본도 사용된 표본조사 방법이 가지고 있는 신뢰도만큼의 신뢰성을 가지고 있다. 그리고 어떤 표본도 통계적으로 선택된 10명보다 가치 있는 증언을 하는 '질적'인 구술자 한 사람을 결코 배제시키지 않는다고 보장할 수 없다.

　구술 자료의 미완성성은 모든 다른 자료들에 영향을 준다. 어떤 연구(살아있는 기억들을 수집하는 것이 가능한 역사적 시기에 관한 한)도 구술뿐만 아니라 기록 자료를 모두 다 써버리지 않는 한 온전하지 않을 때, 그리고 구술 자료를 다 써버릴 수 없을 때, '모든' 가능한 자료를 검토한다는 이상적인 목표는 불가능해진다. 구술 자료를 사용하는 역사적 작업은 그 자료의 성격 때문에 미완성이다. (접근 가능한) 구술 자료를 배제한 역사 연구는 정의 자체로 불완전하다.

구술사에서 누가 말하는가

구술사는 노동자계급이 자신들을 대변하는 장소가 아니다. 물론 그 반대 진술도 전적으로 근거가 없지는 않다. 즉 경찰과 (종종 비우호적인) 언론인의 자료보다는 노동자들의 말과 기억을 통해서 노동 쟁의를 재설명하는 것이 (자동적으로는 아니지만) 그러한 자료들에 있는 암시적인 왜곡에 균형을 잡는 데 도움이 된다는 진술 말이다. 구술 자료는 피지배계급의 역사를 위한 (충분하지 않지만) 필요한 조건이다. 구술 자료는 글을 통제할 수 있고 훨씬 더 풍부한 문헌 기록을 남길 수 있는 지배계급의 역사를 위해서는 (결코 쓸모없지는 않지만) 별로 필요하지 않다.

그럼에도 불구하고 역사적 담론에 대한 통제는 완강하게 역사가들의 손안에 남아 있다. 인터뷰할 사람들을 선택하는 것은 바로 역사가다. 질문을 하고 대답에 응하면서 증언의 모양새를 잡는 것도 역사가다. 증언에 최종적인 출판 형태와 맥락[단지 몽타주(montage)와 녹취에 의한 것이라고 해도]을 부여하는 것도 역사가다. 노동자 계급이 구술사를 통해서 말한다는 것을 인정할 때조차도, 그 계급은 추상적인 형태로 말하는 것이 아니라, 역사가에게, 역사가와 함께, 그리고 자료가 출판되는 한 역사가를 통해서 말한다.

정말로 상황은 그 반대일 수도 있다. 역사가는 구술자의 증언을 통해서 자신의 담론을 '복화술'하여 그것을 정당화할 수 있다. 그래서 자료의 객관성에서 사라지기는커녕 역사가는 최소한 대화의 파트너로서, 종종 인터뷰의 '무대 연출가'나 증언의 '조직자'로서 중요하게 남는다. 자료들을 발견하는 대신에 구술사가들은 부분적으로 그것들을 창조한다. 노동자 계급을 위한 단순한 대변자가 되기는커녕, 구술사가들은 다른 사람들의 말을 이용하고 있을 수 있고, 아직도 전반적인 담론에 대해 책임이 있다.

구술 자료는 발행기관이 가진 비개인적인 아우라(aura)를 빈번하게 갖고 다니는 기록 문헌보다 훨씬 더 전체 이야기를 주관성 속에 끌어들인다. 물론 그 문헌들은 우리가 거의 또는 아주 모르는 개인들에 의해 작성된 것이다. 역사가가 없다면 인터뷰가 없기 때문에, 구술자의 1인칭 서술과 함께 역사가의 1인칭 서술이 있다. 제보자와 역사가의 담론 둘 다는 서술적 형태로 있는데, 고문서들의 경우는 거의 그렇지 않다. 제보자들은 어느 정도 역사가들이다. 그리고 역사가는 어떤 면에서 자료의 한 부분이다.

전통적인 역사 작가들은 대개 문학이론이 '전능한 서술자'라고 칭하는 역할을 한다. 그들은 자신들이 참여하지 않았지만, 전적으로 위에서, 즉 참여자들의 의식 위에서, 사건들에 대해서 3인칭 서술을 한다. 그들은 공정하고 멀리 떨어져 있는 듯해 보이고, 몇몇 19세기 소설가들의 방식을 따라 논평하는 것 외에는 서술에 절대 개입하지 않는다. 근대 소설이 문학 작품의 글쓰기를 변형시켰던 것만큼 구술사가들은 역사 쓰기를 변화시키고 있다. 가장 중요한 변화는 서술자가 이제 서술로 들어와서 이야기의 한 부분이 되었다는 것이다.

이것은 3인칭에서 1인칭으로의 단순히 문법적 변환이 아니라 전체적으로 새로운 서술 태도다. 서술자는 이제 주인공들 중의 하나이고 이야기를 말하는 것은 이야기되는 이야기의 한 부분이다. 이것은 외부적 서술자보다 암시적으로 더 깊은 정치적 그리고 개인적 개입을 나타낸다. 그래서 급진적인 구술사를 쓰는 것은 이데올로기, 주관적인 편들기 또는 다른 것 대신에 한 쪽의 자료만을 선택하는 문제가 아니다. 이것은 오히려 이야기 속에 역사가가 존재하며 그 역사가를 그 이야기 속에 새겨 넣고 역사학을 자율적인 서술 행위로서 드러내는 책임의 가정 속에 내재되어 있다. 정치적인 선택들은 덜 가시적이고 잘 들리지 않지만 좀 더 기본적인 것이 된다.

역사가가 하나의 주체로서 노동자 계급 사료의 객관적 진실에서 사라질지도 모른다는 신화는 모든 주체적인 역할들을 전업 운동가로 전환시키고, 추상적인 노동계급에 몰두하는 정치적 급진주의의 일부분이었다. 이것은 결과적으로 역사가들이 쓰는 역사에 자신들이 주관적으로 연루되지 않았다고 보는 전통적인 견해와 유사한 모순점을 낳는다. 구술사가들은 담론의 다른 주체들에게 양보하는 듯 보이지만, 사실 역사가는 노동자 계급과 독자 사이의 "중재자" 역할을 더욱 적게 하고 더욱더 주된 역할을 하고 있다.

문학에서와 같이 역사 쓰기에서 구술자의 기능에 초점을 두는 행위는 이 기능을 파편화시킨다. 조세프 콘라드(Joseph Conrad)의 『짐 왕』(*Lord Jim*)과 같은 소설에서 주인공이자 구술자인 말로우(Marlow)는 그 자신이 보고 들은 것만을 이야기할 수 있다. '전체 이야기'를 말하기 위해서, 그는 다른 몇몇 '제보자들'을 자신의 이야기에 끌어와야만 한다. 구술 자료를 가지고 작업하는 역사가들에게도 같은 일이 일어난다. 명백하게 이야기에 들어갈 때, 역사가들은 자료[구술자]들이 그들의 자율적인 담론과 함께 이야기에 들어가게 해야만 한다.

구술사는 통합된 주제를 가지고 있지 않다. 구술사는 여러 관점으로부터 말하여졌고, 구술자의 부분성은 전통적으로 역사가들이 주장했던 공정성을 대체했다. 여기서 '부분성'은 '미완성'과 '편들기' 모두를 말한다. 구술사는 편들기 없이는 결코 이야기될 수 없다. 왜냐하면 이야기 안에 '편'이 나뉘어 있기 때문이다. 그리고 역사가들의 개인사와 신념이 무엇이건 간에 역사가들과 '자료들[구술자들]'은 결코 같은 '편'에 있지 않다. 그들의 서로 다른 부분성들의 대결, 즉 '갈등'으로서 그리고 '통합을 위한 모색'으로서 대결은 구술사를 흥미 있게 만드는 것들 중의 하나다.

II. 기억과 역사

04. 기억과 역사 사이에서_나탕 바슈텔
05. 기억의 장소들_피에르 노라

04

기억과 역사 사이에서[*]

나탕 바슈텔[**]

최근 구술사에 대한 관심의 물결과 역사 연구에서 연구 주제가 행위 주체로 돌아가고 있는 것은 우리 사회에서 학문적 역사 연구의 상태와 기능에 대한 몇 가지 질문을 던진다. 학문적 역사 연구는 사실 오랫동안 공적인 기억을 정립하는 일을 해왔다. 반면, 생애이야기 수집이나 보통 구전으로 말해지는 것들을 조사하는 것은 역사가들로 하여금 자신들의 연구 주제로부터 멀어지게 하였다. 그 결과로 새로운 연구 대상이 출현하였는데, 그것은 엄밀하게 사회 집단들의 정체성 규정에 필수적인 역할을 하는 듯이 보이지만, 결코 역사적 담론들과 혼동되어서는 안 되는 독특하고 특정한 실체로서의 집단의 또는 개인의 기억이다. 사실 이러한 인식은 모리스 알브바크스와 로제 바스티드와 같은 사회학자들이 이미 그들의 선구자적인 연구

---

[*] 이 논문은 Marie-Noelle Bourguet, Lucette Valensi and Nathan Wachtel가 편집한 Between Memory and History(1990, Harwood Academic Publishers)에서 발췌한 것이며, 편집자 중의 한 사람인 나탕 바슈텔(Nathan Wachtel)이 쓴 책의 서문이다.

[**] 나탕 바슈텔은 프랑스 파리에 있는 고등사회과학원(L'École des hautes études en sciences sociales, Paris)의 교수다.

에서 집합기억을 분석하는 방법을 제시했던 점에서 볼 때, 하나의 재발견일 뿐이다. 그러면 왜 이러한 모순이 존재하는가? 살아있는 기억으로 돌아가는 학문적 역사 연구는 어떤 기여를 하고, 어떤 의미와 결과가 나타나는가? 그리고 정확하게 역사와 기억과의 관계는 무엇인가?

사료에서 대상으로

구술 아카이브

역사가들은 첫째로 기억을 기록으로 사용하는 것 같다. 즉 역사가는 고전적 사료가 제공하는 자료를 보충하거나 또는 대체하는 정보를 살아있는 목격자로부터 얻고자 한다. 그러나 실제로 이렇게 새로운 기술에 의존하는 것은 기록에 대한 단순한 관심을 넘어선다. 이것은 역사의 지배적 행위자들을 교만하게 만드는 경향이 있는 공식적 역사학에 문제를 제기하는 것을 의미한다. 이것은 '평범한 사람들', 피지배민들의 세계를 구술 증언의 도움을 통해 망각으로부터 구하는 문제다. 왜냐하면 "불평등은 기억 보존의 불평등 속에서 죽음 이후에도 지속되기" 때문이다.[1] 그래서 구술사의 목적 중의 하나는 '밑으로부터'의 대항역사를 기술하여 종족적, 또는 문화적 소수집단, 여성 또는 노동자와 같은 '피정복민'의 판본을 재구성해내는 것이다.

이러한 점에서 우리는 '미국 구술사의 아버지'인 리만 코퍼랜드 드레이퍼(Lyman Copeland Draper)의 연구 업적을 간단하게 언급할 것이다. 드레이퍼는 1840년대 식민 시기로까지 거슬러 올라가는 기억들을 수집했다. 뱅크로프트(H. Bancroft)는 1860년대 캘리포니아 해안가의 마지막 개척자들의 증언을 수집했다. 그리고 마지막으로 앨렌 니빈스(Allen Nevins)는 1948년 19세기 말부터 구술 자료를 수집해서 미국사를 재구성하는 목적을 가지고 '콜롬비아 프로젝트'(Columbia project)를 시작했다. 이들 연구자에게는 어떤 종류의 기록을 모으는 것, 즉 자료 은행(data bank)을 만드는 것이 문제였다. 제1차 세계대전 후의 제니엑키(F. Zaniecki)와 토마스(W. I. Thomas)와 같은 시카고학파 사회학자들은 다른 접근 방식으로 생애이야기들을 통해서 이민 온 소수민족들을 연구했다.[2] 이 시기는 또한 인류학자인 폴 래딘(Paul Radin)이 수집한 최초의 인디언 전기들이 출판되었다.[3] 이것은 인디언 문화를 안으로부터 보는 것을 가능하게 했다. 그래서 세 학문―역사학, 사회학 그리고 인류학―은 함께 같은 연구 방법을 사용했다.

지난 20년 동안 유럽에서 진행되어온 구술사는 일반적으로 미국과 같은 과정을 거쳤다. 몇 가지 예로 도미니크 슈나페르(Dominique Schnapper)는 프랑스 사회보장제도(Sécurité Sociale)를 재조사하면서 살아있는 목격자들로부터 공적인 기록 문헌이 전달하지 않은 '정말 평범한 사건'들을 수집하는 데 열중했다.[4] 프랑스와 영국에서 노동자계급과 농민들 사이에서 수행된 연구는 대중의 생활에서 잘 알려지지 않은 부분들, 즉 하루하루의 생활, 유아기, 가족, 교육, 일의 기술과 조건 등의 구체적인 것에 대한 자료를 수집하는 것을 목적으로 했다. 랄프 사무엘(Ralph Samuel)의 지도하에 영국 농촌 생활에 대한 연구, 카롱(F. Caron)의 프랑스 북부 철도원들에 대한 연구, 르캥(Y. Lequin)의 지보르(Givors) 야금가들에 대한 연구, 뷔르기에르(A. Burguière), 구아(J. Goy), 오주프(J. Ozouf)의 프랑스 대장장이와 장인들에 대한 연구들이 있다.[5] 이러한 연구가 일반적으로 역사에서 '잊혀진 사람들'에 초점을 두고 있지만, 여전히 연구를 통해 정보를 얻고자 하는 것이 연구의 목적이다. 그러한 정보는 정말로 "다르다. 왜냐하면 고전적 사료에서는 찾을 수가 없기 때문이다. 하지만 거칠게 말하자면 사실적 자료로 구성되었기 때문에 그 성격은 동일하다." 즉 목표는 아카이브를 만드는 것이다.

그래서 구술사는 보조적 과학으로서 역사가가 그의 연구 계획을 확장하고 연구 분야를 넓히면서 그 연구 기술에 부가적인 새로운 방법으로 태어났다. 역사학이 새로운 기록을 집적하기 위해 구술사를 도입했고, 고문서학, 기록관리학, 고고학과 언어학 그리고 다음으로 구술 연구의 방법을 차용하는 인류학과 사회학의 연관된 분야들이 구술사를 도입했다. 그러나 이러한 과정에서 기본적인 가정들이 실증주의적이라는 점에서 본질적으로 새로운 것은 없다. 역사가는 가능한 객관적으로 온전하게 과거를 재구성하도록 허락하는 자료를 준비한다. 그 문헌 기록에서 틈을 채우기 위해서 구술 연구에 의존하기도 하지만, 예를 들면 외교정책의 비밀을 이해하기 위해서 또는 장인의 담금질 기술을 이해하기 위해서, 기억은 역사가에게는 단순히 다른 사료들 중의 하나다. 사무엘은 이러한 종류의 구술사는 "[연구]기술과 동일시되어서 특별한 역사적 지식의 대상이나 양식을 제시해주지 않는다. 역사적 연구 대상은 외부에서 발생하고 구술사는 그것에 [연구] 도구를 제공한다"라고 했다.[6] [이런 방식으로 구술사 연구 방법을 사용할 때] 역사가는 이 [연구] 도구를 분별 있게 사용해야 하고, 그 사용 [방식]을 정당화해야 한다. 다른 기록들과 마찬가지로, 기억 [연구]은 엄격한 실제적 전문지식을 요구한다.

도전받는 기억

여기가 바로 어려움이 시작되는 지점이다. 최근에 출판된 모든 구술사 교과서들은 모두 명백한 변명으로 시작한다. 그리고 열심히 구술 기록의 신빙성에 감도는 의심을 없애려고 하고, 기억이 과학적 역사 연구의 조건을 만족시키기 위해 할 수 있는 그리고 해야 하는 조건들을 제시하고자 한다.

톰슨의 연구, 『과거의 목소리』는 감탄할 만하게 이러한 변명조를 보여주고 있다. 이것은 과학자들이 가지고 있는 위선적인 선입감에 대항하여 기억이 일반적으로 믿어지는 것처럼 그렇게 빈약한 사료가 아니라는 것을 증명하고자 한다. 논의는 사회 심리학의 경험에, 특히 기억의 생물학적 성격과 그 기능적 체계를 정의하는 데 목적을 두는 실험실의 분석에 기초하고 있다. 톰슨은 교실에서 모든 학생들에게 수행된 중요한 실험을 인용한다. 학생들은 졸업한 지 9개월 후에 학교 친구들의 이름을 반도 기억하지 못했다. 그러나 34년이 지난 후에도 그들은 이름의 4분의 1 정도를 기억할 수 있었다. 젊은 엄마들과 수행한 또 하나의 실험은 출산과 아이의 가장 어린 날들의 이야기가 출산 후 처음 몇 달 동안 변화하지만, 그다음에는 고정된다는 것을 보여준다. 제스처와 실제(수유와 위생 등)에 대한 회상은 후에 놀랍게도 정확하게 남는다. 자신이 경험한 사건에 대한 매우 구체적인 그림이 남아있는 상대적으로 짧은 기간(며칠 동안)이 지난 후에, 사실은 회상이 기억의 선택과 조직 과정에 들어가서 기억에 지워질 수 없는 자국을 남기게 되는 것 같다.

그러면 변화하는 것은 회상할 때 동반되는 강조, 뉘앙스 가치 판단이다. 그런데 기억은 구술되는 사건을 조직하고, [구술]주체가 가지고 있는 과거 삶에 대한 전체적 감각에 따라서 그 사건에 의미를 주는 회고적 논리에 맞추어져 있다. 그래서 여러 사람이 경험한 같은 사건은 몇 년 후에 같은 사람들이라 할지라도 각자의 경험과 운명에 따라서 매우 다르게 해석된다. 르캥의 지보르 야금사들에 대한 연구는 다음과 같은 관찰을 낳았다. "다른 사람들과 함께 경험했고, 또한 매우 강하게 느꼈던 사건들에 대한 문제일 때조차도, 이야기들은 극도로 다양했고 항상 한 개인의 삶의 프리즘을 통과했다."[7]

그래서 기억이 제공하는 정보를 사용하는 것은 무방하다. 단지 그 정보는 전통적인 비평(텍스트 비평, 다른 증거나 다른 종류의 기록과의 대조)의 검토 원칙과 근본적으로 다르지 않은 원칙하에 검토해야 한다. 이것은 과학자적 선입관이라는 이름으로 그러한 절차를 정당화하는 것에 도전하는 문제가 아니다. 그러나 이러한 접근은 풍부한 구술 기록을 고갈시키기는커녕 최소한으로 그리고 극도로 협소하게 구술기록을 사용하는 것이 아닌가?

기억을 어색하거나 다루기 힘든 도구라고 간주하는 이유는(과학적 기준의 관점에서 보면), 기억이 다른 기록과 구별되는 특성이 있기 때문이다. 즉 기억의 회고적 그리고 유동적 성격 때문이다. 기억은 과거의 한순간에 완전히 고정된 채, 현재까지 그대로 남아있는 자료를 생산하지 않는다(이는 실험실에서 인공적인 조작을 가하지 않았다는 가정하에서 성립한다). 순수한 기억은 없고, 단지 회상이 있을 뿐이다. 즉 기억은 항상 현재로부터 시작해서 과거로 간다. 이 특징적 불안정성은 역사 비평에 특수한 문제를 준다. 재구성이 회상에만 제한된 것이 아닌 것은 사실이다. 이것은 (톰슨이 지적했던 것처럼) 모든 역사적 기록에서도 마찬가지다. 왜냐하면 기억은 저자가 이미 자신이 보존할 가치가 있다고 간주한 것과 잊어야 할 것을 결정하는 어떤 거르는 과정을 통해 나온 산물이기 때문이다. 그러나 이 첫 번째 기억의 선택은 제한되고, 기록을 만드는 것과 동시에 일어나며, 한정적이다. 이후에 일어날 수 있는 변형은 제외하더라도, 일단 기록은 만들어지면 그대로 고정된다. 사료로부터 제공된 정보를 사용하기 위해서 역사가는 초기의 정교화(선택과 편견)의 상태를 분석하기만 하면 된다. 살아있는 기억의 경우, 문제는 더욱더 복잡하다. 왜냐하면 비판적 검토가 파편화된 분석으로 축소될 수는 없기 때문이다. 그리고 역사가는 모든 정교화의 단계, 기억의 보존과 출현을 조사해야 한다. 비평은 과거로 돌아가서 진술의 현재 순간으로부터 모든 중간적 단계를 거치면서 회상이 만들어진 시기로 돌아가야 한다. 역사가가 개인의 기억을 다루든 또는 구전을 다루든 간에 역사가는 그 개인의, 집단의 현재 또는 과거의 삶에서 회상과 회상을 말하는 태도를 드러내는 모든 것을 재발견해야 한다. 아프리카의 구전에 대해서, 모니오(H. Moniot)는 다음과 같이 말하고 있다. "전통은 사회에서 살고 있고, 그에 따라서 행동하는 사람들의 기억을 통해서 중립적이지 않은 이유들로 보존된다. 그래서 전통이 정교화되는 때만이 아니라, 전통을 보존하는 모든 단계에도 영향을 주는 요인들이 작동하기 때문에, 그 비평은 편찬 시기를 그 출발점으로 사용하고 그 뒤로 작업해야 한다."[8]

이러한 비판적 분석으로 인해 역사가의 목적은 변화했다. 즉 역사가는 사실적 자료로서 기억의 내용보다는 기억의 발달 단계에, 그 신빙성보다는 기억의 작동에 더 관심을 가지게 되었다. 그래서 회상은 더 이상 과거에 대한 다소 정확한 성찰이 아니라, 현실의 부분인 재현으로 다루어지게 되었다. 그리고 모든 기억은 역사를 가지고 있기 때문에, 기억의 역사를 구성하는 것은 가능하지 않을까?

기억의 사회적 틀

사회학자들은 역사가들이 기억을 연구하기 오래전어 기억을 연구의 대상으로 삼은 이들이었다. 하나의 역설일까? 고대로부터, 기억의 기술적, 심리적 그리고 철학적 차원들은 많은 문학 서적을 고무시켰지만, 기억의 사회적, 역사적 차원도 마찬가지라고 말할 수 없다. 여기서 우리는 현재 그 연구가 고전이 되었고, 기억의 쟁점을 규정하는 데 결정적인 기여를 한 두 학자(모리스 알브바크스, 로제 바스티드)를 특별히 언급한다.

모리스 알브바크스: 사회적 사고(social thought)에 대해서

모리스 알브바크스가 1924년에 『기억의 사회적 틀』(*Les cadres sociaux de la mémoire*)을 출판했을 때, 그는 사실 그때까지 철학적 전통의 역설들에 기초한 문제들의 한 면을 재개했다. 그것들은 회상들이 두뇌의 뇌세포와 뇌회선[腦回線]에서 물리적으로 보존되고 있는가, 그리고 기억은 단순히 생리적인 기능인가? 또는 기억은 정신적 성격을 지닌 또 하나의 현실에 속하는가? 라는 문제들이었다. 프로이트의 연구가 소개되었을 때보다 이 논쟁은 프랑스에서 마르셀 프루스트(Marcel Proust)의 문학적 사업에 의해서, 그리고 무엇보다도 앙리 베르그송(Henri Bergson)[9](그는 모리스 알브바크스의 첫 번째 스승이었다)의 철학적 연구에 의해서 더 많이 조명되었다. 베르그송의 독특한 접근과 그가 정교화하려고 시도한 반응의 형태는 『물질과 기억』(*Matière et Mémoire*: 1896년에 처음 출판되었다)의 서문에서 명확하게 요약되어 있다. "이 책은 정신의 현실과 뇌막의 현실을 주장하고, 둘 사이의 관계를 정확한 사례인 기억을 통해서 결정하려고 한다."[10] 이 시각에 의하면, 회상들은 전적으로 개인의 심리적 무의식 속에 보존되고, 뇌가 하는 일은 과거 경험으로부터 현재의 행동에 필요한 것을 선택하는 것이다. 그러나 우리는 베르그송식의 접근이 갖는 매력에도 불구하고, 베르그송 철학이 가지고 있는 문제들 중 하나는 엄밀하게 말하면 이 개인의 무의식에 있다는 것을 안다. 즉 그 정의(definition)에 의하면, 개인의 무의식은 과학적 관찰을 할 수 없지 않은가?

논쟁을 사회학의 장으로 옮기면, 뒤르켐(Durkheim)의 충실한 제자인 알브바크스는 고전적 대안의 용어들을 넘어선다. 그는 개인의 회상들이 존

재하고, 다른 이들의 기억과 함께 연결되어서 과거에 국한되어 있다는 것을 증명하고자 한다. 즉 사람은 단지 사회적 집단의 한 성원으로서만 기억한다는 것이다. 개인의 회상의 특수성, 환원할 수 없는 창의성은 사실 그것들이 우리가 소속된 다양한 사회적 집단들(가족, 친구들, 정당, 사회적 계급, 국가)에 상응하는 몇 개의 일련의 기억들의 엇갈림에 의해 만들어진다는 것이다. 개인의 기억은 그가 부분으로 포함되어 있는 사회적 연대의 중첩적인 연계망의 접점이다. 이러한 사회적 행위는 내재화되어 있기 때문에 다른 이들이 실제적으로 존재할 것을 요구하지 않는다. "사실 내가 사회로부터 걸어 나가버릴 때조차도, 나는 계속 사회의 영향하에 있다. 내가 나 자신을 사회 성원들과의 관계 속에서 구별 짓고, 그들의 환경 속에 다시 침잠하게 하고, 집단의 한 부분으로 느끼게 하는 모든 것을 나 자신 속에, 내 정신 속에 가지고 있다는 것으로 충분하다."[11] 다른 말로 하면, 알브바크스는 개인 심리의 무의식에 대한 베르그송적 (그리고 프로이트적인) 문제를 넘어선다. 그는 그 문제를 실제적 집단들의 집합기억으로, 즉 그가 '사회적 사고'라고 부르는 것과 융합되는 기억 또는 집합 의식으로 변환시킨다.

알브바크스에 의하면, 집단기억이 하는 일은 현재 행위의 필요에 반응하는 것이다. 즉 필터로 작용하는 현재 행위가 집단이 변화함에 따라서 전통이 변형되도록, 잊어버릴 전통과 전승할 전통을 선택하는 것이다. 여기에서 현재 행위는 베르그송적인 개념으로 뇌의 역할과 비슷하다. 그러나 변화를 통해서, 이들 집단들은 또한 안정된 준거 틀과 준거의 지지를 필요로 한다. 즉 회상의 보존은 공간 속에서 회상들이 어디에 머무르는가에 달린 것이다. 우리를 둘러싼 물체들, 전경들, '도시 성벽의 암석들'은 인간의 발자국을 가지고 과거의 흔적을 전해준다. "한 집단이 어떤 공간에 적응하게 되면, 그 집단은 그 자신의 이미지로 다시 자신을 만들면서, 동시에 그것에 저항하는 물리적인 것들에 적응한다."[12] 공간적 틀 자체가 또한 진화한다는 사실에도 불구하고, 공간적 틀의 성격은 집단의 안정성에 기여하는 불변성의 느낌을 만들어낸다. 왜냐하면 "고대에 인간이 고안해낸 것은 물리적 환경 내에서, 즉 물체에서 형성되었다. 지방 전통의 힘은 그 지방 전통이 충실히 따르는 그 물체로부터 온다. 너무나 그래서 집단들은 물리적 환경이 가지고 있는 비활성적 수동성을 모방한다."[13] 이것들은 인간이 자신들 속에 지니고 있는 이미지다. 그 이미지들은 암석들 자체보다도 더 강력하다. 한 집단이 분산될 때, 그 집단은 자신의 원래 형태에서 어떤 요소들을 최소한 재구성하지 않는가? 이러한 공간의 재구성은 사회적 관계의 물리적 장소로부터 집합 이미지의 상징적 체계로 나아간다.

『성지에서 복음서의 전설적 지형도』(*La topographie légendaire des Evangiles en Terre Sainte*)에서 알브바크스는 상징적인 장소들의 탁월한 사례들을 가지고 이러한 기억의 작동을 분석한다. 그는 어떻게 그리스도의 삶이 이미 중요한 공간에서 정립되었는가, 그리고 이 공간이 후대의 종교적 믿음에 따라서 어떻게 재조정되었는가를 보여준다. 사실 성지에 대한 기독교적 기억은 몇 개의 층위로 겹쳐져 있다. 가장 오래된 (가장 이해하기 힘든) 것은 예전 유대인의 장소들이다. 신약성서의 어떤 사건들은 이미 구약에서 형성된 듯하다. 예를 들면 베들레헴에서 일어나는 예수의 탄생 전설, 다윗의 도시, 루카와 마태오의 복음에서 예수를 '다윗의 집안'의 한 부분으로 만드는 예수의 계보가 있다. 한편, 초기의 사건들로부터 멀어지면, 그 본질적인 부분들이 예수의 수난과 부활 장면에 집중되고 있어서, "도그마가 예수의 역사를 심각하게 변화시킨다."[14] 두 번째 층위는 4세기, 골고다와 특별히 성묘라고 추측되는 장소들에서 일련의 바실리스크와 교회들을 촉발시킨 콘스탄틴과 헬렌의 시대로 올라간다. 세 번째 층위는 현재적 신앙의 흔적을 가진 새로운 장소들을 세운 십자군과 상응한다. 그리고 고통의 길(Via Dolorosa)의 재현들(그림, 부조, 등)이 서양에 세워졌던 것은 훨씬 후(15세기 이후)였다. 그래서 재해석과 재현들의 작동을 통해서, 기억은 수세기를 거쳐 변화한 성지의 지형도에 그 효과들을 각인시킨다.

그러나 기억이 사회집단의 성원들을 통해서만 지속되는 한, 기억에 영향을 주는 변화들은 지속적인 배경에 대항하여 발생한다. 왜냐하면 세대 간의 '살아있는 연계'(living link)가 있고, 알브바크스는 몇 쪽에 걸쳐 그 연계를 감탄할 만하게 기술한다. 경험된 과거는 정말로 부모와 조부모를 통해서 우리의 유아기를 넘어서 거슬러 올라가고, 개인 경험의 한계를 초월한다. 예를 들면 18세기 재치(wit)에 대한 스탕달(Stendhal)의 취향은 그의 조부를 통해 그에게 전해졌다. 그는 그의 조부에게서 혁명 전 사회와 연결된 흥미와 감성을 발견했다. 살아있는 역사는 특별한 감각이다. 그것은 한 시대에, 한 세대의 사람들이 가지고 있는 독특한 사고와 대응의 방식이지만, 그 반향은 다른 세대에까지 미친다. 물론 변하고 일시적이지만, 그 자국을 집합기억에 남기는 '시대정신'(spirit of the times)이라고 할 수 있는 것이 있다. 알브바크스는 (1877년에 태어났는데) 자신의 개인적 사례를 분석했다. "프랑스에서는 다른 어떤 시대에서도 발견될 수 없는 1871~1879년 전쟁 후 10년, 15년, 20년이 지났을 때까지도 독특한 심리적·사회적 분위기가 있었다. 나의 부모는 당시의 프랑스인들이었다. 그들이 어떤 습관들을 가지게 되고 그들 인성의 지속적인 한 부분이 되는 특성을 가지게 된 것이 바로 이 시기였다. 그리고 그 특성들은 매우 일찍 나의 주목을 끌었음에 틀림없다."[15] "나는 이따금 조부모들과 함께 만들었던 집단에서 마지막 낭만주의의 전율을 흘낏 보았던 것 같다. 나는 낭만주의를 단지 예술적·문학적 운동뿐만 아니라, 18세기 말에 감수성이 있는 사람들의 성향과 혼동되어서는 안 되지만 확연히 다르지는 않은 특별한 감각 양식이라고 생각한다. 그것은 부분적으로 제2 제국시대의 천박함 때문에 소실되었지만, 더 먼 지역에서 더 끈질기게 지속되었다. 그리고 그곳에서 내가 바로 그 마지막 흔

적들을 발견했던 것이다."¹⁶

　모리스 알브바크스는 뤼시앵 페브르(Lucien Febvre)와 마르크 블로크(Marc Bloch)가 1929년에 설립한 『경제사회사연보』(*Annales d'histoire économique et sociale*)에 최초로 기고한 사람들 중의 한 사람 (그리고 편집위원 중의 한 명)이었다. 놀랄 것도 없이 그는 당시 지배적이었던 실증주의적 역사 개념에 대항하여 그의 분석들을 주장했다. 그래서 그는 집단들의 외부와 위에 있는 역사에도 불구하고, 사회 집단들이 "시간을 통해서 정체성을 인식하게 하는" 집합기억의 지속성을 주장했다. 사실 알브바크스가 알았던 것처럼 역사는 사람들이 과거로부터 거리를 둔다고 가정하고, 과거의 사건들을 살았던 사람들의 것들이 아닌 범주들에 기초한 사건들, 분기점들, 시대구분들의 흐름을 도입한다. 추상적이고 모든 것을 포괄하는 역사는 사회를 구성하는 많은 집단이 가지고 있는 집합기억들의 다수성을 무시한다. 유구한 전통의 계승자인 역사는 동시에 (우리가 나중에 볼 테지만) 인류 진화의 일반적인 재현에 새겨져 있는 민족 정체성의 규정에도 기여하려고 한다. 알브바크스에 의하면 '역사적 기억'이라는 용어 자체가 모순된 듯하다. 즉 "역사는 인류의 보편적 기억으로 묘사될 수도 있다. 그러나 보편적 기억이란 없다. 모든 집합기억은 공간과 시간적으로 제한되어 있는 특정 집단이 유지하는 것이다."¹⁷

로제 바스티드: 기억 연계망(memory networks)

알브바크스의 연구는 주목받을 가치가 있었음에도 역사가들에게서 별다른 반응을 일으키지는 못했다(『기억의 사회적 틀』은 마르크 블로크가 찬사를 보냈지만).¹⁸ 아프리카 문화유산에 대한 고전적 연구에서 구술사 연구에 가장 계몽적인 발전을 가져온 사람은 사회학자며 민족지학자인 로

제 바스티드였다. 그의 연구 영역은 '예외적인 사례', 즉 집합기억 연구를 위한 진정한 실험실이었다. 바스티드에 의하면 노예제도에도 불구하고 "해방된 도시 흑인들 가운데 집합기억은 주로 아프리카에서 온 흑인들이 아프리카 종족 집단으로서 재구성될 수 있었던 곳에서만" 보존되어왔다.[19] 예를 들면 브라질의 '캉동블레'(candomblé)[20]는 오래된 신성한 공간을 생각나게 하는 대조적인 공간들을 재창조함으로써 아프리카 땅의 이미지를 옮겨왔다. 즉 도시 신들의 페기(pegi), 자연의 신들에게 바쳐진 야외 예배당들, 그리고 작은 성년식 방과 거대한 공공 댄스홀 등을 재구성하였다.[21] 마찬가지로 아이티의 부두(voodoo)[22]는 아프리카에서 온 신성한 공간의 구조를 가진 땅에 좀 작은 규모의 신성한 장소를 만들었다. 이곳에는 기둥으로 둘러싸인 안마당이 있어서 그곳에서 사람들이 춤추고, 아프리카에서 온 신들이 세계에 흩어져 있는 자손들을 방문하기 위해 그 중심 기둥으로부터 내려온다. 정원에는 나무들이 있고(아프리카와 같거나 상징적으로 같은 나무들), 죽은 이의 혼이 그 나무들에 매달려 있다. 그 나무 밑에는 물병, 럼 그리고 담배와 같은 제사 음식이 또한 놓여 있다.[23] 따라서 집합기억의 공간적 차원이 "사회적 지속성과 보존의 중심"의 재창조를 통해서만 살아남는 것이 확인된다.[24]

아프리카 종교의 예를 통해서 로제 바스티드는 알브바크스의 분석에 뉘앙스를 가져다주고, 세 가지 주요한 방향에서 수정을 하면서 발전적으로 알브바크스의 분석을 풍성하게 만들었다.

(1) 회상이 사회적 배경에 그 뿌리를 두고 있는 것은 사실이지만, 개인은 기억을 보존하는 장소로서 복원되어야 한다. 이 주장은 베르그송에게로 되돌아가는 것인가? 이것은 심리적 무의식으로 돌아가는 것이 아니라, 회상의 기록에 있어서 몸의 역할을 설명하는 것이다. 예를 들면 성년식

은 몽환, 춤, 그리고 일련의 조건 지워진 [육체의] 반사운동을 통하여, 신들의 아내들이 신화와 의례에 의해 규정된 역할을 할 수 있도록 하는 도제 제도이다. "이들 성년식의 입문자들은 물리적 환경에서, 그들 육신의 친교를 통해서, 종족 신들과 조상들을 아프리카에서 아메리카로 가져왔다. 그래서 새로운 땅에서 아프리카가 다시 깨어나고 다시 표현되는 데 필요했던 것은 성년식의 입문자들이 자신들의 육신에서 구현한 신성함의 음악적 주 악상을 다시 한 번 듣는 것이었다."[25] 그래서 아메리카에서는 다음과 같은 대조가 발견된다. 즉 아프리카 신화들이 희석되면서도, 신화들을 재생시키는 발동 체계로 결합된 의식과 의례가 지속된다.

(2) 알브바크스는 심리적 무의식에서 사회적 사고로 이동함으로써 한 가지 문제를 미루었다. 즉 사실은 무엇이 집합 의식인가 하는 것이다. 그 자신의 시간 틀 속에서 영속하는 자율적인 집단의 경우, 의식은 서로에게 확실하게 스며들 수 있다. 그러나 이러한 융합이 기억의 보존 양식들을 적절히 설명하고 있는가? 이 문제에 대해서 로제 바스티드는 사회적 집단에 대한 더 명확한 정의를 제공한다. 사회적 집단이란 보완적인 연계망에 기초하고 있는 일련의 상호교환 속에 있는 개인들로 구성되는 것이다. "집합기억을 설명하는 것은 집단 그 자체가 아니라, 오히려 집합기억의 틀을 제공하는 집단의 구조다. 그리고 집합기억은 더 이상 집합 의식이 아니라 오히려 서로 연결되어 있는 개인의 기억들의 체계다."[26] 다른 말로 하면, 종교적 의식은 특정하지만 보완적인 역할들을 하는 행위자들에 의해서 행해진다. [예를 들면] 에슈(Eshou)[27]의 딸들은 세속과 성 사이의 길을 연다. 이 '작은 엄마들'은 입문자들을 그들의 오래된 인성으로부터 자유롭게 하기 위해서 입문자들의 손발을 씻어준

다. 몽환이 신화적 만신전(mythic pantheons)의 위계와 계보에 따라서 결정된 순서로 뒤따른다, 기타 등등. 집합기억은 정말로 한 집단의 것이지만, 그 집단은 하나의 조직, 즉 "개인들 간의 관계의 체계"다. [아프리카인들이] 유배되고 노예가 됨으로써 파괴된 것이 바로 이 구조화된 조직이다. 거의 전 [아프리카 종교] 사제직이 [아메리카로] 이식되었던 경우들을 제외하고, [사제를] 대체하는 행위자들은 같은 장소에서 발견되지 않았다. 그래서 오래된 전통 전체가 아니라, 그 파편들만이 살아남는다.

그래서 집단의 해체는 집합기억의 해체에 영향을 주고, 기억의 선택과 착오를 설명한다. [종교] 의식들에 대한 아프리카 시나리오는 아메리카에서 총체적으로 재구성될 수 없기 때문에, 빈 공간들, 즉 문자 그대로 집합기억에서의 틈이 생긴다. 그러나 이것은 기억의 전적인 손실 또는 전적인 착오는 아니다. 이것은 연극배우들이 그들의 역을 잘하기 위해서, 서로의 반응을 알아야만 하는 연극과 비교될 수 있다. 연극에서 전체적인 구조는 불분명하다. 어떤 배우들의 부재 속에서 사람들은 부재하는 배우들의 대사들을 다소 희미하게 기억한다. 그래서 절대적인 빈 공간이 아니라 어떤 상실감을 느끼고, 없어진 것을 어렴풋이 알아차리게 된다.

(3) 이 분석은 로제 바스티드를 레비 스트로스적 개념인 '자발적 구성'(do-it-yourself construction)에 의존하게 한다. 즉 "아메리카 흑인 사회는 그 [아프리카]시나리오의 구조에 있는 틈을 메우기 위해서 사용할 새로운 이미지를 다른 곳에서 찾는 데 집중한다. 하지만 단순히 [새로운] 요소들을 첨가하는 것이 아니라, 그 요소들이 조직되는 방식으로부터 생성되는 의미를 회복시킨다."[28] 신화나 의례의 전체적 윤곽은 기억에 새겨져 있고, (결핍에 대한 대응으로 일련의 연상 작용을 통해서) 틈을 채

우기 위해 다른 요소를 선택하는 것을 결정한다. 이러한 요소는 다른 아프리카 전통에서 (다른 아프리카 지역에서) 또는 서구 문화로부터 취해질 수 있다. 그리고 그 과정은 제설혼합주의(syncretism)와 문화접변(acculturation)의 다양한 형태를 낳는다. 동시에 현재 사회의 틀에 집합 기억을 적응시키기 위해서 새로운 의미들을 생성한다.

이러한 '자발적 구성'은 기억의 보존과 착오의 사실들을 설명할 뿐만 아니라, 집합 회상의 변형을 설명한다. 특히 신들과 연관된 이미지들에 영향을 주는 변형을 추적하는 것이 가능하다. 그래서 브라질의 어떤 지역에서 에슈는 악마와 동일시되고 있고, 아프리카 요르바의 아프리칸 에슈는 이 두 세계의 중개적인 신이다. 에슈는 인간의 기도를 전달하는 전달자이고, 모든 제물을 받는 첫 번째 신이다. 그는 장난기가 있는 신이고 그의 못된 장난과 힘 때문에, 대마술사로 생각된다. 브라질에서 그의 불길한 성격은 그의 해악한 전달자로서의 역할에서 강조된다. 그는 장난기가 있을 뿐만 아니라 잔인하기도 하다. 그의 잔인함은 백인들을 향하고 있는 반면 그는 흑인 추종자들을 보호한다. 즉 노예제에 기초한 사회적 맥락에서, 그는 투쟁과 저항의 도구로 변형되었다. 현재 사회적 조건들은 정말로 과거에 영향을 주지만, 과거가 만들어놓은 시각에 따라서 그러하다.[29] 신화에서 에슈와 연관된 오군(Ogun)(에슈의 노예)의 이미지 그리고 의식(오군은 에슈 다음에 즉시 제물을 받는다)은 비슷하게 변화해왔다. 아프리카에서 그는 철의 신이고, 농업, 사냥, 전쟁을 다스린다. 오군은 브라질로 이식되어서 계속 철과 연관되었지만, 새로운 환경에서 농업과 사냥은 그의 숭배에서 제거되고 그의 전사적 측면이 지배적이 되었다. (반면, 나이지리아에서는 식민시대의 '평화'라는 맥락에서 전사로서의 기능은 약화되고, 사냥꾼들의 주군이 주 기능이 되었다.) 그래서 에슈와 오군의 결합은 백인 지배에 대한 투쟁의 맥락에서 브라질 흑인들이 더 오래된 특징들을 선택하고 강조하면서 재강화되었다.

집합기억의 변형은 한 사회 체계의 논리에 새겨져 있고 동시에 집합기억을 가지고 있는 사회 집단들 사이의 권력관계에 의존한다. 기억들은 사회의 정체성을 정의하는 데 도움을 주는데, 따라서 그 사회들의 운명에 따라 기억들은 서로 도전하고 서로 합해져서 융해되거나 서로를 제거한다.

역사적 기억과 집합기억

피에르 노라는 "집합기억은 최근의 역사적 문제다"라고 말한다.[30] 사람들은 왜 이러한 연구 대상을 만드는 데 사회학자가 역사가들보다 앞서는가를 궁금해 할지 모른다. 기억은 과거를 보존하기 때문에, 정의에 의하면, 역사는 기억이 아닌가? 그러나 어떤 과거인가의 문제가 남아 있다.

민족적 기억

최근까지 역사가들이 이 문제를 언급하지 않았다면, 그것은 그들이 자신들의 연구에서 거리를 두는 것이 부족하기 때문이다. 이것이 바로 역사와 기억이 혼동되었던 이유다. 좀 더 정확하게 말하자면, 집합기억과 역사적 기억은 항상 서로에게 영향을 주어왔지만, "순환의 흐름이 항상 쌍방향적이지는 않았다."[31] 사실 오랫동안 역사는 (역사학이라는 의미에서) 집합기억을 지휘하는 듯했다. 역사가는 자료와 고문서를 수집함으로써 과거를 재구성하고 그것을 하나의 이야기로 복원시키면서 이러한 기억의 대표자 또는 보증인이었다. 그의 임무는 전 지역사회를 위하여 역사를 재구성하는 것이었다. 그러나 이러한 재구성은 사회적 이데올로기와 관계가 없는 것이 아니었다. 개인의 기억들과 회상들의 다수성에 직면하여 역사가는 자신을 기억의 전문가, 유일한 조정자로서 인정할 것을 강요했다. 왜냐하면 그는 과거의 정확한 판본을 제시하기 위해서 실수로부터 진실을 걸러내게 해주는 방법과 문헌을 마음대로 다룰 수 있었기 때문이다. 그래서 이러한 방식으로 구성된 역사적 기억은 단성적이고 단일하며 통일적이다. 이것은 사회의 모든 성원들의 다양한 상황과 관점들에도 불구하고 모두를 집합적 과거로 통일되도록 만든다.

프랑스 역사학은 이 점에서 한 사례가 될 것이다. 위페르(G. Huppert)가 제시한 바와 같이,[32] 16세기로부터 역사학의 발전은 민족의식의 확인과 밀접하게 연결되어 있다. 프랑스의 과거에 대한 가장 초기의 비판적이고 박식한 밑그림은 법률가와 국회의원들이 프랑스 군주제의 제도들을 회고한 작업이었다. 에티엔 파스키에(Etienne Pasquier)는 『프랑스 탐구』(*Recherches de la France*, 1560)에서 그의 사료를 혁신적으로 사용해서 다음과 같은 질문에 대답하기 위해서 그 서두를 시작한다. "행운 또는 법률 고문 둘 중 어느 것이 프랑스 왕국을 보존하는 데 더 많은 역할을 해왔나?"[33] 그 이후에 보쉬에(Bossuet), 불랭빌리에(Boulainvilliers), 볼테르, 오귀스탱 티에리(Augustin Thierry), 기조(Guizot)와 같은 역사가들은 각각 자기 식대로 과거를 재현하고 재생시키기 위한 방식으로 사고의 범주들 또는 신화들을 제공했다. 그들의 다양한 방식의 기저에는 지역사회의 이름으로 말하기를 주장하는 집단이 자신의 정체성을 추구했다는 증거가 있다. 그리고 그것은 실증주의 역사가 강제한 민족의 영광을 향한 단성적인 역사였다. 그런데 그 실증주의 역사 연구 방법은 랑글루아(Langlois), 세뇨보스(Seignobos)의 연구가 19세기 말에 정형화한 것이었다. 그래서 제3

공화국의 이데올로기(동시에 과학적이고 단일하고 애국적인)는 라비스(E. Lavisse)의 교과서에서 개가를 올렸다.[34]

이후로 이러한 민족 기억으로서의 역사의 지위는 인식론적인 차원과 사회적 영역에서 나타난 많은 위기가 만들어낸 하나의 문제를 던진다. 역사의 인식론은 아날학파의 등장으로 '서술적 역사'(narrative history)로부터 '문제 지향적 역사'(problem history)로 이동하면서 결정적인 변화를 거쳤다. 기계적 인과성에 따라서 펼쳐지는 단선적 시간성(linear temporality)은 다르면서도 보완적인 다양한 시각들을 포함하는 복수적 시간성(plural temporality)으로 대체되었다. 이러한 돌파구는 역사에 대한 실증주의적 개념을 문제시하게 되었고, 역사가들로 하여금 그들 직업의 기원과 전제들에 대한 성찰을 더 하게 만들었다. 사회적으로 그때까지 지배당하고 문화 접변에 종속되었던 많은 집단은 스스로 위로부터 강요된 하나의 기억을 인정하길 거부하고, (전통적 삶의 방식이 사라진 가운데서) 그들의 뿌리를 다시 발견하려고 노력했다. 그래서 공적인 역사에 반대함으로써 자신들을 주장하는 대안적 기억들(노동자 계급, 브르타뉴, 프로방스, 페미니스트 등의 기억들)이 풍성하게 나타났다. 그로부터 역사와 기억 사이의 관계가 역전되었다. 이제는 기억이 역사가들의 흥미와 연구 주제들을 고무하는 차례가 되었다. 그래서 노동운동은 처음으로 조합과 당을 세우고, (노동절 행진, 파리코뮨 가담자들의 벽[35] 등과 같은) 상징, 의례, 기념들을 가지고 그들 자신의 집합기억을 정교화했다. 바로 그 이후에 집합기억으로 창조된 노동자 계급의 세계에 대한 역사학이 과학적 학술 잡지, 학술회 그리고 대학교 교직과 함께 형성되었다.

기억의 역사들

역사가가 더 이상 공식적으로 인정된 민족 기억을 관리하는 관리인이 아니라면, 그것은 침묵된 (더 적게는 검열된) 것 때문이 아니다. 의식의 성장은 정당성의 위기를 동반한다. 그래서 역사가들은 한 사회(그리고 한 개인) 안에서 몇 개의 기억들이 함께 존재하고 서로에게 반대되기도 한다는 것을 인식하게 되었다. 예를 들면, 투쟁, 전략, 권력관계의 대상인 기억들, 때때로 제도들에 의해 지지되는 공적이고 지배적인 기억들, 피지배집단의 것들과 같이 때로는 잠재적인, 비밀스런 회상들이다. 이제 역사가의 작업은 사회집단들의 삶 속에서 이 회상들의 형태, 기제, 기능뿐만 아니라 서로의 상호작용과 갈등을 분석하는 것이다.

몇몇 최근의 작업들은 이러한 방향으로 가고 있고, 또한 가능한 길들을 제시하고 있다. 『카미자르의 전설』(*La Légende des Casmisards*)에서 필립 주타르(Philippe Joutard)는 세벤느(Cévennes) 지방 신교도들의 기억과 학문적 역사를 대립시켰다. 학문적 역사는 두 개의 대조적인 단계로 구성되어 있다. 18세기에 구교와 신교 작가 모두에게서 나타나는 '경멸의 시기'는 19세기 중엽에 이르러서 카미자르 반란을 부활시키고 그 찬사를 노래했던 '역사학의 혁명'으로 이어지고 있다. 이렇게 기록된 역사와 대면하여, 필립 주타르는 가족들 내에서 이야기꾼(story-teller)의 계통을 따라서 전승된 구전의 독립성을 주장했다. 정말로 19세기 후반기에 집합기억과 역사학은 서로 호혜적인 영향을 주었다. 그러나 "최초의 관계[집합기억과 역사학]의 역전과 구전을 개신교 역사학의 주요 동기로 만든 것은 모순적인 것이 아니다."[36] 이 경우가 우리가 오늘날 목격하고 있는 이러한 역전의 첫 번째 예들 중의 하나다.

또 하나의 사례는 프레디 라파엘(Freddy Raphael)이 20세기 초 유대인

이 마을 인구의 4분의 1을 구성하는 마을에서 수행한 연구에서 드러난 알자스 지방 유대인의 '허위 기억'의 경우다.[37] 마을 사람들은 '냄새 나는 유대인'(schtengiger Jud)이라는 생생한 정형화된 이미지를 가지고 있는 반면, 다른 곳으로 이주한 예전의 유대인 거주자들은 마을 사람들과 관계에 대한 목가적인 그림을 그렸다. 라파엘이 유대인들에게 다른 지역에서 수집된 정보를 알려주었을 때, 그들은 자신들의 회상을 재고하고 처음에 그렸던 것을 수정했다. 이 경우에, 집합기억은 "환경이 지역사회에 강제하려고 하는 피해에 저항하는 강력한 저항의 힘"인 듯하다.

지보르의 노동자에 대한 르캥의 연구는 공적인 역사와 대조적으로 생애이야기로부터 드러나는 개인의 기억이 몰수되거나 희석되는 경향을 보여준다.[38] 노동자들은 실제로 민족 역사에 속하는 사건들을 인정한다. 그러나 그들이 생각하는 한 정치적 지도자와 전문적 역사가의 영토인 이 과거에 대해서 그들은 독창적인 어떤 것도 말할 것이 없다. 마찬가지로 그들은 "그 자체로 공식적인"[39] 노동운동의 역사를 채택한다. 그러나 노동운동의 역사를 자신의 것으로 적극적으로 받아들이지는 않는다. 이러한 두 개의 기억들은—한편은 민족 또 한편은 노동자 계급—이질적이고 개인의 이야기의 외부에 있다. 그것들은 단지 개인 삶의 중요한 단계(군대 입대, 결혼 등등)에 상응하는 한에 있어서만, 생애이야기의 한 부분이 된다. 반면에 이러한 공식적 기억과는 대조적으로, 구술자가 ('우리는'을 첨가하여) 자신의 사건을 이야기로 말할 때, 직접 그것들을 개인적으로 경험하지 않았을 때조차도, 채택하는 '공유된' 집단기억이 있다. 이 공동 기억은 유아기, 도제 시기, 노동 조건들, 지방적 투쟁, 파업 등의 기억을 포함한다. 지보르의 야금 노동자들 사이에서 기억의 기능 방식은 놀랍게도 로제 바스티드의 기억 연계망에 대한 분석을 확장시킨다. 즉 개인의 기억은 집합기억 내에 특별한 자리를 점유하는 것이다. 사실 제보자들은 이런저런 정보, 또는 에피소드의 구체적인 사항들에 대해서 서로를 참고한다. 그래서 그 집단은 '기억 담지자'인 그 자신의 대변인들을 세운다. "사람들은 서로에게 교차 확인하면서 서로를 보완하고, 또한 자신들을 하나의 위계질서로 조직하면서, 부분적이거나 특수한 기억들의 그물망을 짠다는 증거가 있다."⁴⁰

위에서 언급된 연구(선택의 범위가 고르지 않지만)는 연구논문 형태다. 피에르 노라가 편집하고 최근에 그 첫 권이 출판된 『기억의 장소』(Lieux de mémoire)는 연구논문들로 이루어진 기념비적 작업이다.⁴¹ 이 연구는 '프랑스의 기억'을 구현하는 상징들, 기장들, 공휴일, 기념식과 기념물들 (예를 들면 만신전과 같은 성당들, 가장 초라한 마을에 있는 전쟁 기념물들, 시청, 삼색기, 국가, 학교 교과서 등)의 목록을 작성했다. 이것들이 감정적으로 충전시키는 것과 이것들과의 분리감이 우리 안에서 혼합되는 한, 이러한 매우 다양한 장소들은 '기억과 역사 사이'에 서 있다. "장소들의 시간은 회상의 친밀함 속에서 우리가 경험해온 거대한 풍요로움이 사라지는 바로 그 순간이다. 그리고 이 시간은 재구성된 역사를 응시하지 않으면 다시는 결코 살아나지 않는다."⁴²

이 책[『기억과 역사 사이』]은 기억과 역사 사이의 관계를 이렇게 재정의하는 데 기여하는 것을 목적으로 한다. 매우 다양하지만, 이 책의 논문들은 기억의 형태와 기능들에 대한, 더 정확하게는 (그 장르의 목적과 조화를 이루어) 역사의 침묵 밑에 있는 기억들의 형태와 기능에 대한 쟁점적인 분석이라는 공동 영역으로부터 자극을 받았다. 굴모(J. M. Goulemot)의 '문학적 역사와 민족 기억'에 대한 논문을 제외하고, 이들은 모두 문화접변 과정에 종속되어 있었던 피지배 사회, 계급, 집단들에 초점을 두고 있다. 한편으로 이들은 서구 세계의 중심에 있는 집단들(여기서는 프랑스), 농민(티에스 A.M. Thiesse와 보종 J.P. Bozon), 노동자(드부지 M. Debouzy), 또는 유대인들(발랑시와 바슈텔)을 다루고 있고, 또 한편으로는 유럽 식민주의가 강요되었던 아메리카 또는 아프리카의 사회들(그뤼쟁스키 S. Gruzinski, 쉘튼 A. Shelton, 모니오, 제위시에윅키 B. Jewsiewicki)을 다루고 있다. 다양한 지방적 맥락과 논리의 특수성 위로 드러나는 하나의 공통점은 기억이 관련된 집단들의 정체성을 구성하는 요소라는 것이다. 확실히 이 새로운 연구 대상은 인류학자만큼이나 역사가들에게 흥미로울 것이다. 그리고 이것은 그 학문들 사이의 벽이 만나는 곳에 공통 지점을 제공한다.

샤론 로메오(Sharon Romeo) 번역

05

기억의 장소들[*]

피에르 노라[**]

역사의 가속화

위 문구[역사의 가속화]의 중요성을 은유를 넘어서 가늠해보기로 하자. 현재가 영원히 가버린 과거로 점점 급속하게 빠져드는 것, 어떤 것이든 모든 것은 사라져버릴 것이라는 일반적인 생각, 이것은 [과거와 현재 사이의] 평형상태가 파괴되고 있음을 나타낸다. 전통의 따뜻함 속에서, 관습의 침묵 속에서, 반복되는 조상의 전래 속에서 아직도 살아있는 경험의 잔재들은 근본적으로 역사적 감수성의 압력하에서 사라져갔다. 자의식은 이미 일어난 것[과거]의 징표가 있어야 나타난다. 이것은 마치 과거 어떤 것의 완성이 이미 시작된 것과 같다. 우리는 기억이 너무나 적게 남아있기 때문에 기억에 대해서 그렇게 많이 이야기한다.

---

[*] 이 논문은 *Representation*(26, spring 1989)에서 발췌한 것이다. 논문의 영문 제목은 "Between Memory and History: *Les Lieux de Mémoire*"이다.
[**] 피에르 노라(Pierre Nora)는 프랑스의 대표적인 구술과 기억에 대한 이론가다.

기억이 결정화되고 그 자체를 비밀로 묻어두는 기억의 장소(les lieux de mémoire, sites of memory)에 대한 우리의 관심은 어떤 특정한 역사적 순간에 일어났다. 그 순간은 바로 과거와 단절되었다는 의식이 기억이 찢겨 나갔다는 느낌과 연결되는 전환점이다. 기억이 찢겨 나가서 역사적 연속성의 감각이 지속되는 특정한 장소들에 기억을 구현하는 문제를 제기했다. 즉 진정한 기억의 환경(milieux de mémoire, real environment of memory)이 더 이상 없기 때문에 바로 기억의 장소가 나타났다.

예를 들면, 농민 문화(peasant culture)의 사멸이 가져온 회복할 수 없는 단절을 생각해보라. 집합기억의 전형적인 보고인 농민 문화는 최근 유행처럼 역사 연구의 대상이 되었는데, 이 시점은 바로 서구 산업 발전이 극에 달한 시기와 일치한다. 이렇게 기억이 근본적으로 무너진 것은, 우리에게 친숙한 전 지구적 민주화와 대중문화로 향하는 움직임의 한 예일 뿐이다. 식민주의의 폭력에 민족의식이 정체되었다가 새롭게 역사적으로 각성한 신생국가들에게 독립이 갑자기 휘몰아쳐 왔다. 이와 비슷하게 내적인 탈식민화 과정은 소수민족들, 가족들 그리고 지금까지 거의 혹은 전혀 역사적 자본은 없지만 기억의 저장고를 보유한 집단들에게 영향을 주었다. 우리는 교회나 학교, 가족이나 국가를 통해서 집합적으로 기억된 가치들을 전수하고 보존하는 것[전통]을 오랫동안 고수해왔던 사회들의 종말을 보아 왔다. 또한 반동, 진보 또는 혁명을 위해서건, 과거로부터 미래로의 매끄러운 통과를 준비했거나 미래가 과거로부터 지킬 것들을 제시했던 이데올로기들의 종말을 보아왔다. 정말로 우리 자신의 역사적 감각은 크게 약화되어왔다. 그래서 미디어의 도움으로 당대 사건들을 담은 영화들이 집합적인 유산이 지닌 친밀한 기억을 대체했다.

그래서 '역사의 가속화'는 진정한 기억과 역사 사이의 차이를 잔인하게 깨닫게 한다. 진정한 기억은 사회적이고 순수하고, 예시된 그러나 소위 미개 또는 원시 사회의 비밀로 남아있는 것이고, 역사는 지속적으로 망각하면서 변화하는 현대 사회가 어떻게 과거를 조직하는 가다. 한편으로 우리는 통합되고 지시적인 기억을 발견한다. 그것은 자의식적이지 않고, 명령하고, 강력하고, 즉각적으로 실현하는 기억, 그 조상의 역사를 영웅들, 기원들 그리고 신화라는 구별되지 않는 시간과 연결하여 끊임없이 전통을 재창출하는 과거가 없는 기억이다. 또 다른 한편으로 사실상 선택되고 분류된 역사적 혼적들 정도인 기억이 있다. 권리, 능력 그리고 변해야 할 의무에 대한 커지는 믿음과 함께 현대에 이 두 기억 사이의 간격은 더 커지고 있다. 오늘날, 이 둘 사이의 거리는 경련이 일어날 정도로 늘어나 있다.

이렇게 역사가 기억을 정복하고 전멸시킨 것은 결과적으로 뜻밖의 사실을 알려준다. 오래된 정체성의 연대가 파괴되고 우리가 자명하게 생각했던 어떤 것이 끝났다는 것이다. 즉 기억과 역사의 동일시가 끝났다는 것이다. 불어에서 유일하게 한 단어만[histoire]이 살아온 역사와 그 역사를 이해할 수 있게 하는 지적인 작동 (독어에서는 그 둘은 일어난 역사[Geschichte]와 쓰여진 역사[Historie]로 구별된다) 둘 다를 지칭한다는 사실은 종종 지적되는 불어의 약점이다. 그래도 이 단어는 우리를 앞으로 데려가는 과정[살아온 역사]과 그 과정을 재현하는 것[역사 연구]은 같은 종류의 것이라는 심오한 진리를 알려준다. 우리가 기억 안에서 살 수 있다면, 우리는 기억의 장소들을 성역화할 필요가 없었을 것이다. [우리가 기억 안에 살 수 있다면], 가장 일상적인 수준에서도 우리의 동작은 행위와 의미가 원초적으로 동일시되면서 영원히 실천되는 의례적인 반복이 될 것이다. 흔적, 중재, 거리가 나타나면서, 우리는 진정한 기억이 아니라 역사의 영역에 있다. 예를 들면 우리는 민족 대이산을 경험한 유대인을 생각해볼 수 있다. 유대인들은 '기억의 민족'(peoples of memory)으로 매일 전통적 의례들을 수행하기 때문에 현대 세계에 개방되기 전까지 그들에게 역사는 거의 쓸모가 없었다.

현재 기억과 역사는 동의어기는커녕 근본적으로 반대인 것처럼 보인다. 기억은 그 이름으로 세워진 살아있는 사회들이 낳은 생명체다. 기억은 영원한 진화 속에 있고, 회상과 망각의 변증법 속에 있으며, 계속적인 변형을 의식하지 못하고, 조작되고 이용되기 쉽고, 오랫동안 잠재해 있다가 주기적으로 되살아나기 쉽다. 기억은 영원히 실제적인 현상이며, 우리를 영원한 현재에 매어주는 끈인 반면, 역사는 과거의 재현이다. 기억은 감동적이고 마술적인 한, 그것에 맞는 사실들만 수용한다. 기억은 불분명하거나 원시안적이거나, 전 지구적이거나 소외되거나, 특수하거나 또는 상징적인 회상들을 풍성하게 한다. 그리고 이 회상들은 각 전승 통로나 기념비적인 영상, 모든 검열과 투사에 반응한다. 역사는 지적이고 세속적인 생산물이기 때문에, 분석과 비판을 요구한다. 기억은 회상을 성스럽게 만드는 반면, 항상 무미건조한 역사는 회상을 세속적으로 만든다. 기억은 자신이 결속시키는 집단 외에는 관심이 없다. 즉 모리스 알브바크스가 말해온 것처럼 집단들만큼 많은 수의 기억들이 있고, 기억은 그 성격상 다양하고 특수하고, 집합적이고 복수적이지만 또한 개인적이다. 역사는 다른 한편으로 역사가 보편적인 권위를 주장하기 때문에 모두에게 속해 있지만 동시에 아무에게도 속해 있지 않다. 기억은 확고한 것, 공간, 제스처, 이미지, 물체에 그 뿌리를 둔다. 역사는 시간적 지속성, 진보, 물체들 사이의 관계에 엄격하게 제한된다. 기억은 절대적이지만 역사는 단지 상대적인 것만을 파악할 수 있다.

역사의 중심에는 즉각적인 기억과 대비되는 비판적인 담론이 있다. 역사는 지속적으로 기억을 의심하고, 역사의 진정한 사명은 기억을 억압하고 파괴하는 것이다. 역사적 사회들의 지평선에서, 그리고 완전히 역사화된 사회의 극단에서 영원한 세속화가 일어날지도 모른다. 역사의 목표와 야망은 실제로 일어났던 일들을 찬양하는 것이 아니라 전멸시키는 것이다. 일반화된 비판적 역사는 확실하게 역사적 작업을 위해 필요한 자료들인 박물관, 메달들, 기념비들을 보존할 것이다. 그러나 그 역사는 그 자료들로부터 우리에게 기억의 장소가 될 것을 없애 버릴 것이다. 마침내 역사라는 기호 아래서 전적으로 생존하는 사회는 전통사회보다 더 기억을 정박시키기 위한 그러한 장소들을 생각해낼 수 없을 것이다.

아마도 역사와 기억이 분리된 가장 확실한 징표는 역사의 역사(a history of history)의 출연일 것이다. 역사의 역사는 최근 프랑스에서 나타난 역사학적 의식에 대한 자각이었다. 역사 특히 민족사는 우리의 집합적 전통들 중 가장 오래된 것, 즉 우리의 기억 중의 정수(milieu de mémoire)를 구성해왔다. 중세의 연대기학자로부터 오늘날 '총체적인' 역사 연구자에 이르기까지 전 역사학 전통은 기억의 사용을 통제하고 기억을 자동으로 심화시키면서, 누락이나 오류가 없는 과거를 재구성해왔다. 의심할 여지없이 프르와싸르(Froissart)[1] 이후로 어떤 위대한 역사가들도 자신이 단지 특별한 기억을 재현하고 있다는 생각을 하지 못했다. 꽁미네(Commynes)는 단순히 왕조의 기억을 만들어내고 있다고 생각하지 않았고, 라뽀쁠리니에르(La Popliniere)는 단순히 프랑스 기억을, 보슈에(Bossuet)는 단순히 기독교와 군주제적 기억을, 볼테르(Voltaire)는 인류 진보의 기억을, 미쉘레(Michelet)는 '사람들의' 기억을, 라비스(Lavisse)는 국가의 기억만을 다루고 있다고 생각하지 않았다. 반대로 각 역사가는 자신의 작업이 더 실증적이고 더 포괄적이고 설명적인 기억을 세우는 데 있다고 확신했다. 지난 세기 역사가들이 과학적 방법론을 습득한 것은 단지 '진정한' 기억을 비판적으로 정립하려는 노력을 강화시켰을 뿐이다. 모든 우대한 역사적 연구는 집합기억을 위한 토대를 확장시킴으로써 수정되었다.

프랑스와 같은 나라에서 역사의 역사는 순진한 작업일 수 없다. 이 작업은 비판적 역사가 기억-역사[관계]를 내적으로 전복시키는 것이다. 모든 역사는 그 성격상 비판적이고, 모든 역사가들은 그들 선배의 위선적인 신화론들을 부정하고자 해왔다. 그러나 역사가 자체의 역사를 쓰기 시작할 때 근본적으로 불안한 무엇인가가 일어난다. 역사가 그 자체 역사 안에 이질적인 충동들을 추적하는 작업을 맡고, 역사가 지배하고자 해온 것이 바로 기억들의 희생이라는 것을 발견할 때 역사학적인 불안이 생겨난다. 역사가 프랑스에서처럼 강력하게 무엇인가를 형성하고 설교적인 역할을 하지 않는 곳에서, 역사의 역사는 논쟁적인 내용을 덜 가지고 있다. 예를 들면, 복수적 기억들과 다양한 전통들이 있는 미국과 같은 나라에서 역사학은 더 실용적이다. 혁명이나 남북전쟁에 대한 다양한 해석들은 미국 전통을 위협하지 않는다. 왜냐하면 어떤 의미에서 미국 전통이란 것은 존재하지 않기 때문이다. 설사 존재한다 해도 그것은 무엇보다도 역사적 구성물이 아니기 때문이다. 그러나 프랑스에서 역사학은 우상 파괴적이고 불손하다. 역사학은 전통에서 가장 명확하게 규정된 대상들, 예를 들면 보뱅(Bouvines)과 같은 주요 전투, 쁘띠 라비스(Petit Lavisse)와 같은 경전적인 입문서를 포착해서, 그것들의 메커니즘을 해체하고 그것들의 발전 조건들을 분석한다. 역사학은 주로 의심함으로써 기억이라는 나무와 역사라는 껍질 사이를 갈라놓으며 작동한다. 우리가 프랑스 혁명의 역사학을 연구하고 그 신화들과 해석들을 재구성한다는 것은 우리가 더 이상 묻지 않고 혁명의 유산을 확인하는 것을 의미한다. 전통이 존경할 만하지만 그것을 취조한다는 것은 더 이상 손대지 않고 건네주는 것이 아니다. 게다가 역사의 역사는 우리의 민족적 전통 중 가장 성스러운 대상들만을 언급하지 않는다. 역사학 자체의 전통적 구조, 그 자체의 개념적·물질적 자원들, 역사학에서 작동하는 절차들과 분배의 사회적 수단들에 질문을 던져서 역사라는 학문은 그 자체의 역사학적 시대에 들어섰고, 기억으로부터 자신을 분리시키는 것을 완수했으며, 따라서 역사 연구의 가능한 대상이 되었다.

기억의 전통은 역사와 국가라는 개념을 통해서 [프랑스] 제3공화국 성립 과정에서 형성되었던 것 같다. 오귀스탱 티에리의 『프랑스 역사에 대한 편지들』(*Lettres sur l'histoire de France*, 1827)과 샤를르 세뇨보(Charles Seignobos)의 『프랑스 국가의 참된 역사』(*Histoire sincère de la nation française*, 1933) 사이라는 비교적 긴 시기에 역사, 기억 그리고 민족 국가 간의 관계들이 자연적인 흐름 이상으로 간주되었다. 그것들은 모든 수준, 즉 과학적 그리고 교육학적, 이론적 그리고 실천적 수준에서 호혜적인 순환성과 공생을 포함했다. 이러한 현재[당대]에 대한 국가적 규정은 과거의 조명을 통한 정당화를 절박하게 필요로 했다. 그러나 혁명의 상처와 군주제적 과거에 대한 재평가 요구로 인해 약화된 것이 당대였고, 이 당대는 1870년 패배로 더욱 약화되었다. 이러한 상황은 사도와(Sadowa)[2]에서 진정한 승리자인 독일 과학과 교육학과의 뒤늦은 [프랑스의] 경쟁에서 기억의 학술적 전승을 위해서 엄격하게 문헌에 대해서 박식해질 것을 더욱 요구했다. 예를 들면, 『역사 비평』(*Revue historique*)의 첫 번째 사설은 반(半)설교가이자 반(半)군인인 역사가들에게 주어진 국가적 책임에 대한 논조에서 다른 것과 필적할 수 없다. 그 사설에서 가브리엘 모노(Gabriel Monod)는 "모국뿐만 아니라 인류의 위대함을 위해서 비밀스럽고 안전한 방식으로" 수행되는 "점진적인 과학적·조직적·집합적 조사"를 예견했다. 이 글과 비슷한 수많은 다른 글들을 읽으면, 실증주의 역사가 축적적이지 않다는 개념이 어떻게 신뢰성을 얻을 수 있었는지가 경이로울 정도다. 반대로 민족 국가의 목적론적 시각에서, 정치적·군사적·전기적·외교적인 모든 것이 지속성을 떠받치는 기둥들로 여겨질 것이다. 아갱꾸르전투(Agincourt)[3]의 패배, 라바일락(Ravaillac)[4]의 암살, 뒤페(Dupes)[5]의 날, 웨스트팔리아(West-phalia) 조약[6]의 추가적인 조항들은 각각 꼼꼼한 설명을 필요로 한다. 그래서 가장 날카로운 박식함은 민족 국가라는 기념비적인 건물로부터 어떤 구체적인 것들을 첨가하거나 없애버리는 역할을 했다. 민족 국가의 기억은 강력하게 통일된 것으로 주장되었다. 새로운 영토들을 민족 유산에 합병하는 박식함과 민족 유산의 교리를 가르치는 교과서들 사이만큼이나 우리의 그리스-로마적 태생과 제3공화국의 식민지들 사이에 있는 불연속은 더 이상 존재하지 않았다. 그래서 성스런 민족 국가는 성스런 역사를 획득했고, 민족 국가를 통해서 우리의 기억은 계속 성스러움에 근거를 두었다.

이러한 특별한 합성이 어떻게 새로운 세속화의 힘의 압력으로 분리되었는지를 알아보면, 프랑스에서 1930년대 위기 동안 국가와 민족의 결합이 어떻게 점차 국가와 사회의 결합으로 대체되었는가, 그리고 동시에 같은 이유들로 어떻게 역사가 현저하게 기억의 전통으로부터 사회의 자기 지식으로 변형되었는지 알 수 있다. 그렇게 해서, 역사는 많은 종류의 기억을 조명할 수 있었고, 역사 자체를 과거의 심성들을 연구하는 실험실로 만들 수도 있었다. 그러나 역사의 민족 국가적 정체성을 부정할 때, 역사는 또한 일관된 의미를 가졌다는 주장을 포기했고, 결과적으로 가치를 전수하는 교육학적 권위를 잃었다. 민족 국가에 대한 개념 정의는 더 이상 쟁점이 아니었고, 평화, 번영, 그리고 민족 국가의 힘을 축소하는 것이 이후의 나머지 작업이었다. 민족 국가의 자리에 사회가 출현하면서 과거에 의한 그래서 역사에 의한 정당화는 미래에 의한 정당화에 자리를 양보한다. 사람들은 단지 과거를 인정하고 존중하고 민족 국가에 이바지한다. 그러나 미래는 준비될 수 있다. 그래서 이 세 개의 용어, 과거, 민족 국가, 미래는 자율성을 다시 획득한다. 민족 국가는 더 이상 원인이 아니라, 주어진 것이 되었다. 역사는 이제 사회과학이고, 기억은 단순히 사적인 현상이다. 그래서 기억-민족 국가는 기억과 역사가 통합한 것의 마지막 현신이었다.

그래서 기억의 장소들에 대한 연구는 오늘날 프랑스에서 의미 있는 두 가지 발전의 흐름이 접목되는 지점에 있다. 하나는 순수하게 역사학적 움직임으로 역사 그 자체에 대한 반성적인 전환이고, 또 다른 하나는 역사적인 움직임, 즉 기억 전통의 종말이다. 기억의 장소들은 거대하고 친밀한 기억의 보고가 사라지는 것과 동시에 나타나고 비판적 역사의 응시를 통해 재구성된 대상으로서만 살아남는다. 한편으로 이 시기에 역사 연구가 결정적으로 심화되고, 또 다른 한편으로는 역사적 유산이 통합된다. [이 두 흐름의] 중요한 원칙은 다음과 같은 내적인 역학을 따른다. 즉 우리의 지적인, 정치적, 역사적 틀은 고갈되었지만 우리를 무관심하게 내버려두지 않을 정도로 아직 강력하다. 그러나 그 틀이 아무리 활력을 가지고 있어도 가장 볼만한 상징들을 통해서만 우리에게 인상을 남긴다. 이 두 흐름은 결합되어 우리를 즉시 역사의 가장 기초적인 도구들과 기억의 가장 상징적인 대상들로 가게 한다. 즉 우리를 고문서들뿐만 아니라 삼색기로, 도서관, 사전들과 박물관들뿐만 아니라 기념식들, 축하, 만신전, 개선문(Arc de Triomphe)으로, 라루스사전(Dictionnaire Larousse)뿐만 아니라 파리코뮌의 마지막 방어자들이 1870년에 학살되었던 페데레의 벽(the Wall of the Fédérés)으로 가게 한다.

이러한 기억의 장소들은 근본적으로 유재다. 즉 역사적 시대가 기억을 버렸기 때문에, 기억을 소리쳐 구하는 한 역사적 시대에 겨우 살아남은 기념적 의식(memorial consciousness)의 궁극적인 구현이다. 기억의 장소들은 우리의 세계를 탈의례화함으로써 그 모습을 나타낸다. 그것들은 변형과 쇄신에 몰두하는 사회를 생산하고, 명시하고, 세우고, 구성하고, 포고하고, 술책과 의지로 유지한다. 그런데 그 사회는 내재적으로 오래된 것보다 새것을, 늙은이보다는 젊은이를, 과거보다는 미래에 가치를 둔다. 박물관들, 고문서, 공동묘지, 축제, 연중 기념일, 조약들, 조서들, 기념비들, 성지들, 교단(fraternal orders)들, 이 모든 것들은 한 시대의 경계석이고, 영원의 환영들이다. 이러한 기념적인 제도들이 가지고 있는 향수적인 차원은 그것들이 포위되어 차갑게 보이게 한다. 그것들은 의례가 없는 사회의 의례들을, 특수성을 획일화하는 사회에서 없어서는 안 될 특수성들을, 개인들을 단지 동일하고 동등하게만 인정하려는 사회에서 구별을 만들고 집단성원의 징표들을 만든다.

기억의 장소들에는 즉각적인 기억은 없다. 그래서 우리는 일부러 고문서들을 만들고, 기념일을 유지하고, 축하연을 조직하고, 칭송의 말을 하고, 영수증을 공증해야 한다는 생각을 한다. 왜냐하면 이러한 활동들은 더 이상 자연스럽게 일어나지 않기 때문이다. 이런 의미에서 어떤 소수집단이 열정적으로 보호하는 특권화된 기억을 방어하는 것은 강력하게 기억의 장소들의 진실을 보여준다. 즉 기억의 장소들을 경계하면서 기념하지 않는다면, 역사가 곧 쓸어갈 거라는 진실 말이다. 우리는 그러한 요새 위에 우리의 정체성들을 세워놓는다. 그러나 만약 그 요새가 위협당하지 않는다면, 요새를 세울 필요가 없을 것이다. 반대로, 그것이 담고 있는 기억들이 자유롭게 된다면, 그것은 쓸모가 없어질 것이다. 만약 역사가 기억을 해체하고 변형하고 관통하고 화석화하면서 기억을 장악하지 않는다면, 기억의 장소들이 없을 것이다. 실제로 기억의 장소를 만들어내는 것은 바로 이러한 밀고 당기는 것—역사의 움직임으로부터 찢긴 역사의 순간들이 다시 돌아온 것—이다. 살아있는 기억의 바다가 물러갈 때 더 이상 살아있는 것도 아닌 그러나 죽은 것도 아닌 바닷가의 조개껍데기처럼 말이다.

역사에 의해 장악된 기억

오늘날 우리가 기억으로 부르는 것은 기억이 아니라 이미 역사다. 우리가 타오르는 기억의 불꽃이라고 생각하는 것은 사실 역사의 불꽃의 마지막 형태다. 기억을 추구하는 것은 사람의 역사를 추구하는 것이다.

물론, 우리는 아직도 말이 없이는 아무것도 할 수 없다. 그러나 우리는 진정한 기억과 역사를 통과하면서 변형된 기억 사이의 차이를 인식해야 한다. 둘은 거의 반대가 되는데, 전자는 발설되지 않는 전통들에 의해 전수된 제스처, 습관, 기술들에, 몸에 내재한 자기-지식에, 연구되지 않은 반사행동들과 새겨진 기억들에 숨어있다. 후자는 자발적이고 고의적이고, 의무로서 경험되고, 더 이상 즉각적이 아니고, 심리학적이고, 개인적이고 주관적이지만 결코 사회적, 집합적이거나 포괄적이 아니다. 으리가 어떻게 즉각적인 첫 번째 기억으로부터 간접적인 두 번째 기억으로 옮겨갔을까? 우리는 그 결과가 나타난 시각으로부터 현재 만들어진 변형의 문제에 접근할 수 있다.

무엇보다도 근대적 기억은 고문서와 같다. 근대적 기억은 전적으로 그 혼적의 물질성, 기록의 즉시성, 이미지의 가시성에 으존한다. 글쓰기로 시작한 것은 고도의 정확성과 녹음으로 끝난다. 내부로부터 더 적은 기억이 경험될수록, 기억은 더욱더 단지 그 외적 골격과 외부로 보이는 표지를 통해서만 존재한다. 그래서 우리 시대의 특징인 고문서에 대한 집착이 있다. 이것은 한 번에 현재를 완전하게 보호할 뿐만 아니라 과거를 총체적으로 보존하려는 시도다. [과거가] 급속히 사라질 것이라는 두려움은 현재의 의미와 미래에 대한 불확실성에 대한 근심과 결합되어 가장 초라한 증언과 가장 보잘것없는 자취도 기억할 만한 것으로 만든다. 후세들로부터 같은 비난을 받지 않기 위해서 우리의 조상이 잠재적으로 정보를 줄 수 있는 자료들을 잃어버리거나 파괴한 것을 우리가 충분히 후회하고 한탄하지 않았던가? 기억은 전적으로 흡수되어 세심하게 재구성되어왔다. 기억의 새로운 직무는 기록하는 것이다. 즉 기억하는 의무를 고문서에 넘겨주고 뱀이 그

껍질을 벗듯이 기억은 그 징표들을 벗어서 고문서에 퇴적시킨다.

우리가 기억이라고 부르는 것은 사실상 우리가 기억하는 것이 불가능할지도 모르는 물질적 저장품들이 쌓인 거대하고 놀라운 저장고, 즉 회상될 필요가 있는 것의 무한정한 저장고다. 라이프니쯔(Leibniz)의 '종이 기억'(paper memory)은 박물관, 도서관, 보관소, 문헌센터, 자료은행 등이라는 자율적인 기관이 되었다. 전문가들은 지난 몇십 년 동안 공공 고문서에서만 양적으로 기록이 천 배로 증가했다고 측정하고 있다. 프랑스처럼 양적으로나 재생산과 보존의 새로운 기술로나 그 자체를 미신적으로 존중하고 그 흔적을 숭상함으로써 신중하게 고문서를 만들어낸 사회는 없었다. 전통적 기억이 사라짐에 따라 우리는 유물, 증언, 문헌, 이미지, 연설 그리고 과거부터 존재했던 것들의 가시적 표지들을 수집해야 할 필요성을 느낀다. 이는 갑자기 나타난 관계 서류가 어떤 역사의 법정에 필요한 서류인지를 아는 이에게 증거자료로 제시될 수 있게 미리 마련해 두는 것과 같다. 신성함이 그 흔적에 부여되는데 그것은 동시에 신성함을 부정한다. 무엇이 기억되어야 하는지를 예견하는 것은 불가능해지고 어떤 것도 파괴하는 것을 주저하게 되는데, 이것은 기억을 다루는 모든 기관들을 강화시킨다. 보존에 대한 집착 때문에 한때 비난받았던 전문가와 고문서 아마추어 생산자들 사이에 이상한 역할전도가 일어났다. 오늘날 사기업과 공공 행정기관들은 모든 것을 보존하는 반면, 전문적인 고문서학자들은 그들이 하는 작업의 본질이 통제된 파괴의 기술이라는 것을 알게 되었다.

그러나 지난 몇 년 동안 기억의 물질화는 대단히 확장되고 증가하고 분산되고 민주화되었다. 고전적인 시기에 고문서를 남겼던 주요한 세 부류는 유명한 가족들, 교회와 국가였다. 그러나 오늘날 가장 미약한 역사적 행위자뿐만 아니라 그의 목격자들, 그의 배우자 그리고 그의 의사까지도 모두가 자신의 느낌을 기록하고 비망록을 써야 한다고 느낀다. 증언이 비범하지 않을수록 평균적인 정신 상태를 더 잘 보여주는 듯하다.

우리 시대에서 긴급한 것은 모든 것을 보관하고 어떤 기억이 지표가 되는지 확실하지 않을 때조차도 기억의 모든 지표를 보존하는 것뿐만 아니라 고문서를 만들어내는 것이다. 프랑스 사회보장제도(The French Social Security)는 문제가 되는 한 예다. 그것은 다른 것과 비교될 수 없이 많은 문서를 가지고 있어서 오늘날 그 [문서] 길이는 삼천 킬로미터나 된다. 이상적으로 이 가공되지 않은 기억의 덩어리를 컴퓨터로 평가한다면 사회에서 정상적인 것과 병리적인 것, 다이어트에서 라이프스타일까지, 지역에 따라서 직업에 따라서 그 총계에 대한 해석을 제공할 것이다. 그리고 고문서의 보존과 가능한 [보존의] 실행은 급진적이고 불가능한 선택들을 요구한다. 즉 할 수 있는 한 많이 기록하라, 그러면 무엇인가가 남을 것이다. 또 하나 명확한 예를 든다면, 이것은 구술사의 번성이 암시하는 것이다. 현대 프랑스에는 삼백 개 이상의 집단들이 '과거로부터 우리에게 온 목소리들'(필립 요따르 Philippe Joutard)을 수집하는 데 고용되어 있다. 그러나 이것들은 다음을 고려한다면 평범한 고문서들이 아니다. 구술 아카이브를 만든다는 것은 한 시간의 녹음 시간을 위해 36시간이 필요하다. 또한 그것들은 전체를 다 들어야만 의미가 있기 때문에 결코 조각조각으로 사용될 수 없다. 그것들은 궁극적으로 기억하려는 누구의 의지를 반영하는가, 면담자의 의지인가 혹은 피면담자의 의지인가? 더 이상 구술 아카이브는 살아있는 기억을 다소 의도적으로 상기시키는 것이 아니라, 잃어버린 기억을 고의적으로 계산적으로 제공한다. 구술 아카이브는 종종 그 자체를 기록하는 기능을 하는데 이차적인 기억, 첨가 기억(prothesis-memory)을 삶에 추가한다. 구술 아카이브를 무차별적으로 만들어내는 것은 새토운 의식의 명백한 결과, 즉 역사화된 기억이 휘두르는 테러리즘의 가장 명백한 표현이다.

이러한 형태의 기억은 외부로부터 우리에게 온다. 왜냐하면 이러한 기억은 더 이상 [전체] 사회가 실천하는 것이 아니기 때문에 우리는 이것을 개인적으로 강제하여 내면화한다.

　기억으로부터 역사로의 이행은 모든 사회적 집단이 자신의 역사를 재생시켜서 정체성을 재규정할 것을 요구해왔다. 기억하는 작업은 모든 사람을 역사가로 만든다. 그래서 역사에 대한 요구는 대체로 전문적 역사가 집단을 넘어섰다. 전통적 역사에서 오랫동안 주변화되어왔던 사람들만이 그들의 묻어둔 과거들을 회생시킬 필요를 느끼는 것이 아니다. 종족 집단들과 사회적 소수집단들의 예를 따라서, 지식인이든 아니든, 학식이 있거나 없거나 모든 기존 집단은 자체의 기원과 정체성을 추구할 필요를 느껴왔다. 오늘날 가족 중 몇몇 사람들은 최근에 몰랐던 조상의 존재를 가능한 한 정확하게 기록하고자 한다. 계보 연구의 증가는 거대한 새로운 현상이다. 국가 고문서 보고서에 따르면, 1982년 고문서 연구를 하는 사람들의 43퍼센트가 계보적 역사 작업을 하고 있었다. 이것은 대학 연구자들 중 38퍼센트만이 계보적 역사 연구를 하는 것과 비교된다. 생물학, 물리학, 의학 그리고 음악의 가장 중요한 역사가 전문적인 역사가들이 아니라, 생물학자, 물리학자, 의사들과 음악가들의 덕분이라는 것은 놀라운 일이다. 교육자들은 신체 교육에서 교육 철학 강의에 이르기까지 교육의 역사를 주관해왔다. 기존의 지식 영역에 대한 공격이 일어나면서, 각 학문은 그 자체의 기원들을 회상하고 음미하여 그 유효성을 찾아왔다. 사회학은 그 [사회학의] 창립자들을 찾고 있다. 인류학은 16세기 연대기학자로부터 식민지 시대 행정관료에 이르기까지 그 자체의 과거를 탐구하는 작업에 착수한다. 문학비평조차도 그 범주와 전통의 발생을 다시 추적하는 데 몰두하고 있다. 전문적인 역사가들에게 오래전에 버림받은 실증주의가 [각 분야의 계보적 연구에서] 긴급하게 필요해져서 전에 없던 인기와 필요성을 얻었다.

기억-역사의 해체는 개인의 역사를 요구하는 사적인 기억들을 증가시켜 왔다.

기억하라는 명령이 주어졌지만, 그 책임은 나 자신이고 기억해야 하는 것은 바로 나다. 기억이 역사적으로 변형된 대가 중의 하나는 기억하는 개인의 심리에 전적으로 몰두하게 되었다는 것이다. 이 두 현상은 너무나 긴밀하게 연결되어 있어서 그것들[기억의 역사적 변형과 기억하는 개인 심리에 대한 강조]을 비교하는 것, 그것들의 정확한 연대기적 일치까지도 피할 수가 없을 정도다. 지난 세기 말에, 특히 농촌 사회의 해체와 같이, 전통적인 균형 상태에 결정적인 타격이 느껴졌을 때, 기억은 베르그송과 함께 철학적 사고의 중심에서, 프로이트와 함께 심리학적 개인의 중심에서, 프로스트(Proust)와 함께 문학적 자서전의 중심에서 나타났다. 친밀하지만 보편적인 두 기억의 장소, 즉 [인간의] 원초적인 배경과 유명한 작은 마들렌(petite madeleine)[7]은 프로이트와 프로스트 덕분이다. 기억의 변형은 역사적으로부터 심리학적으로, 사회적인 것에서부터 개인으로, 객관적인 메시지로부터 주관적인 수신, 반복으로부터 암기로의 결정적인 이동을 의미한다. 현재의 기억을 총체적으로 심리학화하는 것은 완전히 자아 정체성의 새로운 경제, 기억의 장치들, 그리고 과거의 연관성을 수반한다.

마지막으로 기억의 한계가 집요하고도 잘 감지되지 않게 압박하는 것은 바로 개인이다. 일반적인 기억이 사적인 것으로 원자화함에 따라 기억하는 의무는 내적인 강제력을 가지게 되었다. 이에 따라 모든 이들은 기억하고 정체성의 장식품들을 보호할 필요를 느낀다. 기억이 더 이상 어디에나 있지 않을 때 누군가가 개인의 수단들을 통해서 그것을 되찾아야 하는 책임감이 없다면 기억은 어디에도 없을 것이다. 기억이 집합적으로 경험되는 것이 적을수록, 그것은 더욱더 개인 자신들이 기억-개인들이 될 것을 요구한다. 이것은 마치 내부의 목소리가 각 코르시카인에게 "당신은 코르시카 사람이어야 해", 그리고 브레톤인에게 "당신은 브레톤 사람이어야 해"라고 말하는 것과 같다. 이러한 의무감의 힘과 호소력을 이해하기 위해서 아마도 우리는 최근에 종교적 실천을 거의 하지 않는 유대인들 사이에서 부활되어온 유대인 기억을 생각하면 된다. 그 자체의 기억 외의 다른 역사가 없는 유대인의 전통에서 유대인이 되는 것은 자신이 유대인이라는 것을 기억하는 것이다. 그러나 이 도전할 수 없는 기억이 한번 내면화되면, 이것은 궁극적으로 완전한 인정을 요구한다. 무엇이 기억되고 있는가? 어떤 의미에서 그것은 기억 그 자체다. 그래서 기억의 심리학화로 인해 모든 개인은 자신의 구원이 궁극적으로 불가능한 빚을 갚는 것에 달렸다고 생각하게 되었다.

기억의 현대적 변형이 완성되기 위해서는 고문서-기억(archive-memory)과 의무-기억(duty-memory)에 첨가하여 세 번째 측면인 거리-기억(distance-memory)이 필요하다. 왜냐하면 우리의 과거와의 관계가 최소한 주요한 역사적 연구에서 나타나는 것처럼 기억으로부터 우리가 기대할 수 있는 것과는 전적으로 다른 어떤 것이기 때문이다. 더 이상 회상의 지속성이 아니라 불연속이 조명될 뿐이기 때문이다. 오래된 역사-기억에서 과거에 대한 정확한 지각은 과거가 회복될 수 있다는 가정을 특징으로 했다. 과거는 항상 회상의 노력에 의해서 회생될 수 있었다. 정말로 현재 자체는 재순환되어서 새롭게 태어난 과거, 즉 새롭게 용접되고 고정된 현재로서 실현된 과거가 되었다. 진실로 과거에 대한 감각이 있기 위해서는 '전에'와 '후에'가 있어야만 하기 때문에 현재와 과거 사이에 틈이 있어야만 했다. 그러나 이것은 급격한 차이가 느껴지는 분리라기보다는 연속되어야 한다고 느껴지는 시간의 경과였다. 진보와 쇠퇴라는 역사적 지성의 위대한 두 주제는 최소한 근대 시기 이후로 모두가 적합하게 이러한 지속성에 대한 숭배, 즉 우리의 존재가 누구와 무엇 때문인지를 안다는 확고한 가정을 표현한다. 그래서 '기원'이라는 생각의 중요성이 나타난다. 기원은 신화적 서술의 세속적인 판본이지만, 전체적으로 세속화 과정 속에 있는 사회에게 의미를 부여하고 성스러운 감각을 주는 데 기여한다. 기원이 위대하면 할수록 그것들은 우리의 위대함을 더 확대한다. 과거를 통해서 우리는 무엇보다도 우리 자신을 경배한다.

바로 이러한 관계가 깨진 것이다. 예전에는 가시적이고 예견할 수 있고 조작될 수 있고 잘 표기된 현재의 확장이었던 미래가 잘 보이지 않고 예측할 수 없고 통제될 수 없게 된 것이다. 그래서 우리는 가시적인 과거라는 사고에서부터 비가시적인 과거로, 확고하고 안정적인 고거로부터 우리의 파편화된 과거로, 기억의 지속성 속에서 추구되었던 역사로부터 역사의 불연속성 속에 던져진 기억으로 이동해왔다. 우리는 더 이상 '기원'이 아니라 '탄생'을 말한다. 우리에게 매우 다른 것으로 나타나는 과거는 떨어져 있는 세계가 되었다. 아이러니하게 근대적 기억은 우리가 그것에게서 얼마나 멀리 왔는가를 보여줄 때 가장 진정으로 그 자체를 드러낸다.

그러나 우리는 이 불연속의 감각이 단지 초점이 없고 희미하게 표현된다고 믿어서는 안 된다. 역설적으로 거리는 불연속의 감각을 부정하는 **상호접근**(rapprochement)을 요구하면서도 불연속의 감각을 확장시킨다. 우리는 이보다 더 물질적인 방식으로 우리가 서 있는 땅의 무게나 10세기에 나타났던 악마의 손 또는 18세기 도시들이 가지고 있었던 악취를 불러일으키길 바라본 적이 없다. 그러나 불연속의 체제에서만 그러한 과거의 환상들이 생각될 수 있다. 과거와 우리의 관계는 이제 과거가 다루기 어렵다는 것과 과거는 사라진다는 것 사이의 미묘한 유희, 즉 재현의 문제에서 형성된다. 이때 재현의 문제는 재현이라는 단어가 가진 원래의 의미인 과거를 부활시킨다는 오래된 관념과 전적으로 다른 것이 된다. 포괄적으로 과거의 부활은 기억의 위계질서를 의미한다. 그리고 과거가 부활할 때 과거의 시각은 기술적으로 과거의 명암이 조작되면서 정적인 현재의 시각 밑에 놓인다. 그러나 우리는 [과거와의 연속성에 대한] 유일한 설명의 원칙을 상실하여 파편화된 우주에 던져졌다. 그래서 모든 대상은 가장 초라하고 가장 황당하고 가장 접근하기 어려운 것조차도 역사적 신비의 위엄을 가지게 되었다. 아무도 과거가 다음에 어떻게 만들어질지 모르기 때문에 불안하다. 그래서 사람들은 모든 것을 사물의 순수함을 오염시키는 하나의 흔적, 가능한 표지, 역사의 단서로 바꾸고 있다.

    재현은 전략적으로 강조하고, 샘플들을 수집하고 예시들을 증가시키면서 진행된다. 우리의 재현은 매우 시각적이고, 텔레비전과 같은 강력한 기억이다. 우리는 최근 역사 쓰기에서 명백하게 환호받는 '서술의 귀환'(return of narrative)과 현대 문화에서 이미지와 영화의 전능한 힘을 연결할 수 있다. 물론 이 서술은 그 중략된 부분들과 형식적인 폐쇄성 때문에 전통적인 서술과 매우 다르다. 어떻게 우리는 눈앞에 있는 파편들인 고문서들을 철저히 존경하는 것과 구비문학의 독특한 틀, 즉 제보자들의 목소리를 이해시키기 위해서 인용하는 방식을 연결하지 않을 수 있는가? 그 둘은 우리가 익숙해진 직접성에 대한 감각과 명백하게 연관되지 않는가? 어떻게 우리는 과거의 일상생활에 대한 우리의 취향에서 사물들의 향기, 느린 여가의 리듬을 되찾기 위해 유일하게 남아있는 수단[구술 증언]에 호소하는 것을 보지 않을 수 있는가? 그리고 어떻게 보통사람들의 이름 없는 전기들에서 대중들이 자신들을 대중으로 생각하지 않는다는 것을 보지 않을 수 있는가? 어떻게 많은 작은 역사가 우리에게 가져다준 과거의 조각들 속에서 역사를 우리가 살아왔던 역사 그대로 만들려는 의지를 읽지 못하겠는가? 우리는 만약 모든 거울들이 같은 것을 반영하지 않는다면 거울-기억(mirror memory)을 말할 수 있을 것이다. 왜냐하면 우리가 추구하는 것은 다름이기 때문이다. 그리고 이러한 다름의 이미지에는 다시 회복할 수 없는 [과거의 것이기 때문에] 정체성의 환영이 있다. 우리가 찾는 것은 더 이상 발생이 아니라, 더 이상 우리가 아닌 것에 비추어서 현재 우리인 것을 판독하는 것이다.

이상하게 이 본질적인 요소들의 연금술은 역사를 현재의 비밀들을 위한 저장고로 만들어버린다. 그런데 우리는 미래로 향한 가차없는 돌진을 통해 역사에서 면제 되었어야 했다. 이 마술적인 작동은 역사에 의해서보다 역사가에 의해 수행된다. 역사가는 이상한 운명을 가지고 있다. 사회에서 역사가의 역할과 위치는 예전에는 단순하고 명확하게 규정되어 있었다. 그것은 과거의 대변자와 미래의 사자가 되는 것이었다. 이러한 능력을 가진 역사가 개인은 그의 직무보다 중요하지 않았다. 역사가는 박식한 명료함과 전달의 수단을 지닌 역할을 했으며, 문헌이 가지고 있는 원래의 물질성과 기억에 새겨진 것 사이에 가능한 한 가볍게 놓인 다리의 역할, 궁극적으로 객관성에 집착하는 가치 중립의 역할을 했다. 그러나 역사-기억의 해체와 함께, 새로운 종류의 역사가가 출현한다. 그는 선배 역사가들과 달리, 자신과 연구 주제와의 친밀한 관계를 고백할 준비가 되어 있다. 오히려 그는 그 관계를 알리고 심화하고 그것을 그의 역사적 이해의 방해물이 아니라 수단으로 만들려고 한다.

그 자체의 역사성에 전적으로 흡수된 사회를 상상해보라. 그런 사회에서는 역사가들을 만들어내는 것이 가능하지 않을 것이다. 전적으로 미래의 표지 밑에 살면서, 그 사회는 자동으로 자신이 기록하는 과정들과 자동 발명 기계들로 자신을 만족시키면서 무한정으로 자신을 이해하는 작업을 연기할 것이다. 반대로, 변화에 따라서 그 자신의 기억으로부터 분리되었지만 더욱더 자신을 역사적으로 이해하려는 것에 집착하는 우리의 사회는 역사가 자신 안에서 일어나는 작동들에 점점 더 중심적인 역할을 주어야만 한다. 역사가는 역사가 단순히 역사가 되는 것을 막는 사람이다.

우리가 하는 역사적 개관은 과거와의 파노라마적인 거리 때문이고, 우리가 과거에 대해서 인위적으로 과도하게 의식하는 것은 과거와의 규정적인 분리 때문이다. 마찬가지로 과거를 지각하는 양식이 변화해서, 역사가는 거의 자신의 의지에 반하여 그가 떠나온 전통적인 연구 대상들, 즉 우리의 민족 국가적 기억이라는 평범한 지식들에게로 되돌아가고 있다. 우리가 태어나서 살았던 집을 다시 방문하여 그 문지방을 건너면 우리는 현재 사람이 살지 않고 실제로 알아볼 수 없는 오래된 집을 발견한다. 이 집은 한 가족의 재산이었지만, 지금은 다른 불빛 아래에 있다. 이 집의 같은 다락방은 예전과는 다른 역할을 한다. 이 집의 같은 방들은 예전과는 다른 기능들을 가지고 있다. 역사학이 그 자체의 인식론적 시대에 들어서서 불가피하게 역사에 의해 기억이 잠식되어감에 따라, 역사가는 더 이상 기억-개인이 아니라 그 자신이 기억의 장소가 되어가고 있다.

기억의 장소들: 또 하나의 역사

기억의 장소들은 단순하면서도 애매모호하고, 자연스럽지만 인공적이고, 확실히 감각적으로 경험될 수 있으면서도 가장 추상적으로 정교화될 수 있다. 정말로 그것들은 세 가지, 즉 물질적, 상징적, 기능적 의미에서 장소들이다. 고문서와 같이 명백하게 순수히 물질적인 장소조차도 상상이 아우라(aura)를 부여한다면 기억의 장소가 된다. 강의안, 증언, 또는 퇴역 군인들의 재회와 같이 순전히 특정한 목적을 위한 것들도 또한 의례의 대상이 된다면 이 범주에 속한다. 그리고 기념하기 위해서 묵념을 하는 것은 엄밀하게 상징적인 행위의 한 극단적인 예인데, 이것은 문자 그대로 시간적 지속성을 깸으로써 기억에 집중적으로 호소하는 역할을 한다. 게다가 이 세 가지 측면들은 항상 공존한다. 예를 들면, 역사적 세대(historical generation)라는 개념을 취해보자. 인구학적 내용으로 볼 때 역사적 세대는 물질적이고 추측건대 기능적이다. 왜냐하면 기억은 한 세대에서 다음 세대로 결정체가 되어 전달되기 때문이다. 그러나 이것은 또한 상징적인데, 왜냐하면 이것은 작은 소수가 공유하는 사건들 또는 경험들에 준거해서 그것들에 참여하지 않았을 수 있는 더 큰 집단들을 특징 지우기 때문이다.

기억의 장소들은 기억과 역사의 작용, 즉 둘 사이에서 서로에게 과도하게 영향을 주는 상호작용으로 만들어진다. 우선 기억하고자 하는 의지가 있어야만 한다. 우리가 만약 이 범주를 버린다면, 우리는 거의 모든 것을 기억할 만한 가치가 있는 것으로 인정하게 될 것이다. 여기서 오래된 역사 비평의 신중한 규칙들이 생각난다. 역사 비평은 사회가 의도적으로 미래의 재생산을 위해서 생산해낸 '직접적인 자료들', 예를 들면 법률, 예술 작품과 한 시대가 무심코 역사가들에게 남긴 모든 증언들을 포함하여 구별할 수 없는 '간접적 자료들' 사이를 구별했다. 기억하려는 의도가 없다면, 기억의 **장소들**은 역사의 장소들과 구별될 수 없을 것이다.

다른 한편으로, 역사, 시간, 변화의 개입이 없다면, 우리는 단순히 기억의 대상들에 대한 도식적인 윤곽에 만족할 것이다. 그런데 우리가 말하는 **장소들**은 섞여지고, 혼성되고, 돌연변이가 되고, 삶과 죽음과, 시간과 영원과 밀접하게 연결돼 있다. 그리고 그 장소들은 집합적이고 개인적인 것, 성스러운 것과 세속적인 것, 움직이지 않는 것과 움직이는 것의 뫼비우스 띠(Möbius strip)에 싸여 있다. 만약 우리가 **기억의 장소**의 가장 근본적인 목적이 시간을 멈추게 하고 망각의 작동을 방해하고 사물들의 상태를 확립하고 죽음을 불멸하게 하고 비물질적인 것을 물질화 (금이 돈의 유일한 기억이라면) 한다고 받아들인다면, 이 모든 것이 가장 적은 표징들 속에서 최대한의 의미를 잡아내기 위해서라면, 기억의 장소들이 단지 그 변형 능력, 끊임없는 의미의 재순환과 예측할 수 없이 증가하는 세분화 때문에 존재한다는 것 또한 명백하다.

매우 다른 두 가지 보기를 들어보자. 첫 번째 예는 혁명력이다. 혁명력은 달력으로서 가능한 모든 기억을 위한 선험적인 준거틀을 제공하기 위해서 고안되었기 때문에 기억의 장소였다. 그 명칭과 상징주의를 통해서 혁명적인 문헌으로서 혁명력은 그 주요 저자가 야망 차게 말했듯이, "역사에 새로운 장을 열도록" 되어 있었다. 또는 혁명력의 지지자들 중 한 사람에 의하면, 혁명력은 "프랑스 사람들을 진정한 프랑스인으로 되돌리게" 되어 있었다. 혁명력의 기능은 다가올 월, 일, 세기 그리고 년들을 혁명적 서사로 표시함으로써 혁명이 일어났던 시간에 역사를 멈추게 할 것으로 생각되었다. 그러나 우리가 보기에 혁명력이 기억의 장소로의 자격을 가지는 이유는 그것을 만든 사람들이 희망했던 것이 명백하게 실패하였기 때문이다. 우리가 아직도 혁명력의 리듬에 따라서 산다면, 그것은 그레고리안 달력(Gregorian calendar)[8]처럼 우리에게 익숙해졌을 것이고 결과적으로 기억의 장소로서의 흥미가 없어졌을 것이다. 혁명력은 우리가 가진 기억의 경관(memorial landscape)에 용해돼서 단지 격년으로 기념할 것의 날짜를 알려주었을 것이다. 이미 나타난 바와 같이 혁명력이 완전한 실패는 아니었다. 왜냐하면 방데미아르(Vendémiare), 테르미도르 (Thermidor), 브뤼메르 (Brumaire)와 같이 혁명력의 주요한 날짜들이 아직도 쓰이고 있기 때문이다. 그렇기 때문에 기억의 장소들은 그 자체를 향하게 된다. 즉 변형시키는 거울 속의 아라베스크인 것이다.

또 하나 논의의 여지가 없는 기억의 장소인 유명한 『두 어린이의 프랑스 여행』(*Tour de la France par deux enfants*)을 생각해보자. 작은 라비스(Petit Lavisse)처럼, 그것은 수백만 명의 프랑스 소년 소녀들의 기억을 훈련시켰다. 그것 덕분에, 공공교육부 장관은 8시 5분에 주머니 시계를 꺼내서 "우리의 모든 어린이들은 알프스를 가로지르고 있습니다"라고 선언할 수 있었다. 게다가 『여행』(위의 책)은 사람들이 프랑스에 대해서 알아야 할 것들의 목록이고, 정체성을 알아내는 연습이고, [프랑스 사람이 되는] 입문을 위한 여행이었다. 그러나 여기서 상황은 더욱 복잡해진다. 자세히 들여다보면 1877년 출판에서 『여행』은 더 이상 존재하지 않는 프랑스를 그렸고, 같은 해 5월 16일 제3공화국이 결성되었을 때, 이 책은 과거에 대한 미묘한 매혹으로부터 나오는 유혹적인 힘을 발휘했다는 것을 알 수 있다. 종종 아이들을 위한 책들의 경우와 마찬가지로, 『여행』의 초기 성공은 어른들의 기억에 힘입었다. 그리고 후에 1914년 전쟁 전 출판된 지 35년 후에 아직도 그것이 국가의 텍스트일 때 그것은 이미 향수에 젖은 제도로 보였다. 『여행』의 수정판에도 불구하고, 더 오래된 판본이 새것들보다 더 많이 팔렸다. 그런데 『여행』은 흔치 않게 되었고, 먼 시골의 주변적인 지역에서만 사용되었다. 이 책은 집합기억으로 빠져나가 역사적 기억이 되었고 그다음에는 교습적인 기억이 되었다. 그러나 지방에서 나온 한 자서전인 피에르 엘리아스(Pierre Hélias)의 『자랑스러운 말』(*Le Cheval d'orgueil*)의 판매와 마찬가지로 1977년 『여행』의 출판 백 주년에 [출판 부수가] 백만 부가 되었다. 경제 위기에 찌든 프랑스가 자신의 구술 기억과 농촌의 뿌리를 발견했을 때 『여행』은 재출간되었고 다시 한 번 집합기억이 되었다. 그러나 이번에는 예전과는 다른 집합기억으로 미래에 잊혀질 수 있고 또한 부활될 수 있는 것이었다. 이러한 전형적인 기억의 장소의 본질은 무엇인가? 기억의 순환에서 본래의 의도가 본질인가 아니면 기억의 순환으로부터의 귀환이 본질인가? 모두라고 분명하게 말할 수 있다. 왜냐하면 모든 기억의 장소들은 심연 속에 놓인 대상들이기 때문이다.

바로 이 이중 정체성의 원칙 때문에, 우리는 무한정적으로 많은 장소 속에서, 위계, 한계, 범위의 레퍼토리를 그릴 수 있다. 이 원칙은 결정적인데 왜냐하면 우리가 넓은 범주의 장르를 생각한다면 어떤 그럴듯해 보이지 않는 대상들이 기억의 장소들로 정당하게 간주될 수 있고, 반대로 규정에 맞아 보이는 많은 것이 사실상 배제될 수도 있다는 것이 분명하기 때문이다. 그 장르는 죽은 이를 숭배하는 것에 속한 것일 수도 있고, 세습 재산과 관련된 것일 수도 있고, 현재에 있는 과거의 존재를 다루는 어떤 것을 포함할 수 있다. 어떤 선사 시대적·지리학적·고고학적 장소들을 중요한 유적으로 만드는 이유 때문에 종종 그것들은 기억의 장소들이 되지 못한다. 즉 그 유적들은 기억할 의지가 절대적으로 부재하고 보상에 의해서 만들어지고 시간, 과학, 그리고 인류의 꿈들이 강제하는 압도적인 무게를 가지고 있다. 다른 한편으로 모든 경계 표시가 라인(Rhine)이나 휘니스테르(Finistère), 즉 미쉘레의 책 속에서 고귀해진 브르타뉴(Brittany, Bretagne)의 끝에 있는 '땅끝'(Land's End)과 같은 신임장을 가지고 있는 것은 아니다. 모든 헌법과 모든 외교적 조약은 하나의 기억의 장소다. 비록 1793년의 프랑스 헌법은 1791년의 것과는 다른 권리를 주장했지만 인간권리선언이라는 기초적인 지위가 주어졌다. 님웨겐(Numwegen)[9]의 평화는 유럽사의 양쪽 끝에 있는 베르덩 협상(Verdun compromise)과 얄타 회담(Yalta conference)과는 다른 지위를 가진다.

이러한 복합성들 가운데 역사가 글을 쓴다면 쓸 것을 불러주는 것이 바로 기억이다. 이것이 바로 역사책과 역사적 사건 둘 다가 특별한 주목을 받을 만한 이유다. 역사책과 역사적 사건들은 역사와 기억의 치환이라기보다는 기억의 이상적인 역사적 도구들로서 기억의 영역 주위에 산뜻한 경계를 만든다. 모든 위대한 역사적 연구와 역사적 장르 자체, 모든 위대한 사건과 사건이라는 개념 자체는 어떤 의미에서는 기억의 장소들이 아닌가? 이 질문은 정확한 대답을 필요로 한다.

역사책 중에서 기억을 개정하거나 교과서로 사용된 것들만이 기억의 장소들이다. 프랑스에서는 새로운 역사적 기억을 세운 역사적 시기들이 상대적으로 거의 없었다. 13세기 『프랑스 대연대기』(*Grandes Chroniques de France*)는 왕조의 기억을 응축시켰고 몇 세기 동안 역사학의 모델이 되었다. 16세기 종교전쟁 동안 소위 '완전한 역사'(perfect history)라 불리는 학파는 군주제가 가지고 있는 트로이 기원들의 전설들을 파괴하고 갈리아적(Gaulish) 고대를 복원했다. 에티엔느 빠스퀴에(Etienne Pasquier)의 『프랑스 연구』(*Recherches de la France*, 1599)는 그 제목의 근대성(연대기 기록과 왕조 통치보다는 '연구'와 '프랑스'를 언급하는) 때문에 하나의 상징적인 예다. 후기 왕정복고의 역사학은 갑자기 역사의 근대적 개념을 도입했다. 티에리의 『프랑스 역사에 대한 편지들』(*Lettres sur l'histoire de France*, 1820)은 그 시발점을 제공했다. 이 책은 1827년 한 권으로 출판되었는데 몇 달 안에 그림이 많이 있는 초급자용 첫 번째 책인 미쉘레의 『근대사 요약』(*Précis d'historie moderne*)과 귀조(Guizot)의 '유럽 문명과 프랑스의 역사에 대한' 첫 번째 강의와 동시에 나타났다. 다음에는 국가적 실증주의 역사가 출현했고 그 선언서는 『역사 비평』(*Revue historique*, 1876)이었다. 국가적 실증주의 역사의 기념비적인 것은 아직도 라비스의 스물일곱 권의 『프랑스사』(*Histoire de France*)다. 또한 비망록뿐만 아니라, 자서전과 일기의 등장을 인용할 수 있다. 샤토브리앙(Chateaubriand)의 『사후 비망록』(*Mémoires d'outre-tombe*), 스탕달의 『앙리 브뤼라르의 생애』(*Vie de Henry Brulard*), 『다미엘의 일기』(*Journal d'Amiel*)는 기억의 장소들이다. 이 책들이 기억의 장소들이 되는 이유는 더 크거나 더 좋은 예들이기 때문이 아니라, 그것들이 기억 자체에 대한 질문들을 가지고 기억의 단순한 사용을 복잡하게 만들었기 때문이다. 정치가들의 비망록에 대해서도 마찬가지로 이야기될 수 있다. 쉘리(Sully)에서 드골(de Gaulle)까지, 리쉘리유(Richelieu)의 『증언』(Testment)에서 『성 엘렌의 비망록』 또는 쁘왕카레(Poincaré)의 『일기』(Journal)까지, 이 장르는 텍스트들이 가지고 있는 가치의 차이와 무관하게 지속성과 특수성을 가지고 있다. 이 장르에서는 다른 비망록들이 인식되고 지식인과 행위자가 겹쳐지고 개인의 담론이 집합적 담론과 동일시되고 개인의 합리성이 정당성(raison d'état)에 삽입된다. 이것들은 민족 국가적 기억의 넓은 시각에서 우리가 그것들을 기억의 장소들로서 생각하게 하는 모든 이유이다.

'위대한 사건들'에 관해서는 두 가지의 적절한 종류가 있는데, 이것은 결코 기능적으로 그 사건들이 '위대하기' 때문이 아니다. 한편으로 당시에는 거의 주목받지 않다가 후세들이 뒤돌아보면서 [사건의] 기원의 위대성과 [그 사건 이후의 역사적 과정의] 장엄한 시작을 인정하는 작은 사건들이 있다. 다른 한편으로 즉각적으로 많은 상징적 의미가 부여되고, 그 사건이 일어난 순간에 마치 그것 자체를 기념하길 기다린 것 같은 사건 아닌 사건들이 있다. 현대에는 미디어를 이용하여 그러한 사건들을 만들어내려는 시도가 증가해왔지만, 이것들은 실패가 예견된 것이었다. 그래서 한편에는 휴고 카페(Hugh Capet)[10]가 프랑스 왕이 된 사건이 있다. 이것은 주목할 만한 사건이 아니었는데, 십 세기 동안 단두대에서 생을 마감한 후대 왕들이 처음에 그 사건이 가지지 않았던 중요성을 부여한 사건이었다. 다른 한편에는 레똥데(Rethondes)[11]의 마차, 몽뚜와르(Montoire)[12]의 악수 또는 샹젤리제(Champs-Elysées) 거리에서의 해방 행진[13]이 있다. 이 사건들은 [그 이후의 역사적 과정의] 토대가 되는 사건 또는 장관이었던 사건이지만, 둘 다 결코 사건 자체는 아니었다. 실제 기억의 장소를 규정하는 것은 사건의 배제다. 기억은 장소들에 매달리는 반면 역사는 사건들에 매달린다.

그러나 그 범주 안에 있는 어떤 것도 우리가 가능한 모든 것을 분배하고 필요한 분류를 하는 것을 막지 못한다. 즉 공동묘지, 박물관, 기념일과 같이 자연스럽고 확고하게 경험된 기억의 장소들로부터 가장 지적으로 정교화된 것에 이르기까지, 말하자면 세대, 종족, 지방적 기억과 같은 개념뿐만 아니라, 모든 프랑스적인 공간 지각이 기초하고 있는 세습 재산(partages)의 형식적인 분할, 또는 우리가 꼬로(Corot) 또는 세잔느(Cézanne)의 생트 빅투아르 산을 생각할 때 떠오르는 '회화로서의 경관'의 개념과 같은 것에까지 말이다. 우리가 기억의 장소의 물질적인 측면들을 강조한다면, 그것들은 거대한 단계별로 나타날 것이다. 들고 다닐 수 있는 기억의 장소들이 있는데 기억의 민족인 유대인들의 십계명(Tablets of the Law)이 주요한 예가 된다. 위치의 특수성과 땅에 근거하고 있어서 생긴 지형적인 기억의 장소들이 있다. 예를 들면 역사적 학식의 중심과 관광 장소가 접합된 것이 마자린 호텔(Hôtel Mazarin)이 있는 장소에 국립도서관이 들어선 것이고, 수비즈 호텔(Hôtel Soubise)에 국립 고문서관이 세워진 것이다. 건축학적 장소들과 혼동되어서는 안 되는 기념비적인 기억-장소들이 있다. 예를 들면 조각상 또는 죽은 이의 기념비는 그 의미가 그 내적인 존재에 있다. 비록 그 조각상과 기념비들의 위치가 결코 임의적이지 않다 해도 우리는 그것들의 의미를 변화시키지 않고 정당하게 다른 곳으로 옮길 수 있다. 이러한 기억의 장소들은 오랜 시간 동안 구성되어서 요소들 사이의 복합적인 관계로부터 그 의미를 끌어내는 전체적인 효과를 가진 경우는 아니다. 그러한 경우는 샤르트르 대성당(the cathedral de Chartres) 또는 베르사유 궁전과 같이 한 세계, 한 시대의 거울인 것들이다.

우리가 기능적인 요소를 강조하고자 하면, 일련의 기억의 장소들이 나타날 것이다. 그런 기억의 장소들은 퇴역군인의 모임과 같이 공유하는 사람들과 함께 사라질 소통될 수 없는 경험을 보존하기 위한 것으로부터 후손들의 교화를 위해서 근세 시기 가장들이 만든 소책자, 사전들, 증언들, 비망록들과 같이 그 목적이 교육적인 것에까지 이른다.

마지막으로 우리가 상징적인 요소에 관심이 있다면 우리는 지배적인 그리고 지배당한 기억의 장소들을 대치시킬 것이다. 지배적인 기억의 장소들은 일반적으로 정부당국이나 기존의 이해를 가진 집단에 의해 장관을 이루고 의기양양하고 인상적이다. 그러나 그것들은 항상 위로부터 강제되어 공식적인 의식의 차가움과 엄숙함이라는 특징을 보인다. 사람들은 이 기억의 장소들을 방문하기보다는 그 의식에 참석한다. 지배당한 기억의 장소들은 우리가 기억의 살아있는 심장을 찾을 수 있는 피난처, 즉각적으로 헌신하고 고요한 순례를 하는 성전들이다. 한편으로 사크레 꾀르(Sacre-Coeur)[14] 또는 뽈 발레리(Paul Valéry)[15]의 국가 장례식이 있고, 다른 한편에서는 루드(Lourdes)[16]의 대중 순례 또는 장 폴 사르트르(Jean-Paul Sartre)의 무덤이 있다. 여기에 노트르담에서의 드골의 장례식, 저기에 꼴롱베이(Colombey)묘지[17]가 있다.

이러한 분류들은 무한적으로 정교화될 수 있다. 우리는 기억의 공공장소와 사적인 장소들을 대비시킬 수 있다. 한편으로 송덕문, 두오몽(Douaumont)[18] 전투 또는 페데레(Fédérés)의 성벽[19]과 같이 그 기념적인 기능이 고갈된 순수한 장소들이 있고, 다른 한편으로는 국기, 축제의 순회, 순례, 기타 등등과 같이 많은 상징적 의미들 중에서 기념적인 요소가 단지 한 부분이 되는 복합적인 장소들이 있다. 이렇게 유형화해보는 첫 번째 시도의 가치는 유형화의 왕성함 또는 포괄성도 아니고 그것이 환기시키는 힘도 아니고 유형화가 가능하다는 사실에 있다. 왜냐하면 바로 기억의 장소들의 역사가 가능하다는 것이 명백하게 연관이 없는 물체들을 연결하는 보이지 않는 실의 존재를 증명하기 때문이다. 페르라쉐즈(Père-Lachaise)[20]의 공동묘지와 프랑스의 일반통계를 비교하는 것은 우산과 재봉틀의 초현실주의적 만남과 같은 것이 아니다. 이렇게 분리된 모든 정체성들이 속하는 구별된 네트워크, 즉 그것을 의식하게끔 하는 것이 우리의 의무인 무의식적으로 조직된 집합기억이 있다. 오늘날 프랑스의 역사는 이러한 네트워크를 가로지른다.

    기억의 장소들이 가지고 있는 간단하지만 결정적인 특질은 고대건 근대건 우리가 익숙한 역사의 모든 형태로부터 자신들을 분리시킨다는 것이다. 국가적이건 사회적이건 기억에 대한 모든 예전의 역사적 또는 과학적 접근은 현실성(realia), 즉 사물들 그 자체와 그것들의 즉각적인 현실에 관심이 있어왔다. 그러나 역사적 대상과 반대로 기억의 장소들은 현실에 준거하지 않는다. 오히려 기억의 장소들은 자신들이 준거가 된다. 즉 순수하고 단지 자기-준거적인 기호들이 된다. 이것은 기억의 장소들이 내용과 물리적인 현존 또는 역사가 없다는 것을 말하는 것이 아니다. 이것은 기억의 장소들을 기억의 장소들로 만드는 것이 바로 그것들이 역사로부터 도망 나왔기 때문이라는 것을 제시하려는 것이다. 이런 의미에서 기억의 장소는 이중적이다. 즉 과도하게 폐쇄되어 그 자체의 이름에 집중되지만 또한 가능한 의미화 전체에 영원히 개방되어 있다.

    이것이 기억의 장소들의 역사를 진부하고도 동시에 평범하지 않게 만드는 것이다. 기억의 장소들의 역사가 가진 명백한 주제들, 고전적인 재료, 이미 손에 있는 자료들, 최소한의 기교적인 방법들은 우리가 오래된 낡은 역사적 방법들로 되돌아가고 있다고 생각하게 할지 모른다. 그러나 그렇지 않다. 이러한 대상들이 경험적으로 구체적으로 파악되어야 한다 해도 문제가 되는 쟁점들은 전통적인 역사학의 범주에 있는 표현들에는 잘 들어맞지 않는다. 기억의 장소들을 숙고할 때 역사적 비판은 비판적인 역사로 변형된다. 그리고 그 방법에서뿐만 아니라 이것은 역사를 부차적이고 순수하게 전이적으로 만들어서 일종의 각성을 하게 만든다. 전쟁과 같이 기억의

장소들의 역사는 회생된 대상들과 관련해서 역사가가 자신의 연구 주제와 연관될 때 오는 미약한 행복 속에서 실천되는 수행의 기술이다. 최종적으로 하나의 역사는 그 역사 자신이 동원하는 것에 달려 있다. 그것은 촉감이 없고 거의 표현될 수 없고 자기 강제적인 굴레다. 그것은 또한 희미해진 상징들에 대한 우리의 근절할 수 없는 육욕적인 집착에서 남은 것들이다. 이것은 미셸레가 했던 역사의 환생으로 프로스트가 그렇게 잘 이야기했던 잃어버린 사랑으로부터의 회복을 저항하지 않고 주목한다. 즉 열정에 대한 집착이 마침내 느슨해지고 이제 진정한 슬픔이 오랫동안의 고통으로부터 더 이상 고통 받지 않는 그 순간, 더 이상 마음의 비이성이 아니라 정신의 이성만을 가지고 이해하게 된다.

이것은 매우 문학적인 준거다. 우리가 기억의 장소들의 역사를 후회할 것인가, 반대로 충분히 정당화할 것인가? 다시 한 번 대답은 우리가 현재 처한 역사적 상황으로부터 온다. 사실, 기억은 역사적 그리고 문학적이라는 두 가지 형태의 정당성 이상을 알지 못해왔다. 이것들은 서로에게 병립해왔고 오늘날까지 항상 분리되어 있었다. 현재 이 둘 사이의 경계는 희미해지고 있다. 기억-역사와 기억-허구의 연속적인 죽음을 뒤따라서 새로운 종류의 역사가 태어났다. 이 새 역사는 과거와의 새로운 관계에서 그 위세와 정당성을 찾는다. 역사는 우리가 대체할 수 있는 상상이 되어왔다. 그래서 역사소설의 부흥기에 움찔하는 소설이 마지막 방어를 하고 있고, 개인화된 문헌들이 유행하고, 역사적 드라마가 문학적으로 재생되고, 구술사적 이야기들이 성공하고 있다. 우리가 가지고 있는 고갈된 집합기억에 닻을 내려서 그것을 응축시키고 표현하는 기억의 장소들에 대한 우리의 관심은 이러한 새로운 감수성으로부터 온다. 깊이가 없어진 시대에 역사는 심오한 준거가 되었고 진정한 소설들이 없는 시대에 사실주의적 소설이 되어왔다. 기억은 역사의 중심으로 이동해 와서 문학과 확연하게 분리되었다.

마르크 루드부쉬(Marc Roudebush) 번역

주)

이 글은 내가 기억의 장소들이라고 제목을 붙인 프랑스의 민족 국가적 기억에 대한 거대한 공동 연구에 대한 이론적 서문이다. 이 연구는 세 부분으로 나누어져 있다. 첫 번째 부분은 공화국(La Ré́publique, 1 vol., 1984), 두 번째 부분은 국가(La Nation, 3 vols., 1986), 세 번째 부분은 프랑스(La France, 3 vols., 출판예정)이다.

 나의 의도는 일반적인 역사적 발전을 보여주는 대신 사례 연구들을 사용하는 것이었다. 그래서 프랑스의 민족 국가적 기억을 코드화하고 응축하고 고정시키는 특정한 대상들을 집중적으로 분석하는 것이 내가 사용한 방법이다. 그 대상들은 베르사유 성 또는 스트라스부르 대성당과 같은 기념비일 수도 있고, 기장들, 기념식들, 그리고 프랑스 삼색기, 7월 14일, 프랑스 국가와 같은 상징들일 수 있고, 랭스(Reims)에서의 왕의 즉위식과 같은 의례뿐만 아니라, 모든 프랑스 마을에 또는 팡테옹에 있는 망령비(monuments aux morts)와 같은 기념비도 될 수 있고, 모든 프랑스 어린이들이 사용한 교과서, 사전과 같은 소책자들, 인권선언문 또는 시민법전(Code civil)과 같은 기본 텍스트나 또는 예를 들면 "자유, 평등, 박애"와 같은 구호들일 수 있다.

 각 주제는 전문가에게 할당되었다. 각 주제가 그 다양한 외양에도 불구하고 어떻게 같은 범주의 분석과 해석 아래 모일 수 있는가를 보여주기 위해서 나는 프랑스어에 존재하지 않았던 기억의 장소들이라는 용어를 사용했다. 전체 연구는 이 아이디어를 정교화하고 분류하고 위계질서를 만들고 유형화하는 것이었다.

 기억의 장소들이라는 용어는 영어에서 같은 의미의 용어가 없다. 이 용어는 오래된 기억술의 전통을 뒤밟는 프랜시스 예이츠(Frances A. Yates)의 『기억술』(The Art of Memory, 1966)이라는 경탄할 만한 책에 그 기원을 두고 있다. 키케로(Cicero)와 퀸틸리안(Quintilian)이 코드화한 대로 고전적인 기억술은 웅변가들이 각 주제를 웅변이 전달될 장소에 있는 진짜 또는 상상된 어떤 부분들, 예를 들면 중앙 홀, 기둥들, 가구 등을 연상시키는 방식으로 연설을 기억하도록 가르쳤다. 기억술은 일련의 기억 장소(loci mémoire)들 위에 세워졌던 것이다. 기억의 장소라는 용어는 프랑스어에서는 역사적, 지적, 정서적, 종종 무의식적인 심오한 의미를 가지고 있다. 한편으로 이런 의미들은 민족 국가라는 아이디어가 만들어지는 데에서 뿐만 아니라, 프랑스의 과거에 대해서 프랑스인들이 가지고 있는 태도에서 나타난 기억의 특별한 역할에 대한 최근의 변화 때문이다. 이 연구가 조명하고자 한 것이 바로 이러한 기억의 역할이다. 그리고 이 연구가 보여주고자 하는 것이 [프랑스의 과거에 대해서 프랑스인들이 가지고 있는] 태도에 있어서 변화다. 그리고 이 서문이 설명하고 정교화하고 정당화하고자 한 것이 바로 이 용어, 기억의 장소다.

 그래서 나는 재현(representations)과 때때로 장소(site)라는 영어를 사용하면서도 프랑스어로 기억의 장소라는 용어를 그대로 보존한 나의 훌륭한 번역가에게 감사드린다.

III. 대중기억

06. 영화와 대중기억
_미셸 푸코와의 인터뷰
07. 대중기억의 이론, 정치학과 방법론
_대중기억연구회

06

영화와 대중기억

미셸 푸코와의 인터뷰*

〈라콤 루시앙〉(Lacombe Lucien), 〈야간 경비원〉(Night Porter), 〈파리의 중국인〉(The Chinese in Paris), 〈지옥의 삼인조〉(The Infernal Trio) 등의 영화들이 스스로 공언한 목적은 역사를 다시 쓰는 것인데, 이 영화들은 서로 독립적으로 나타난 것들이 아니다. 이 영화들은 그 자체가 역사의 한 부분이며, 만들어지는 역사의 한 부분이다. (우리가 이렇게 말하면 때때로 비난받기도 하지만) 이 영화들은 맥락을 가지고 있다. 프랑스에서 이 맥락은 신부르주아지가 권력을 잡게 된 것이다. 신부르주아지는 자체의 이데올로기(지스카르가 모든 프랑스인의 대통령이라든가, 더 정의롭고 인간적인 사회 등등)를 가지고 있고, 프랑스와 역사에 대한 자체의 개념을 가진 부르주아지의 한 종류다. 소위 '후기 드골주의'(post-Gaullism)라고 불리는 것은 부르주아지가 특정한 자신의 이미지, 즉 영웅적이고 민족주의적이지만

---

* 이 인터뷰는 원래 *Cahiers du Cinema*(251-2)(1974년 7-8월)에 있었다. 마탱 조르당(Martin Jordin)이 영어로 번역한 것을 다시 번역한 것이다. 이 글의 영문 제목은 "Film and Popular Memory"이고 *Radical Philosophy*(vol.5, no.11, 1975)에 수록되어 있다.

또한 반쁘땡주의적(anti-Petainist)[1]이고 반파시즘적인 이미지를 버리는 기회다. 이러한 부르주아지의 이미지는 엄격히 말해서 뽕삐두(Pompidou)[2]가 아니더라도 드골과 드골주의가 구체화한 것이다. 샤방(Chaban) 선거에서의 실패는 최근 프랑스 역사의 이런 과시적이고 오히려 그로테스크한 영웅적 이미지를 없애는 것을 정당화했다. 그래서 다른 판본이 쓰이고 영상화되기 시작했다. 즉 다른 판본은 프랑스는 그렇게 반파시즘적이 아니었고 프랑스 사람들은 나치즘에 대해서 상관하지 않았다는 것이다. 또한 반파시즘과 저항은 바로 드골적 '웅장함'이 가지고 있는 우스꽝스러운 이미지 그 이상이 아니었다는 것이다. 그래서 드골적 웅장함은 현재 일종의 기만으로 보여지고 있다.

현재 출현하고 있는 것은 냉소주의 이데올로기, 즉 지스카르가 대표하는 기술 관료적 다국적 기업들의 이데올로기다. 그들은 프랑스 사람들에게서 그러한 냉소주의—지배계급에 대한 냉소주의, 착취당하는 계급의 환멸—가 무르익었다고 느낀다. 그것은 '복고 스타일'(retro style)이라고 불리는 스크린에 나타난 냉소주의로, 유행이 지난 것(옷과 장식물)에 대한 속물적인 물신숭배와 역사에 대한 조롱이다.

이 위조 역사 고고학(fake archaeology of history)이 암시하는 모든 것과 그 효과는 밝혀져야만 한다. 이를 위해서는 진정한 고고학으로 위조 역사 고고학과 맞설 필요가 있으며 이는 현재에서도 마찬가지다. 끊임없이 억누르고 영원히 침묵시키려는 힘에 맞서서, 결코 진정으로 표현할 수 없었던 그리고 표현할 권력을 결코 가져보지 않았던 모든 형태들의 투쟁에 대한 대중적 기억은 다시 환기되어야 한다.

미셸 푸코만큼 이러한 쟁점들을 전체적인 시야로 볼 수 있는 위치에 있는 사람은 없다. 그의 연구는 관료주의가 숨기는 것, 지배계급의 검은 고문서 안에 잊혀진 것을 비추는 체계적인 시도였다. 우리는 다음의 대담이 미래의 연구를 위한 어떤 방향을 제시하길 바란다.

까이에: '복고 스타일'이라는 저널리즘적인 현상으로부터 시작합시다. 기본적으로 우리는 이렇게 질문을 할 수 있습니다. 어떻게 〈라콤 루시앙〉이나 〈야간 경비원〉과 같은 영화들이 오늘날 만들어질 수 있게 되었나? 왜 이와 같은 영화들이 열광적인 호응을 얻고 있을까? 우리는 그 대답을 세 가지 수준에서 찾아야 한다고 생각합니다.
첫 번째로 현재의 정치적 상황입니다.
지스카르 데스탱이 [대통령으로] 선출되었습니다. 정치, 역사, 정치적 장치(political apparatus)에 대한 새로운 종류의 접근이 나타나면서, 모두가 알 수 있는 방식으로 매우 분명하게 드골주의가 죽었다고 제시하고 있습니다. 그래서 드골주의가 레지스탕스 시기와 매우 밀접하게 연관되어 있는 한, 현재 만들어지고 있는 영화들에서 이것이 어떻게 해석되고 있는지를 볼 필요가 있습니다.
두 번째는 부르주아지 이데올로기가 정통 마르크스주의의 약점들을 공격하는 것이 어떻게 가능할까요? 정통 마르크스즈의(엄격하고, 경제주의적이고 기계적인—이 용어들이 많이 중요하지는 않지만)는 그렇게 오랫동안 사회적 현상들을 해석하는 데 유일한 틀을 제공해왔었습니다.
마지막으로 급진주의자들이 영화의 소비자들이고 또한 때때로 제작자라면, 이 모든 것이 정치적 급진주의자들에게 무엇을 의미합니까?
사실은 마르셀 오풀(Marcel Ophul)의 영화, 〈비애와 동정〉(The Sorrow and the Pity) 이후로 물꼬가 터졌다는 겁니다. 이제까지 완전히 억압되었거나 금지되었던 어떤 것이 분출되어 나왔습니다. 왜 그럴까요?

푸코: 나는 이것이 전쟁의 역사와 전쟁 동안 일어났던 일들이 공적인 서술

외에는 결코 서술되지 않았기 때문이라고 생각합니다. 이러한 공적인 역사들은 모든 의도와 목적이 드골주의에 중심을 두고 있습니다. 드골주의는 한편으로 존경할 만한 민족주의로 이 [전쟁의] 역사를 쓰는 유일한 방식이었고, 다른 한편으로는 위대한 사람, 우익의 인간, 오래된 19세기 민족주의의 인간을 역사적인 인물로 소개하는 유일한 방식이었습니다. 결국 프랑스가 드골에 의해서 해방되었고, 우익은 (우리는 전쟁 시 우익이 어떻게 행동했는지 알고 있습니다만) 드골에 의해 순화되었고, 신성시되었습니다.

그동안 결코 기술되지 않았던 것은 1936년부터 그리고 1941년 전쟁의 끝으로부터 해방 이후까지 이 나라의 바로 중심부에서 일어나고 있었던 것입니다.

까이에: 그래서 〈비애와 동정〉 이후로 일어난 것이 일종의 역사에서 진실로의 귀환이라는 겁니다. 문제는 그것이 정말로 진실이냐는 것입니다.

푸코: 이것은 드골주의의 종말로 인해 단기간 드골이 베푼 우익의 면책도 끝이 났음을 의미한다는 사실과 연결되어 있습니다. 페탱(Petain)과 모라스(Maurras)의 오래된 우익, 즉 오래된 반동적이고 협력적인 우익은 드골의 뒤에서 최대한 자신을 가장했지만 현재는 그 자신의 역사를 쓸 자격이 있다고 느끼고 있습니다. 따르뒤(Tardieu)[3] 이후로 역사적으로 정치적으로 모두 무대 뒤쪽에 서 있었던 오래된 우익은 이제 무대의 조명 안으로 돌아오고 있습니다.

우익은 공개적으로 지스카르를 지원했습니다. 더 이상 가장할 필요가 없기 때문에 우익은 그 자신의 역사를 쓸 수 있습니다. 그리고 프랑스의 반수가 지스카르를 받아들이는 것을 설명하는 요인들 가운데 우리가 논의하고 있는 영화들이 포함되어 있다는 것을 잊어버려서는 안 됩니다. 그 영화들의 제작자의 의도가 무엇이건 간에 모든 것을 보여주는 것이 가능해졌다는 사실이 우익이 재집단화할 수 있게 했습니다. 거꾸로 보면 정말로 민족 국가적 우익과 협력적인 우익 사이의 균열이 치료되었기 때문에 이러한 영화들이 만들어질 수 있게 된 것입니다. 그 둘은 서로 떼어 놓을 수 없게 연결되어 있습니다.

까이에: 이 역사는 영화와 텔레비전에서 모두 다시 서술되고 있습니다. 이러한 역사 다시 쓰기는 다소 좌파적으로 생각되는 영화 제작자들에 의해 행해지는 듯합니다. 이것이 우리가 좀 더 자세히 보아야만 하는 문제입니다.

푸코: 나는 그것이 그렇게 단순하다고 생각하지 않습니다. 내가 방금 말했던 것은 매우 도식적입니다. 그것을 다시 한 번 검토해봅시다.
　　진정한 투쟁이 진행되고 있습니다만, 무엇에 대한 것일까요? 그것은 우리가 거칠게 대중기억이라고 묘사하는 것입니다. 글쓰기로부터, 그들 자신이 책을 만들어내는 것으로부터, 그들 자신의 역사적 이야기들을 그려내는 것으로부터 제외된 사람들에 대해서 나는 이야기하고 있습니다. 그럼에도 불구하고 이 사람들이 역사를 기록하는 방식, 그것을 기억하거나, 새롭게 보존하고 사용하는 방식을 가지고 있다는 것은 엄연한 사실입니다. 이러한 대중 역사는 확실하게 19세기에 더 생생하고 더 분명하게 형성되었습니다. 19세기에는 예를 들면 구술로 전승되거나 글쓰기나 노래 등으로 전승되었던 투쟁의 전통이 있었습니다.
　　이제 대중기억의 흐름을 방해하는 수많은 장치가 ('대중 문학', 값싼 책들과 학교에서 사용되는 자료들) 만들어졌습니다. 그리고 이러한 시도는 매우 성공적이었다고 말할 수 있습니다. 노동자계급 자신이 가지고 있는 역사적 지식은 계속 축소되고 있습니다. 예를 들어 만약 당신이 19세기 말 노동자들이 자신들의 역사에 대해서 무엇을 알고 있었을까, 그리고 노동조합 전통(단어의 엄격한 의미에서)이 1914년 전쟁 때까지 어떠했는가를 생각한다면, 그것[노동자들의 역사적 지식]은 정말로 매우 대단합니다. 대중기억은 점진적으로 줄어들어 왔지만 비록 줄어들더라도 사라지지는 않습니다.

오늘날은 값싼 책들로 충분하지 않습니다. 텔레비전과 영화처럼 더 효과적인 수단들이 있습니다. 그리고 나는 이 수단들이 대중기억을 **재프로그램화** 하는 하나의 방식이라고 생각합니다. 대중기억은 존재했지만 자신을 표현하는 방식을 가지지 못했었습니다. 사람들은 과거의 자신들의 모습을 보는 것이 아니라, [대중매체가 재프로그램한] '자신들의 모습이었다고 기억해야 하는 것'을 봅니다.

기억은 실제로 투쟁에서 매우 중요한 요소이기 때문에 (사실 투쟁은 의식적으로 역사를 앞으로 움직이면서 발전합니다.) 누군가가 사람들의 기억을 통제하면 그들의 활력을 통제하는 것입니다. 그리고 또한 그들의 경험, 예전의 투쟁에 대한 그들의 지식을 통제하게 됩니다. 레지스탕스가 무엇이었는지는 더 이상 알려져서는 안 되는 것처럼….

나는 우리가 이 같은 방식으로 그 영화들을 이해해야 한다고 생각합니다. 대략 그 영화들의 주제는 20세기에 대중적 투쟁이 없었다는 것입니다. 이 주장은 두 가지 방식으로 성공적으로 공식화되었습니다. 전후 즉각적으로 만들어진 이 주장의 첫 번째 방식은 다음과 같이 단순합니다. "20세기는 과연 영웅들의 세기인가! 처칠, 드골, 낙하산을 탔던 녀석들과 전투 비행대들 등등이 있었다." 이것은 결과적으로 다음과 같이 말하는 것과 같습니다. "이들이[전쟁 영웅들] 진정한 투쟁을 한 사람들이

기 때문에 이제까지 대중 투쟁은 없었다." 그러나 아직 아무도 직접적으로 "대중 투쟁이 없었다"고 말하지는 않습니다.

좀 더 최근에 만들어진 두 번째 방식은 당신이 말한 대로 회의적 또는 냉소적인데, 무딘 주장으로 나아갑니다. "단지 무엇이 일어났는지 보라. 당신은 어디에서 투쟁을 보았는가? 당신은 어디에서 사람들이 일어서서 총을 잡는 것을 보는가?"

까이에: 아마도 〈비애와 동정〉 이후로 반쯤은 루머로 볼 수 있는 이야기가 퍼지고 있습니다. 그 내용은 프랑스 사람들은 대체로 독일인들에 저항하지 않았다, 그들은 협력을 받아들이기조차 했다, 그들은 모두 굴복해서 협력했다는 것입니다. 문제는 이 모든 것이 최종적으로 무엇을 의미하는가입니다. 그리고 관건은 대중 투쟁 또는 그러한 투쟁의 기억인 듯합니다.

푸코: 정확합니다. 이 기억을 소유하고, 통제하고, 경영하고 그것이 포함해야 하는 내용이 무엇인지를 말하는 것은 극히 중대합니다. 그리고 당신이 이러한 영화들을 볼 때 무엇을 기억해야 할지를 알게 됩니다. 그것은 다음과 같습니다. "당신에게 말하는 모든 것을 믿지 마십시오. 영웅들은 없습니다. 그리고 영웅들이 없다면 투쟁은 없습니다." 여기서 일종의 모호함이 있습니다. 말하자면, "어떤 영웅도 없었다"는 것은 버트 랑카스터 전쟁 영웅의 신화 전체를 적극적으로 폭로하는 것입니다. 이것은 일종의 "아니요, 그것은 전쟁에 대한 것이 아닙니다"라고 말하는 것입니다. 그래서 당신은 첫 번째로 역사가 다시 쓰이기 시작한다는 인상을 받습니다. 궁극적으로 그 영화들은 우리에게 왜 우리가 모두 드골 또는 노르망디 니맨(Normandy-Niemen) 비행대원 등과 동일시해서는 안 되는

지를 이야기할 겁니다. 그러나 "영웅은 없었다"라는 문장 밑에 숨겨진 다른 의미, 즉 진정한 메시지가 있습니다. 그 메시지는 "투쟁은 없었다" 입니다. 이것이 이 영화들이 의미하는 모든 것입니다.

까이에: 이 영화들이 그렇게 성공적인 이유를 설명하는 또 하나의 현상이 있습니다. 정말로 투쟁했던 사람들의 분노가 투쟁하지 않았던 이들에게 쏟아지고 있습니다. 예를 들면 레지스탕스에 가담했던 사람들은 〈비애와 동정〉을 보면서 프랑스 중부의 한 소도시의 소극적인 시민들을 보고 그 소극성을 인정합니다. 그리고 그때 분노가 치밀어 오르고 그럼으로써 그들은 자신들이 투쟁했다는 것을 잊어버립니다.

푸코: 내가 보기에, 정치적으로 중요한 현상은 어떤 특별한 영화라기보다는 일련의 영화들, 이러한 영화들이 만들어놓은 네트워크와, 재미있게 표현해본다면, 그것들이 '점령한' 장소입니다. 즉 중요한 것은 다음과 같이 묻는 것입니다. "이 순간 레지스탕스의 투쟁에 대한 긍정적인 영화를 만드는 것은 가능한가?" 자. 분명히 대답은 "아니요"입니다. 사람들이 이와 같은 영화를 비웃을 것이라는, 또는 매우 단순하게, 보러 가지 않을 거라는 인상을 줍니다.

까이에: 그렇습니다. 그것은 말르(Malle)[4]의 영화 같은 것을 우리가 공격할 때마다 부딪히는 첫 번째 문제입니다. 대답은 항상 "그러면 당신은 무엇을 했을 것 같은가?"입니다. 그리고 당신이 옳습니다. 대답하는 것은 불가능합니다. 우리는 이 모든 것에, 이제 내가 그 이름을 붙인다면, 좌파적 시각을 발전시켜봐야 합니다. 그러나 누구도 이미 만들어진 채로 존재하지는 않는다는 것은 사실입니다.

대신 이것은 어떻게 긍정적인 영웅, 새로운 형태의 영웅을 만들어내는가의 문제를 재천명합니다.

푸코: 문제는 영웅이 아니라 투쟁입니다. 영웅을 만들어내는 전통적인 과정을 통하지 않고 투쟁에 대한 영화를 만들 수 있습니까? 이것은 오래된 문제가 새로운 형태로 나타난 것입니다.

까이에: '복고 스타일'로 다시 돌아갑시다. 부르주아지 자신의 관점에서 볼 때, 부르주아지는 대체로 자신의 강점과 약점 둘 다가 드러나는 역사적 시기(1940년대)에 주의를 집중해왔습니다. 한편으로 여기가[1940년대] 부르주아지가 가장 쉽게 드러나는 지점입니다. (나치즘이 자라날 수 있는 기초와 그것에 협력하는 기초를 만들었던 것이 바로 부르주아지였습니다.) 또 다른 한편으로 현재 그 역사적 행동을 정당화하려고 노력하는 지점이 여기입니다. 가장 냉소적인 방식으로. 우리에게, 즉 1968 투쟁세대 또는 립(Lip)[5]세대들에게, 이 같은 역사적 시기에 대한 긍정적인 내용을 드러내기란 어렵습니다. 레지스탕스 시기가 정말 공격 되어야 할 약점입니까, 어떤 다른 종류의 이데올로기적인 헤게모니가 출현할 수 있는 지점입니까? 왜냐하면 부르주아지가 자신의 최근 역사에 대해서 방어적이고 동시에 공격적이라는 것은 사실이기 때문입니다. 즉 전략적으로 방어적이지만, 부르주아지가 가장 혼란을 잘 일으킬 수 있는 시발점이 되는 강점이 발견되기 때문에 기술적으로 공격적입니다. 그러나 우리가 단순히 역사에 대한 진실을 다시 세우는 데만 제한되어야 합니까? 우리가 그 이데올로기를 공격할 수 있는 어떤 약점을 발견하는 것은 가능하지 않나요? 이 지점이 반드시 레지스탕스인 것입니까? 왜 1789년 또는 1968년은 아닙니까?

푸코: 이 영화들과 그 공통되는 주제들을 생각하면서 나는 다른 어떤 것은 될 수 없었을까가 궁금합니다. 그리고 내가 '주제'(subject)라고 말할 때 투쟁들을 보여주거나 투쟁들이 존재하지 않았다는 것을 보여주는 것을 의미하지 않습니다. 나는 전쟁 동안 프랑스 대중 가운데 전쟁에 대한 일종의 거부가 있었다는 것이 역사적으로 사실이라는 것을 말하고자 하는 겁니다. 그러면 이것은 어디에서 왔을까요? 누구도 이야기하지 않는 일련의 에피소드들로부터 나왔습니다. 우익은 그 에피소드들을 말하지 않습니다. 왜냐하면 그것들을 숨기길 원하니까요. 좌익도 말하지 않습니다. 왜냐하면 '민족적 영예'에 반하는 어떤 것과도 연루되는 것을 두려워하니까요.

1914~1918년 전쟁 동안 칠백 내지 팔백만의 남자들이 전장에 나갔습니다. 4년 동안 그들은 소름끼치는 삶을 살았고 그들 주위에서 수백만 명의 사람들이 죽는 것을 보았습니다. 그리고 1920년 그들 자신이 대면하게 된 것은 무엇인가요? 우익이 권력을 쥐었고 광범위하게 경제적 착취를 했고 마침내 1932년 경제 위기와 실업이 있었습니다. 참호를 가득 메웠던 이 사람들이 어떻게 1920~1930년과 1930~1940년이라는 20년 동안 전쟁에 아직도 매료되어 있을 수 있겠습니까? 만약 독일인들이 그랬다면 그것은 패배가 그들에게 민족적 감정을 일으켜서 복수의 욕망이 이런 종류의[전쟁에 대한] 반감을 이겨냈기 때문입니다. 그러나 그렇다 손 치더라도 사람들은 중산층 장교들과 전쟁에서 이익을 취하는 이 부르주아지 전쟁들을 즐기지 않습니다. 나는 이것이 노동자 계급에는 결정적인 경험이었다고 생각합니다. 그리고 1940년 이러한 놈들이[노동자 계급] 자전거를 도랑 속에 던져 넣고 [전장으로 가지 않고] "나는 집으로 갈 거야"라고 말할 때, 당신은 간단하게 "그들은 겁쟁이다"라고 말할 수 없습니다. 그리고 당신은 이러한 사실을 숨길 수도 없습니다. 당신은 일

련의 사건들 속에서 이러한 사실을 위한 자리를 찾아야만 합니다. 민족적 명령에 대한 이 불복종은 어딘가에 그 자리를 찾아야 합니다. 그리고 레지스탕스 시기 동안 일어났던 것은 우리가 알고 있는 것의 정반대입니다. 즉 노동자 계급에서 재정치화, 재동원의 과정이 그리고 투쟁에 대한 취향이 조금씩 다시 나타났습니다. 이것은 나치즘의 발생과 스페인 내전 이후로 서서히 다시 나타났습니다. 이제 이 영화들이 보여주는 것은 그 반대의 과정입니다. 즉 1939년의 거대한 꿈이 1940년에 부서진 이후로 사람들이 단지 포기했다는 것입니다. 이러한 과정은 정말로 일어났습니다만 또 반대 방향에서 진행되고 있었던 더 확대된 과정의 한 부분으로서 일어났습니다. 그 [반대 방향의] 과정은 전쟁에 대한 혐오로부터 시작되어 [독일] 점령 중에 결국 투쟁할 필요성을 의식적으로 인식하게 된 것입니다.

나는 민족적 무장 투쟁의 요구에 이렇게 불복종하는 것에 긍정적인 정치적 의미가 있다고 생각합니다. 라콤 루시앙과 그의 가족이 주는 역사적 테마는 당신이 이프레(Ypres)와 두오몽(Douaumont)[6]을 돌아본다면 새로운 빛을 띨 것입니다….

까이에: 이것은 대중기억의 문제를 상기시킵니다. 그 자체의 속도로 작동하는 기억, 즉 중앙 권력이나 전쟁의 발발로부터 매우 떨어져 있는 그 자체의 속도로 작동하는 [대중]기억의 문제 말입니다.

푸코: 이것은 항상 학교에서 가르치는 역사의 목적이었습니다. 보통 사람들에게 그들이 살해되었고 이것이 매우 영웅적이라는 것을 가르치는 것 말입니다. 나폴레옹과 나폴레옹 전쟁에 대해 가르쳤던 것을 보십시오.

까이에: 말르와 카바니(Cavani)의 영화들을 포함하여 수많은 영화는 역사나 나치즘과 파시즘에 대한 투쟁을 이야기하는 것을 그만두고 대신 동시에 섹스를 이야기하고 있습니다. 이러한 담론의 성격은 무엇입니까?

푸코: 그러나 이것에 대해서 〈라콤 루시앙〉과 〈야간 경비원〉 사이에 뚜렷한 구별을 하지 마십시오. 〈라콤 루시앙〉의 에로틱하고 열정적인 측면은 매우 쉽게 확인될 수 있는 기능을 가지고 있는 듯합니다. 그 기능은 기본적으로 반영웅(anti-hero)을 받아들일 수 있게 만드는 또는 그는 그렇게 반(anti)은 아니라고 말하는 것입니다.

사실 그의 삶에서 모든 권력관계들이 왜곡되었다면 그리고 그를 통해서 그 관계들이 계속 작동하고 있다면, 다른 한편으로 그가 모든 에로틱한 관계들을 왜곡하고 있다고 당신이 생각하는 바로 그때, 하나의 진정한 관계가 나타나고 그는 그녀를 사랑합니다. 한편으로 권력이라는 장치가 있습니다. 그것은 평평한 타이어로 시작하여 라콤이 무모한 것에 더욱더 빠지게 합니다. 다른 한편으로 사랑이라는 장치가 있습니다. 사랑의 장치는 권력의 장치에 연결된 듯하고 왜곡된 것처럼 보입니다. 그러나 정반대의 효과로 마침내 루시앙을 들판에서 소녀와 함께 사는 잘생긴 벌거벗은 청년으로 만들어놓습니다.

그래서 권력과 사랑 사이에는 매우 기본적인 대립이 있습니다. 〈야간 경비원〉에서 문제가 되는 것은 일반적으로 그리고 현재의 상황에서 모두 매우 중요한 **권력애**입니다.

권력은 에로틱한 자극을 가지고 있습니다. 여기에 한 역사적 문제가 포함되어 있습니다. 초라하고 애처롭고 청교도적인 인물들, 우스울 정도로 빅토리아적인 늙은 하녀들 또는 잘해야 검댕투성이들로 재현되었던 나치즘이 어떻게 이제 프랑스, 독일, 미국에서, 세계 전체에 포르노적인 문학에서 에로티시즘의 궁극적인 상징이 되었나요? 모든 조잡스러운 에로틱 판타지는 이제 나치즘 덕택입니다. 이것은 근본적으로 심각한 문제, 즉 당신은 어떻게 권력을 사랑합니까라는 문제를 야기합니다. 누구도 이보다 권력을 더 사랑하지 않습니다. 이러한 종류의 애정적 에로틱한 집착, 즉 사람들이 권력에 대해 가지는 욕망, 당신에게 발휘되는 권력을 향한 욕망은 더 이상 존재하지 않습니다. 군주저와 그 의례들은 권력을 향한 이런 종류의 에로틱한 관계를 자극하기 의하여 만들어졌습니다. 거대한 스탈린적 장치와 히틀러의 것들도 같은 목적을 위해 만들어졌습니다. 그러나 이것은 모두 몰락하여 폐허가 되었고 분명히 당신은 브레즈네프, 퐁피두 그리고 닉슨과 사랑에 빠질 수 없습니다. 위기에 직면하여 당신은 드골, 케네디 또는 처칠을 사랑할 수 있습니다. 그러나 이 순간 무엇이 진행되고 있습니까? 우리는 권력의 에로틱화가 재개되는 것을 목격하고 있지 않습니까? 형편없이 우스꽝스러운 극단적 예로는 미국에 있는 나치 휘장을 내건 포르노 가게입니다. 좀 더 인정할 만하지만 마찬가지로 우스꽝스러운 예로는 지스카르 데스탱이 "나는 토요일에 신사복을 입고 거리로 나가 보통사람들과 아이들과 악수할 것입니다"라고 말할 때 취한 그의 행동입니다. 지스카르가 그의 선거 캠페인의 일부를 그의 멋진 육체적 모습뿐만 아니라, 그의 성격, 그의 맵시에 대한 에로틱화에 기초했다는 것은 사실입니다.

까이에: 그것이 그가 선거 포스터에서 자신을 묘사한 방식입니다. 그의 딸이 그에게 돌아서는 것이 보이는 것 말입니다.

푸코: 맞습니다. 그는 프랑스를 보고 있습니다. 그러나 그녀는 그를 보고 있습니다. 이것은 유혹하는 권력에 되돌아간 것입니다.

까이에: 선거 캠페인 동안 특별히 텔레비전으로 크게 보도된 미테랑과 지스카르 사이의 논쟁에서 우리에게 충격을 주었던 것은 그들은 내내 같은 수준이 아니었다는 겁니다. 미테랑은, 즉 구좌파에 속하는 낡은 형태의 정치인으로 나타났습니다. 그는 매우 품위 있게 이미 오래되었고 유행이 지난 아이디어들을 팔려고 했습니다. 그러나 지스카르는 광고주들이 치즈를 파는 것과 똑같이 권력의 아이디어를 팔고 있었습니다.

푸코: 매우 최근까지도 권력을 가진 것에 대해서 변명하는 것이 필요했었습니다. 그 자체를 권력으로 보여서는 안 되기 때문에 권력이 눈에 띄지 않는 것이 필요했습니다. 이것은 어느 정도 민주공화국이 기능해왔던 방식입니다. 민주공화국에서는 권력이 하고 있는 것이나 권력이 있었던 곳을 아는 것이 불가능할 정도로 권력을 보이지 않게 모르게 만드는 것이 그 목적이었습니다.

까이에: 아마도 우리는 전통적인 마르크스주의 담론이 파시즘을 설명하는 데 얼마나 무력한가에 대해서 이야기해야겠지요. 마르크스주의는 나치즘이라는 현상에 대해서 결정론적이고 경제적인 방식으로 역사적 설명을 해온 반면, 나치즘의 특정한 이데올로기가 무엇인지를 완전히 내버려두었다고 말할 수 있습니다. 그래서 좌파에서 무엇이 진행되고 있는지 잘 아는 말르와 같은 사람이 이 약점을 이용해서 그 균열로 돌진해갈 수 있는 것은 결코 놀라운 것이 아닙니다.

푸코: 마르크스주의는 나치즘과 파시즘에 대한 정의, 즉 '부르주아지 중 가장 반동적인 당파의 공개적인 테러에 의한 독재'라는 정의를 제공해왔습니다. 이것은 그 내용 전체와 전체적으로 일련의 관계들을 제외시킨

정의입니다. 특히 이 정의는 대중 안에 억압, 통제, 치안 유지 등의 많은 국가 기능들을 책임지는 비교적 큰 집단이 존재할 수 있는 한 나치즘과 파시즘이 가능했다는 사실을 무시합니다. 나는 이 사실이 나치즘의 결정적인 특성이라고 믿습니다. 즉 나치즘은 대중 안에 깊게 파고들어서 권력의 일부분을 실제로 특정한 대중에게 위임합니다. 이 사실이 '독재'라는 단어가 일반적으로 진실이면서 상대적으로 거짓인 지점입니다. 나치 체제하에서 한 개인이 S.S[히틀러의 친위대]가 되거나 또는 당원 서명을 하자마자 그가 가질 수 있는 권력을 생각해보십시오. 당신은 실제로 당신 이웃을 죽이거나 그의 아내와 집을 뺏을 수 있습니다. 이것이 〈라콤 루시앙〉이 흥미 있는 지점입니다. 왜냐하면 이것이 이 영화가 잘 보여주는 단면이기 때문입니다. 독재가 대개 단 한 사람의 권력이라고 이해되는 것과 반대로 사실 이런 종류의 체제에서 가장 혐오스러운 그러나 어떤 의미에서 가장 중독적인 권력은 상당한 수의 사람들에게 주어졌다고 말할 수 있습니다. 친위대는 죽이고 강간할 권력을 가졌던 사람들입니다.

까이에: 이것이 정통 마르크스주의가 몰락하는 지점입니다. 왜냐하면 욕망에 대해서 이야기하지 않을 수 없기 때문입니다.

푸코: 욕망과 권력에 대해서….

까이에: 또한 이것이 〈라콤 루시앙〉이나 〈야간 경비원〉과 같은 영화들이 비교적 '강한' 지점입니다. 이 영화들은 일관되게 욕망과 권력에 대해서 말하고 있습니다.

푸코: 〈야간 경비원〉에서는 나치즘 하에서 어떻게 한 사람의 권력을 보통 사람들이 접수하여 작동시키는지를 보는 것이 흥미롭습니다. 일종의 모의재판은 사람들을 대단히 매료시킵니다. 왜냐하면 한편으로 그 재판은 심리치료집단의 모든 장식[요소]들을 갖고 있으면서 사실 비밀단체의 권력 구조를 가지고 있기 때문입니다. 그들이 다시 만든 것은 기본적으로 중앙권력과는 다른, 중앙권력에 반대되는 사법적 권력을 가진 친위대 세포였습니다. 주민의 심장부 안에서 권력이 위임되고 분배되는 방식을 명심해야 합니다. 독일과 같은 사회에서 나치즘이 했던 이러한 거대한 권력의 이양을 명심해야 합니다. 나치즘이 다른 형태의 대산업 자본가들의 권력이었다고 말하는 것은 틀린 것입니다. 나치즘은 단순히 군대의 중앙권력이 강화된 것이 아니었습니다. 단지 특정한 수준에서만 군대의 권력이 강화된 것이었습니다.

까이에: 사실 이것은 그 영화(야간 경비원)의 흥미 있는 면입니다. 그러나 우리가 볼 때, 매우 비판받기 쉬워 보이는 것은, "당신이 만일 전형적인 친위대라면, 당신은 이와 같이 행동할 것이다"라고 말하는 것일 것 같습니다. 그러나 만약 덧붙인다면, "만약 당신이 그 직업의 성향을 가지고 있다면, 그것은 당신에게 믿을 수 없을 정도로 에로틱한 경험을 제공할 것이다"라고 말할 겁니다. 그래서 그 영화는 계속 유혹적입니다.

푸코: 그렇습니다. 여기가 바로 이 영화가 〈라콤 루시앙〉과 만나는 지점입니다. 나치즘은 결코 사람들에게 어떤 물질적인 이득을 주지 않기 때문에 권력 외에는 아무것도 주지 않습니다. 당신이 아직도 이 체제가 피를 부르는 독재 외에는 아무것도 아니라고 생각한다면, 왜 1945년 5월 3일에 마지막 피 한 방울까지 흘리며 싸웠던 독일인들이 아직도 있었고, 이

러한 사람들이 권력에 대한 어떤 형태의 감정적 애착을 가지고 있었는지를 물어보아야만 합니다. 물론 모든 압력과 공공연한 비난을 명심하면서….

〈야간 경비원〉에서와 같이 〈라콤 루시앙〉에서도 그들에게 주어진 이러한 과도한 권력이 사랑으로 변환됩니다. 이것은 〈야간 경비원〉의 마지막 장면에서 매우 분명합니다. 마지막 장면에서 맥스의 방에 집단 수용소 모형이 만들어지고 그가 거기서 굶어 죽습니다. 그래서 여기서 사랑은 권력을, 과잉 권력을 전적인 권력의 부재로 전환시킵니다. 어떤 의미에서 이것은 거의 〈라콤 루시앙〉에서와 같은 화해입니다. 사랑은 라콤이 사로잡혀 있는 과도한 권력을 게쉬타포의 음침한 호텔로부터 멀리 또한 돼지들이 도살되었던 농장으로부터도 멀리 떨어진 전원의 가난으로 전환시킵니다.

까이에: 그래서 이제 우리는 논의의 시작에서 당신이 제시했던 문제, 즉 왜 억압적이고 청교도적인 체제였던 나치즘이 요즘 보편적으로 에로티시즘과 연결되어 있는가에 대한 설명을 시작하겠습니다. 여기에 강조점이 이동되었습니다. 사람들이 머리를 맞대고 직면하고 싶지 않은 권력이라는 핵심적인 문제는 살짝 비켜가거나 또는 오히려 완전히 섹슈얼리티의 문제로 떠밀려집니다. 그래서 이러한 에로틱화는 궁극적으로는 회피 또는 억압의 과정입니다.

푸코: 그 문제는 정말 매우 어렵습니다. 이것은 아마도 독일 정부조차도 충분히 연구하지 않았을 겁니다. 무엇이 권력을 바람직하게 하고 실제로 욕망의 대상으로 만들까요? 이러한 에로틱화가 전달되고 강화되는 과정을 보기는 쉽습니다. 그러나 에로틱화가 작동하려면 권력에 대한 집착

과 권력에 휘둘리는 사람들에 의한 권력의 용인이 이미 에로틱해야 합니다.

까이에: 권력의 재현이 거의 에로틱하지 않기 때문에 이것은 훨씬 더 어렵습니다. 드골이나 히틀러는 특별히 유혹적이지 않습니다.

푸코: 정말입니다. 그리고 나는 마르크스주의적 분석들이 어느 정도로는 자유라는 개념에 매료된 희생물이 아닌지 의심스럽습니다. 나치와 같은 체제에서 자유가 없다는 것이 사실입니다. 그러나 자유를 가지지 못하는 것이 권력을 가지지 못하는 것을 의미하는 것은 아닙니다. …

이 순간 역사를 위한, 역사를 둘러싼 극도로 흥미진진한 전투가 진행되고 있습니다. 그 의도는 내가 '대중기억'이라고 부르는 것을 다시 프로그램하고 억누르고 또한 사람들에게 현재를 해석하는 틀을 제시하고 강요하는 것입니다. 1968년까지 대중 투쟁들은 민간전승의 한 부분이었습니다. 어떤 사람들에게 그 투쟁들은 현실 개념 속에 포함되어 있지도 않았습니다. 1968년 이후 남아메리카이건 아프리카건 모든 대중 투쟁은 어떤 메아리 또는 어떤 공감적인 반응을 발견해왔습니다. 그래서 대중 투쟁들을 분리시키는 것, 즉 그 지리적 '방역선'(cordon sanitaire)을 지키는 것이 더 이상 가능하지 않습니다. 대중 투쟁들은 우리 사회에 실제적인 것이 아니라 가능한 것의 일부가 되었습니다. 그래서 그 투쟁들은 거리를 두고 놓여야만 합니다. 어떻게? 그것들에 대한 직접적인 해석을 제공함으로써가 아닙니다. 그것은 폭로될 것을 요구하는 것이 될 겁니다. 그러나 대중 투쟁이 결코 일어나지 않았다는 사실을 보여주고자 과거에 프랑스에서 일어났던 대중 투쟁에 대한 역사적 해석을 제공합니다. 1968년 전에는 그 해석은 대중 투쟁이 "다른 곳에서 일어나고 있기 때문에 여기서는 일어나지 않을 것이다"였습니다. 이제 그것은 "투쟁이 결코 일어나지 않았기 때문에 여기서 일어나지 않을 것이다"입니다. 당신이 그렇게 많이 이야기했던 그 영광스런 과거인 레지스탕스와 같은 것을 한동안 들여다보십시오. … 아무것도 없습니다. 그것은 빈, 공허한 외관입니다! 그것은 "칠레에 대해서 걱정하지 마시오. 다를 것이 없습니다. 칠레 농부들도 우리 정도의 관심이 있습니다"라고 말하는 것이나 다름없습니다. 그리고 프랑스도 마찬가지입니다. 주민의 대다수는 몇몇 불평분자들이 관심 있어 하는 어떤 것에도 흥미가 없습니다.

까이에: 우리가 그 모든 것에 대항하여 반응할 때 우리 자신이 진실을 다시 세우는 것인데, 예를 들면 레지스탕스에 대해서 "아니요, 나는 거기에 있었고 상황은 그와 같지 않았습니다"라고 말하기만 해서는 안 된다는 것이 중요합니다. 당신이 이러한 영화들이 지시하는 근거에 대해 어떤 효과적인 이데올로기 투쟁을 벌이고자 한다면, 우리는 당신이 훨씬 더 넓고 확장되고 긍정적인 준거틀을 가져야 한다고 생각합니다. 많은 사람에게 이것은 예를 들면, '프랑스 역사'를 다시 전유하는 것입니다. 『나, 피에르 리비에르』(I, Pierre Rivière)를 세심하게 읽을 때 우리는 이것[위의 논의점]을 염두에 두고 있었습니다. 왜냐하면 우리는 충분히 역설적으로 이 책이 우리에게 라콤 루시앙을 이해하는 데 유용하고 피에르 리비에르와 라콤 루시앙과의 비교가 비생산적이지 않다는 것을 깨달았기 때문입니다. 예를 들면 그들 사이의 중요한 차이는 피에르 리비에르는 글을 쓰고 살인을 하고 매우 비상한 기억을 가진 사람이라는 것입니다. 다른 한편 말르는 그의 영웅을 정신박약자로서 어떤 경험을 축적하는 것 없이 모든 것, 즉 역사, 전쟁, 협력을 거치는 사람으로 다룹니다. 이것이 기억, 대중기억의 테마가 피에르 리비에르와 같은 이를 말르와 모디

아노(Modiano)가 만들어낸 인물들로부터 분리시키는 지점입니다. 피에르 리비에르는 자신의 목소리를 들리게 할 수 없었기 때문에, 그가 말할 권리를 얻기 전에 일어서서 살인해야만 했습니다. 정확하게 말르의 인물은 그에게 일어난 것을 가지고 아무것도 만들지 못함으로써 기억하는 수고를 할 가치가 있는 것은 아무것도 없다는 것을 증명합니다. 당신이 〈사람들의 용기〉(The Courage of the People)를 보지 못한 것이 유감입니다. 이 영화는 범죄 기록에 증거가 되고자 하는 명백한 목적을 가지고 만들어진 볼리비아 영화입니다. 이 영화는 전 세계적으로 상영되었지만, 체제 때문에 볼리비아에서는 상영이 안 되었습니다. 이 영화가 다시 구현하고 있는 진짜 드라마—광부의 노동쟁의와 그 피비린내 나는 억압—의 한 부분인 사람들이 직접 이 영화의 인물들로 출연했습니다. 그들은 자신들이 그 영화를 책임지고 있어서 누구도 잊어버리지 않을 것입니다. …

이 순간 영화에는 두 가지가 진행되고 있습니다. 한편으로는 중요한 역할을 하는 역사적인 문헌들이 있습니다. 예를 들면, 〈한평생〉(A Whole Life)에서 역사적인 문헌들은 큰 역할을 하고 있습니다. 또는 다시 마르셀 오퓔 또는 해리스(Harris)와 세두이(Sédouy)의 영화에서 1936년 또는 1939년 교전 중인 두클로스(Duclos)[7]의 현실을 보는 것은 매우 감동적입니다. 다른 한편으로 주어진 역사적 시기에 가능한 한 가장 많은 사회적 관계와 역사와의 연계를 응축해내는 허구의 인물들이 있습니다. 이것이 왜 〈라콤 루시앙〉이 그렇게 성공적인가 하는 이유입니다. 라콤은 나치 점령하의 프랑스 남자로, 나치즘, 시골, 지방 권력 등과 확고한 관계를 맺은 평범한 사람입니다. 그리고 우리는 역사를 개인화하는, 즉 한 인물에 또는 주어진 역사적 시기에 특권적인 권력관계를 구현하는 인물들에서 역사를 되살리는 이러한 방식을 무시해서는 안 됩니다.

노동운동사에서 아직 알려지지 않은 인물들이 많이 있습니다. 즉 노동자 계급의 역사에서 완전히 잊혀진 영웅들이 많이 있습니다. 그리고 나는 여기서 싸워야만 하는 진정한 쟁점이 있다고 생각합니다. 마르크스주의가 레닌에 대한 영화를 계속 만들 필요는 없습니다. 그런 영화는 이미 많으니까요.

푸코: 당신이 말한 것은 중요합니다. 역사를 무시하는 것이 요즘 마르크스주의자들의 특징입니다. 역사의 오역에 대해서 이야기하면서 시간을 보내는 이 사람들은 단지 텍스트에 대한 논평을 만들어낼 수 있을 뿐입니다. 마르크스가 무엇을 말했습니까? 마르크스가 정말 그렇게 말했습니까? 보십시오. 마르크스주의가 무엇입니까? 역사 자체를 분석하는 또 하나의 방식일 뿐입니다. 내 의견으로는, 프랑스 좌파는 역사를 진정으로 파악하고 있지 못합니다. 예전에는 파악하고 있었습니다. 19세기 한때 미쉘레[8]는 좌파를 대변한다고 말할 수 있겠습니다. 조레스(Jaurès)[9]도 있었습니다. 그들 이후로 마티즈(Mathiez)[10] 등 일종의 좌파, 사회민주주의적 역사가들의 전통이 성장했습니다. 요즘 이 좌파 전통은 물방울만큼이나 작아졌습니다. 이 전통은 작가들과 영화제작자들을 동반하는 압도하는 물결일 수도 있었습니다. 정말입니다. 매우 위대한 소설인 『아라곤』(*Aragon*)과 『바젤의 벨』(*Les Cloches de Bâle*)이 있었습니다. 그러나 지금은 상대적으로 거의 [좌파적 전통을 가진 작품들이] 없습니다. 무엇보다도 지식인들이 다소 마르크스주의에 주입되어 있다고 말할 수 있는 사회라면 상황이 어떻게 될 수 있었을까를 비교한다면 말입니다.

까이에: 이 점에서 영화는 새로운 어떤 것을 제공합니다. 즉 역사가 '현재의 삶'을 포획했다고 볼 수 있습니다. … 미국사람들은 매일 저녁 식사를 하

면서 텔레비전에 나오는 베트남 전쟁을 보면서 어떻게 역사에 대해 말합니까?

푸코: 매일 저녁 당신이 전쟁에 대한 사진들을 보기 시작하자마자 전쟁은 전적으로 받아들여질 수 있게 됩니다. 즉 전쟁이 너무나 지루해져서 당신은 정말로 다른 것을 보길 원할 겁니다. 그러나 전쟁이 지겨워질 때 당신은 그것을 참을 수 있습니다. 당신은 텔레비전을 보지도 않습니다. 그렇다면 영화에서 나타나는 이 특수한 현실이 어떻게 존재하는 그리고 역사적으로 중요한 현실로서 다시 활성화될까요?

까이에: 〈까미자르〉(Camisards)를 보셨습니까?

푸코: 예, 나는 그 영화를 매우 좋아했습니다. 역사적으로 흠잡을 데가 없더군요. 잘 만들어졌고, 지적인 영화이고 많은 것을 분명하게 해줍니다.

까이에: 나는 그것이 영화를 만드는 데 우리가 취해야 하는 방향이라고 생각합니다. 처음에 우리가 이야기하기 시작했던 영화들로 다시 돌아가면, 우리는 〈라콤 루시앙〉과 〈야간 경비원〉의 특정 면, 특별히 성적인 것에 직면하여 극좌파의 혼동의 문제 그리고 그러한 혼동이 우파에게 이익이 될 수 있는지의 문제를 제기해야만 합니다. …

푸코: 당신이 극좌파라고 부르는 것에 관해서 나는 상당한 혼란을 가지고 있습니다. 그것이 아직도 존재하는지 나는 전혀 확신하지 못합니다. 그럼에도 불구하고 정말로 1968년 이후로 극좌파가 해왔던 것을 부정적으로든 긍정적으로든 철저히 평가할 필요가 있습니다. 이 극좌파가 섹

슈얼리티, 여성, 동성애, 정신의학, 주거, 의학과 같은 많은 중요한 아이디어들을 전파하는 수단이었다는 것은 사실입니다. 또한 좌파는 계속해서 중요한 곳에서 행위의 수단을 전파하는 수단이기도 했습니다. 극좌파는 그 주제에서와같이 활동의 형태에서도 중요한 역할을 해왔습니다. 그러나 스탈린적이고 테러리스트적인 조직에 관한 부정적인 평가가 만들어져야만 합니다. 그리고 최근에 1,300만 명이 미테랑을 지원하게 한 어떤 넓고 뿌리 깊은 과정에 대한 오해가 있습니다. 그리고 그 과정들은 정치가들과 당의 일이라는 구실로 일련의 일들이 무시되어왔습니다. 특히 우파를 패배시키려는 욕망은 몇 달 그리고 몇 년 동안 대중들 안에서 매우 중요한 정치적 요인이었습니다. 대중에 대한 잘못된 정의와 진정으로 이기고자 하는 의지가 무엇인지에 대한 잘못된 평가 덕분에 극좌는 이러한 욕망을 알아채지 못했습니다. 함께 선택한 승리가 동반하는 위험에 직면해서 극좌파는 승리의 위험을 감수하지 않으려 합니다. 최소한 패배는 함께 선택될 수 없습니다. 개인적으로 나는 그렇게 확신하고 있지 않습니다.

07
대중기억의 이론, 정치학과 방법론[*]

대중기억연구회[**]

또한 현재의 역사가들이 되어야 한다.
(공산당 역사가들의 공동 의사록, 1956년 4월 8일)

이 논문에서 우리는 '현재의 역사가'가 되는 것을 포함하는 역사 쓰기에 대한 한 접근 방식을 탐구할 것이다. '탐구하다'라는 것을 강조하는 것이

---

[*] 이 논문은 Richard Johnson, Gregor McLennan, Bill Schwarz, David Sutton이 편집한 Making Histories: Studies in history-writing and politics(University of Minnesota Press, 1982)에서 발췌한 것이다. 논문의 저자는 대중기억연구회(Popular Memory Group)이고, 원제목은 "Popular memory: theory, politics, method"이다.

[**] 이 논문은 1979년 10월과 1980년 6월 사이에 현대문화연구센터(Centre for Contemporary Cultural Studies)에서 만났던 대중기억연구회의 공동작업에 기초하고 있다. 대중기억연구회는 마이클 봄(Michael Bommes), 게리 클라크(Gary Clarke), 그레함 더쓴(Graham Dawson), 제이콥 에이츨러(Jacob Eichler), 토마스 포크(Thomas Fock), 리차드 존슨(Richard Johnson), 킴 메이어(Cim Meyer), 레베카 오룩크(Rebecca O'Rouke), 리타 파크리파(Rita Pakleppa), 한스 에리취 포저(Hans-Erich Poser), 몰튼 스코브-칼슨(Morten Skov-Carlsen), 앤 털리(Anne Turley), 패트럭 라이트(Patrick Wright)로 구성되어 있다. 이 논문은 리차드 존슨과 그레함 더쓴이 썼다.

중요하다. 왜냐하면 우리는 현재 보고할 '대중기억'에 대한 완성된 프로젝트를 가지고 있지 않기 때문이다. 우리는 먼저 이 논문의 서두에서 명확하게 해 두어야 할 논의들을 요약하고 발전시킬 것이다. 이러한 논의들은 세 가지 주요한 출발점들을 가지고 있다. 첫째, 우리는 대중적 사회주의자 또는 페미니스트 정치와의 연결을 시도하였던 학문적 역사(academic history)의 한계와 모순들에 관심이 있다. 여기서 우리의 주요한 사례는 우리가 몰두하고 있는 것에 가장 가까워 보였던 '구술사'였다. 둘째, 우리는 이러한 초기의 비판이 제시했던 방향으로 나아가는 프로젝트에 관심을 가지게 되었다. 그것은 대중 자서전과 지역사회에 기초한 역사적 실험들을 포함했다. 그러나 또한 문화연구(cultural studies)나 학문적 역사학(academic historiography)에 기초하고 있는 비판적인 발전들도 포함했다. 셋째, 우리는 이 책*의 모든 논문들과 같이 역사 쓰기의 문제를 가능한 명료하게 보여주는 좀 더 추상적인 논쟁으로 연결하고자 했다.

그러면 '대중기억'이란 무엇을 의미하는가? 우리는 이 논문의 첫 번째 부분에서 이 질문에 대한 임시적인 대답을 줄 것이다. 우리는 대중기억을 첫째는 연구의 대상으로, 둘째는 정치적 실천의 차원으로 정의한다. 우리는 두 번째 부분에서 그러한 프로젝트를 위한 자원들을 살펴볼 뿐만 아니라, 그 한계와 어려움을 대략 그려볼 것이다. 그것들은 세 번째와 네 번째 부분에서 좀 더 길게 논의될 것이다. 뒷부분은 이론과 방법의 문제들로부터 연구와 글쓰기의 사회적 조직까지 다루게 될 것이다.

이 논문은 또 다른 의미에서 그 자체가 불완전하다. 이 논문이 비록 이

---

* 이 논문에서 말하는 '이 책'은 이 논문의 출처인 「역사 만들기: 역사 쓰기와 정치학에 대한 연구」*Making Histories: Studies in history-writing and politics*(University of Minnesota Press, 1982)다. 따라서 이 논문에서 언급되는 장들(7장 등)은 모두 「역사 만들기」에 있는 장들을 말한다.

분야를 전체적으로 개괄하기는 하지만 대중기억 관계의 한 면, 즉 실천으로서 구술사에 가장 가까운 면을 탐구할 것이다. 더 폭넓은 논의는 「역사 만들기」의 7장에서 중요한 방식으로 확대될 것이다. 그 장은 비록 저자가 다르지만 같은 논의로부터 나왔다.

대중기억 규정하기

연구대상으로서의 대중기억

대중기억의 개념을 규정하는 데 있어서 첫 번째는 역사가 무엇을 의미하는가를 확장시키는 것(그래서 무엇이 역사학적 논평에 포함되는가)을 확장시키는 것이다. 이 책의 다른 논문들은 학문적 역사와 대중적 또는 정치화된 역사 사이를 형식적으로 구별하지 않고 있다. 그러한 구분이 마르크스나 햄몬즈(Hammonds)[1] 또는 공산당 역사가 집단(Communist Party Historians' Group)이나 페미니스트 역사에 적용된다면 거의 의미가 없다. 우리는 예술이나 과학처럼 역사라는 간판 아래에서 일하는 '역사-작가'(the history-writer)라는 좀 느슨한 개념을 사용하는 경향이 있는데, 이렇게 유동적인 정의조차도 한계가 있다. '역사-작가'라는 느슨하고 아마추어적인 개념은 학문적 전문가인 '역사가'로 고정되었다. 좌파 역사학도 이러한 과정에서 벗어나지 않았다. 사회주의자와 페미니스트 역사가들은 대학이나 폴리테크닉[2]에 최소한 한 발을 들여놓고 발전해왔다. 1960년대와 1970년대의 특징이었던 대학생 지지자들의 급진적인 확대는 일종의 전문화된 독자층을 만들어냈다. 그 몇몇 모순과 그것들을 다루는 두 가지 다른 방식들은 최근에 창간된 두 개의 역사 전문 잡지 『사회사』(*Social History*)

와 『역사 작업소 저널』(History Workshop Journal)의 대조적인 전략들에서 찾아볼 수 있다. 전자는 신중한 역사적 아방가르드를 추구하고, 후자는 공공연히 사회주의적이고 진정한 '대중의' 역사에 전념하고 있다.[3]

근대에 들어서서 형식적인 역사 쓰기가 집중적으로 나타나면서 내재적으로 비대중적이 되어버린 심각한 문제가 나타났다. 그리고 그 역사 쓰기는 학문적이고 전문적인 규범에 의해 대체로 식민화되었다. (앞으로 보게 될 것처럼 이것은 새로운 방법들, 즉 때때로 내재적으로 '대중적'이고 민주적인 '구술사'의 경우도 마찬가지다.) 우리가 형식적인 역사 쓰기에 초점을 계속 맞춘다면 우리는 매우 보수적인 형태들을 재생산하는 위험에 처하게 된다. 즉 좌파 사회사가들과 마르크스가 '비판적 비평가들'이라고 불렀을 사람들 사이에서 나타나는 닫힌 논의의 순환 말이다. 켄 월폴(Ken Worpole)은 회의적인 어구로 그 결과들을 타당하게 지적했다.

> 지난 20년 동안 노동 연구에서 이루어진 작업의 범위가 현저히 발전해서, 노동계급 조직과 문화적 정체성의 좀 더 비공식적인 양식들과 형태들이 나타난 것이 모두에게 분명하다. … 이러한 강력한 지적인 흐름으로부터 나온 연구 보고서들, 출판된 논문들, 책들이 확산되어왔다. 그러나 … 나는 과거 위기의 시기에 우리가 한 것보다 더 역사적으로 의식적인 노동 운동을 우리가 현재 하고 있다고 확신 있게 말할 수 있는지 매우 의심스럽다. 나는 그렇지 않다고 생각한다.[4]

그는 이것을 설명해줄지 모르는 '주목할 만한 두 개의 경향'을 제시한다. 그 경향들은 고등교육에서 역사에 대한 집중(바람이 틈새로 들어오는 협동조합 강당과 노조 강당에서 현대 폴리텍 강의실로의 이동)과 상업적으로 출판된 책들의 비용('사람들을 위한 포켓북이라기보다는 고등교육 도서관을 위한 비싼 양장본'으로의 전환)이다. 중요하게도 이 논평들은 역사적 연구들의 형태와 그 연구들이 생산되고 배분되고 (때때로) 읽히는 사회적 조건들을 주목하게 한다는 것이다. 비록 [역사 연구물에서] 언어에 대한 접근가능성과 '특수용어'라는 문제가 때때로 더 큰 문제들을 대신하지만, 이러한 문제들은 일반적으로 비판적 리뷰에서 매우 당연하게 간주된다.

월폴의 논평은 역사의 생산이라는 개념을 학문적 역사 쓰기의 한계 너머로까지 확장할 필요성을 보여준다. 우리는 우리 사회에서 과거에 대한 의미화가 구성되는 모든 방식을 포함해야 한다. 이 방식들은 반드시 글자나 문자의 형식을 취할 필요는 없다. 더욱이 이것들은 학자의 학문적 기준이나 진리의 경전을 따르는 데 소극적이다. 학문적 역사는 훨씬 더 거대한 과정 속에서 특별한 위치를 차지하고 있다. 우리는 이것을 '기억의 사회적 생산'이라고 부를 것이다. 비록 불균등하지만 모두가 이 집합적인 생산에 참여한다. 이런 의미에서 모두가 역사가다. 쟝 쉐즈노(Jean Chesneaux)가 주장하듯이 전문화된 역사는 훨씬 더 일반적인 관계들과 필요들을 전유하고자 했다. 즉 '우리 사회와 과거의 집합적이고 모순적인 관계'와 미래를 만들려는 투쟁을 위한 지침에 대한 '집단적인 필요성' 말이다.[5] 우리는 이미 크리스토퍼 힐(Christopher Hill)의 연구에서 비슷한 강조점들을 주목해왔다. '우리 자신들이 과거에 의해 형성되지만', 또한 지속적으로 우리를 형성하는 과거를 다시 만들고 있는 더 넓은 사회적 과정을 인정해야 한다는 것이다.[6] '대중기억'을 추구하는 데 있어서 첫 번째 문제는 힐의 공식에서의 '우리', 또는 쉐즈노의 '우리 사회'를 구체화하는 것이다. 사회적 기억들이 생산되는 수단들이란 무엇일까? 그리고 특별히 전문적 역사 쓰기의 외부에 있는 어떤 실천들이 관련이 있을까?

과거에 대한 의미가 생산되는 주요한 방식들을 공공 재현(public representations)과 사적 기억(private memory)(집합적이고 공유된 것일 수도 있는)을 통해서 구별하는 것은 유용하다. 첫 번째 방식은 역사의 공적

'무대'를 포함한다. 그것은 '영국 국민'의 '우리' 역사 또는 상속, 이야기, 전통들과 유산에 관한 드라마를 연출하는 공적 무대와 공공 청중을 말한다. 종종 모순적인 대본을 가지고 말하는 많은 배우들이 이 공적 무대를 점령하고 있다. 우리는 이러한 공적·역사적 영역을 구성하고, 공공화하는 수단에 대한 접근을 통제하는 대행자들을 집합적으로 '역사적 장치'(historical apparatus)라고 명할 것이다. 우리는 특정 시점에서 집합적인 관계들과 결합 속에 있는 이 대행자들의 생산물들을 '역사의 공공 재현의 장'(the field of public representation)이라고 부를 것이다. 이러한 재현들이 개인과 집단들이 가지고 있는 과거라는 개념에 대해 영향을 주는 방식에 대해서 생각할 때, 우리는 '지배적인 기억'(dominant memory)에 대해서 말할 수 있다. 이 용어는 역사적 재현들의 권력과 침투, 지배 기관들과의 연관, 그리고 공식적인 정치 과정에서 승인을 얻어내고 동맹을 만드는 그들의 역할을 가리킨다. 그러나 우리는 공공 재현의 장에서 지배를 획득한 과거에 대한 개념들이 획일적으로 적용되거나 또는 어디서나 믿어지고 있다고 말하지 않는다. 공공의 장에 접근할 수 있는 모든 역사적 재현들이 다 '지배적인' 것은 아니다. 그 장에서는 종종 서로 대결 관계에 있는 과거에 대한 구성물들이 경쟁하고 있다. 지배적인 기억은 이러한 투쟁 과정에서 만들어지고 또한 항상 도전을 받는다. 그러나 우리는 역사의 장에서 지배의 과정들이 실제로 존재했다는 사실을 주장하고자 한다. 어떤 재현들은 중심성을 얻어 크게 번성하기도 한다. 다른 것들은 주변화되거나 배제되거나 다시 만들어진다. 여기서 성공의 범주는 진실의 범주가 아니다. 지배적인 재현들은 가장 이데올로기적이고, 무미건조해진 신화의 전형들에 가장 순응하는 것들일지도 모른다.

역사적 구성물들은 중앙정부기관들과 연결될 때 가장 분명하게 공적이다. 정부와 의회 체계들은, 특히 그 '영국적인' 것 속에서 그 자체가 역사적 장치물들이다. (소리를 낮추어 말하자면) BBC의 거만함에 도움을 받아서 정부와 의회체계들은 '전통'의 감각을 '분출해내고' 그리고 '우리의 민주적인 조직'이라는 공식적 정치가 넓게 기초하는 지배의 불가침성을 보장한다. 실제로 (그리고 모순적으로) 의회 기관들은 역사적 무대에서 주 형태인 야외극의 중요한 지점이 아니다. 여기서 군주제와 군대가 더욱더 밀접하게 연루되어 바로 전통의 재료들을 제공한다. 축제들, 왕족의 결혼식, 국가적 방문, 국가적 장례식 그리고 기념적 사건들에서와 같이, 군주제와 군대는 둘 다 규칙적으로 메트로폴리탄적 광경이나 종종 볼거리로 웅장하게 나타난다. 이러한 군주제와 군대의 역사적 개입들이 단지 관광객들이 전유하는 메트로폴리탄에만 나타나는 것은 아니다. (비록 그것들이 확실히 관광산업에 이익을 주지만 말이다.) 군주제와 군대의 역사적 개입들은 미디어를 통해 시끄럽게 확대되어 지방의 일상생활에도 파급된다. 사람들은 '우리의 왕족'[에 대한 볼거리와 읽을거리]을 벽난로 옆에서 편안하게 소비할지 모른다. 아이들은 전쟁박물관에서 군사전략과 기술에 대한 소책자들을 통해서 그리고 지방의 에어쇼와 체험학습을 통해서 군국주의적 과거에 대해서 배우고 아마도 대영제국의 전투를 기념할지도 모른다. 역사적 재창조들은 (잘 보존되어 있는 지방의 성들에서 현재 인기 있는) 군사적 순간들(내전) 또는 정치적인 중요성은 없어졌지만 싸움을 좋아하는 대중 신화(아마도 로빈후드 대 노팅햄 성주의 대결)를 그려낼지 모른다. 그러한 사건들은 또한 소책자, 소개책자, 공식적인 역사들에 대한 자체의 역사학들과 왕족과 군인과 그러한 주제들에 대한 다량의 학문적·대중적 서적들을 생산한다. 이러한 공적인 기원에도 불구하고 그러한 재현들은 대중의 여가와 즐거움의 패턴 속에서 진정한 생명을 가진다.

    국가나 지방 정부에 연결되었어도 다른 기관들은 더 자율적으로 고급문화, 교육, 보존의 목적 또는 고문서적 목적을 가지고 움직인다. 우리는 여기에 박물관, 예술 갤러리, 기록보관소, 환경부의 공식 보존 명령들, '국립' 신탁, '국립' 극장 그리고 일반적으로 '문화적 정책'으로서 역사의 영역을 포함한다. 이것들 중 많은 것이 7장에서 '민족 유산'으로서 다루어질 것이다. 학문적 생산들과 공식적 교육과정에서 O와 A 수준의 강의계획서와 시험들 그리고 학교에서 폭넓게 사용되는 교과서들에서 역사적 중요성을 가진 모든 개념들을 볼 때 아마도 교육체제 자체도 여기에 속할 것이다. 이 '문화적 장'에서 학문적 역사와 지배적인 역사 사이의 관계들은 특히 긴밀하다. 즉 진실에 대한 역사가의 범주들이 공개적으로 정치화된 판본보다 여기서 더 지배적일 가능성이 크다.

역사는 또한 사업이다. 이것은 전 범위의 출판활동에서 중요하다. 왜냐하면 역사적 글쓰기는 다른 사회과학보다 훨씬 더 아마추어 또는 '세속적' 대중의 성격을 가지고 있기 때문이다. 베스트셀러 목록들 중 '역사적인 것'으로 분류되어 시장에서 팔리는 책들에는 공통적으로 전기와 자서전들, 역사 소설들과 군사(軍史)들이 있다. 제2차 세계대전은 유럽보다 영국에서 더욱 고갈되지 않는 역사적 사실과 픽션을 공급했다. 이것들 중 많은 것들은 매우 강하게 군사주의적 외피 속에 있고, 전쟁, 전투 그리고 젊거나 나이 든 남성 모두에게 있는 소년 문화(boy culture)와 함께 밀접하게 접속되어 강화된다.[7] (여기서 작동하는 역사적 패러다임은 단연코 학문적 역사가 아니라 『소년 자신』(*Boy's Own*)으로부터 오늘날 슈퍼영웅 코미디에 이르는 남성적인 낭만 소설의 전통이다.) 아울러 대중소설과 번쩍거리는 사진들이 들어 있는 다큐멘터리 책에다가 역사적 영화들을 더해야 한다. 최근 블록버스터 시장에 등장한 공상과학영화도 역사적 영화의 한 부분을 차지한다. 잘 표시가 나지 않지만 더욱 흥미 있는 것은 최근에 일고 있는 '역사 관광'의 급격한 성장이다. 역사 관광은 역사적으로 중요한 장소들이 물리적으로 또는 이데올로기적으로 여가와 관광산업에 한 자원이 되는 방식으로 이루어진다. 주로 궁전, 저택, 성 그리고 '시골집'의 주인들이 역사 관광을 만들고 성공회 교회도 조심스럽게 이 과정에 참여한다. 그러나 지난 10년 동안 역사적 또는 신화적 자원을 가진 많은 더 작은 장소들이 상업적으로 식민화되어왔다. 또한 상업적으로 생산되고 매우 광범위하게 전문적으로 선전되어 배포되는 여행안내서들은 그 장소들의 역사적 의미들을 요약하고 보호하면서 우리에게 그 장소들을 제시해준다.

공공 미디어, 특히 라디오, 텔레비전과 신문도 역사적 구성물의 주요한 자원이다. 우리는 역사, 저널리즘, 다큐멘터리가 교차되는 것들뿐만 아니라 또한 미디어 예술, 특히 역사극들을 여기에 포함시킨다. 미디어는 확실히 그 자체의 역사적 설명들을 만들어낸다. 예를 들면 '뉴스'의 형태로 매일 현재의 역사를 만들어낸다. 그러나 미디어는 또한 다른 곳에서 만들어진 과거의 구성물들을 선택하고 확대하고 변형시킨다. 예를 들면, 미디어는 구술사와 '어제의 목격자'에게서 점점 과거의 구성물을 얻는다. 미디어는 정치적 당파싸움을 동반하는 과거의 개념들을 특권적으로 만들어준다. 역사적 장치의 모든 것 중에서도 전자 미디어는 아마도 가장 압도적이고 어디에나 존재한다. 여기서 미디어에 대한 접근은 하나의 역사적 설명이 유포되는 데 결정적이다.

국가와 자본의 보호로부터 더 떨어져 있는 것이 자발적인 역사모임들이다. 대부분의 군과 시는 자체적으로 역사와 고고학 모임을 주최하는데, 그중 과반수는 19세기로부터 시작된 것들이다. 교사와 학자를 연결하는 역사연구회(Historical Association)처럼 이러한 모임들은 강한 지방성을 가지고 있고 아마추어적인 역사적 열정에 기초하고 있다. 우리는 이러한 역사연구회에 더 새롭게 나타나고 있는 형태들, 즉 보존회들, 지역사회 집단들 그리고 사회주의적·페미니스트적 목적을 가진 모임들을 포함한 노동자 교육 연합(WEA, Wokers' Education Association) 교실을 포함시켜야 한다.

'구술사'와 역사작업소운동(History Workshop movement)의 성장은 이러한 지방적이고 참여적인 모임들에 때때로 급진적으로 새로운 종류의 모임들을 추가하였다.

이러한 마지막 예들이 제시하는 바와 같이 다양한 장소들과 기관들이 조화롭지만은 않다. 조화롭게는 아니더라도 최소한의 불협화음을 내면서 이들을 노래하게 하는 것에는 많은 노력과 적극적인 중재가 필요하다. 때때로 중재는 전체 공적인 역사에 대한 직접적인 통제, 예를 들면 검열에 의해 그리고 폭력적인 개작 또는 삭제에 의해 진행되어왔다. 오늘날 자본주의 서구에서는 공식적인 정치적 논쟁과 공공 미디어가 교차하는 점들이 빈번하게 아마도 가장 결정적인 [중재의] 장소일 것이다. 분명히 정치적 이데올로기들은 과거, 현재 그리고 미래에 대한 관점을 포함한다. 이러한 권력들에 맞서서 또한 상업적 채널을 통해서 천 또는 이천 부의 최신 단행본을 내는 외로운 학자는 얼마나 가치 있는가?!

매우 다른 과정들에 주목하여 기억의 사회적 생산을 바라보는 두 번째 방식이 있다. 과거와 현재에 대한 지식은 또한 일상생활의 과정에서 만들어진다. 비록 일관성과 명쾌함이 부족하지만 그럼에도 불구하고 건전한 의미를 가진 과거에 대한 상식들이 있다. 그러한 지식은 대개 확대되지 않고 매일의 대화, 개인의 비유들, 서술들에서 돌아다닌다. 그것은 편지, 일기, 앨범과 과거의 모임들에 관한 것들을 수집하는 것과 같이 어떤 친밀한 문화적 형태 속에서 기록되기도 한다. 그것은 신화의 힘과 일반성을 획득한 에피소드의 형태로 요약되기도 한다. 만약 이것이 역사라면 이것은 극심한 압력과 결핍 속에 있는 역사다. 대개 이 역사는 사적인 회상의 수준에 머물러 있다. 이것은 기록되지 않을 뿐만 아니라 실제로 침묵 당한다. 이것은 말할 기회가 주어지지 않는다. 하나의 영역에서 근대 여성 운동은 이 침묵의 과정을 잘 이해했고 그래서 여성의 느낌, 생각과 행위의 '숨겨진' 역사를 더 잘 보이도록 해왔다. 페미니스트 역사는 여성의 과거에 대한 감각을 침묵시키거나 주변화하는 '공적/사적' 구분에 도전한다. 그러나 비슷한 지배의 과정들이 특히 노동계급 경험과 관련하여 작동한다. 왜냐하면 대부분 노동자들은 공적으로 발표할 수 있는 수단에 접근할 수 없고, 매우 부분적인 경험에 보편적인 또는 '역사적' 중요성을 부여하는 남성적 중산층들의 습관에 똑같이 익숙해 있지 않기 때문이다. 그러나 우리는 부분적으로 페미니스트들의 통찰력을 옮겨서 문화적 지배의 계급적 차원을 이해하기 시작했을 뿐이다. 이것은 단지 계급 또는 젠더적 입장 문제도 아니다. 실제 경험했던 사건들에 대한 지배적인 기억을 대면하는 명료한 중산층 역사가조차 (거의) 이런 식으로 침묵 당할 수 있다. 한 뚜렷한 예는 신좌파 작가들이 제2차 세계대전에 대해서 조리 있게 이야기하는 데 따르는 어려움이다.

> 사람들은 오늘날 전쟁 동안의 추억에 대해서 이야기하도록 허락되고 있지 않고 또한 그렇게 할 어떤 충동도 가지고 있지 않다. 이것은 일반적인 침묵의 영역이다. 이것은 더 젊은 친구들 사이에서 언급되지 않는 주제 그리고 아마도 급진적인 의견을 가진 이들 사이에서도 좀 조롱의 대상이 되는 주제다. 이 모든 것이 이해된다. 그리고 사람들이 왜 이런지도 또한 이해한다.
> 부분적으로 이것은 챔프만 핀처(Chapman Pincher)와 그 부류의 사람들이 그 시기의 모든 도덕적 자산들을 누구도 도전할 수 없게 접수해 버렸기 때문이다. 그들은 전쟁을 할리우드 블록버스터, 음산한 책자 그리고 텔레비전으로 찍어버렸다. 그들은 현재 국가 이하를 대변하는 적합한 계승자고 보호자로 여겨지는 권위주의적 우익의 신화적 미덕으로부터 역사적 순간의 모든 가치를 도출해냈다.
> 나는 내 정원에서 걷거나 스토브에서 음식을 하며 서서, 어떻게 이렇게 되었는지를 곰곰이 생각해본다. 그 전쟁에 대한 나의 기억들은 매우 달랐다.[8]

1940년대 대중기억을 연구하는 데 고전적 텍스트가 된 매우 확신에 찬 페이지가 이 문단 다음에 나온다. 그러나 그 투쟁은 강렬하고 승리는 어렵다. 그렇게 강하고 남성적인 목소리가 길들여져서 거의 침묵이 되어버린 것은 매우 의미심장하다.

구술사, 대중 자서전과 지역사회에 기초한 출판에서 나타나는 급진적이고 민주적인 흐름이 가지는 임무는 바로 이러한 종류의 재발견이다. 우리는 논의 후반부에 사회주의적 또는 민주적인 대중기억을 만들기 위한 이러한 시도들을 보여줄 것이다. 그러나 우리는 먼저 대중기억 연구는 이 수준에만 제한될 수 없다는 것을 강조하길 원한다. 이것은 필연적으로 관계적인 연구다. 이것은 공공의 장에서 지배적인 역사적 재현들을 끌어들일 뿐만 아니라, 종속되거나 사적인 경험들을 확대하거나 일반화하려고 시도한다. 모든 투쟁에서와 마찬가지로 양 편[지배적 재현과 종속되거나 사적인 재현]이 모두 필요하다. 사적인 기억들은 구체적인 연구에서 지배적인 역사적 담론들의 효과들로부터 쉽게 분리될 수 없다. 종종 사적인 역사가 생각되는 바로 그 용어들을 제공하는 것이 역사적인 담론들이다. 과거의 기억들은 모든 상식들처럼 이상하게 혼합된 구성물들, 일종의 지질학을 닮은 과거의 흔적들이 선택적으로 퇴적된 것이다. 그람시가 공산주의 정치를 위한 역사의식의 필요성에 대해서 쓰면서 말했듯이, 문제는 목록을 남기지 않고 무한한 흔적들을 당신에게 침전시킨 역사적 과정의 산물로서 "너 자신을 아는 것"이다. 유사하게 공공 담론은 일상의 과정에서 일어난 사건들을 주로 기록하면서 역사적 행위자의 실제적인 지식을 접수한다. '대중기억' 연구가 두 종류의 관계에 관심을 갖는 것은 바로 이러한 이유 때문이다. 대중기억연구는 (학계를 포함한) 전체 공공의 장을 가로질러서 지배적인 담론들과 대항 담론들 사이의 관계에 관심을 둔다. 또한 이것은 현재 상황 속의 공공 담론들과 생활문화 안에서 생성되는 좀 더 사적인 과거의 의미 사이의 관계에 대해서도 관심을 가지고 있다.

정치적 실천으로서의 대중기억

사회주의, 페미니스트 그리고 급진적 역사가들은 항상 역사가 정치적으로 중요하다는 것을 이해해왔다. 역사 쓰기는 때때로 '과학'이라는 분야에서 투쟁하는 방식으로 간주되어왔다. 또한 그것은 전문적이고 지적인 영역 안의 우월적인 위치로부터 '부르주아지' 역사를 쫓아내려는 시도였다. 좌파 역사가들은 마르크스주의자나 사회주의자의 전제가 들어간 역사는 현재와 미래의 정치에 기여해야 한다는 종종 막연하지만 일반적인 이해를 공유하여왔다. 아주 간혹 최소한 현재의 논쟁에서 이러한 일반적인 연관성이 도전받아왔다.[9] 과학으로서 또는 비평으로서 내재적으로 '역사적' 성격을 가진 마르크스주의는 대개 이러한 관계를 보장하는 듯해 왔다.

마르크스주의자적 시각에서 보더라도 역사를 정치적으로 이용하는 것은 우리에게 더 문제로 보인다. 이것은 역사가 '과거의 연구'로 규정될 때 더욱 그렇다. 우리는 이것을 전문적 역사의 그리고 정말로 역사적 이데올로기의 주요한 특징들 중의 하나로 보아 왔다. 분명히, '대중기억'의 관점에서 볼 때 이것은 심각한 문제다. 왜냐하면 정의상 기억은 우리의 주의를 과거가 아니라 과거-현재 관계로 돌리게 하는 용어이기 때문이다. 이것은 '과거'가 정치적으로 중요한 현재 속에 살아있고 활발히 작동하며 존재하기 때문이다. '과거'가 죽은, 사라진 또는 현재에 포섭된 것일 때, 과거는 훨씬 덜 중요하다. 이 주장은 2장에 있는 빌 슈왈츠(Bill Schwarz)의 공산당 역사가 집단(Communist Party Historians' Group)[10]에 대한 논의들로 돌아가서 역사의 정치적 중요성에 대한 많은 접근방식을 비교한다면 명확해질 것이다.

우리는 슈왈츠를 따라서 역사의 정치적 연관성에 대한 세 개의 주요한 접근방식을 구별할 것이다. 첫 번째 접근방식은 역사의 대상은 '과거'라는 개념을 강하게 가지면서 과거와 현재를 건전한 '교훈'이라는 형태로서 연결시키려 한다. 이것들은 부정적인 힘을 가지고 예를 들면 과거의 재난으로의 회귀에 대해 경고한다. '1930년대'에 대한 현재의 주장이 바로 이 경우인데, 이것은 이 시기에 대한 재래의 좌파 역사학에 근거를 두고 있다.[11] 그러나 이 주장은 전형적으로 현재의 투쟁을 위한 자원이 되는 '전통들'을 확인함으로써 좀 더 긍정적으로 작용하기도 한다. 레이몬드 윌리엄스(Raymond Williams)의 『문화와 사회』(Culture and Society) 전통, 마르크시즘과 낭만주의의 접점에서 형성된 에드워드 톰슨의 자유주의적 사회주의 또는 공산주의의 전통, 쉴라 로보탐(Sheila Rowbotham)의 역사적 연구에서 발견된 사회주의적·페미니스트적 계승은 두드러진 예들이다. 더 좋은 사례는 슈왈츠가 이미 논의한 공산당 역사가들이 만든 레블러스(Levelllers)[12]와 디거스(Diggers)[13]로부터 20세기의 사회주의와 공산주의에 이르는 민중 항쟁의 긴 계보다. 좀 더 일반적으로 이러한 움직임은 에드워드 톰슨의 역사에서 더 전형적이고, 대중 항쟁의 재창조는 퇴각과 패배에도 불구하고 우리에게 '민중', '노동계급' 또는 여성은 억압과 착취의 조건 하에서조차 '역사를 만든다'는 것을 보여준다. 마찬가지로, 특히 이러한 계보를 의식한다면 우리는 또한 역사를 만들 수 있다.[14] 오늘날 과거와 현재의 연계, 역사 쓰기와 역사적 미래의 건설 사이의 연계는 본질적으로 교훈적인 것이다.

과거-현재 관계를 파악하는 두 번째 방식은 역사적 시각과 방법을 전략적 분석에서 한 요소로 사용하는 것이다. 우선 우리는 현대의 정치적 문제들을 이해할 필요가 있다고 본다. 그래서 우리는 현대적 딜레마가 기초하고 있는 조건들을 검토하고자 한다. 우리는 필요한 만큼 멀리 거슬러 올라가서 현재 억압의 성격과 발생을 추적한다. 여기서 과거와 현재의 관계는 필연적으로 더 유기적이고 더 내적이다. 과거는 오늘날 결정적인 기원들과 특별한 역사들을 가진 특별한 사회적 구조들 속에서 현존한다. 이러한 더 냉정한 '과학적' 평가는 슈왈츠가 제시한 것처럼, '현 위기의 기원들'에서부터 근대 자본주의 세계의 기원에 관한 일련의 주요 연구들에 이르는 페리 앤더슨(Perry Anderson)의 역사적 프로젝트 속에서 가장 좋은 예를 찾을 수 있다. 이것은 마르크스 자신의 역사적 프로젝트인 자본론 자체와 또한 프랑스와 영국 정치에 대한 메시지들의 특성이기도 하다. 비록 마르크스에서 그것은 좀 더 고무적인 또는 충동적인 역사 쓰기 양식과 연결되어 있지만 말이다. 그리고 이것은 우리의 첫 번째 범주와 더 가깝고 승리주의와 비슷한 위험을 가지고 있다.

    대중기억에 대한 강조는 위의 두 접근방식을 대체하지 않지만 그것들에 무언가를 첨가한다. 전통의 형성은 비록 어떤 보수주의의 위험이 있지만 분명히 역사적 주장이 정치적 힘으로 작동하는 한 방식이다. 비슷하게 정치적 힘의 현 관계들에 대한 어떤 적당한 분석도 그 형태에 있어서 역사적이어야 할 뿐만 아니라 다소 먼 역사적 시기로 거슬러 올라간다. 그것은 또한 자본주의적·가부장적 구조의 긴 역사로서 더 광범위한 시대적 한계와 가능성을 파악하려고 시도해야 한다. 우리가 추가로 주장해야 할 것은 모든 정치적 활동이 내재적으로 역사적 주장과 규정의 과정이라는 것, 모든 정치적 프로그램들은 과거뿐만 아니라 미래에 대한 구상을 포함하고 있다는 것, 그리고 이러한 과정들은 매일 진행되고 있고 특별히 시기적으로 볼 때 역사가들의 관심사를 넘어선다는 것이다.[15] 정치적 지배는 역사적 규정을 포함한다. 역사는, 그중에서도 특히 대중기억은 헤게모니 쟁취를 위한 끊임없는 투쟁에 있어서 중요하다. 그래서 역사와 정치 사이의 관계는 과거와 현재의 관계와 같이 내적인 것이다. 이것은 역사의 정치학과 정치학의 역사적 차원에 대한 것이다.

몇몇 예들은 이러한 주장의 의미들을 더 분명하게 해줄지 모른다. 과거에 대한 개념들이 영국의 정치 생활에서, 특히 국민됨(nationhood)의 대중적 개념들에서 중심적 역할을 해왔다고 주장될 수 있다. 대중적인 보수적 역사학과 영국(특히 잉글랜드의) 민족주의에 대한 지배적 정의들은 특별히 밀접하게 상호 교차해왔다. 영국에서 '국민' 또는 '국민적-대중적'을 중요하고 확고한 범주로 보는 좌파 역사학의 한 문제는 국민됨과 특히 대영제국의 긴 역사와 대영제국이 바탕을 두는 유럽으로부터 문화적으로 분리되어 있다는 더 구조적인 조건들을 완벽하게 보수적으로 전유한다는 것이다.[16] 제2차 세계대전의 지배적 기억[즉 '섬 종족'(island race)이 위대한 지도자 윈스턴 처칠(Winston Churchill) 아래 통합되었다]과 이 지배적 기억이 최근 재환기되고 있는 것이 (즉 그들/우리는 절대적으로 필요한 때 함께 뭉칠 수 있다) 바로 그러한 경우다.[17] 유사하게 현재의 인종차별주의는 국민의 기억과 전 세계적으로 볼 때 백인종이고, 배타적이고 지배적인 노동계급의 기억을 키우고 있다. 정말로 '영국 국민'은 [알프레드(Alfred), 드레이크(Drake), 웰링톤(Wellinton), 처칠의 유산을 이어받은] 종종 반의식적으로 인종차별주의적 구성물이다. 지배적인 민족주의적 테마들은 편안하게 성장했고 반복되어 완전히 자연스럽게 되었지만, 제국주의와 식민주의 지배의 실제 역사를 위장하거나 기념한다. 그것들은 오늘날 영국적 또는 [영국에] '속하는'이 의미하는 것을 규정한다. 그렇게 하면서 그것들은 영국에 있는 흑인들을 주변화하고 억압한다. 흑인들의 역사는 보수적인 연대기의 바로 이면이다.[18]

더 특수한 정치적 문제들이 또한 이러한 점에서 격돌한다. 각 주요한 정치적 결정은 자체의 학문적 그리고 대중적인 역사학을 포함한다. 예를 들면 전후에 지배적인 사회-민주주의적 그리고 자유-보수주의적 경향들은 1940년 역사를 대대적인 사회 변혁의 시기로 구성했다. 특별히 노동당 '수정주의'에게 1950년대는 마르크스주의자적인 전통적인 좌파 분석과 거의 무관한 혁명 후기였다. [존 스트레치(John Strachey)와 앤소니 크로스랜드(Anthony Crosland)의 정치적 글에서 고전적으로 잘 표현된] 이러한 역사적 설명이 지배적이 되어서 이 시기 사회주의자와 마르크스주의자들의 설명들을 주변화했다.[19] 우리는 오늘날 비슷한 과정들이 진행되고 있음을 볼 수 있다. 현재 대처주의(Thatcherism)는 전체 전후 정치의 실패와 국가 관료주의의 성장을 핵심으로 하는 역사적 설명을 구성해왔다. 데이브 써튼(Dave Sutton)이 제시한 바와 같이 유사하게 영국 정치에서 새로운 자유주의적이고 사회민주주의적 중심을 만들려는 시도들이 19세기 말과 20세기 초 '새로운 자유주의'에 대한 광범위한 재평가를 포함하는 역사적 수단들을 가지고 부분적으로 추구되고 있다.[20] 또한 노동당 역사학도 그 안에 사회주의적 흐름의 성장으로 새로운 차원들을 가지게 되었다. 실업이 증가하고 노동당 정치가와 노조운동가들이 때로는 매우 보수적인 용어로 계속적으로 1930년대를 언급하기 때문에, 이 시기에 대한 역사적 논쟁이 새로 긴급하게 진행되었다. 여기서 다시 1930년대가 그렇게 나쁘지 않았다는 것(!)을 발견한 영국 우익정치집단으로부터 시작된 한 중요한 '수정주의적' 프로젝트를 발견할 수 있다.[21] 우리가 영국에서 좌파 지식인들이 오랫동안 이어져 오는 동안 역사 쓰기와 가르치기가 얼마나 핵심적이었는가를 상기한다면, 마르크스주의가 성격상 역사적 형태와 특히 사회주의-페미니스트 역사학의 힘을 취했다는 사실을 상기한다면, 정치적 투쟁의 근거로서 역사의 중요성은 확인된 듯하다. 그러나 이렇게 역사가 문화적으로 중심이 되는 것에 대한 설명은 분명치 않기 때문에 적당한 비교적인 맥락이 필요하다. 즉 오랜 역사를 가진 모든 국민국가는 광범위하게 역사학적인 문화를 발전시키는가? 아마도 [영국에서] 국민국가가 매우 일찍 형성되었고 17세기를 제외하고 혁명으로 깨지지 않고 계속 지속되어왔던 것이 대답의 일부가 될 수 있을 것이다. 우리가 영국 민족문화의 '빈 중심'을 채우고자 한다면 역사와 과거에 대한 감각이 그 중심을 채울 수 있는 매우 강한 후보가 될지 모른다.[22]

　사회주의적, 페미니스트적, 반인종차별주의적인 대중기억의 형성은 일반적이고 또한 특수한 이유로 해서 오늘날 특별히 중요하다. 일반적으로 그람시가 주장했듯이 역사에 대한 감각은 강한 대중적 사회주의 문화의 한 요소임이 틀림없다. 역사에 대한 감각은 한 유기적인 사회적 집단이 그 집단적 투쟁의 더 넓은 맥락에 대한 지식을 획득하고, 그 사회에서 더 넓은 변혁적 역할을 할 수 있게 되는 한 방법이다. 아마도 가장 중요한 것은 이 감각을 통해서 우리가 직접 접하는 사회적·문화적 환경으로부터 전유하는 상식적 신념이 어떻게 형성되었는가에 대해서 우리가 자의식적이 된다는 점일 것이다. 이러한 신념들은 그 역사가 있고 또한 결정적인 과정들 속에서 생산된다. 문제는 그 신념들의 '목록'을 회복하는 것이다.[23] 근대를 향한 기묘한 양식들을 보존하고자 하는 민속학자들의 방식이 아니라, 그 신념들의 기원과 경향의 순서대로, 즉 그것들이 의식적으로 채택되거나 버려지거나 수정되는 순서에 따라서 '목록'을 회복하는 것이다. 이렇게 대중 역사학 특히 의식의 가장 평범한 형태의 역사는 더 좋은 세상을 위한 투쟁에서 필요한 것이다.

　사회주의적 대중기억의 형성은 특히 1980년대 영국에서 긴급히 필요하다. 문제의 한 부분은 이러한 종류의 정치화된 기억의 흔적들이 대체로 환멸과 쇠퇴의 전후 역사(post-war history)를 그려간다는 것이다. 특히 노동당에 관한 한 상실과 소외감이 있다. 그러나 문제는 이러한 어려움보다 더 깊다. (즉 지금도 노동당 안과 밖에서 사회주의가 잘 재생되지 않고 있을지 모른다.) 그러면 새로운 사회주의적 대중기억의 형태는 무엇을 위한 것이어야 하는가? 사회주의적 대중기억은 노동당의 과거가 회복되는 것이 결코 아니다. 또한 오늘날까지 '노동사'의 주체를 형성했던 남성 숙련 백인 노동자계급의 투쟁만을 그려내는 것도 도움이 되지 않는다. 우리에게 여성의 상황과 투쟁에 대해서, 오늘날 흑인 영국인들을 포함하여 수렴적인 또한 적대적인 역사에 대해서 이야기해주는 사회주의적 대중기억의 형태들이 필요하다. 사회주의 대중기억은 오늘날 새롭게 구성되는 작업이어야 한다. 단순한 회복 또는 재창조는 소용이 없을 것이다. 그렇지 않으면 우리는 [과거를 향한] 향수가 단순히 보수주의를 재생산하는 것을 발견하게 될 것이다.

자원과 어려움

자원

그러한 프로젝트[사회주의 대중기억을 연구하는]를 위한 자원들은 많다. 하지만 그 자원들은 심각하게 체계적으로 혼란스럽다. 즉 단순히 '질서가 없는' 것이 아니다. 문제는 다양한 종류의 자원이 시작되는 사회적 기원들과 그 자원들의 조합이 가지고 있는 큰 어려움과 관계가 있다. 지난 20년 동안 많은 자원은 학계 연구자들의 비판적인 작업을 통해서 만들어져왔다. 그들은 전문적인 학문분야의 한계와 이데올로기에 불만족한 특히 우리 분야에서 역사가, 사회학자, 철학자 등이었다. '문화연구'는 이러한 노선을 따라 발전해왔지만 최근까지 이론적 해명과 발전을 많이 강조하는 급진적이고 페미니스트적인 지적 작업이라는 더 넓은 분야에 속해 있다. 그러나 학계 밖에서 또는 학계와 긴장된 관계 속에서 중대한 돌파구들이 있었다. 그것들은 가장 흔히 성인 교육(특별히 노동자교육연합) 또는 학교 수업이나 1968년 후의 지역사회 참여활동과 연관되어왔다. 이러한 경향들의 주요한 목적은 저작권을 민주화하는 것이었다. '역사'의 경우에서 '역사가'와 켄 월폴이 '시발적인 구독자들'(originating constituency)이라 부른 독자들 사이의 거리를 좁히거나 완벽히 제거하는 것이었다. 이 운동의 특징적인 산물들은 대중 자서전들, 구술에 기초한 역사들, 지역사회 역사들 그리고 다른 형태의 대중적 글쓰기였다. 이 운동은 좌파 사회사에서조차 책에서 쓰이는 언어와 책의 가격 둘 다가 대중을 접근할 수 없게 하는 학문적 실제와, 책이 생산되고 분배되는 과정보다는 생산물(책 또는 학술 잡지)에 저자와 독자들이 함몰되는 현상을 비판했다. 부분적으로 '언어'를 강조하고 '평범한 언설'에 몰두하기 때문에, 구술사적 또는 대중 자서전적 활동가는 종종 지배적인 이론을 심각하게 비난했다. 우리는 자원들이 혼란스럽게 된 주요한 원인이 이러한 분리라고 생각한다. 급진적·역사적 경향들의 '운동적' 목적과 '학문적' 목적 사이의 긴장들은 종종 매우 파괴적일 정도로 폭발적이다. 노동계급 사람들이 직접적으로 학문적 급진주의자들을 심문하는 경우와 같이, 직접적으로 계급을 가로지르는 만남보다 그 긴장들은 종종 질적으로 별로 생산적이지 못하다. 그렇다 하더라도 학문적 '비평가'와 지역사회운동가 (언제나 서로 다른 사람들은 아니지만) 사이에 쓸모 있는 관계가 시작되고 있다. 어느 한 쪽에서든지 충분히 오랫동안 참을성을 보여온 곳에서는 유용한 대화가 시작되고 있다. 이것들 중 몇몇은 『역사 작업소 저널』(History Workshop Journal)의 역사 작업소 13의 회의록에서 그리고 특히 '아마추어'와 '전문가'로서의 경험을 가지고 있는 몇몇 저자들의 글에서 그 흔적을 찾아볼 수 있다.[24] (일반적으로 학술지로서 그리고 '운동'으로서) 역사 작업소는 '사회주의' 또는 '민중의' 역사라는 깃발 아래 이 두 서로 친하지 않은 집단들을 다른 집단들과 함께 묶으려는 훌륭한 시도를 해왔다. 이러한 의미에서 역사 작업소는 우리가 가진 대안적인 '역사적 장치'에 가장 가까운 것이다. 특히 최근 형성된 연맹이 더 오래된 노동자 작가와 지역사회 출판업자의 연맹과 함께 병립한다면 말이다.[25] 다음에서 우리는 이미 대중기억 연구를 향하고 있다고 보이는 역사 작업소 운동 안과 밖에서의 몇몇 발전된 모습을 주목하고자 한다.

무엇보다도 대중기억의 시각 또는 대중기억의 한 측면에 가장 가까운 것이 바로 구술사, 즉 과거에 대한 개인의 기억들의 환기와 기록이다. 사실 구술사라는 용어는 '공통의' 연구방법으로서 그저 약하게 연결된 광범위한 연구 행위들을 포괄한다. 구술사에 대해서 우리가 가장 흥미 있게 생각하는 것은 구술사가 역사적·정치적 목적들이 가장 명백하게 경합하는 곳이라는 것이다. 전문적인 연구 절차들과 아마추어적 열정 사이에서, 레크리에이션(기분 전환과 재창조 두 가지 의미에서)으로서 구술사와 정치로서의 구술사 사이에서, 객관성의 경전과 주관성과 문화적 형태에 대한 관심 사이에 있는 경합 말이다. 후에 우리는 구술사가이며 사회사가인 폴 톰슨의 초기 연구를 보면서 이러한 경합들을 조명해보고자 한다. 톰슨의 연구를 선택하는 데는 충분한 이유가 있다. 그는 사회주의자이고 또한 전문적인 역사가다. 그는 이 나라에서 구술사 연구를 소개하고 편찬하는 데 어느 누구보다도 많은 일을 했다. 티아 빈느(Thea Vigne)와 함께 그는 사회과학연구위원회(SSRC, Social Science Research Council)가 지원하는 최초로 대규모의 구술사 연구 프로젝트를 조직했다.[26] 그는 또한 『역사가를 위한 구술 자료의 사용에 대한 입문서』라는 최초의 긴 입문서의 저자이기도 하다.[27] 그는 구술사가들 사이의 주요한 의사소통 수단인 『구술사』(*Oral History*)의 편집자이고 역사 작업소와 밀접하게 연관되어 있다.[28]

톰슨의 연구에 논의의 초점을 맞춘다고 해서 우리가 다른 모델들이 없다는 것을 암시하는 것은 아니다.[29] 정말로 우리의 관심에 더욱 가까운 것은 구술사를 다르게 적용시킨 것들이다. 예를 들어 루이사 파스르니(Luisa

Passerini)의 연구가 보여주는 가장 경험적인 형태에서 우리는 구술사에 대한 비판을 인용할 수 있다.[30] 그녀가 기억과 망각을 구조화하는 원칙들을 추구하고, 재현, 이데올로기와 잠재의식적 욕망에 대한 관심을 가지고, '인지적, 문화적 그리고 심리적 측면을 포함한 상징적 행위의 영역'[31]으로서 '주관성'에 초점을 맞추기 때문에, 그녀의 연구는 특히 페미니즘에 영향을 받아온 문화연구의 영국적 전통들과 매우 가깝다. 그녀의 구술사 비판은 때때로 [구술사에 대한] 방어적인 표현들이 제시하는 것보다 더욱더 급진적으로 보인다. 그리고 우리는 구술사를 연구방법으로서 좀 더 일반적인 이론적 쟁점들과 연결하지 못한 영국인들의 논쟁에 대한 그녀의 비판에 절대적으로 동의한다.[32] 튜린(Turin)에서 이탈리아 파시즘에 대한 대중기억에 대한 그녀의 분석은 구술사 텍스트의 문화적 중요성과 (단순히 '사실적'과는 대조적인) 정치적 중요성에 대한 생각들을 크게 진전시켰다.

영국에서 좀 더 자기 성찰적인 분위기가 시작되고 있기는 하다. 하지만 영국의 강점은 종종 사회사와 노동사의 전통을 바탕으로 발전된 연구들인 대중사(popular history)에 있다. 이 예가 바로 참여자들의 회상된 기억들에 근거하여 쓴 가장 놀라운 연구 작업의 하나인 로널드 프레이저(Ronald Frazer)의 『스페인의 피』(Blood of Spain)다.[33] 미래의 연구를 위해서 이 책이 주는 교훈들은 오랫동안 구술사 연구를 해왔고 또한 '질적 사회학'을 해온 저자의 자의식적인 처방보다는 책이 쓰여진 방식에 있다. 이 책에서 우리가 흥미롭게 생각하는 것은 구술로 기억된 자료들이 처음 회상된 형태와 비슷하게 사용되었다는 것이다. 과거에 대한 추상적인 '사실들'이 아니라, 이야기로서, 기억된 느낌과 생각으로서 그리고 개인의 서술로서 사용되었다는 것이다. 전체적으로 이 책은 때때로 인용하고, 때때로 부연된 이야기들과 회상적인 분석들과 스페인 내전의 연대기를 중심으로 모여 있거나, 그 과정에서 논쟁이 되고 말 그대로 승패가 결정되어야 하는 쟁점들로 구성되어 있다. 저자에게 거대한 작업의 세포들을 제공함으로써 프레이저의 피면 담자들이 실제로 『스페인의 피』를 '저술한다'는 느낌을 준다. 수많은 작은 개인의 서술들로부터 영웅적이고 거의 무한한 복합성을 가진 더 거대한 작업이 짜져서 나온 것이다. 『스페인의 피』는 합성된 자서전, 수천의 부분적이고 대립하는 관점들의 형태 속에서 경험이 재창조되어 나온 역사다.[34]

그러나 좀 더 일반적으로 지역사회사, 대중 자서전과 노동 계급의 글쓰기가 성장한 것이 가장 중요한 발전이었다는 것은 논의의 여지가 있다. 이들 글쓰기에서는 저작권의 조건들이 완전히 변화되었다. 어떤 의미에서 이러한 모든 텍스트들과 프로젝트들은 대중기억 형태들의 증거다. 그것들은 자의식적으로 '역사적'이라고 하건 안 하건 모두 과거와 현재의 관계에 대한 것이다. 그러나 어떤 프로젝트는 특별히 이러한 주제에 초점을 맞추어 왔다. 센터프라이즈(Centreprise)의 『노동하는 삶』(Working Lives)에서 연대기적으로 순서가 정리된 노동에 대한 이야기들, 즉 『해크니 사람들의 자서전』(People's Autobiography of Hackney)의 일부는 한 예다.[35] 더럼 지역 언어수집(Durham Strong Words Collective) 연구, 특히 (실업에 대한) 『안녕, 일하고 있니?』(Hello Are You Working?)와 (채석장 마을들에서 과거와 현재에 대한) 『그러나 세상은 똑같이 돌아간다』(But the World Goes on the Same)는 또 하나의 예다.[36] 더럼 지역 연구는 종종 세대 간의 비교를 통해서 특히 '그때'와 '지금'의 대조를 중심으로 구성되어 있다. 편집자들은 다음과 같이 말하고 있다.

> 과거는 더럼에 살고 있는 사람들의 현재 삶에 강력하게 존재하고 있다. 채석장 돌더미들은 사라졌지만 그것들은 늙은 석탄 소유자들 밑에서의 삶의 잔혹함과 그들과 싸웠던 정치적 투쟁들과 마찬가지로 아직도 기억되고 있다. 그들은 앉아서 그들의 정신 속에서 상황을 정리해내려고 노력한다. 그때는 어떠했던가? 지금은 어떻게 다른가? 그리고 왜?[37]

이러한 프로젝트들 중 어느 것과도 다른 것이 바로 현재 여성운동 안에서 발전되어온, 역사와 기억을 둘러싼 정치적이고 문화적으로 민감한 프로젝트들이다. 제8장에서 보여주는 바와 같이 이미 현 페미니즘 내에서 작동하는 강력한 과거-현재 사이의 대화가 있다. 많은 페미니스트 역사는 또한 구술 자료에 의존하고 있고 때로는 혁신적인 방식으로 그것들을 사용한다.[38] 진 맥크린들(Jean McCrindle)과 쉴라 로보톰(Sheila Rowbotham)이 수집하여 『충실한 딸들』(Dutiful Daughters)로 출판된 자서전들은 편집자들의 페미니즘에 의해 그리고 뚜렷한 출판의 정치학에 의해 그 틀이 만들어졌다. 그 목적은 사적인 페미니즘 탄압들을 더 공적이고 더 공유되도록 만드는 것이다. 그래서 지배적인 남성들이 가지고 있는 개념 규정들과 여성을 침묵시키는 것에 도전하는 것이다.[39] 이와 같은 작업들은 자서전적인 형태를 통해서 과거와 현재에 대한 글쓰기라는 오래된 페미니스트적 전통을 지속시킨다. 우리는 또한 이 책에서, 더럼 작업에서, 제레미 씨브룩(Jeremy Seabrook)의 『무엇이 잘못되었나?』(What Went Wrong?)와 그 밖에서, 특히 사회주의적 대중기억에 대한 관심이 시작되고 있다는 것에 주목한다. 『충실한 딸들』과 『무엇이 잘못되었나?』 둘 다 역사 작업소에서 '집단 리뷰'의 주제였다는 것은 흥미롭다.[40]

연관된 모든 실천들과 논쟁들이 대개 '역사적' 작업으로 간주되는 것은 아니다. 종종 매우 전제적인 뮤즈(Muse)인 '역사'(History)가 관심 영역을 너무 좁게 긋는 것은 정말 위험하다. 그것이 더 넓은 범주들의, 예를 들면 흑인의, 여성의 또는 노동자 계급의 '글쓰기'가 때때로 더 선호되는 한 이유다. 그러나 여기서조차 도움이 되지 않는 한계들이 있다. 예를 들면 인쇄된 말을 추구하고 미디어에 있는 지배적인 기억에 대한 비평을 포함하는 다른 작업들을 도외시하는 경향 말이다. 완전히 다른 국민적 그리고 이론적 전통으로부터 나온 '대중기억'에 대한 논쟁들이 너무나 중요한 것이 바로 이

지점이다. 특히 미셸 푸코의 '대중기억'을 하나의 용어로[41] 만든 프랑스에서의 논쟁들은 매우 중요하다. 예를 들면 1979년 공공문화유산의 해에[42] 문화부가 대중역사와 고문서 복구를 장려한 것과 같이, 프랑스에서의 논쟁은 영화에서 역사의 재현과 같은 쟁점들과 프랑스 국가의 '역사적' 정책들에 초점을 맞추고 있다. 우리를 위해 또 하나 중요한 프랑스의 목소리는 장 쉐스노(Jean Chesneauz)의 『과거와 현재: 역사는 무엇을 위한 것인가?』(*Pasts and Presents: What is History For?*)였다. 이 책은 마르크스주의자들이 쓴 학문적 사회사를 포함해서 프랑스 학문적 역사에 대한 전투적인 때로는 매우 우상파괴적인 공격이었다.

프랑스에서의 논쟁이 지닌 중요성은 역사책 쓰기 외에 어떤 '역사적' 종류의 급진적이고 문화적인 실천의 가능성에 시선을 돌리게 했다는 것이다.[43] 영화, 지역사회 극장, 텔레비전 드라마 그리고 급진적인 박물관 작업에서 이러한 발전이 있었다는 것이 중요하다. 영화 〈셔츠의 노래〉(Song of the Shirt), 텔레비전 시리즈 〈희망의 날들〉(Days of Hope), 베라 브리튼(Vera Brittain)의 『젊은이의 유언』(*Testament of Youth*)의 텔레비전 판과 7:84와 같은 급진적인 연극집단들의 매우 역사적인 작업인 〈빨간색 사다리와 괴물 군단〉(Red Ladder and The Monstrous Regiment)은 정말 대중들은 돈을 내고 보지만 역사가들은 무시하는 '역사 만들기'의 예들이다. 이 영역의 혁신들은 연구로서 그리고 정치적 실천으로서의 대중기억을 내재하고 있다. 그것들은 최근의 역사책 또는 '학술지'의 최신 호만큼 확실히 사회주의 그리고 페미니스트 역사가들로부터 많은 관심과 지원을 받는다.

장애물과 모순

그러면 이러한 자원들의 가능성을 인식하는 것을 막는 장애물은 무엇일까? 무엇보다도 구술사와 대중 자서전은 초기에 진지한 흥미를 유발시키면서 한동안 주위에 있었다. 그런데 왜 그 [구술사와 대중 자서전의] 정치적인 효과가 매우 빈약했을까? 여기에 남아있는 방해물과 억압들은 무엇일까?

[구술사와 대중 자서전에는] 네 가지 영역의 장애물들이 있다. 대개 이 장애물들은 새로운 연구들의 학문적 또는 전문적 기원과 그것들을 대중 정치에 적용시키는 것 사이에 있는 긴장과 관계가 있다. 여기서 우리는 간략하게 이 네 영역의 장애물을 요약하고 논문의 나머지 부분에서 좀 더 길게 각각 논의하겠다.

첫 번째 장애물은 그 성격상 인식론적인 것이다. 이것은 연구의 '역사적' 대상을 규정하는 방식으로부터 오고 정통 역사 연구의 경험주의를 중심으로 맴돌고 있다. 이 장애물은 단순히 철학자들이 심판하는 기술적인 문제가 아니다. 역사가들이 가지고 있는 경험주의는 심각한 장애물이다. 왜냐하면 이것이 정치적 진보를 방해하기 때문이다. 그렇기에 이렇게 완고한 경험주의적 입장이 가지는 정치적 효과를 드러내면서 다시 한 번 이러한 질문들로 되돌아가는 것은 매우 중요하다.

두 번째 장애물은 우선 구술사 또는 대중 자서전의 '원재료'인 개인의 증언, 서술 또는 자서전이 나오는 형태로부터 온다. 이것은 매우 예리하게 개인 주체와 그 또는 그녀가 속한 더 넓은 사회적 맥락이라는 문제를 설정한다. 어떤 의미에서 개별 증인이 더 넓은 사회적 변화의 증거가 되는가? 이러한 변화들 그 자체가 인간 행위를 피해가는 어떤 것이 아니라 개인 인성을 포함하는 인간 노동의 산물로서 어떻게 이해될 수 있을까? 구술사 연구 방법과 자서전 형태를 통해서 이 어려움이 나타난다. 이것은 또한 역사, 자서전, 소설(특별히 체험적인 진실을 가지고 있는)이라는 더 넓은 장르 구분에서도 반영된다. 따라서 그러한 장르 구분은 중요성의 위계질서를 고수한다. 구술사 증인이나 자서전 저자는 드물게 공공 권력을 가진 사람이 아니라면 단지 그 자신을 대변할 뿐이다. 『행운의 짐』(*Lucky Jim*)에 나오는 교수와 같이 말 그대로 '역사'(History)를 대변하는 것은 역사가다. 이러한 지속적인 문제의 해결, 개인들로 구성된 사회를 바라보는 어떤 방식은 하나의 중요한 부가적인 자원이 될 것이다.

  우리는 이미 세 번째 장애물에 접근했다. 그것은 역사의 대상을 '과거'와 동일시하는 경향이다. 대개 문제시되지 않는 이 역사적 상식은 구술사나 대중 자서전에 적용될 때 극단적으로 역설적인 결과를 가져온다. 정말 이 경향은 연구를 급진적으로 비정치화하지 않고는 이러한 정의가 유지될 수 없다는 것을 우리에게 보여준다. 구술사적 증언이나 자서전의 형태가 흥미 있는 것은 대중기억들이 과거에 대한 '사실' 조각들이 아니라 현재 의식의 일부로서 구성되고 재구성되는 전체적인 방식에 있다. 이 논문에서는 과거에 대한 감각이 사적인 기억들 속에서 구성되는 특징적인 몇몇 방식들을 검토할 것이다.

  네 번째 장애물은 좀 더 근본적이다. 이것은 단순히 명백하게 지적이고 이론적인 방해뿐만 아니라, 이러한 금지들이 표현되는 사회적 관계들과 연관되어 있다. 구술사와 비슷한 연구에서 인식론적인 문제, 즉 역사가들은 어떻게 자신들의 '사료'를 사용할 것인가는 또한 인간관계의 문제이기도 하다. 연구하는 것은 실제로 권력과 불평등의 관계이기도 한 사회적 분업에 일치하고 실제로 그 분업을 심화시킬지도 모른다. 물론 여기에서 중요한 것은 경제적인 힘 또는 정치적 강압보다는 문화적 권력이다. 그렇다 할지라도 연구는 분명히 그 결과가 대체로 불평등한 것이라는 점에서 '착취적인' 하나의 경제적 관계(즉 경제적 그리고 문화적 이익의 균형 관계)를 형성한다. 한편에서는 설명과 해석을 전문적으로 생산하고, 자신을 그러한 과정에서 가장 적극적으로 사고하는 한 부분으로 만드는 것이 바로 '역사가'다. 또 다른 한편으로는 정보를 주기 위해서 연구 과정에 자리를 잡은 살아

있는 인간인 역사가의 '사료'[피면담자가 있다. 피면담자는 분명히 자신을 찾아와 주도권을 쥐고 질문하는 면담자의 전문적인 권력에 종속되어 있다. 물론 그 문제는 수사적으로 또는 개인적 관계의 수준에서 해결될지도 모른다. 역사가는 '노동계급 중인들의 발밑에 꿇어앉았다', 그리고 그럴듯하지 않은 불편한 자세에서 피면담자가 아는 모든 것을 배웠다라고 주장할지 모른다. 그러나 마지막 설명을 하는 것도 역사가이고, 지배적인 해석을 하는 것도 역사가이며, 무엇이 진실이고 아닌지, 신빙성이 있는지 거짓인지를 판단하는 것도 역사가다. 단행본의 표지에 적힌 것도 역사가의 이름이고, 책의 출판으로 역사가의 학문적 경력은 높아진다. 로열티의 일부와 무엇보다도 저작권에 포함된 '문화적 자본'을 가지는 것도 역사가다. 여기서 '창조자'로서 그의 자존심이 충족된다. '성공'할 경우에 동료들 사이에서 역사가로서 전문가적 위치는 높아진다. 이 모든 것에서 역사적 설명들을 첫 번째로 만들었던 '사료'인 사람들은 잘해야 그들이 준 것, 즉 이야기하는 것을 제외하고 모든 과정에서 소외되고 아무런 변화가 없다. 그들은 참여하는 것이 아니라 단지 간접적으로 최종적인 설명이 만들어지는 교육적 작업에 참여한다. 피면담자들은 자신들이 부분적으로 저자이기도 한 책을 결코 읽게 되지도 않고, 읽어도 충분히 그것을 이해하지 못한다.

　우리는 이 점을 논쟁적으로 만들기 위해서 의도적으로 이 경우를 과장했다. 그러나 우리는 좀 더 전문적인 형태의 구술사 연구에서 나오는 비전형적인 상황을 묘사한 것이 아니다. 문제는 그러한 사회적 분업의 광범위한 효과는 무엇이냐는 것이다. 그것은 변형될 수 있을까? 그것은 지방적으로 약하게라도 어느 정도 변형되어왔나? 그리고 어떤 장애물들과 기회들이 추후의 변형에 포함될까? 여기에 많은 것이 달려 있다. 우리는 특별한 형태의 계급 관계, 즉 노동자 계급과 전문적인 중산층 사이의 관계와 이것이 좀 더 평등한 연합으로 어떻게 변형될 수 있는지를 논의하고 있다. 이것은 좌파 정치사에서 결정적인 것이 될 수 있는 동맹이고 오늘날 사회주의와 페미니즘의 미래에 확실히 중심적인 것이다.

경험주의의 문제

경험주의(empiricism)란 진정한 지식은 관찰, '경험' 또는 '사실들'의 수집에 있다고 주장하는 인식론적 독단을 의미한다. 이것은 고전적으로 귀납적인 방식, 사실의 축적이 더 일반적인 형태의 지식을 생산한다거나 또는 좀 더 엄격하게 실증주의적인 절차에 의존해야 한다는 것을 의미한다. 즉 실험이나 관찰을 통해 특정한 가설들이 타당성이 있는지 없는지를 밝히는 것이다. 전문적인 역사가들이 연구 절차를 기술할 때 그들은 거의 항상 경험론적인 공식들을 이용한다. 그러나 역사가의 경험주의는 고문서 연구라는 기초적인 경험이 영향을 주는 특별한 형태들을 취한다. 연구는 역사가와 '그의 증거' 사이의 대화로서 이해된다. 여기서 역사가는 적극적인 역할을 하지만 또한 연구의 주관성 또는 가설을 대변하기도 한다. 비록 정직하고 비판적으로 검토돼도 객관적인 지식의 가능성을 제공하는 것은 '사료', 즉 변할 수 없는 과거의 산물이다. 정말로 역사적 연구를 정당화하는 이러한 절차는 자연과학의 절차보다 더 객관적인 것처럼 보인다.

> 사실 진정한 의미에서 역사 연구는 자연과학보다 더 객관적이고 더 독립적인 주제에 관심이 있다. 그(역사가)는 그의 작업의 첫 번째 조건을 피할 수 없다. 첫 번째 조건이란 그가 조사하는 문제가 연구와 무관한 죽은 실체를 가지고 있다는 것이다.[44]

엘튼(Elton)은 그가 카(E.H. Carr)의 상대주의[45]라고 본 것에 대한 하나의 논쟁으로서 너무 극단적인 공식들을 발전시켰지만, 우리는 그 공식들이 역사적 전문성의 상식을 정확하게 대변한다고 생각한다. 주제와 시대별 하부특화주의(subspecialism)로 파편화될 역사학을 통합시키는 것은 바로 이러한 사실성(facticity)과 사료의 결정성이다. 이것은 진짜 농담은 아니더라도 역사학의 하부문화에 있는 한담에조차 반영되어 있다. 당신은 역사 연구가와 어떻게 대화를 시작하는가? 당연히 "어느 시기를 연구하십니까?", "연구의 사료는 무엇입니까?" 또는 "무엇을 연구하고 있습니까?"라고 물어볼 것이다.

영국의 전문적인 역사 연구 안에서 발전된 구술사는 이러한 역사적 상식에 매우 상응해왔다. 그 결과로 나타난 긴장들은 폴 톰슨의 초기 연구, 특히 구술사 방법에 대한 톰슨의 권위적인 입문서인 『과거의 목소리』와 에식스 프로젝트의 첫 번째 결실인 1918년 이전 가족, 일 그리고 지역생활에 대한 전국적인 인터뷰 연구인 『에드워드시기 사람들』에서 잘 드러난다. 다음에 우리는 역사가의 경험주의가 구술사 연구의 급진적인 가능성을 저한하는 방식들을 보여주기 위해서 특별히 『과거의 목소리』를 사용할 것이다. 우리는 선구적인 프로젝트의 한계들을 인정하기 때문에 톰슨 자신을 저자로서 또는 역사가로서 비판하는 데 관심이 있는 것은 아님을 강조하고자 한다. 그러나 이 톰슨의 연구들은 역사사가 가지고 있는 전형적인 딜레마를 보여주는 매우 뚜렷한 사례다.

구술사-잘못된 방어?

『과거의 목소리』는 호기심을 가진 복합적인 인물로서 나타나는 '실제 연구자'를 향해 집필되었다. 한편으로 이 책은 구술 자료의 사용이 "학문적 기준과 완벽하게 일치한다"는 것을 설득하기 위하여 전문적인 역사가들을 향하여 집필되었다. 또 한편으로는 톰슨 자신이 동일시하는 대중적·사회주의적 청중을 향해 집필되었다.

> 나는 구술사의 가장 풍성한 가능성들은 사회적으로 더 의식적이고 민주적인 역사의 발전 안에 있다고 믿고 있습니다.[46]

이러한 시각에서 볼 때 구술사는 목적, 내용 그리고 그 생산의 사회적 관계에 있어서 하나의 변혁적이고 사회주의적인 실천이다.

> (역사)는 도전과 변화를 지향하는 것을 돕는 이해를 제공해야 한다. 그리고 사회주의자로서 일하길 원하는 역사가에게 그 작업은 단순히 노동계급을 기념하는 것이 아니라 그 의식을 변화시키는 것이어야 한다. …(구술사)는 역사의 사회적 의미를 급진적으로 변형시키는 수단을 제공한다.[47]

모든 텍스트처럼 『과거의 목소리』는 다양하게 읽힐 수 있다. 이 책에 대해서 우리는 [위의] 두 목적이 내재적으로 모순적이고 주로 보수적인 방향으로 해결되고 있다고 생각한다. 이 책에서 지배적인 것은 전문적인 역사이지 대중적·사회주의적 실천으로서 역사는 아니다.

이것은 두 가지 주요한 방식들을 통해서 일어났다. 궁극적으로 이 두 방식 모두는 여기저기서 좀 더 실증주의적인 사회과학을 빌려오는 것, 특히 계량사회학과 임상심리학에 의존해서 강화된 경험주의적 해결책을 선택하는 것이었다. 첫 번째 경험주의적 조치는 구술사의 급진성을 이론적·정치적인 관점이 아니라 연구방법 그 자체에만 두는 것이다. 『과거의 목소리』는 사회주의적 실천을 위한 정치적·이론적 범주들을 발전시키지 않는다. 실제로 그 정치적 내용은 매우 구체화되어 있지 않다. 전형적인 경험주의적 조치에서 정치적 효과를 보장하거나 또는 최소한 고무하는 것은 연구 방법 그 자체다. 구술사는 살아있는 사람들의 중언 속에서 새로운 건드려지지 않았던 사료에 대한 접근을 가능하게 해준다.

역사가의 전통적인 사료는 행정적인 그리고 그 밖의 다른 정부 기록들이다. 쉐스노가 정의한 기억의 특징에 따르면 "우리의 기억은 거대한 기록 기계로 작동하는 권력 구조의 기억이다."⁴⁸ 톰슨은 그러한 자원들을 흥미롭게 비평하고, 대조적으로 구술사가 "훨씬 더 공정한 재판"을 가능하게 한다고 주장한다. 왜냐하면 "증인들이 이제 하층계급, 비특권층 그리고 패배자들"⁴⁹로부터 나올 수 있기 때문이다. 이것은 기존의 설에 하나의 도전을 제공할지 모른다. 그러나 이것이 전부가 아니다. 구술사는 또한 역사가에게 전혀 다른 양식의 작업을 요구한다.

> 현지조사자로서 역사가들은 전문적 지식의 이점을 지닌 동시에 책상을 떠나 인간적인 차원에서 경험을 공유하게 된다.⁵⁰

기록보관소에서 나와 거실로 들어가서 역사가는 연구 과정이 더 이상 살아있지 않는 자료를 가지고 작업하는 것이 아님을 발견한다. 우리는 살아있는 사람들과 얼굴을 마주하며 그들의 경험에 대해서 이야기해 달라고 요구하고 그들의 이해를 공유한다. 연구 과정은 필연적으로 사람과 사람 사이에서 일어나고 인간적인 라포에 의존한다. 구술사에 내재한 직접적인 인간과의 접촉은 그 자료를 '객관화하는' 경향에 저항한다.

> 역사가는 배우려고 인터뷰에 임한다. 역사가는 사회적으로 계급이 다르고, 제대로 교육받지 못했고, 나이가 좀 더 많기 때문에 [자신보다] 특정 대상에 대해 더 잘 알고 있는 구술자들의 발밑에 앉아서 인터뷰한다.⁵¹

구술사는 이러한 연구방법으로 인해 역사를 비전문화하는 수단을 제공한다. "구술사는 역사를 사람들 자신의 말로 그들에게 돌려준다."[52] 이 견해에 따르면 구술사는 연구의 사회적 관계를 변형시킬 것이다. 왜냐하면 이것은 내적으로 민주적이기 때문이다. 이것은 필연적으로 대안적인 관점, 즉 '밑으로부터'의 관점을 제공하기 때문에 역사의 내용을 변형시킬 것이다.

이러한 공식들은 경험주의적이다. 왜냐하면 그것들이 역사적 사료 자체의 성격에 관한 대안적인 내용과 변혁적인 실천에 대한 논의에 근거하고 있기 때문이다. 그러나 그것들은 이론화되지 않았기 때문에, 무의식적으로 인터뷰 스케줄에서부터 최종 설명 시연에 이르기까지 매 단계의 연구방법에 들어오는 권력관계를 무시한다. 다른 말로 하면 구술사를 사회주의적 실천으로 만들기 위해서는 연구방법 이상의 무엇이 필요하다. 그러나 이러한 보수주의는 톰슨의 텍스트에서 공존하는 다른 담론, '전문적인 기준의 담론'에 의해 더 강화된다. 우리는 정통 역사학 안에 완강하게 자리 잡은 관점으로부터 구술 자료에 대해 행해지는 비판들을 떠올려보면 이러한 요소를 가장 잘 이해할 수 있다.

이러한 비판들은 두 측면에서 [구술사를] 공격한다. 첫 번째는 기억이 '틀리기 쉽다는 것'을 지적한다. 기억은 어떤 것은 기록하고 다른 것은 버리는 매우 선택적인 과정이다. 『에드워드시기 사람들』을 리뷰하면서 스테판 코스(Stephen Koss)는 이와 같은 점을 예를 들면서 지적했다. 그는 연구 과정에서 편지로 읽었던 한 여성의 삶에 있었던 한 에피소드에 관하여 그 여성을 한번 인터뷰했다. 그녀는 그것에 대해서 아무것도 기억할 수 없었고 그가 말하는 대로 그 에피소드가 일어났다는 것을 부정했다. 코스는 그러한 비교가 기억의 불완전성, 틈새, 부재를 증명한다고 주장한다. 그러나 코스는 또 다른 종류의 문제들을 제기했다.

하여간 그의[폴 톰슨이 연구한] 『에드워드시기 사람들』은 살아서 '조지시대 사람들'(Georgians)이 되었고, 현재는 '엘리자베스시대 사람들'(Elizabethans)이 되었다. 그 세월 동안 어떤 기억들은 사라졌거나 또는 최소한 그 이후의 경험들에 의해 영향을 받았을 것이다. 사실 얼마나 많은 아동기에 대한 기억들을 어른들이 그들에게 회상시켰을까? 후에 그들은 다른 것들 대신 특정 인상들을 강화하는 어떤 자서전들과 소설들을 읽었을까? 그들의 의식에 어떤 영화나 텔레비전 프로그램들이 영향을 주었을까? 바이올렛 브랜던 부인[Lady Violet Brandon, 『에드워드시기 사람들』에서 인용되는 인물]이 비타 새크빌-웨스트(Vita Sackvill-West)의 『에드워드시기 사람들』을 읽었는지를 안다면, 또는 그레이스 풀포드(Grace Fulford)가 『위층, 아래층』(Upstairs Downstairs)을 보았는지를 안다면 흥미로울 것이다. 더 일반적으로는 전후 10년간 노동당의 발생이 어느 정도 계급 지위와 갈등에 대한 회고적인 감각들을 자극했을까?[53]

이것들은 정말 교묘한 질문들이다. 그러나 이것들에 대답할 수 있는 한 가지 이상의 방법이 있다. 사실적 과거를 다시 만들어내기 위해서 사료들이 사용되는 경험주의적 틀 안에서는 일련의 경험들과 변하는 해석들의 영향을 받아서 지속적으로 변화하는 기억들은 정말 주요한 어려움을 제기한다. 코스는 이러한 어려움을 극복할 수 없다고 생각한다. 구술 증인은 대개 유효성을 확인하기가 불가능하고 일반화할 수 없지만 기껏해야 생생한 통찰력을 제공한다. 사실적 현실, 사람들이 일어났을 거라고 믿는 것이 아니라 정말로 일어난 것은 역사 연구에서 시도되고 시험된 방법들을 통해서 사료가 지닌 필요한 한계들, 편견과 왜곡이 규명되고 설명되어야만 알 수 있다. 그래서 문제는 구술 증거가 다른 것만큼이나 신뢰할 수 있다는 것을 보이기 위해서 역사 연구의 방법들을 새로운 형태의 사료에 어떻게 적용하는가가 된다.

톰슨이 전문적인 역사가들에 대항하여 구술사를 방어하는 데 취한 것이 바로 이 방식이다. 그는 그의 주장을 두 가지 주요 노선을 따라 전개한다. 첫 번째 그는 오히려 설득력 있게 모든 역사적 사료들은 이러한 의미에서 편견을 가지고 있다는 것을 보여준다. 왜냐하면 그것들은 특정한 사람에게서 나온 것이고 사회적 목적을 가지고 있기 때문이다.[54] 그러나 그는 또한 구술사 연구의 정확성을 방어하기 위하여 고안된 방법들을 발전시킨다. 그 방법들은 사료들의 조심스러운 비교, 실험적 사회심리학에서 온 기억과 망각 패턴에 있는 규칙성의 증명, 노화 과정에서 뇌의 생화학을 열람하는 것, '회상적 편견'(retrospective bias)을 피하기 위한 적절한 질문의 형태에 대한 지침, 계량사회학적 표본조사 방법에서부터 나온 '대표성'의 규범을 채택하는 것 그리고 통계학적 인구를 적당하게 사회학적으로 분류하는 것을 포함한다.[55]

이러한 대응들이 부적당하다는 것은 다른 곳에서도 충분히 논의되어 왔다.[56] 우리는 여기서 『과거의 목소리』에서 특별히 첫 번째 (더 생산적인) 성향과 관련하여 그 대가를 강조하고자 한다. 후에 좀 더 자세히 논하겠지만, 이러한 대응들은 냉혹하게도 구술사가 변형시킬 수 있는 바로 사회적 분업들을 재생산하는 데 기여한다. 그것들은 체계적으로 역사가와 연구가를 과학적 경전을 지닌 자들로 특권화한다. 이것은 아마도 '과학적' 필요사항들이 필연적으로 인터뷰 자체의 '인간적 접촉'의 형태에 강제하는 방식에서 가장 잘 보여질 수 있다. 역사가는 '응답자들'에게 표준화된 질문들을 가지고 접근해야만 한다. 『에드워드시기 사람들』과 같은 규모의 프로젝트는 연구자 자신들 사이에 위계적인 분업을 필요로 한다. 역사가는 그 또는 그녀의 지시 하에 특수하고 비교적 프로그램화된 연구 과정을 수행하기 위해서 면담자들을 고용한다. 방법론은 주로 '인터뷰 기술', 즉 사람들이 당신이 필요로 하는 정보를 주도록 설득할 수 있는 수단들에 관심이 있다. 따라서 인터뷰 자체 순간에까지 모순이 계속 될 수밖에 없다.

> 문제는 자기표현을 억제하면서 인터뷰 관계를 해치지 않으면서 충분한 표준화를 도입하는 것이다. … 자유로운 표현을 하도록 제보자를 격려하지만, 점차 표준적인 질문들을 도입하는 것은 … 인터뷰 관계를 보호하지만 자료는 엄격하게 비교적이지 않게 된다.[57]

이것들은 그 기술들이 나온 '모체' 학문 분과 안에서 너무나 잘 알려진 문제들이다. 그러나 사회학에서는 실증주의적 방법론에 대한 이러한 종류의 확신이 오랫동안 약화되어왔다.

구술사를 경험주의적으로 방어하는 것이 가져오는 두 번째 주요한 대가는 문화적 결정체들과 그 효과들을 매우 주변적으로 만드는 것이다. 이것은 분리되면서도 연결된 두 가지 점이다. 경험주의적 경전들은 역사가 자신들의 '문화'를 비가시화하는 경향이 있다. 연구자가 중립적으로 사실적 확인을 한다는 모델은 연구자 자신의 가치, 이론들, 우선시하는 것들의 실제적인 영향들을 평가절하한다. 사료들에 대한 해석은 아마도 무한적이지는 않지만 그리고 분명히 자의적이지는 않지만 그럼에도 불구하고 다양하고 경쟁적이다. 폴 톰슨이 암시하는 인식론과 달리 해석에서 주요한 변화나 역사학에서 새로운 방향은 새로운 사료들을 발견하는 것보다는 현재의 사회적 사건들이 요구하는 정치적·이론적 관심사의 변화로부터 나올 가능성이 더 크다. 여기서 확인이 필요하다면 우리는 그 특수한 정치적·이론적 발생에 대해서 빌 쉬왈츠(Bill Schwarz)가 기술했던 1950년대와 1969년대 새로운 사회사의 기원들을 인용하기만 하면 된다. 공산당 역사가 모임(The Communist Party Historians' Group)은 (구술사의 도움 없이) 역사학에서 혁명을 일으켰다. 새로운 역사적 질문들이 새로운 사료들을 찾을 것을 고무했다. 사실 폴 톰슨의 역사는 예를 들면 『에드워드시기 사람들』에서 구술 증언 사용을 조직한 '사회'와 '사회적 변화'라는 개념들을 알려주는 이론적 전제들에 특히 의존하고 있다. '연구방법'과 '사료'에 대한 경험주의적 강조가 야기하는 문제는 항상 설명의 이론적 전제들을 숨긴다는 것이었다.

경험주의적 연구 절차들은 또한 '사료' 자체들이 지닌 문화적으로 구성된 특징을 감춘다. 우리가 사료들을 단지 '사실'의 담지자로서 간주한다면, 폴 톰슨과 같이 우리는 과거의 행위와 행동에 관련된 사실성의 순서에만 관심을 가지게 될 것이다. 우리는 이 '정보'의 매개체인 역사적으로 사회적으로 구성된 가치들에 덜 관심을 가지게 될 것이다. 가장 진부한 것에서도 역사적 연구는 단순히 '사실'의 이러한 문화적 틀을, 즉 인간의 의미가 전달되는 모든 상징적·언어적 특질들을 무시한다. 역사가들은 때때로 사료들이 마치 투명한 매개체인 것처럼 다룬다. 좀 더 비판적·전문적인 방식에서 의미의 틀들은 부정적으로 다루어진다. 왜냐하면 의미의 틀들은 문제이고 편견이고 왜곡이기 때문이다. 비판적 연구 절차는 증명될 수 있는 '사실'을 내부에서 드러내면서 그것들을 몰아내려고 한다. 사실상 연구 과정이 어떻게 되어야 하는가를 우리에게 말하기는커녕, 경험주의가 이러한 과정을 정확하게 기술하는지조차도 매우 의심스럽다. 모든 역사적 탐구가 아무리 유동적이어도 의미의 틀 속에서 작동하기 때문에, 사료에 대한 해석은 **이론들 간의 경합** 과정으로 더 잘 묘사된다. 우리 자신의 설명은 (사료가 물질적 존재라는 저속한 의미를 제외하고) 사료가 주는 사실성에 근거해서 평가되는 것이 아니라 거기에서 발견되는 의미가 인간이 구성한 것이라는 데에 근거해서 평가된다. 최종적으로는 사실-가치의 구분 그 자체가 유지되기가 어렵다. 왜냐하면 사실들은 단지 설명의 틀 내에서 의미화, 즉 인간적인 의미를 가지고 있기 때문이다.

'편견' 또는 '왜곡'의 문제는 특별히 역사학에 파괴적이다. 이것은 문화적 결정체를 당연히 강조하고 싶은 '대중기억'에 대한 논의에서도 마찬가지다. 루이자 파쓰리니(Luisa Passerini)에 동의하면서 우리는 편견과 왜곡의 문제가 구술사 증언을 공개적으로 민감하게 그리고 충분히 이용하는 데도 특히 파괴적이라는 것을 부언할 것이다.

> 우리는 구술 자료의 특이한 특수성을 놓칠 수 없다. 그리고 우리는 개념적 접근들을 개발시켜야 한다. 정말로 구술 자료의 충분한 의미들을 성공적으로 끌어낼 수 있는 형태의 분석을 주장해야 한다. 무엇보다도 우리는 구술사의 원자료가 단순히 사실적 진술이 아니라, 탁월한 문화의 재현이며 표현이어서 문자의 서술뿐만 아니라 기억, 이데올로기 그리고 잠재의식적인 욕망의 차원들을 포함하고 있다는 것을 무시해서는 안 된다.[58]

일반적으로 대중기억 또는 문화적 현상 연구의 관점에서 볼 때 ('관리된 질문지'를 사용하건 사료를 경험주의적으로 검토하건 간에) 경험주의적 연구방법들은 거의 가치가 없다. 정말로 우리는 **대중기억 연구는 경험주의적·실증주의적 규범이 무너질 때만 시작될 수 있다**고 말할 수 있다.[59] 그러면 구술사에 대한 코스와 비슷한 비판들에 대한 대안적이고 더 강력한 대응은 다음과 같다. 그렇다. 정말로 기억과 그 서술들은 당신들의 역사와 마찬가지로 문화적 구성물들이다. 이 둘을 조명하고 특히 대중기억이 그 자체를 의식하도록 하는 것은 문화적 과정들과 개인적, 사회적 차원에서 기억 만들기와 다시 만들기에 대한 이해를 필요로 한다. 이렇게 당신의 '문제'는 우리의 '자원'이 되고, 당신의 극복할 수 없는 어려움은 우리의 아젠다가 되고, 당신이 문을 닫는 시점은 우리의 출발점이 된다.

구조와 문화를 위한 대안적 읽기

경험주의에 대한 비판은 충분히 익숙하다. 그러나 이 틀을 깨는 데에 집요한 한 가지 문제가 있다. 일단 서술('이차적'이나 '일차적')의 문화적 성격이 인정되면 모든 서술은 동등하게 사회적으로 결정되며, 동등하게 '유효하며' 그리고 동등하게 정치적 실용주의에 종속된다는 상대주의로부터 벗어날 수 없다는 두려움이다. 이것은 진지한 지적인 프로젝트인 사회과학의 기초를 없애는 것이다.

타당성의 '과학적' 범주에 대한 관심은 특정한 지식의 독점과 잘 맞아 떨어진다. 그럼에도 불구하고 문제는 심각하고 일반적이다. 이것은 지식이 전략적인 정치적 자원으로 간주될 때마다 필연적으로 문제시된다. 그러한 상황에서 어떤 서술이 가지고 있는 진리의 내용과 서로 경쟁하는 서술들에 대해 가지는 유리함은 더욱 중요해진다.

그러나 경험주의 코드에 대응해, 주관주의에 빠지지 않고 문화의 중요성을 인정하는 인식론적 대안들이 있다. 그중 몇몇은 '사실주의'라는 일반적인 항목으로 이 책에서 그레그 맥레넌(Greg McLennan)에 의해 논의되었다.[60] 이러한 대안들은 역사적으로 변해온 객관적인 사회세계가 정말 있다는 입장에서 출발한다. 그런데 그 세계를 인식하는 것은 가능하지만 그 세계는 단순한 관찰이나 가설의 실험으로 그 비밀을 드러내지 않는 방식으로 변한다. 의식적인 인간 행위는 무의식적으로 기존의 구조들과 과정들을 재생산할 때조차 이러한 사회 세계의 주요한 구성 요소이다. 인간 행위의 주관적인 차원들은 외적으로 관찰되는 행동만큼이나 '사회적 사실들'이다. 인간행위의 주관적인 차원들은 자체의 형태를 가지고 있고 비문화적 과정들에 의존하고 사회적 결과들을 결정한다. 우리의 이론들은 사회 세계에서 사회적으로 결정된 생산물이면서 동시에 적극적인 중재들이다. 우리의 이론들은 결코 중립적으로 '과학적'이거나 또는 사회적으로 외적인 의미에서 결코 '객관적'이지 않다. 그러나 그것들은 연구에 다소 적합한 가이드이다. 왜냐하면 그것들은 실제적인 사회적 과정들과 역사적 변화에 다소 순응하기 때문이다. 이러한 묘사가 이론적·인식론적 입장들의 범위에 적용된다면, 이것은 넓게 유물론적 틀을 고수하면서 문화적·이데올로기적 과정들을 진지하게 받아들이는 역사적 유물론의 특징이다.

경험주의에 대항하는 논의가 추상적으로 보이지만, 이 논의는 구술사적·자서전적인 서술에서 일어나고 있는 것을 우리가 이해하는 방식에 중요한 의미를 가지고 있다. 사실 이것은 다르지만 서로 연관된 두 개의 읽기 방식을 제시한다. 우리는 그 둘을 '구조적' 그리고 '문화적' 읽기라고 부른다. 구조적 읽기는 (중요한 면에서 역사가의 '사료'를 '사실적'으로 읽는 것과 닮았는데) 서술의 저자가 주관적으로, 때로는 의식적으로 때로는 무의식적으로, 특별한 삶의 경험을 형성해온 조건, 구조, 과정을 전유하는 조건들에 관심이 있다. 구조적 읽기는 서술에서 의미화된 것은 텍스트 밖에 어떤 진정한 존재가 있고, 글쓰기 자체에만 전적으로 구성되는 것은 아님을 가정하는 데 있어서 사실주의적 전제들에 기초하고 있다. 그러나 이것은 경험주의로부터 떨어져 있는데, 한편으로 사건들 또는 과정과 다른 한편으로 그 서술 사이의 관계가 완전히 의심스럽고 그 자체가 변형하기 쉽다고 보기 때문이다. 이것은 [역사가들의] 전문적인 비판에 직면하여 타당성을 찾느라고 구술사 연구자들이 자신들의 '사료'의 복합성을 크게 평가절하해 왔다는 것을 보여준다. 구술 또는 자서전적 서술들은 제시되어온 것보다 더 풍부하고 동시에 엄격하게 '신뢰할' 만하지 못하다.

하나의 서술을 그 '사실적' 하위층위까지 '충분히 읽어내는' 과정은 극도로 복잡한 작업이다. 이것은 최소한 두 개의 조건들에 의존한다. 그 조건들은 서술 자체 외에 관련된 지식을 제공하는 사료와 마찬가지로 중요한 사회적 관계들과 의식에 대한 명백하고 생산적인 이론이 있어야 한다. 첫 번째 것은 우리가 주어진 서술이 보여주는 범위 밖에 있는 결정 요소들을 보게 해준다. 두 번째 것은 저자들이 자신들의 사회적 조건과 역사를 의식하게 되는 사회적 존재와 형태 간의 관계에 대해 이해하게 해준다. 이러한 점에서 우리는 최근에 켄 월폴, 스테판 요와 논쟁을 벌인 제리 화이트(Jerry White)의 의견에 강력하게 동의한다. 그는 더 비판적인, 더 설명적인, 더 사회주의적인 지방사를 주장하면서, 이것은 사람들이 자신들의 억압들을 이해하는 방식을 대면하는 것을 포함한다고 제시한다.[61] 화이트에게 대중 자서전은 사회주의적 이해를 발전시키기 위한 원자료였다. (이때 원자료는 마르크스의 고전적 의미에서 단순히 '주어진' 것이 아니라 주어진 조건에서 이미 생산된 것을 말한다.) 이 원자료는 그 이상의 작업을 필요로 한다. 월폴과 특별히 요에게는 노동자 계급의 글쓰기와 표현이라는 행위 자체는 느리지만 '긴 혁명'으로의 길을 따라가는 필연적으로 점진적 단계다.

이러한 논의의 문제는 노동자 계급의 경험이 궁극적으로 사회주의적 또는 원시 사회주의적 형태의 이해를 만들어낼 것이라고 무비판적으로 가정한다는 것이다.[62] 이것은 이제까지 논의되었던 더 형식적인 경험주의와 다르지만, 특수한 문화적 결정 요소들에 대한 호기심이 부족하다는 점을 경험주의와 공유하고 있다. 특히 이데올로기적인 형태들은 모순들을 숨기고 이해의 한계들을 재생산하고 정치적 에너지를 전환시켜버린지 또는 망쳐버리기 때문이다.

문제의 일부는 화이트가 매우 비대중적인 사례를 주장하는 듯하다는 것이다. 왜냐하면 이러한 논쟁들에서 이차적인 분석, 이차적 생각, 추후 연구, 더 심층적이고 더 설명적인 서술을 만들려는 노력은 전문적인 역사가나 사회학자가 아니더라도 항상 중산층 논평가들이 중재되어 있기 때문이다. 이렇게 두 개의 다르지만 연결된 문제들은 혼란스럽다. 한편으로 정치적이고 설명적인 용어로 된 더 적합한 지식의 필요성과, 다른 한편으로 지적인 노동의 사회적 분업의 형태들이 있기 때문이다. 그래서 더 분석적인 접근을 옹호하는 것은 지식인들의 이론적 오만에 편을 드는 것이다. 역사적 또는 지역사회의 '운동가'들은 이러한 문화적 지배의 위협에 대응하여, 그들이 정말로 토착적인 또는 진정한 대중적 이해들이라고 간주하는 것을 위해서 방어적이거나 집착하는 태도를 보인다. 이러한 순환은 (우리가 되풀이되고 있음을 많이 보아온) 실제로 권력과 지식 사이에 존재하는 관계들을 재생산한다. 이 순환은 (관념주의적 경향을 띤) 이론이 (운명주의적, 지역주의적 경향을 띤) 상황을 현실적으로 파악하지 못하게 한다. 이것은 지극히 중요한 정치적 의미와 필연적인 폭발성을 가진 만남을 피하거나 막는다. 즉 이론적인 중산층의 좌파 정치와 일상적인 노동계급 삶의 구조, 문화, 문제들 사이의 만남 말이다. 사실 더 분석적이거나 설명적인 지방사와 중산층의 문화적 지배 사이에 필연적 관계는 없다. 그 [지방사의] 목적은 더 접근할 수 있는 지혜를 존중하고 장악하는 것이 아니라, 이차적 분석과 보조적 연구의 기술을 **일반화**하는 것이어야 한다.

문화적 읽기

문화적 읽기는 서술이 구조화된 경험이나 생애사를 의미화하는 방식들에 초점을 둔다. 이것은 두 개의 주요한 전제에 의존하고 있다. 첫 번째 전제는 모든 서술이, 연구자의 질문에 대한 것이건 또는 좀 더 자율적으로 만들어진 것이건, 지극히 구성된 텍스트 또는 연행이라는 것이다. 확실히 말하건대, (다소 적합한) 회상의 모델이나 기억들을 건드리는 모델은 여기에서 완전히 부적절하다. 그러한 서술들을 읽을 때 그것들이 사고, 창작, 말하고 글 쓰는 기술(skill)들의 산물이며, 이러한 의미에서 항상 저작권을 포함하고 (모든 '사료'와 같이) 세상에 적극적으로 존재한다는 것은 분명하다. [서술의] 기술(skill)들은 그 형태에 있어서 문학적일 필요는 없다. 그것들은 보통 말로 되어 있고 활발한 대화와 이야기하기(story-telling)로부터 녹취된 흔적을 가지고 있다.[63] 그래서 과거에 대한 정보는 종종 그 서술의 주요한 가치를 구성하고, 서술이 현실을 재현하는 데 내재적인 평가, 설명, 이론들을 동반한다. 그래서 일차적 서술에 대한 이차적 해석들을 읽을 때, '잔인한 역사가들은 가버리고 우리가 이야기 그 자체를 들을 수 있도록 해달라!'라는 느낌을 흔히 경험한다. 일차적 서술은 그 이차적 전유가 허락하는 것보다 더 흥미롭고, 더 뉘앙스가 있고, 더 복잡하며, 실제로 더 많은 설명을 해주는 듯하다. 바로 여기가 우리가 월폭과 요의 주장이 가지는 힘과 중산층 청중들이 [일차적 서술에서] 경험하는 새로운 발견의 느낌을 이해하는 지점이다. 이러한 현상의 많은 것이 [그리고 그것이 때때로 만들어내는 과장된 전도(inversion)는] 노동자들이 '문화가 없다'고 주장되었던 것과 같이, 노동자들은 매우 불완전하게 이해한다고 매일 암시하는 지배적인 이데올로기들의 힘 때문에 나타난다.

문화적 읽기의 두 번째 전제는 서술의 문화적 특질들이 단순히 개인 저자의 산물이 아니라는 것이다. 서술은 무엇이 말하여질 수 있고 어떤 효과를 가지는지를 결정하는 일반적인 문화적 레퍼토리, 언어의 특질 그리고 표현의 코드에 의존한다. 그러한 레퍼토리를 그려낼 때, 예를 들면, 우리는 사회적 현실에 대한 노동 계급의 서술에서 이야기하기(story-telling)가 가지고 있는 중심성을 반복적으로 관찰하는 것에서부터 시작할 수 있다. 종종 친밀하고 과거 사건을 다소 과장하는 개인의 서술들은 분명히 대중기억의 기본적인 형태이고, 과거와 현재가 비교되고 평가되는 가장 평범한 방식이다. 이러한 이야기들은 큰 의미를 담지하고 있고 (면밀한 조사에도 불구하고) 의도적으로 더 일반화된 결론들을 대신한다. 또한 이야기들은 뒤얽힌 다양한 형태를 가지고 있다. 한편에는 치밀하게 짜여서 '닫힌', 결말에서는 도덕적으로 끝나는 특별하고 자신 있는 남성적 형태의 이야기가 있고, 다른 한편에는 좀 더 개방된 서술들, 오히려 웃음으로 마무리를 짓고 종종 자기 평가절하 속에서 좀 창피하거나 어려운 과거의 사건들을 다루는 형태의 이야기가 있다. 또한 작자가 의심스러운 이야기들과 종종 집합기억의 몇몇 요소들을 담고 있는 많은 격언의 형태가 있다.[64] 발전된 문화적 읽기는 그러한 형태들과 그것들의 발생 그리고 그 효과들(우리가 내재적으로 '편견 있는' 또는 '이데올로기적'이라고 가정하지 않는)을 이해해야 할 것이다.

가장 중요한 해석은 이 두 읽기, 구조적 읽기와 문화적 읽기의 관계에 서만 만들어질 수 있다. 대게 이것은 기존 이론들을 수렴하거나 확인하는 문제가 될 것이다. 예를 들면 마르크스주의자-페미니스트 시각으로부터 우리는 생애사가 노동자나 여성/주부/어머니의 사회적 존재에 중대한 사건들을 특별한 위치에 놓을 것을 기대할 수 있다. 그리고 정말로 자전적인 서술들은 이러한 종류의 뚜렷한 경험이 중요한 구성적 역할을 함을 보여준다. '내 첫 번째 직업'에 대한 이야기들에서 노동으로의 입문과 고용주의 집으로 들어간 것을 가내 서비스에서 중요한 순간으로 보는 것, '내 어린 시절'과 '내 아이들을 기르고 싶은' 방식에 대한 여성들 간의 비교, 구혼과 결혼 그리고 일반적으로 주요한 생애 전환의 순간들이 그러한 예다. 이러한 사례에서 '뚜렷한 경험'은 에드워드 톰슨의 표현처럼 순수하게 '접합 개념' (junction concept)이다.[65] 즉 그 경험은 저자의 역사적·사회적 위치를 조명해주고, 역사적 현실에서 저자의 삶이 이제까지 살아진 구조적 이음새 또는 조건이다. 그 경험은 또한 서술을 문화적으로 조직해서 특별한 힘과 강조점을 가지고 그 경험을 중심으로 많은 중요한 이야기들이 서술되게 한다.

그러나 이러한 수렴의 패턴은 결코 무한적이지 않아서 이 두 가지 읽기는 실제로 놀랍게도 해석을 수정하거나 확장할지 모른다. 예를 들면, 한편으로 (다른 사료에서 알려졌거나 이론적으로 예측된 분명한) 구조적이거나 역사적 특질들은 [자전적] 서술들에서 전혀 나타나지 않을 수 있다. 또 다른 한편으로 [자전적 서술에서는] 놀랍고 처음에는 설명될 수 없는 주안점들이 있을지도 모른다. 여기에 매우 흥미로운 사례는 파시스트 시기의 투쟁 가운데 투린에서 노동자 계급 전사들의 기억들에 대해서 파쓰리니가 연구한 것들이다.

> 구술 자료는 어떤 종류의 질문에 답하기를 거절한다. 겉으로는 시끄러워 보이지만 구술 자료들은 끝에는 말을 아끼고, 수수께끼가 되어서, 구술 자료는 스핑크스처럼 우리 문제들을 다시 정립하고 우리의 현재 사고의 습성에 도전한다. … 정말로 나는 내 귀로 전혀 관계없거나 또는 불일치하는 답변들을 듣는다. '무관한' 대답들은 주로 두 가지 종류다. 침묵과 농담.[66]

침묵에는 두 가지 종류가 있었다. 때때로 전체 생애사가 '뜻 밖의 경우를 제외하고 파시즘에 대한 어떤 언급도 없이' 말해졌다. 때때로 정치적으로 의식 있는 사람들에게서 특히 무솔리니(Mussolini)가 권력을 잡는 것과 제2차 세계대전 사이에 '뚜렷한 시간적 차이'가 있었다. 후에 좀 더 탐색적인 이차 인터뷰에서도 비슷한 패턴이 되풀이 되었다. 파쓰리니는 중요한 의미에서 1922~1925년과 1941~1943년 사이의 시기는 기억으로부터 지워졌다는 결론을 내렸다. '이러한 자기 검열은 상처, 즉 수년 동안 인간 삶의 격렬한 전멸과 일상적 경험에서 온 심각한 상처의 증거다.'[67]

역사적으로나 구조적으로 중요한 사건들 또는 과정들은 회상적인 재구성에서 필연적으로 나타나지 않을 수 있다. 우리의 두가지 읽기[구조적 읽기와 문화적 읽기]는 이러한 종류의 사례들, 침묵, 억압, 기억상실과 금기에 대해 알려줄 것이다. 차례로 이러한 사례들은 우리가 구조적 중요성에 대해서 '다시 한 번 생각하게' 해서 이차적인 이론들을 수정하게 한다. 그러나 이러한 놀라움들은 다른 방식으로 일어난다. 하나의 특별한 이야기나 에피소드는 첫눈에 보이는 그 구조적 또는 역사적 중요성보다 그 이야기에 대한 저자의 중요성을 더 드러낼 수 있다. 여기서 몇몇 가능성들이 있다. 사회생활의 한 영역에 대한 이야기들이 너무 논쟁적이고 어렵고 창피하고 상처가 깊어서 이야기될 수 없는 다른 경험들을 대신하는 문화적 또는 주관적 과정을 우리는 경험하고 있는지 모른다. 성적인 주제들은 특히 함축적인 의미들을 가진 매체들로서 또는 그 밖의 것을 이야기하게 촉발시키는 감정적 충전제로서 종종 다루어지는 듯하다. 이런 놀라운 것에서 흥미로운 것은 이것이 우리 자신의 지배적인 준거 틀 내에서 적당하게 이해되지 않는 경험들과 조건들을 표시한다는 것이다.[68] 예를 들면, 기계적인 형태의 마르크스주의나 사회주의뿐만 아니라 많은 종류의 사회구조적 사회학은 악명 높게도 일반적으로는 주관성의 차원, 특히 젠더와 섹슈얼리티 차원을 다룰 수 없었다. 이 차원들은 형식적으로 폐쇄적이지 않은 서술에서조차 종종 존재한다. 이론적 설명들이 개방적이고 유동적인 경우에, 사회주의적 페미니스트와 같은 정말로 변증법적인 관계가 첫 번째 서술들과 그에 대한 좀 더 설명적인 이차적 논의 사이에 성립될 수 있다.

이 부분의 결론에서 두 개의 핵심 주제들은 다시 주장할 가치가 있다. 첫째, 우리의 사회적 존재, 역사, 세계를 이해하는 방식에 대한 최초의 생각들을 작동시키는 과정은 '사회주의자 만들기'(making socialists)의 중심적인 원동력의 한 부분이다. 이것은 우리의 계급과 젠더 위치가 무엇이건 간에 우리가 단순히 이미 존재하는 세계관을 표현하거나 확인하는 과정이 아니다. 이것은 '상식'과 '이론' 둘 다를 주장한다. 모든 사람이 사회적 의식을 가지고 있고 그런 의미에서 '철학자'이기 때문에 (보통 협의적 의미에서) '지식인'을 특권화하는 이 상황에 필수적인 요소는 없다. 문제는 지적인 기술과 기능이 우리 사회에서 사회적 분업에 종속되어 있다는 것이다. 즉 문화적 박탈과 독점의 과정들이 있다. 이러한 과정의 결과는 특히 대다수 사람들의 사회적 조건들과 관련하여 실천적 사실주의에서 이론을 빼앗아가고 또한 상식이 좀 더 넓은 범위를 포함하고 비판적일 수 있게 할 수 있는 기술과 시각을 저지하는 것이다. 지배적인 담론과 급진적인 지적 대안 둘 다에 저항하여 상식의 순수성을 보존하려고 분투하는 것은 이러한 상황에서 일종의 보수주의다. 해결책은 사회주의와 페미니스트 이론과 대중 운동 사이의 관계들을 성립시키는 것에 있어야 한다. 그것들은 새롭고 좀 더 민주적인 교육 형태, 즉 관련 있는 모든 이들을 위한 배움의 형태들에서 지적인 분업을 변형시키려는 것이다. 우리는 후에 이 논문에서 대중적 역사 생산의 넓은 영역에서 그러한 변형들을 성취하려는 시도들을 살펴볼 것이다.

두 번째 점은 경험주의와 사실주의에 대한 논쟁과 서술의 문화적 성격에 대한 이해를 요약한다. 더 민감한 문화적 이해를 추구하는 것의 뒤에는 문화적인 형태(the cultural)들이 가지고 있는 정치적 중요성에 대한 믿음이 있는데, 그것이 역사적·구조적 조건들에 대한 사실주의적 관심과 양립하지 않는 것은 아니다. 반대로 이러한 두 형태의 이해는 상호 보완적이다. 상징적·문화적 형태에 대한 관심은 역사적·현대사적인 분석의 부분이지, 사료에 있는 역사적 '편견'의 문제가 아니라는 것이다. 문화적 형태들에 대한 비판적 분석 발전의 중요한 인물인 롤랑 바르트(Roland Barthes)는 그것을 다음과 같이 말하고 있다.

> 형식주의의 유령에게 더 테러를 당했다면 역사적 비평은 더 생산적이 되었을지 모른다. 역사적 비평은 형태에 대한 특정한 연구가 결코 총체성과 역사(History)의 필요한 원칙들에 모순되지 않는다는 것을 이해했을 것이다. 사실은 그 반대다. 하나의 체계의 형태가 특정하게 규정되면 될수록, 그것은 역사적 비평의 여지가 더 있다. 잘 알려진 격언을 패러디하

면, 나는 약간의 형식주의는 역사(History)로부터 돌아서게 하지만 많은 형식주의는 역사로 돌아가게 한다고 말할 것이다.[69]

역사적 과정과 자전적 형식

구술사와 대중 자서전은 체계적으로 개별적인 형태들이다. 그러나 역사적 지식이 갖추어진 정치적 지식은 사회적 맥락에 대한 더 넓은 감각을 필요로 한다. 자전적 자료들이 어떻게 과거와 현재에 대해 좀 더 구조적인 설명의 자원이 되거나 또는 그러한 자원을 만드는 데 기여할 수 있을까? 사료를 경험주의적으로 사용하는 문제처럼 대표적인 폴 톰슨 연구에서 이 같은 문제가 발견될 수 있다. 그러나 톰슨의 연구에서 이 문제는 구술사적 자료를 보여주는 방식을 다루는 기술적인 또는 방법론적인 딜레마로서 보여진다.

톰슨은 구술사적 설명을 제시하는 세 가지 다른 방식들을 제시한다. 첫 번째는 '풍부한 기억'을 가지고 있는 제보자에게는 특별히 중요한 '하나의 구술 생애사 서술'이고, 두 번째는 공통적인 주제에 따라 생애사들을 모아 놓은 가장 '전형적인 생애사 자료'를 제시하는 방식이다. 이것이 아마도 더 나은 방식일 것이다. 세 번째는 '논쟁을 구성하기 위한 사료'로서 구술 자료가 사용되는 '교차 분석'(cross-analysis)이다.[70] 이것들 중 처음 두 개는 효과적으로 하나의 양식으로 모아질 수 있는데, 이 경우 대부분의 사료는 온전히 보존된다. 두 번째 양식[세번째 교차분석]은 역사가의 주장의 논리가 관통되고, [구술의] 인용이 더 간단하고 맥락이 잘 드러나지 않으며 더 난잡하게 사용된다.

전체적으로 톰슨은 '주장과 교차분석이 분명히 어떤 역사의 체계적인 발전에 필수적이기 때문에' 두 번째 양식의 분석을 선호한다. 구술사 자료 '그 자체가 말한다'라는 개념은 '눈먼 경험주의'다.[71] 그러나 톰슨은 분명하게 자신이 선호하는 방식에 불편해한다. 두 가지 주요한 근거로 인해 그는 불안해한다. 첫째로 그는 자료들을 '지식의 원천'으로 사용하고 역사가의 설명에 주력하는 분석의 형태는 그의 정치적 목적의 일부인, 즉 '역사를 사람들의 말로서 그들에게 돌려주는 것'과 양립하지 않는다는 것을 깨닫기 때문이다. 둘째로 그는 '분석'이 구술 자료를 충분히 사용하는지에 의구심을 가진다. 다른 종류의 사료에서는 없는, 그를 흥분시키는 어떤 것, 즉 '풍성함'으로 종종 확인된 성질이 거기에 있기 때문이다.

> 구술사의 가장 심오한 교훈들 중의 하나는 모든 생애이야기의 대표성뿐만 아니라 유일함이다. 계획이 어떤 것이건 어떤 이야기들은 너무나 드물고 생생해서 기록을 요구한다.[72]

> 구술 증거는 다른 자원들과 함께 평가되고 수가 세지고 비교되고 인용될 수 있다. … 그러나 어떤 면에서 그것은 다른 종류의 경험이다. 당신이 글을 쓰면서 당신은 당신이 이야기했던 사람들을 의식한다. 당신은 그들의 이야기에 그들이 거부하고 싶은 의미들을 주기를 주저한다.[73]

『에드워드시기 사람들』에서 톰슨은 생애사와 교차분석이라는 두 가지 방식을 결합하여 사용한다. 아마도 더 정확하게 말하면 두 방법은 오히려 불행하게 같은 텍스트에 다른 부분에서 공존한다. 『에드워드시기 사람들』의 1부는 '20세기 초 사회적 변화의 가장 중요한 차원들을 정립하기 위해서' 교차분석을 사용한다.[74] 3부에서 톰슨은 '사회적 변화의 주요한 이유들'을 분석한다.[75] 그러나 2부에서 그는 '일반적인 사회적 변화에 대한 평가 속에 보통 사람들의 경험과 기여하는 바를 넣기 위해' 아동기에 대한 열두

가지 이야기들을 열거한다.[76]

　교차분석에 기초한 『에드워드시기 사람들』의 부분들은 그럼에도 불구하고 직접적으로 구술을 많이 인용한다. 논의에 대한 기여도에 따라서 여러 페이지가 인용되었고, 이것은 필연적으로 원래의 맥락으로부터 인용된 구술들을 빼내어 새로운 의미로 다시 보여준다. 여기서 톰슨의 특징적인 방법의 한 예를 인용해볼 만하다. 구술과 다른 자료들을 통한 그의 연구로부터 유추된 어떤 일반적 주제의 실례가 구술 자료로부터 인용된다.

　　그럼에도 불구하고 어른들의 비공식적인 폭력에 의해, 예를 들면 경찰로부터, 고용주로부터, 학교 선생님으로부터, 부모로부터, 때때로 어리둥절하게 계속 훈육을 받아들여야 하는 많은 십대가 있었다. 에식스(Essex)에 살던 한 소년은 학교에 가기 전에 농장에서 부업 보조원으로 일했는데 그 일 중에 장화를 닦는 일도 있었다. 소년이 농부의 가장 좋은 장화를 닦았다고 말하면 농부의 아들은 소년에게 담배를 주었다. 왜냐하면 '농부의 아들은 농부가 사업상 런던으로 간다는 것을 알았고, 그것은 그가 하루를 흥겹게 마시고 놀 수 있음을 의미했기 때문이었다.' 어느 날 아침 불행한 부엌 보조원 소년은 "나무 창고에서 담배를 피우면서 막대기를 만들고 있었는데 농부가 나를 붙잡아서 나뭇가지로 세 번 찔렀어요. 나를 때릴 수는 없었는데 왜냐하면 내가 금방 도망쳤기 때문이죠. [울고 있는 나에게 아버지가 물었어요] '무엇 때문에 그가 너를 때렸지?', 나는 '내가 담배를 피우고 있었기 때문이에요'라고 말했어요. … 그래서 아버지는 손으로 나를 세게 때렸어요. … 내 뺨을 손등으로 쳤어요. 그리고 나는 울면서 학교에 갔어요. 그때는, 아시다시피, 이미 열 시가 되었어요. … 그리고 교장 선생님은 시간에 대해서 매우 엄격했어요. … 그래서 우리는 각 손에 한 대씩 회초리를 맞았어요."
　농부들은 아마도 그들이 고용한 소년을 가장 잘 때리는 고용주였을 것이다.[77]

이 글에 대해서 두 가지 주요한 점이 지적될 수 있다. 첫 번째, '청년'의 삶의 맥락을 알 수 있는 어떤 정보가 없다. 뿐만 아니라 우리는 그가 그의 이야기에 어떤 의미를 부여했는지 또는 그 이야기가 왜 그의 기억 속에 남아 있었는지 알 수 없다. 그 이야기가 말해졌던 방식에 대한 어떤 언급도 없다. 그의 이야기는 차가운 인쇄물 속에 희미하게 우스운 구조와 어조를 가지고 있다. 무성영화 코미디에서 볼 수 있는 체벌의 전형적인 한 장면처럼 말이다. 그러나 그 시기 그러한 패턴의 처벌이 '정상적'인 것으로 간주되었을까? 세 개의 벌이 모두 똑같이 정당하게 간주되었을까? 이 에피소드의 특수성(그리고 그것에 대한 추후의 질문들)에 주의하면, 권력의 세 가지 영역 사이, 즉 청년이 속해있는 가족, 학교, 일터의 상호 관계를 보여주는 중요한 것들을 추출해낼 수 있다. 그러나 톰슨은 이 인용문에 대한 내용이나 그 문화적 형태에 대한 분석도 하지 않고 곧장 일반화해버린다.

두 번째, 위에서 인용된 구술들은 전체적인 주장을 더 발전시키는 것이 없다. 비록 부정확한 평균이라는 형태지만, 그것들은 증거로서 이미 앞 선진술['많은 십대는 자주 (이러한 체벌을) 받아들여야 했다']의 '사실성'에 기여했기 때문이다. 인용된 구술들은 이제 단지 증명하는 그림과 같이 기능한다. 그렇기 때문에 우리는 그것들의 가치가 무엇인지 묻고 싶다. 틀림없이 그 이야기들은 그 자체로서 흥미 있는 이야기이기 때문에 포함되었다. 즉 그 이야기들은 그저 관습적인 이야기에 '삶', '풍성함'을 불어 넣어준다. 이렇게 주장과 인용은 서로를 지원하기 위해서 사용된다. 그러나 그 대가는 인용된 구술 자체의 의미와 인용 뒤에 놓여있는 더 구조적인 관계들의 의미를 닫는 것이다.

『에드워드시기 사람들』에서 사용되는 구술사 자료의 두 번째 형태는 무엇인가? 여기에 생애사들(또는 오히려 면담자의 질문에 대한 계속적인 대답들)[78]이 '너무나 많은 현학자들이 잊고 싶어 하지만 이론적 사회학과 역사적 신화 둘 다가 근거해 있는 너저분한 현실 속에' 놓여 있다.[79] 생애사들은 사회변화나 사회구조의 분석에 통합적으로가 아니라 일종의 분석될 수 없는 여분으로 보인다. 톰슨은 생애사들에 대해서 '내가 사회구조적 차원들의 윤곽을 그려내야 할 때 쓰는 단순화에 대한 해독제'라고 말한다.[80] 매우 규정된 조건들하에서 만들어졌음에도 불구하고 이야기들은 오히려 소중한 사료로서 간주된다. 마지막에는 단순히 인용된 구술들을 '원 상태로' 보여주는 것, 그래서 '그것들 스스로 말하게' 하는 것밖에는 아무것도 없다.

이러한 방법론적인 문제들은 우리가 이미 논의한 것들을 포함해서 정통 구술사의 많은 약점을 보여준다. 풍부함이라는 감각은 문화적 형태들과 적극적인 재구조적 과정으로 기억을 다루지 못하게 한다. 또한 처음에 '증거'를 만들어낸 상호주관적인 관계[인터뷰]의 형태들, 그리고 역사적으로 만들어진 이 특별한 '증인'의 과거의 주관성과 현재의 주관성 사이의 관계라는 더 큰 문제를 다룰 수 없게 한다. 풍부함은 붙잡기가 어렵다. 왜냐하면 톰슨 자신의 인식론적 이론적 틀 안에서 그것은 특수한 지식의 대상이 될 수 없기 때문이다. 그 자체의 인식되지 않은 해석적 틀을 가지고 대중기억을 직접적으로 보여주려는 욕망과 '역사가'의 지배적인 해석의 책임감을 포기하지 않으려는 욕망은 일종의 죄의식으로 연결되어 있다. 그러나 특별히 여기서 우리에게 흥미 있는 것은 '사회 변화'와 '사회 구조'와 같이 큰 역사적 범주와 개개인의 이야기들과 인터뷰 사이에 정말로 유기적이고 내적인 관계를 보존하지 못한다는 것이다. 톰슨의 방법 또는 좀 더 정확히 그의 이론에서 없는 것은 역사적 설명의 대상인 거시적·사회적 과정들과 개인의 기억들의 바로 그 재료인 미시적인 '사적(私的)' 서술들 사이에 다리를 놓는 방법이다.

개인과 사회적 관계들

우리는 자서전이나 생애사를 단순히 '풍부할' 뿐만 아니라, 좀 더 강하고 확실한 의미에서 '대표적'이게 만드는 것이 무엇인지를 물을 필요가 있다. 대답의 일부분은 이미 주어졌다. 즉 비경험주의적 방식으로 읽히면, 이러한 형태들은 쉽게 얻을 수 없는 생활문화와 주관성의 요소들에 접근하게 해준다. 그러나 우리는 '구조적 읽기'가 제시했던 노선을 따라서 더 나갈 필요가 있다. 자서전적 서술들은 일반적이고 추상적 인간성을 표현하거나, 특수하고 유일한 주관성을 표현해서가 아니라, 사회적 개인들의 산물이기 때문에 좀 더 거시적 서술과 관련하여 대표적이고 중요하다. 생애사의 저자들은 특정한 역사적 시기에 사회들을 특징 지우는 복합적인 사회적 관계 속에 있는 특정한 위치로부터 말하고 있다. 이러한 서술들은 저자들이 연루되어 있는 사회적 관계들, 그들이 행위하고 투쟁한 사회적 관계들의 현저한 특질들을 전유하고 의미화한다. 구술사가들은 현대의 현지조사자와 같이, 좀 더 일반적인 역사의 한 부분으로서 개인 생애사들의 대표적 요소들을 보기 위해서 이러한 사회적 관계에 대한 이론, 즉 그런 의미에서 구조에 대한 이론을 필요로 한다. 예를 들면, 한 계급의 형성과 재구성의 역사 또는 남성과 여성 사이의 가부장적 관계가 파괴되거나 강화되는 역사 말이다. 게다가 구술사가들은 특정한 사회적 관점으로부터 이러한 과정들에 대한 집합기억이 형성되고 있는 당대 사회에 존재하는 같거나 유사한 힘의 관계들이 병렬적(parallel)으로 존재함을 이해해야 한다. 그러한 이해가 없다면, 우리는 단지 소극적이고 기술적인 양화된 범주들에 따라서 (그렇게 많은 노동 계급 '증인들' 혹은 그렇게 많은 여성과 같은) 서술의 '대표성'을 판단할 수 있거나, 또는 '위대한' 문학을 평가할 때 사용되는 것과 비슷한, 검증되지 않은 유사 문학적 범주들에 기댈 수밖에 없다.

이것이 마르크스주의 이론 논쟁과 구술사의 실천 사이에 만나는 지점이 왜 그렇게 중요한지를 밝히는 한 이유다. 마르크스주의는 항상 인간의 개인성을 사회적으로 만들어진 현상으로서 강조해왔고, 그리고 사회적 관계 안에서 우리가 구성되는 것이 우리가 의식화될 수 있고 집합적 투쟁에 참여할 수 있는 적극적인 과정이라는 두 개의 인식을 다 가져왔다. 특정한 마르크스주의들이 마르크스의 이중 비전의 어느 한 쪽을 강조했지만, 오늘날 마르크스주의자 논쟁은 이러한 통찰력들의 양면을 회복시키기 시작했다. 이 논문에서 [마르크스주의 논쟁을] 길게 이론적으로 되짚어 볼 것까지는 없겠지만, 우리는 현재 마르크스주의에서 '구조주의적' 흐름[예를 들면 알튀세(Althusser)의 사회적 관계들의 결정성에 대한 강조)과 넓게 행위성(agency)과 투쟁을 강조하는 '인간주의적' 흐름(에드워드 톰슨의 『이론의 빈곤』(*Poverty of Theory*), 또는 『일차원적 마르크스주의』(*One-Dimensional Marxism*)[81]에서 빅터 세이들러(Victor Seidler)의 알튀세 비판] 사이의 논쟁을 지적하고 싶다. 좀 더 합성적인 작업들은 『영국 마르크스주의 내에서 논쟁들』(*Arguments within English Marxism*)에서 페리 앤더슨의 '행위성'에 대한 토론, 그리고 우리의 주제에서 매우 중요한 레이몬드 윌리엄스의 초기 작업부터 『정치학과 편지들』(*Politics and Letters*)[82]에 이르기까지 사회, 사회적 개인과 소설적·자전적 글쓰기 방식의 문제를 계속 다룬 것이다. '사실주의'에 대한 작금의 논쟁에서 바스카(Bhaskar)의 연구와 월 슈쉬팅(Wal Sushting)이 마르크스의 『포에르바하에 대한 테제』(*Theses on Feuerbach*)를 번역하고 해석한 것은 특별히 중요하다.[83] 그러나 이러한 논쟁에 대한 우리 입장은 그람시가 사회적 관계들에 대한 마르크스주의자적 이해의 관점 속에서 '인간은 무엇인가'라는 오래된 철학적 질문을 재규정한 시도에서 가장 잘 표현되어 있다.

철학연구에 대한 그의 노트에서[84] 그람시는 사악함의 근원을 '개인 자체'에 있다고 보는 가톨릭 사회 이론에 대항하여 주장한다. 이것은 인간들을 본질적으로 '정신적'인 것, 유일한 개인으로 또한 이미 '규정되고 제한되어서', 즉 더 이상 발전이 가능하지 않은 것으로 다루는 것이다. 그람시가 말하는 바와 같이 인간에 대한 그러한 견해는 종교적인 틀에만 해당되는 것은 아니다. 아마도 이것은 '이제까지 존재한 모든 철학'의 특징이다. 확실히 이것은 그람시가 글을 쓴 이후 50년 동안에도 중요한 철학적 유산으로 남아 있다. 예를 들면 역사적·문화적 연구 모두에서도 국가의 주도적인 정치가나 위대한 작가를 유일하게 창조적인 개인들로 그려내는 점이 공통적으로 남아 있다. 개인적 구술 중인이 환원될 수 없고 '유일하다'는 개념에도 이러한 시각이 흔적 이상으로 남아 있다.

바로 이런 점에서 그람시는 '인간의 개념을 바꿀 필요가 있다'고 주장하는 것이다. 사람의 개인성에 대한 의식은 중요하다. 이것은 그람시 자신의 주장에서 매우 중요한 지점이다. 그러나 이것이 고려되어야 할 유일한 요소는 아니다. 우리는 또한 인간들과 '자연세계' 사이의 관계 그리고 각각의 관계를 고려해야 한다. 그러나 인간과 자연 사이의 관계는 단순한 것이 아니다. 왜냐하면 그 관계는 무엇보다도 '적극적'이기 때문이다. 인간들은 자연세계에 단순히 '거주하지' 않는다. 인간들은 일과 기술을 가지고 적극적으로 자연과 연결되어 있다. 유사하게 인간의 관계들은 인접한 개인들의 관계가 아니라 사회적으로 조직된 집단의 성원권, 다소 복합적인 종류의 성원권을 포함한다. 그러면 '인간'(Man)을 '일련의 적극적인 관계들'로서 받아들일지 모른다.

그러나 이런 종류의 관계들은 기계적이나 또는 결정론적으로 간주되어서는 안 된다. 그것들은 인간 주체성과 변화의 가능성 둘 다를 포함하기 때문이다.

게다가 이러한 관계는 기계적이 아니다. 오히려 적극적이고 의식적이다. 이러한 관계는 각 인간이 관계에 대해서 갖는 이해의 정도에 상응한다. 그래서 사람들은 각자가 핵이 되는 복합적인 관계들을 변화시키고 수정시키는 정도로, 우리 각자가 자신을 변화시키고 수정시킨다고 말할 수 있다.

물론 사회적 관계들은 다양하다. 그것들은 다양한 결정성을 가지고 있고 다소 쉽게 변화된다. 그러나 사회적 관계들을 의식하는 것은 그것들이 어떻게 수정될 수 있는가를 안다는 의미에서 이미 그것들을 수정하는 것이다. 이것은 '필요한' (예를 들면 자연으로부터 생계를 만들어가야 할 필요성) 것으로 생각되는 관계들의 경우에서조차 마찬가지다. 그리고 그러한 경우도 이러한 방식으로 보면 새롭게 보인다. 이 모든 것은 정말로 우리가 '철학'이라고 규정한 방식에서의 변화를 제시한다. 지식은 진정 권력이다.

이런 의미에서 진정한 철학자는 정치가이고 그 외의 다른 것이 될 수 없다. 그 정치가는 우리 각자가 참여하는 관계들의 앙상블(ensemble)을 환경으로 이해하고, 환경을 바꾸는 적극적인 사람이다.

비슷하게 '너 자신을 알라'는 오래된 철학적 프로젝트는 (모두가 '철학자'로서) 모두를 위한 프로젝트로서 그리고 명상적인 실천 이상의 것으로서 새로운 의미를 가진다.

만약 사람의 개인성이 이러한 관계들의 앙상블이라면 사람의 인성을 창조하는 것은 이러한 관계들의 앙상블을 수정하는 것을 의미한다.

그러나 이러한 형태의 이해는 정적으로 남아 있어서 충분하지 않다. 우리는 '인간'(Man)을 사회적 그리고 자연적 존재로서만이 아니라 역사적인 존재로 이해해야 한다.

> 관계들의 앙상블을 주어진 시기에 주어진 체계로서 아는 것으로는 충분하지 않다. 그것들이 형성된 움직임이 발생론적으로 알려져야만 한다. 왜냐하면 각 개인은 존재하는 관계들뿐만 아니라 그 관계들의 역사의 종합이기 때문이다. 개인은 모든 과거의 요약체다.

사회적 관계를 통해서 '인간'(Man)에 접근하는 것이 크게 선호되는 것은 바로 그것이 '역사'를 이런 의미로 파악하게 해주기 때문이다. 즉

> '인간 본성'이 '사회적 관계의 복합체'라는 것은 가장 만족스러운 대답이다. 왜냐하면 그것은 무엇이 된다는 개념(인간은 '무엇이 된다', 인간은 변화하는 사회적 관계들과 함께 지속적으로 변한다)을 포함하고 있기 때문이고 또한 '일반적인 인간'을 부정하기 때문이다.

'일반적인 인간'을 말하는 것이 유용하다면 우리는 그 탐구를 역사에서 해야 한다. 왜냐하면 '인간 본성'은 어떤 특정한 인간에 있을 수 없고 인류의 전체 역사 속에 있기 때문이다.[85]

'인간은 무엇인가'에 대한 그람시의 논의는 마르크스주의의 기원에서, 특히 포에르바하의 인간주의와 역사적·유물론적 시각들 사이의 격론에서 나오는 주장들을 회복시키고 재진술한다. 그람시의 논의는 『포에르바하에 대한 테제』(*Theses on Feuerbach*)를 요약하고 발전시킨다. 그것은 다음과 같은 몇 가지 점에서 비판될 수 있다. 첫째, 인간의 '자연적' 성격(인간들이 자연을 이용할 뿐만 아니라 또한 자연의 한 부분인 방식)에 대한 테제를 발전시키지 못한 것,[86] 둘째, 개인의 주체성의 이론이 불완전한 것, 셋째, 오늘날

에 가장 중요한 비판은 그람시가 계급적 관계 외의 사회적 관계들을 소홀히 한 것, 특히 젠더 관계들의 역사적 구성을 소홀히 한 것, 즉 전체 인류를 가리키기 위해 '인간'(Man)이라는 철학적 인물을 받아들여서 나타나는 문제점이다.

사실 근대 페미니즘은 기존의 마르크스주의자 개념의 틈을 채우고 발전시키고 비판했다는 점에서 특별히 중요한 기여를 해왔다. 그 기여는 우리가 주장하는 맥락에서 매우 중요하다. 왜냐하면 그것은 개인의 경험과 사회적 관계들 사이의 관계에 중점적으로 관심을 가져왔기 때문이다.

페미니스트 이론은 여성 정치의 실천적 의미들, 특히 '의식화' 집단을 가지고 작업해왔다.[87] 개인 여성의 경험은 개인적 증언의 형식으로 처음으로 '공공'에 이야기되면서 일반적·사회적 조건에 대한 증거로서 간주되었다. 여성이 억압받는다는 자각은 개인의 문제들이나 개인의 부적합의 산물이 아니었다. 그것은 체계적인 이유들, 여성 전체가 공유하는 일반적·사회적 조건으로부터 나왔다. '가부장제'라는 이름이 붙여진 사회에서조차 일반적인 사회적 조건은 많은 다른 방식으로 규정되었고, 때로는 고대적인 또는 유재적인 태도 속에서 오히려 약하게 존재하는 것처럼 규정되었다. 우리가 매우 선호하는 좀 더 강한 가부장제 이론은 가부장적 **사회적 관계들**, 즉 젠더 차이들이 생산되고 규정되는 과정 속에서 남녀 사이의 관계들이 특별히 조직되는 것을 강조한다. 그 역사적 특수한 형태에서 젠더 관계는 인간적 필요들을 발전시키고 만족시키는 것에 대해 매우 불평등한 기회를 주어왔다는 점에서 계급관계와 유사하다. 그래서 젠더 관계는 여성들이 남성 통제의 형태들과 젠더에 근거한 불평등한 교환을 의식하게 되는 곳에서는 필연적으로 투쟁을 포함시켰다. 예를 들면 낭만적 사랑과 혼인 계약에서부터 인간을 낳고 기르는 것에 이르기까지 말이다.

그래서 페미니즘은 '사회적 관계들의 앙상블'을 더욱더 복합적인 것으로 간주해야 한다고 주장한다. 게다가 여성이 처음 억압을 경험하는 형태가 개인적 성격을 가지고 있기 때문에, 페미니스트 주요 텍스트의 대부분은 마르크스주의자 이론의 주요 산물들과 매우 다르다. 페미니스트 텍스트들은 이야기, 소설, 자전적 글쓰기의 형태, 특정한 역사적 단계에 있는 여성들에게 진실인 대표적·경험적 의미를 잡을 수 있었던 글쓰기의 형태를 취해왔다.

베라 브리튼의 『청춘의 유언』(*Testament of Youth*)은 우리에게 이러한 종류의 글쓰기의 탁월한 예라고 여겨진다.[88] 이것은 베라 자신의 경험에 집중되어 있지만, 우리에게 더 일반적으로 제1차 세계대전의 경험들과 사건들을 결정했던 것들에 대해 대부분의 '역사'적 연구들이 말해주는 것 그 이상을 말해준다. 만약 그러한 평가에 동의한다면, 이 책을 그렇게 성공적으로 만드는 것이 무엇인지를 고려하는 것은 가치가 있을 것이다.

그것에 대한 우리의 답은 개인들과 사회적 관계들에 대한 좀 더 일반적인 주장들로 다시 연결된다. 『청춘의 유언』이 가지고 있는 강점의 일부는 작가가 사회적 관계들의 주요한 세트 내에, 특히 이 경우에는 젠더 관계 내에 있다는 것이다. 이 책은 그녀 자신의 개인적 관계들, 특히 전쟁 이전 그녀의 남자 형제, 애인, 남자 친구들과의 개인적 관계들에서 '살아진'(lived) 경험에 대한 것이다. 전쟁은 당시 여성의 위치를 나타낼 뿐만 아니라 과도하게 드러나면서 이 관계들에 충격을 주었다. 베라 자신의 삶은 유럽의 유대인 대학살에 의해 거대하고 충격적일 정도로 심하게 영향을 받았다. 그녀는 그녀가 매우 사랑한 남자 형제, 그녀가 결혼하길 희망한 남자 그리고 그녀의 다른 남자 친구들을 잃었다. 위험과 이러한 현실에 대한 그녀의 적극적인 대응은 그녀 자신이 가능한 직접적으로 전쟁에 연루되는 것이었다. 그래서 그녀는 유럽의 전장에서 간호사가 되었고, 더 나아가 전쟁에 나가는 젊은이들이 지닌 이상주의적 희망들과 부상으로 인해 그들이 겪은 물리적·정신적 영향들 사이의 대조를 경험했다. 그리고 이 경험으로 인해서 그녀는 자신의 중산층 가족이 준 확실성과 그 후 옥스퍼드에서 그녀의 동료 학생들 대부분이 가지고 있는 순진함을 가질 수 없게 되었다. 아주 중요한 의미에서 베라는 제1차 세계대전 당시 여성의 경험을 구현한다. 그것은 전쟁이 끝난 지 20년 후에 그녀가 『청춘의 유언』을 쓰면서 그녀 자신이 깨닫기 시작했던 어떤 것이었다. 그녀는 그 시기가 '내 세대의 남성들과 여성들'에게 무엇을 의미했는지를 보여주길 원했다. 그녀는 소설과 그녀 자신의 전쟁 일기를 다시 쓴 것을 포함해서 여러 가지 글쓰기 형태들을 실험해본 후에 자서전을 선택했다.

> 유일하게 한 가지 가능한 방식이 남았다. 그것은 더 넓은 [역사적] 배경에 대해서 내가 할 수 있는 한 진실하게 나 자신의 매우 전형적인 이야기를 말해서, 아무리 공적인 의미가 크고 아무리 일반적으로 넓게 적용이 되어도 개인의 이야기는 사적으로 보존되어야 한다고 믿는 모든 사람들을 화나게 하는 위험을 감수하는 것이다. 다른 어떤 방식으로는 보통 사람들의 삶을 당대 역사의 그 적소에 놓고 전 세계적 사건들과 운동들이 남성과 여성 개인의 운명들에 준 영향을 조명하려는 나의 시도를 감행할 수 없을 것 같았다.[89]

그러나 우리는 『청춘의 유언』의 힘을 단순히 '구조'로서 그리고 특별한 역사적 형태를 가진 사회적 관계 속에 전략적으로 개인들이 위치한 것으로 설명할 수 없다. 베라는 또한 그녀 자신, 그녀의 친밀한 관계들 그리고 더 넓은 대참사의 맥락에 대해 특별히 고양된 의식을 발전시켰다. 게다가 이것은 쉬운 설명이나 편안한 해결들과 표면적 모양새를 철저하게 경계하는 발전된 비판적 의식이었다. 이것은 전형적으로 일종의 계산된 아이러니 속에서 표현되었는데, 특히 애국적이고 종교적인 도그마에 결과적으로 전쟁 전

민족주의적 경건함 전체에 등을 돌렸다. 이것은 또한 정치적 의식이었다. 그녀는 그 적극적인 방향성에서 페미니스트였고 평화주의자였다. 그래서 많은 점에서 『청춘의 유언』은 이 논문에서 우리가 논의해왔던 종류의 실천, 즉 사회주의적·페미니스트적 대중기억을 위한 한 강력한 모델이다.

> '평온하게 기억된 감정'이라는 성숙한 특성들은 나의 목적이 아니었다. 나의 목적은 최소한 부분적으로 역사의 가장 통탄할 반복들에 대한 책임이 있는 망각으로 너무 쉽게 너무 편안하게 다시 되돌아가는 것에 도전하는 것이었다.[90]

이렇게 우리가 자전적 형태를 옹호하는 것이 '대표적 개인들'의 자서전을 지지하는 다른 주장들과 공통점이 없다는 것을 지적하는 것이 중요하다. 예를 들면 전기가 거대한 공적인 권력과 영향력을 가진 인물에 대한 것일 때, 대중적 자서전은 원칙적으로 그 중요성을 전기에 주는 엘리트적인 주장들과는 아무런 공통점이 없다. 제1차 세계대전에 대한 베라 브리튼의 이야기를 분리시키는 흥미로운 경우가 제2차 세계대전에 대한 윈스턴 처칠경(Sir)의 확장된 자서전적 이야기다.[91] 여기에는 개인의 중요성과 '역사적 역할'이 거의 과대망상증적으로 많이 삽입되어 있지만 뒤따르는 이야기들은 분명 개인적으로 중요할지는 몰라도 자의식적으로 의미가 있지는 않다. 또한 그것들은 상류계급의 군사적이고 상류 정치적인 문화와 민족적 인물과 역사에 대한 매우 신화적인 보수당의 이야기판본 속에 갇혀 있다.[92] 우리가 의미하는 '대표성'은 지배적인 사회적 관계들이 전형적인 종속적 위치로부터 보이는 대중 자전적 형태에서 더 잘 발견될 수 있다. 즉 일상적 억압과 그것에 대항하는 투쟁의 대표성 말이다. 게다가 대표성은 공유되고 집합적인 사회적 위치들이 가지고 있는 한 특성이다. 많은 자서전적 글쓰기의 주요 특징은 작가를 둘러싼 사람들과 결정적 요소들로부터 작가 자신을 구별하는 것이다. 그러한 이야기들은 '대중기억'의 구성에 속하지 않고, '지배적 기억'의 재생산과 전파를 돕는다. 처칠의 신화는 지배적 기억이 가지고 있는 매우 뚜렷하고 지속적인 근대적 특징이다.

그래서 구술사 또는 대중 자서전이 중심을 이루는 대중기억의 실천을 위해서 우리의 주장들은 주요한 의미들을 가지고 있다. 아마도 두 가지 주요한 의미가 있을 것이다. 첫째로, 주체(개인, 지역사회 또는 역사적 시기)의 선택은 매우 중요할 것이다. 둘째로, 우리의 연구방법은 일차적 서술에 대해서 자의식적이고 정치적인 성찰을 할 수 있는 최대한의 기회들을 주어야만 한다.

어떤 주체가 선택되는가 또는 어떤 주체들이 그들 자신을 선택하는가는 매우 중요하다. 그리고 한번 출현하면 그러한 주체들은 그들의 대표성과 연관하여 비판적으로 이해되어야만 한다. 어떤 주체들은 대단히 일반적으로 두각을 나타낼 것이다. 이런 주체의 모든 것이 '그 자체로서' 중요하지만 넓게 퍼져 있는 사회적 경험들에 대해서 직접적으로 잘 이야기해주지 않을지도 모른다. 그 주체들은 그것들이 발생한 사회적 환경에 의해 심하게 제한받을지 모른다. 예를 들면, 브리튼의 『청춘의 유언』은 그녀 자신의 사회적 위치인 중산계급의 성격과 그 후 작가와 선동가로서의 직업에 영향을 받는다. 이야기들은 또한 지역사회에 한정되고 특정한 영역의 특수한 울타리 속에 있다. 예를 들면 계급 관계들은 특정한 아마도 더 고전적인 형태를 취한다. 마찬가지로 어떤 지역사회들은 새로운 사회적 형태, 새로운 변형, 전체 삶의 갑작스런 파괴와 새로운 것의 출현을 보여주면서 특별한 중요성을 가질 수 있다. 이 논의를 너무 멀리, 너무 기계적으로 주장하지 않는 것이 중요하다. 특히 우리는 이야기 자체가 나오기 전 무엇이 전형적인 것이었는지에 대해 완전히 알고 있다고 가정해서는 안 된다. 그러나 여기에 연관된 쟁점들은 있다. 예를 들면, 왜 거의 대부분의 '지역사회에 기초한' 연구들은 전통적 산업 하부구조인 광산촌, 마을 또는 더 오래된 도시 노동 계급에 초점을 맞추고 있는가? 왜 더 새로운 주거 지역 또는 1, 2차 대전 사이나 전후 시기 정착지들, 철강 도시 콜비(Corby)와 같이 현재 극적인 변형을 겪고 있는 많은 도시는 아닌가? 역사가 어쨌든 과거에 대한 것이라는 가정은 확실히 보수적인 향수와 연루되어 있다. 이상적인 경우들은 가장 규모가 크거나, 가장 긴 지속성을 가지고 있는 것이 아니라, 가장 극적인 당대의 변형들을 가진 것일지도 모른다.

사회적 위치가 정치적으로 유용한 지식을 보장하지 않을 때, 다음과 같은 연구방법이 제시된다. '의식'(consciousness)에 대한 우리의 주장들이 정확하다면, 연구방법은 이차적 사고를 위한 기회들을 최대화할 필요가 있다. 왜냐하면 이것은 일차적 결과와 첫인상을 추후에 분석하고, 익숙한 외양을 '낯설게 만들고', 재이론화하기 위해서다. 우리 중 몇몇은 이것에 대해 반발한다. 왜냐하면 추한 '역사가'(또는 '사회학자')가 다시 한 번 침입해서 우리의 설명이 무엇이어야 하는지를 우리에게 말하고, 우리의 '사실들'을 그의 이론에 맞추고, 때때로 우리의 경험을 확인할 수 없는 형태로 우리에게 다시 보여주기 때문이다. 그러나 이차적 분석이 이러한 형태를 취하거나 현존하는 지적 노동의 사회적 분업 속에 한정될 필요는 없다. 이것은 더 내적인 과정일 수 있다. 저자가 자신의 일차적 서술들을 추후에 된 연구와 사고에 비추어서 정리하는 것이다. 다시 한 번 우리는 (사고의 이데올로기적 작동을 극복하기 위한 연구의 필요성이라는) 일반적 질문을 현재 이 문제가 나타나고 있는 특정한 사회적·교육적 형태들로부터 분리시킬 필요가 있다. 우리의 요점은 일차적 서술들의 생산이 본래 그대로 있다는 의미에서 존중되는 것으로 충분하지 않다는 것이다. 정말로 그 이야기들을 '존중하는' 것은 지식의 진보적인 심화와 적극적인 정치적 참여를 위한 더 넓은 이해들의 기초로서 간주하는 것이다.

현재들과 과거들

이쯤에서 우리는 역사의 적합한 목적은 과거가 아니라 과거-현재 관계라는 것이 의미하는 바를 도출해내려 한다. 역사가들이 그렇게 열심히 이점을 부정하지 않았다면 이것은 너무나 분명해서 강조할 가치가 없었을 것이다. 여기서 우리의 주장은 경험주의의 경우에서와 마찬가지다. 즉 역사 쓰기가 필연적으로 이론적·정치적 활동인 것처럼 또한 [역사 쓰기는] 현재에서 그리고 현재를 위한 실천이라는 것이다. 이론, 정치, 당대성은 부정될 때조차도 존재하는 실천의 기본적 조건들이다. 조직적인 가정들과 정치적 암시들을 '편견'이나 (일상적 의미에서) '이데올로기'로 다루는 것은 전문가적 고결성이나 전문적 방법론이 앎(knowing)의 조건 자체를 변형시키는 것을 기대하는 것이다.

다시 한 번 구술사는 이러한 문제들을 생각해보는 데 매우 중요한 근거가 된다. 구술사적 방법론을 설명할 때 과거-현재 관계에는 주로 신뢰할 수 없는 기억이라는 문제가 등장한다. 여기에서 암시적으로 작동하는 기억의 모델이 있는데, 그것은 매우 소극적인 것이다. 그 모델에서 기억은 과거 사건들의 침전된 형태이고 적합한 질문을 받으면 캐질 수 있는 흔적들을 남긴다. 기억은 그 자체가 죽어 사라졌고 그래서 안정적이고 객관적인 과거를 대신하는 완성된 과정이다. 이런 식으로 기억들이 이해되면 기억들은 분명히 접근될 수가 없을 것이다. 그러나 이것은 주로 기술적인(technical) 문제다. 예를 들면 『과거의 목소리』에서 폴 톰슨은 사회심리학자의 실험들과 노년기 뇌의 생화학에 대한 지식에 의지한다. 그의 전략은 보수적인 것으로, 심리학자들이 발견한 것들을 기억의 상대적인 신뢰성과 상당한 기간 동안 기억이 지속되는 것에 대한 증거로서 인용하는 것이다.[93]

그러한 서술에서 가장 뚜렷하게 부재하는 것은 구술 증언이 실제로 기록된 현재와의 접합 지점이다. 말하여진 이야기들을 결정하는 요소들과 그 의미들의 사료로서 그리고 현재의 책임과 필요가 있는 곳으로서 현재는 없다. 톰슨은 '회상적 편견'(retrospective bias)의 문제에 대해 짧게 논의한다. 그것은 그가 최소화하려는 위험한 것들이다.[94] 그러나 '에드워드시기 사람들'은 또한 '엘리자베스시기 사람들'이라고 주장하는 코스의 반대 의견에도 일리가 있다. 그들의 이야기들은 필연적으로 현재 사건들과 생각하고 말하는 것이 가능한 것을 재구조화하는 것에 영향을 받는다. 구술사 증언들은 과거 사건들의 다소 정확한 기록을 형성하지 않는다. 그것들은 복합적이고 문화적 산물들이다. 그것들은 사적인 기억과 공적인 재현, 과거 경험과 현재의 상황 사이에서 전혀 이해되지 않는 상호관계들을 포함한다. 〈표 1〉은 비록 기록으로서 기억의 개념에 대한 대안적인 것으로 개발된 것은 아니지만 이러한 복합성의 일면들을 보여준다.

 당신 자신이 나의 구술사 증인이라고 상상해보라. 녹음기가 꺼졌고, 당신이 너무나 협조적이기 때문에(내가 이것을 쓰고 있고, 내가 원하는 어떤 것이라도 당신이 하게 만들 수 있기 때문에), 우리는 당신이 말해온 것 뒤에 있는 더 완성된 역사를 생각하기 시작한다. 우리는 〈표 1〉의 일 층의 오른쪽 방에 앉아 있다. 당신이 보다시피 이 방은 특별히 단단한 벽들을 가지고 있어서 당신은 어쨌든 도망칠 수 없다. 나는 당신에게 현재의 사회적 지위와 경험들을 생각하면서 이야기를 시작하길 강요한다. 나의 강요는 확실히 당신의 이야기에 영향을 주었을 것이다. 또한 당신은 데일리 메일(Daily Mail)의 열렬한 독자이고 대처 여사의 지지자다. 한동안 당신은 나라가 도덕적 쇠락을 겪고 있다고 확신해왔다. 나는 우리가 조한 현재 당신의 생각을 고려해야 한다고 주장한다. '그러나' 당신은 말한다. "그 모든 것은 그때 나에게 일어났던 현실을 바꿀 수 없습니다." "그것은 사실입니다"라고 나는 대답한다. "그러나 현재가 그에 대한 당신 기억의 틀을 만들고 모양새를 만들고 불러내거나 또는 잊어버리게 할 것입니다. 어쨌든, 당신의 현실은 그 자체로서 복잡한 것이었습니다. 그것은 또한 부분적으로 물질적 관계이고 부분적으로 문화적 형태입니다. 그 이후로 당신은 많은 경험, 극적인 심정의 변화들을 경험해왔고, 죄의식적인 자기비판조차도 해왔습니다. 당신은 어떤 경험은 오히려 잊길 바랐고 사실 잊어버렸습니다. 다른 경험들은 전에는 없었던 중요성을 현재 가지고 있습니다." (예를 들면 나는 당신이 청소년일 때 사회주의에 빠졌던 것이 어떻게 피상적으로 다루어졌는지 주목했다) 당신은 그것을 명백하게 인정하면서 말한다. "당신이 무엇을 뜻하는지 이제 알겠습니다. 그러나 당신은 무엇보다도 가장 중요한 것을 잊었다는 것을 아십니까? 내가 대답하고 있는 것은 당신의 질문들입니다. 나의 대답들은 또한 당신 권력에 의해 만들어졌습니다."

즉 구술사 증언은 현재의 담론과 경험에 심각하게 영향을 받는다. 그것이 구술적 서술(그리고 형식적 역사들)이 구성되는 관점이다. 그래서 기억은 그 자체로서 대단히 복잡한 구성물이고 매우 적극적인 과정이다. 기억에서 과거 사건들은 그 자체의 복합성 속에서 정리되고 재정리된다. 물론 지속적인 기억들이 있어서, 사람들은 어떤 과거 사건들은 상상을 통하여 종종 특이하게도 생생하게 다시 살려낸다. 이것은 특히 (예를 들면 노인들과 같이) 사회의 경제적·문화적·사회적 생활에서 주변적 위치에 몰려져서 완전히 잊혀질까 두려운, 기억 밖에는 잃을 것이 거의 없는 사람들의 경우일 수 있다. 그러나 추가로 말하면, 추후의 중재자로서 역사가 또는 사회학자의 개입은 구조화된 기억 전체 과정에 촉매로서 결정적으로 중요하다.

게다가 구술사 증언들을 '사료'로 다루는 데는 정치적으로 매우 큰 문제가 있다. 이것은 구술사 증인들을 걸어다니고 말하는 문헌의 형태, 즉 사람을 고문서로 다루는 것이다. 전문적 연구로서 구술사와 정치로서의 구술사 사이에 명백한 모순이 있는가? '전문가적'과 '지적인'을 동일시해서는 안

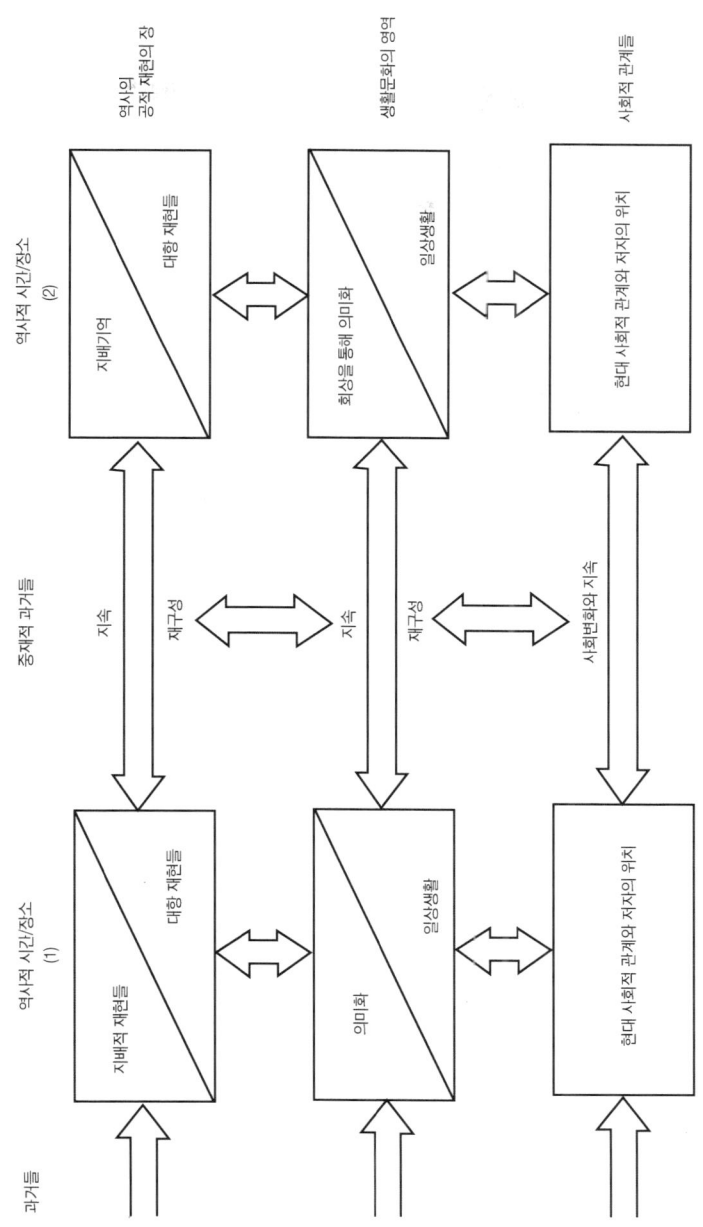

07. 대중기억의 이론, 정치학과 방법론 245

되고, 더군다나 설명적 또는 분석적인 것과 동일시해서는 안 된다는 주장이 있다. 그러나 사료인 개인에게 전문적인 역사가가 접근하는 것은 정치적-지적인 만남을 특징짓는 것과는 전적으로 다른 관계를 포함한다. 역사가는 박물관의 큐레이터처럼 보전하려는 태도를 가질 필요가 있다. 그래서 '이것을 테이프에 담고자' 하는 충동이 있다. (헛되기는 하지만) 역사가의 심적인 태도는 불간섭주의다. 풍부한 정신적 자원은 너무 많이 방해를 받아서는 안 되기 때문이다. 요점은 그것을 기록하는 것이다. 대조적으로 정치적 참여가 자기중심적이지 않고 너무 당파적이거나 조작적이지 않는 곳에서, 정치적 참여는 경험과 이해를 다시 생각하고, 세계를 다르게 보려고 노력하고, 기존의 사회적 관계를 넘어서고, 개인의 문제들이 다르게 배열되면 집합적으로 해결될 수 있다는 것을 보여주기 위해서 적극적인 상호 자극을 포함해야 한다. 그러한 적극적 '교육적' 과정은 필연적으로 그 사적인 형태에서조차 기억에 영향을 줄 것이다. 더 오래된 구성물들은 보존될지 모르지만, 새로운 사고가 그 위를 덮어버릴 것이다. 우리가 어떻게 행동해 왔는가 그리고 그 행위들을 어떻게 이해하는가를 가지고, 때때로 우리는 과거에 있는 모든 페이지들을 부인길 원할 것이다. 과거는 이렇게 실천적인 틀에서 우리가 보존해야 할 '것'으로서가 아니라, 현재에 끊임없이 울리고, 새로운 소리와 의미를 생산해내는 힘으로서 이해된다.

이러한 주장에 하나는 넓은, 다른 하나는 좁은, 두 개의 실천적 의미가 있다. 과거와 현재에 대한 우리의 주장은 역사와 정치의 통일, 역사적 작업을 정치의 한 측면으로 보는 것을 제시한다. 이것이 역설적으로 '위험하게' 보인다면, 그것은 종종 우리가 '정치'를 너무 좁게, 기존의 정치적 일과들 속에서 익숙해진 방식으로 '거대한 공적인 쟁점들'만을 다루는 것으로 인식하기 때문이다. 신은 역사가 단지 그러한 의미로서 '정치'에 연결되는 것을 금한다! 그러나 전체 사회 미래에 대한 논쟁과 투쟁과 같은 더 넓은 정치적 프로젝트에서 '기억'은 현재 조건들의 성격, 역사성 그리고 변화가능성을 이해하게 도와주는 핵심적인 근거다.

좀 더 구체적으로 말하면, 사회주의자들과 페미니스트들은 노년기 삶의 정치학을 발전시킬 필요가 있다. 노인들이 사회주의 페미니스트 대중기억에 기여할 때 그 정치적 전략은 명백하다. 우리가 기존에 알고 있는 것들은 여기서 중요하지 않다. 최소한 '나이'가 계급, 젠더 또는 인종과 비교될 수 있는 또 하나의 관계이기 때문은 아니다. 그러나 노년기 삶의 정치학은 분명히 오늘날 노인들의 경험, 즉 그들이 겪은 억압과 문화적 주변성의 특수한 형태들을 적합하게 분석하는 것으로부터 시작해야 한다. 그리고 이 정치학은 공적인 또는 관습적인 지혜들과는 매우 다른 노인들의 기억들이 때때로 활성화되어 노인들이 활발히 참여하는 오늘날의 정치에 기여할 수 있다는 가정으로부터 시작해야 한다.

대중기억의 형태들

논의의 이 지점에서, 대중기억들의 예들을 가지고 실제로 작동하고 있는 다양한 과정들을 보는 것은 유용하다. 지역적 기반이 있는 정치적 프로젝트 밖에서 대중기억들이 작동하는 다양한 과정을 보고자 한다면, 이것은 정말로 더 큰 별개의 연구를 필요로 할 것이다. 그러나 우리는 먼저 기억들이 출판된 구술사 서술들과 대중 자서전에서 표현된 몇몇 전형적인 형태들을 간단하게 보길 원한다. 우리는 여기에서 광범위한 단순화를 무릅쓰면서 폭넓은 자료들을 일반화하려고 노력할 것이다.

우리는 이미 이러한 서술들의 반복적인 특징들을 주목해왔다. 그 첫 번째 특징은 문학으로부터 언어적 기술에까지 그 서술들을 만들어온 다양한 형태의 장치들이고, 두 번째는 어느 곳에서나 이야기하기(story-telling)

의 형태가 있는 것, 세 번째는 기초적인 회상 조건으로서 과거-현재 관계가 영향을 주는 것이다. 마지막으로 우리가 읽은 이야기들의 대부분이 가지고 있는 강도 높은 '개인적' 성격과, 공공 역사학, 가장 학문적인 역사 그리고 특히 '구조적' 또는 비서술적인 종류의 역사들이 가진 공통적인 형태들과의 차별성을 강조하는 것이 중요하다.

이런 맥락에서 우리는 '개인적'(personal)이라는 용어로 두 가지 다른 것을 의미한다. 첫 번째, 가장 일반적으로 우리는 텍스트들의 '인본주의'(humanism)를 언급할 수 있다. 이때 우리는 인본주의를 매우 기술적으로 사용할 뿐, 경멸적이거나 단순히 도덕적으로 긍정적인 방식으로 사용하는 것은 아니다. 마르크시즘이나 사회사가 사회적 관계나 사회적 계급들로서 다루길 원하는 것을 이 이야기들은 개인들로 다루는 경향이 있다. 이 용어가 적절하지 않을지 모르지만, 이것이 만약 일종의 물신숭배(fetishism)(이 용어가 적당하지 않을지 모른다)라면 이것은 사람 숭배이지 물건 숭배는 아니다. 이야기 속의 세계들은 '촘촘하고' '확고하고' 그리고 구체적일 뿐만 아니라 또한 매우 두텁게 '사람들로 차 있다.' 사회적 관계들은 그 관계 속에 있는 사람들의 질을 통해서 이해된다. 구조적 결정 요인들은 사람들 사이의 관계로서 나타난다. 이 '인본주의'는 이야기체라는 가장 흔한 형태를 통해 흐른다. 그 이야기에서는 진짜 또는 상상의 사건들이 특별한 사람들 사이의 대화체로 재창조된다. "우리 아버지가 그에게 말했습니다. … 그는 우리 아버지에게 말했습니다. …"라는 형태는 민족적·계급적 문화들을 가로질러 우연히 영국의 노동자 계급 문화에만 한정된 것은 아니다. 더 일반적으로 인본주의는 재생된 기억이라는 '극장'에 '강한 성격'을 가진 극적인 인물들, 생생한 느낌들 그리고 세밀하게 묘사된 에피소드들을 준다. 한 뚜렷한 예는 『노동하는 삶』(Working Lives)에서와 같이 노동경험을 회상하는 이야기에서 개인들에게 부여되는 중심성이다. 이 이야기들은 고용주의

인성들(노예처럼 사람을 부려 먹는, 사치스러운, 거리를 두는 또는 '합리적인')과 십장 또는 동료들의 성격에 초점을 두고 있다. 개인들의 성격은 노동 경험에 거대한 차이, 즉 좋은 직업과 나쁜 직업의 차이를 만드는 것으로 보여진다. 베티 페리(Betty Ferry)가 『노동하는 삶』에서 말하는 것처럼 말이다.

> 이 사람은 쓰레기더미 속에 있다고 느끼고 있는 어떤 이에게도 강장제와 같았어요. 그는 항상 같았습니다. 그와 같은 사람들이 더 많이 공장에 고용되었다면 일하는 것이 얼마나 즐거웠겠어요! 그는 우리 모두에게 큰 기쁨을 주었어요. 그와 일한 사람들은 결코 그를 잊을 수 없었습니다.[95]

비슷하게 임금노동은 특히 첫 번째 직업인 경우 거의 항상 부분적으로 고용주의 인성을 통해서 또는 고용주의 대리인을 통해서 종종 짧고 신랄한 묘사를 통해서 기억된다. 『노동하는 삶』에서 픽워키언(Pickwickian)으로부터 이러한 종류의 예를 볼 수 있다.

> 그래서 다시 다음날 우리는 회사 사장의 사무실에 갔습니다. 토마스 무디만 씨는 진지하지만 친절하고 즐거운 표정을 지닌 작은 남자였는데, 당시의 관습적인 상복에 금 시곗줄과 금테안경을 쓰고 머리는 반짝이는 대머리였습니다.[96]

극악무도한 이들에게는:

> 그때 지금은 큰 회사인 찰리 그리피스가 있었어요. 당시에는 단지 찰리 그리피스와 그의 두 아들, 버트와 시드가 있었어요. 나는 시드의 눈에 한번 이상 침을 뱉을 뻔 했습니다. 그는 노예처럼 부려 먹었어요.[97]

해크니(Hackney) 이야기들에서 어디에나 이러한 인물 묘사들이 나오는 것은 책 1권에 나오는 많은 기억이 그 시기 동안 그 지역에 있었던 소규모 산업과 관계가 있기 때문이다. 그러나 개인들의 성격, 인성 그리고 능력에 대한 강조는 전체 장르의, 그리고 정말로 생활 문화의 주요한 특징으로 보여진다.

이 텍스트들의 개인적 성격의 두 번째 특징은 과거-현재 관계가 개인의 관계의 친밀성, 특히 세대 간의 비교를 통해서 다루어지는 방식이다. 우리는 여기서 예로서 『충실한 딸들』을 들 수 있다. 왜냐하면 이 책은 특별히 풍부한 '역사적' 언급들이 많고, 또한 과거에 대한 특수한 여성적 견해에 뛰어난 통찰력을 제공하기 때문이다. 틀림없이 더 넓은 변화에 대한 개인적 암시들을 얼핏 볼 수는 있지만, 전체적으로 이러한 이야기들에 '공적인 역사'로 인정될 수 있는 것은 거의 없다. 우리가 '역사적'이라는 매우 관습적인 견해를 가지고 일한다면, 우리가 이러한 이야기들을 '역사적'이라고 인정할 수 있을지가 의심스럽다. 때때로 '거대한' 공적인 사건들이 개인의 이야기에 침투해온다. 여기서 주요한 예외는 일상생활을 다시 조정한 주요한 사건으로 경험된 제2차 세계대전이다. 그러나 전쟁조차도 종종 친밀한 사건들을 위한 일종의 역사적 표지(marker), 즉 이것 또는 저것이 일어났을 때 '우리'가 하고 있었던 것을 상기시키는 표지의 역할을 할 뿐이다. 우리는 여러 면에서 대중적 역사인 군주제의 역사가 확실하게 이런 방식으로 일반적으로 작용한다는 강한 느낌을 가지고 있다. 왜냐하면 군주제의 역사는 어떤 사적인 이야기들이 어느 시기에 들어갈 것인가와 관련하여 좀 더 일반적 연대기를 가지고 있기 때문이다. 『충실한 딸들』에 나오는 페기 우드(Peggy Wood)의 이야기에서 인용된 다음의 페이지는 우리가 여기서 말하는 것의 많은 것을 요약한다.

전날 밤 나는 아이들에게 이야기를 하고 있었다. 텔레비전이 켜져 있었고, 1945년 전쟁이 끝났을 때를 방송했다. 그리고 데이비드(그녀의 남편)는 궁전 주위에 몰려와서 왕과 여왕, 어린 공주들에게 손을 흔드는 군중들을 비웃고 있었다. 그래서 나는 말했다. "비웃지 말아요, 그 사람들 중 하나는 나예요." 조나단(그녀의 아들)은 놀라서 나를 바라보았다. 그래서 나는 말했다. "그래, 너라면 그 밖에 무엇을 할 수 있겠니?" 술집들은 술이 없었고 우리는 그냥 거리를 방황했다. 전등불이 아직도 꺼져 있었다. 전등불이 모두 고쳐질 때까지 몇 주가 걸렸다. 등화관제가 해제되어 처음으로 불빛이 거리를 비추었다. 멋졌다.[98]

대중기억의 많은 기초적 조건들과 형태들은 이러한 짧은 추출물로부터 나온다. 그 조건들과 형태들은 기억하려는 근본적인 충동으로서 세대(아이들에게 말한다)의 중심성, 가내 관계 속으로 곧장 들어가는 공공 미디어의 촉발적 역할, 어른의 의심과 젊은이의 불신에 대항하여 기억들의 유용성을 주장하려는 노력, '경험'의 표시로서 왕족의 행사들을 (비왕정주의자 가족에서) 사용하는 것, 실제로 같은 과정(그들 중 한 사람이 나다)의 다른 측면인 공적 사건들과 사적 경험들을 연결하려는 노력, 그리고 이야기의 형태, 즉 개인의 경험에 대한 서술이다. 마찬가지로 『충실한 딸들』의 다른 부분에서도 과거와 현재에 대한 감각은 아동기, 성년기, 학교, 구애, 결혼, 아이와 같은 개인의 삶의 전환기에 대한 이야기를 통해서 또는 세대적 비교를 통해서 구성된다. 이러한 형태의 공통점 중 하나는 아마도 프로젝트의 페미니스트적 맥락과 관련되는데, '내' 아동기와 내 아이들에게 바라는 아동기 사이의 비교를 통해서 여성의 운명에 있어서 변화를 측정하는 것이다. 종종 이야기들의 가장 고통스러운 부분들에서 그 비교는 자신의 어머니들에 대한 매우 강한 적대감과 그런 관계가 다시는 반복되지 않을 것이라는 결심에 기초하고 있다. "그리고 나는 종종 내가 어떻게 다루어졌는지를 말하고는, 나는 절대로 내 아이들을 그렇게 다루지 않을 것이라고 말하곤 했다."[99] 그러한 비교들은 더 나이 든 세대의 여성들이 당면했던 문제들의 강도를 이해하고, 특히 섹슈얼리티에 관해서 비록 제한적으로나마 진전된 것들을 포함하는 폭넓은 역사적 재구성을 위한 기초가 될지도 모른다.[100]

이 매우 간략한 서술은 대중기억의 형태와 조건들을 고갈시키지 않는다. 예를 들면 개인적으로 관련이 있는 물건들, 특별히 오래된 물건들이 얼마나 과거에 대한 개념들과 감정들을 구현할 수 있는가를 검토하는 것은 흥미로울 것이다.[101] 이것을 박물관에 있는 한 문화 속의 역사적 물건들과 비교하면 매우 흥미로울 것이다. 그러나 [이 비교보다는] 우리는 좀 더 진전된 질문들을 할 수 있을 정도로 충분히 토론해왔다. 어떻게 지배적인 역사적 구성물들이 과거에 대한 더 생생한 감각들 속에서 유리한 입장을 획득하는가? 어떻게 그리고 어느 정도로 대중기억의 형태들은 이데올로기적인가? 예를 들면 어떻게 그것들은 철저히 정치적 보수주의에 일치하도록 만들어질까?

이러한 문제들은 복잡해서 특정 역사적 이데올로기들을 자세히 설명하지 않고는 거의 해결될 수가 없다. 그러나 우리가 '인본주의'라는 당황스런 문제로 돌아간다면 이러한 복합성의 일부에 접근할 수 있다.

우리가 만약 그람시의 사회적 관계들에 대한 '철학'과 사회적 개인에 대한 논의의 중요성을 충분히 기억한다면, 모든 인본주의가 이데올로기적인 또는 사회적으로 보수적인 것으로 처리될 수 없다는 것은 명백하다. 사회적 관계는 확고한 사회적 개인들의 활동 속에서 활동을 통하여 생산되고 재생산되거나 변화한다. 그렇지 않게 생각하는 것은 사회적 관계가 실제적 활동 뒤나 밖에 있어서 실제적 활동을 외재적으로 '결정하는' 것을 의미한다. 개인들의 역할들과 성격을 중심에 두는 것은 그 자체로서 사회적 관계들이나 더 넓은 구조화된 이유들을 숨기거나 위장하는 것이 아니다. 이것들은 정확하게 인간 행위와 주체성을 통해서 작동한다고 간주되어야 한다. 게다가 인본주의의 개념이 이데올로기라면 사회적 관계들의 힘에 저항하거나 그것들을 의미 있게 만드는 방식으로서 사회적 관계들을 인간화(humanization)하는 시도의 중요성이 보이지 않는다. 당신은 나의 노동을 이용하지만 나는 반짝이는 대머리와 기타 등등을 가진 당신 개인을 즐거움이나 재미의 대상으로서 다루기를 주장한다. 『노동하는 삶』(Working Lives)에 있는 이야기들 몇몇에서 이러한 개인의 유머를 통한 인간화라는 주제는 매우 명백하다. 폴 윌리스(Paul Willis)가 주장하듯이, 그것은 작업장 문화의 매우 지속적이고 일반적인 특징이다. 베티 페리가 특별히 양심적인 지배인에 대해서 이야기하면서 이점을 지적하고 있다.

> 호월스 씨는 매우 엄격하게 보이는 남자로서 키가 크고 매우 사무적이었어요. 그는 리버풀에서 왔고, 내가 좋아하는 코미디언 알 리드처럼 소리를 냈어요. … 나는 호월스 씨가 화가 났거나 누구에게 화를 낼 때에 결코 심각하게 받아들일 수 없었어요. 왜냐하면 그는 항상 너무나 우스운 소리를 냈기 때문이에요. 그는 나를 매우 즐겁게 했어요. 때때로 나는 특히 그가 누군가를 야단치고 있다면—그는 자주 그랬는데—그가 내가 웃는 것을 알까 봐 화장실로 뛰어가야 했죠.[102]

이러한 특징들, 즉 인본주의적 '사실주의'와 저항에서 인간화가 가지고 있는 역할을 이해한 후에 우리는 궁극적으로 대가의 문제와 체계적으로 **설명해주는** 형태의 '이론적 인본주의'에 대한 알튀세르적인 비판에 있는 진리의 요소들로 돌아가야만 한다. 만약 개인들의 능력들('인간성'의 독특한 대표적인 것들)이 우리의 설명에서 주요한 원칙이 되어서 삶이 잘못될 때 우리가 우리 자신들과 다른 이들을 항상 비난한다면 어떻게 될까? 의심할 것도 없이 상식처럼 퍼져 있는 그러한 틀은 영웅들과 여걸('열심히 일한 사람들')과 희생물과 악당들을 가지고 있는 철저한 보수적 개인주의로 쉽게 동화된다. 그러한 방식의 사고가 지닌 객관적인 경향은 우리를 현존하는 사회적 질서 속에 잡아두고 불평등의 깊이를 증대시키는 것이다. 그래서 이러한 점에서 철저한 인본주의는 예를 들면 역경에 대한 집합적 투쟁들과 같이 일상적 삶에 대한 더 깊고 더 적극적인 이해들을 방해할지 모른다. 그러나 여기서 인본주의적 형태의 표현과 이해들이 명시될 때마다 그것들을 계속해서 이데올로기적이라고 볼 근거는 없다.

더 가설적으로 우리는 역사적 이데올로기들이 사회적 진보 또는 퇴보라는 일반적 개념들에 관련하여 가장 강력하게 작동하고 있다고 본다. 사회적 진보와 퇴보라는 개념은 대중기억과 공공 정치적 담론이 접합하는 중요한 지점이다. 이것은 국민적-대중적 의지가 구성되는 한 측면이다. 이것은 또한 과거에 대한 개념, 현재 위기에 대한 분석 그리고 미래에 대한 희망과 가능성을 통합한다. 이것은 일상적인 역사의식의 한 부분이다. 사람들은 자신의 경험을 회상하면서, 결코 단순한 향수나 일방적인 진보주의에 제한받지 않고, 이러한 종류의 평가[진보냐 퇴보냐]를 한다. 오늘날, 영국에서 그러한 평가들은 '이 나라가 무엇이 잘못되었나?'라는 질문과 관련하여 항상 국민적 퇴보라는 틀에서 만들어진다. 특히 교육과 '법과 질서'에 관한 연구들에서 스튜어트 홀(Stuart Hall)과 다른 이들이 주장하듯이, 이러한 질문에 가장 강력하고 폭넓은 대답들을 선사하는 것은 새로운 우파다. 신우파는 위기 경험에 대한 역사적 의미를 만들어내면서,[103] '우리'가 다시 전투태세를 갖춘 국민이 되어 (매우 불평등한) 희생을 할 준비가 되어 있는 더 넓은 보수적 역사학과 연결된다.

이제까지는 이 보수적 역사학에 대항하는 것이 거의 없었다. 자유주의와 사회민주주의적 역사학의 주요 테마인 '경제 성장'과 '사회 개혁'을 통한 진정한 대중적 진보는 상식적으로 현실적 조건들이 실현할 수 없는 이상주의적 구성물로서 드러난다. 특히 후기자본주의적 발전이 필연적으로 모든 종류의 복지 지원을 크게 확장시킬 것이라는 생각은 현재 전적으로 불가능해 보인다. 다른 한편으로 좌파의 역사적 수사학은 1930년대가 가지고 있는 부정적이고 정적인 회고적 이미지에 의해 지배당하는 듯하다. 이것은 대처 또는 사회민주주의적 유토피아와는 다른 미래를 향하는 지향점이 없는 대중 역사의 한 형태다. 과거에 좀 더 통합적인 사회주의를 기억할 수 있는 남녀들은 1940년대 이후로 얼마나 정치가 협소해졌고 전문화되었는지, 이상주의는 일상적 실용주의 속에서 사라졌고, 노동당이 심각하게 자유주의화 되었다는 것을 인정하면서 널리 퍼진 상실감을 느낀다. 애니 데이비슨(Annie Davidson)은 『충실한 딸들』에서 1920년대 글래스고(Glasgow)에서 그녀 자신이 사회주의자가 된 것부터 이야기하면서 다음과 같이 말한다.

> 나는 나 자신을 '이상주의적 사회주의자'라고 불러요. 그런데 세계가 너무나 복잡해졌기 때문에 요즘은 그 호칭이 비웃음을 당해요. 이상주의는 요즘 별로 인기가 없어요. 왜냐하면 현재의 결과를 얻기 위해서 당신의 이상들을 어느 정도는 집어치워야만 결정되는 너무나 많은 실제적인 일들이 있기 때문이에요. 그러나 나는 장기적인 결과가 진정한 사회주의의 목표이고, 그것이 궁극적으로 볼 때 단기적인 대책으로 무언가를 하려고 하는 것보다 가장 좋은 것이라고 느끼죠. 단기적 대책이 영속적인 것이 되면 소용이 없어요. 왜냐하면 단기적 대책은 내게는 잘못된 대책이기 때문이죠. 이것이 잘 표현되지는 않지만 내가 느끼는 거예요.[104]

아마도 여기서 잘 파악되지 않는 것은 사회주의적 미래에 대해서 역사적 정보를 지닌 견해의 필요성이다. 애니의 상실감은 현재 사회주의에서 과거, 현재 그리고 미래를 연결하는 대중적 역사학의 부재를 가리킨다. 바로 그러한 틀 안에서만이 장기적이고 단기적인 쟁점들이 적당하게 처리될 수 있다. 그녀가 젊었을 때 사회주의자들(특히 공산주의자들)은 마르크스주의적인 역사 과학을 가지고 종종 사회주의적 미래에 비전을 가졌다. 예를 들면 애니 그녀 자신이 유진 슈(Eugene Sue)의 역사소설들을 읽고, 그 소설들로부터 '가족 이야기'에 연결된 프롤레타리안 역사에 대한 포괄적인 감각을 얻었다는 것은 흥미롭다.[105] 빌 슈왈츠와 라파엘 사뮤엘(Raphael Samuel)은 종종 '원시 공동체사회'까지 거슬러 올라가는 장기적인 마르크스주의 역사가 사회주의자들과 마르크스주의자들이 훨씬 넓은, 정말 거대한 역사적 틀 속에 그들의 투쟁을 자리매김해준 것을 주목해왔다.[106] 물론 문제는 단순히 이 오래된 마르크스주의 역사 인류학을 회복시키는 것이 아니다. 사회주의적, 페미니스트적 그리고 반인종차별주의적 대중기억은 특히 페미니스트 역사와 흑인 역사에서 대중 독자들과 관련하여 이미 존재하는 것으로부터 시작해야 할 것이다. 이러한 대중기억은 또한 백인 남성 노동자 계급의 역사를 다시 생각하게 할 것이다. 그러나 과거에 대한 적극적이고 대중적이고 정치화된 감각이 현재보다 더 명백하게 필요한 적은 없었다.

연구의 사회적 관계에 대해서

우리는 궁극적으로 인식론적·이론적 문제들이 어떤 사회적 조건들, 특히 지적 생산의 사회적 관계들에서 여러 종류의 저자들이 어떤 위치에 있는가에 달렸다는 것을 내내 강조해왔다. 우리는 특별히 '역사가'를 전문적인 독점자 또는 역사적 지식 생산의 차후 독점자로 보고, 그 역할에 관심을 가져왔다. 어떻게 이러한 독점의 형태들 그리고 그들이 재생산하는 경향이 있는 전문적 이데올로기들이 해체될 수 있을까?

이 영역에는 이미 질적으로 다른 실천들이 있다. 그것들은 대체로 세 가지 주요한 형태의 조직과 일치하는 듯하다. 첫 번째로, 미국에서처럼 때때로 정부의 지원하에 매우 큰 자금 지원을 받는 구술사 '프로젝트'들이다.[107] 그러한 프로젝트들의 주요한 특징들은 사회적 분업을 강조하고 정말로 사회적 분업을 강화시키는 경향이 있다. 연구의 주체와 객체 사이의 분업뿐만 아니라, 연구자들 사이에서 글을 쓰고 사고하고 이론적으로 프로젝트의 틀을 짜는 사람들과 주로 행정적인 관리를 하는 사람들 사이의 분업 말이다. 이러한 분업은 미국에서 대단한 수준에 이르러서 이제는 연구 프로젝트를 디자인하고 상업적 회사를 고용하여 현지조사를 수행하게 하는 것이 가능하다. 정치적으로 급진적인 후원 하에 그리고 마르크스주의자 또는 페미니스트 이론화 작업들의 도움으로 [연구가] 수행되는 곳에서조차도 분업화된 프로젝트들은 그 자체의 형태에서 문제가 된다. 비록 이것이 대규모 프로젝트들을 포기하는 충분한 이유가 되지 않을지는 모르지만 말이다. 그 프로젝트들은 실제적으로 진행될 때 지식과 권력의 기존 관계들을 강화하는 경향이 있다. 그것들은 사람들의 기억들을 취해서 원래의 구술자들에게 적당한 보상도 없이 연구자들의 학문적 또는 관료적 경력에 도움을 주도록 이용하여 일종의 상징적 폭력을 휘두를 수 있다.

그러나 영국에서는 그러한 대규모 프로젝트가 흔치 않았었다. 구술사와 비슷한 연구들은 흔히 연구자들의 모순적인 사회적 위치와 관련되어 있다. 가장 분명한 것은 러스킨대학(Ruskin College)에 기반을 둔 프로젝트와 같이 성인 노동계급 교육에서 구술사와 '민중사(people's history)'[108]가 두드러지는 것이다.[109] 노동계급 출신 성분과 충성심과, 지식과 지식생산이 가지고 있는 학문적·중산층적 성격 사이의 모순들이 가장 날카롭게 경험되는 것이 바로 대학들이 (특별히 주거지역에 있는) 제공하는 성인 교육이다. 성인교육들의 한 가지 공통적인 형태는 '지역사회로 돌아가는 것'과 '대학으로 가는 것' 사이의 견인력이고, 이것은 지적인 활동들이 강렬하게 지속되는 주요한 형태다. 궁극적으로 학문적으로 선택이 되건 말건 간에 '민중사' 프로젝트들은 지속되는 계급 또는 지역 소속감을 확인하는 방식으로 사용될 수 있다. 동시에 [이 프로젝트와] 출신지역과의 실제적인 관계는 새로운 언어, 지식, 때때로 생활습관들이 습득되면서 미묘하게 변화되어왔다. 우리는 '민중사'와 구술사가 주는 주요한 자극이 이러한 또는 비슷한 상황들로부터 나온다고 주장하지만 그것을 증명할 수는 없다.[110] 이러한 점에서 사회적-역사적 연구들은 사회학과 문화연구에서 흔한 더 넓은 사회적 패턴과 일치한다. 그 패턴은 공교육을 통해서 계급 문화적 차이들과 관계들을 둘러싸고 있는 정치적 질문들과 지적인 작업들을 촉발시키는 계급 이동 경험의 중요성이다.[111]

이러한 경우에 연구의 주체와 객체 사이의 친밀성에도 불구하고 노동 분업은 남아 있다. 학문적 경력들은 개인의 기억들 또는 출신 지역사회로부터 만들어질 수 있다! 지난번 경우[분업화된 대규모 프로젝트]와 같이 이것은 필연적으로 연구의 지적인 결과들을 부정하지 않지만 추후 질문을 제기한다. 그러면 이러한 지식은 누구를 위해서, 누구의 실천을 지도하기 위해서 만들어지는가? 여기서 대부분은 그러한 지식이 그 지식을 만든 구술자들에게 어느 정도 되돌아가는가에 달려 있다. 그리고 이는 종종 일어나는 것이 확실하다. 보통 독자들은 이 책의 독자들과 비슷하다. 그들은 대중적 독자들이 아니라, 그 저자가 현재 속한 특정한 사회적 집단들, 전문적인 중산계급에서 더 학문적이거나 더 지적인 집단들, 특히 더 급진화된 독자들이다. 우리는 삶의 조건들과 특히 이 집단에 접근하는 조건들이 현재 주요한 재구조 과정을 거치고 있다는 것을 덧붙여서 말할 수 있다.[112]

바로 이러한 맥락에서 급진적으로 지적인 독자들 안에서 어떤 개인들과 집단들은 우리가 이미 논의해온 지역사회에 기초한 글쓰기와 출판의 형태를 추구해왔다. 여기서 하나의 목적은 지적인 생산, 분배와 독자층의 사회적 관계들에 도전하고 재구성하는 것이었다. 개인적이건 집단적이건 노동계급의 저자들은 주로 노동계급 청중과 종종 지역사회를 위해서 역사 쓰기, 자서전 또는 소설 쓰기의 대중적 방식들을 발전시키도록 자극을 받았다. 지역사회에 기초한 운동들은 정확하게 지적 생산의 사회적 관계를 결정적인 투쟁의 영역으로 파악한다. 우리는 한순간이라도 직접적인 대중적 저작권을 가진 일차적 서술들의 생산과 유통 없이 적절한 대중기억의 정치학을 생각할 수 없다. 그러나 그러한 프로젝트들은 장애물들을 가지고 있다. 그것은 그러한 프로젝트들이 필연적으로 진행되는 맥락이 재구성되지 않았기 때문이다. 우리는 이 장애물들 중 두 개를 강조함으로써 이 글을 끝내려 한다. 나머지 장애물들은 이 책의 마지막 논문에서 더 논의될 것이다.

첫 번째 주요한 장애물은 한쪽에서 도전되어 수정된 분업과 권력관계가 다른 쪽에서 다시 즉각적으로 나타난다는 것이다. 우리가 저작권을 민주화했기 때문에 구술사 '증인'은 이제 대중적 자서전 작가가 된다. 우리는 센트레 프라이스(Centreprise)에서처럼 집합적으로 그러한 생산물들[대중적 자서전]을 조직할 수 있다. 그러나 역사가와 '사료'의 형태에서 폐기된 사회적 분업이, 예를 들면 조직 집단 내에서 기술과 문화적 권력의 차이들로 다시 나타날 수 있다. 교육적 또는 유사 교육적 맥락들에서, 노동자교육연합 또는 학교 밖 교실에서, 그 사회적 분업은 교사가 가르치는 관계로서 교습법의 문제로서 다시 정리될 수 있다. '집합적 작업'의 경험을 가진 사람들은 누구나 아는 바와 같이, 작은 규모의 조직이라고 해서 발의, 방향 또는 규정의 권력들과 불평등이 없지는 않다. (작은 규모의 조직이 권력의 부정적인 면들을 더 쉽게 파악하고 투쟁하게 할지 모르지만) 그러나 이러한 모든 것에서 사회적 분업들이 ('지금은 '그 밖의 곳'으로 옮겨져서) 상상적인 동일시에 의해 해소되는 위험이 있다. 즉 중산층 발의자와 노동계급의 동일시, 교사와 [하층]계급의 동일시, 운동가와 '지역사회'의 동일시 말이다. 그러한 경우에 문화적 권력을 사용하는 것이 매우 무의식적이 되거나 또는 그 결과 이미 지역사회에서 알려진 것을 단순히 재활용하는 위험이 있다.

그러한 모순들은 논쟁으로서 해결되지 않을 것이다. 그러나 우리는 이 문제를 사회적 정체성보다는 관점과 연결로 고쳐 말하는 것이 더 생산적이라고 생각한다. 다른 말로 하면, 유기적이고 지적인 작업은 일차적으로 당신이 누구인가의 문제가 아니다. 이것은 오히려 당신이 누구의 문제들을 연구하고 해결하려고 하는가의 문제이다. 결정적인 질문은 그것[문제]들이 요구하는 프로젝트의 관점과 연결들이다. 사회적 정체성은 항상 예견할 수는 없지만 여기서[프로젝트에서] 도움을 주거나 또는 방해가 될 것이다. 더 중요한 것은 종속된 계급들과 사회적 집단들의 일상생활에서 나오는 아젠다의 근거와 그 관점으로부터 생산되는 유용한 지식이다. 이것은 정치적 운동가에게뿐만 아니라 '비판적' 학계에도 똑같이 적용된다. 본질적인 것은 대중적 경험들과 발전된 지적인 기능 사이의 연결이다. 그러면 핵심적인 문제는 어떻게 그러한 연결을 정치적으로 조직하는가, 어떻게 이차적 분석의 기술을 일반화하는가 그리고 어떻게 이러한 대중적 교육을 다른 일상적 투쟁들과 연결시키는가가 된다.

두 번째 주요한 장애물은 대중적 역사 쓰기와 역사의 공공 재현의 장 사이의 관계에 대한 것이다. 무엇보다도 순수한 대중적 표현을 중히 여기는 지역사회 활동가가 보기에는 지배 기억이 만연하고 있음이 잘 보이지 않을 수 있다. 그러나 지배적인 역사적 구성들은 필연적으로 '민중사'의 첫 번째 스케치들에서 존재할 것이다. 왜냐하면 지배적인 사고들은 지배적인 사회적 집단의 것만이 아니다. 사람들은 그 지배적인 생각들을 가지고 스스로의 삶을 살고 그것들을 일반화하려고 한다. 그 지배적인 생각들은 특정한 경향을 가지는데, 그 기원에서 필연적으로 '부르주아지'는 아니지만 지배적인 사회적 관계들에 일치한다. 우리가 자본주의적·가부장적·인종차별주의적 사회 질서 속에서 살고 있기 때문에, 그러한 사고들을 누구나 이야기하게 된다. 그래서 진정한 대중적 표현의 순수성을 추구하는 데는 한계가 있다. 이러한 수준에서 투쟁과 대안들을 만들어내고 작동시키려면 지배적인 담론과 그것들의 생산 수단들을 고려해야 한다. 제7장에서 논의하는 바가 바로 이러한 공공역사와 지배적 담론의 일반적인 형태들이다.

IV. 기억의 정치학

08. 성스런 역사로부터 역사적 기억으로
— 유대인의 역사와 기억_루세트 발랑시
09. 억압으로서의 신화
1936-1939년 마드리드 여성들의 모성과 역사의식
_까베살리, 꾸에바스, 치꼬타
10. 키비텔라 발 디 키아나에서의 학살
— 신화와 정치학, 애도와 상식
_알레산드로 포르텔리

08

성스런 역사로부터 역사적 기억으로
―유대인의 역사와 기억[*]

루세트 발랑시^{**}

『역사가의 기술』(*The Historian's Craft*) 서두에서 가르크 블로흐(Marc Bloch)는 어느 날 그의 아들이 한 질문을 회상한다. "아빠, 말해주세요. 역사는 어떤 쓸모가 있나요?" 그리고 그는 이렇게 명백하게 순진한 질문이 역사의 정당성에 대한 문제를 제기한다고 주장한다. 마르크 블로흐는 다음과 같이 대답한다.

> 정말로 우리 서구 문명 전체는 이 문제에 관심이 있다.
> 왜냐하면 다른 이들과 달리 우리 문명은 항상 극도로 과거에 관심을 두어왔기 때문이다. 더 정확히 말하자면 "기억으로부터 항상 많은 것을

---

* 이 논문은 Marie-Noelle Bourguet, Lucette Valensi and Nathan Wachtel. eds. Between Memory and History. (Harwood academic publishers. 1990)에서 발췌한 것이다. 논문의 영문 제목은 "From Sacred History to Historical Memory and Back: The Jewish Past"이다.
이 논문에 나오는 히브리어는 한국 가톨릭 번역을 따르거나, 영어 발음으로 표기하였다.

** 루세트 발랑시(Lucette Valensi)는 프랑스 파리 고등사회과학원의 역사학과 교수다.

기대해왔다." 모든 것, 기독교와 고전적 유산 모두가 이 방향으로 진행되어왔다. 우리의 첫 번째 지배자인 그리스인과 로마인들은 역사를 쓰는 사람들이었다. 기독교는 역사가들의 종교다. 다른 종교 체계들은 거의 인간 시간 밖에 있는 신화에서 그들의 신앙과 의례를 찾을 수 있었다. 기독교도들은 성서를 위한 역사책들을 가지고 있고 기도문들은 신의 이승에서의 삶에서 일어난 에피소드들과 함께 교회의 연대기와 성인들의 삶을 기념한다.[1]

마르크 블로흐는 유대인으로서 1941년 독일군이 주둔한 소르본 대학에서 더 이상 강의를 할 수 없었을 때 이 글을 썼다. 이 상황에서 유대주의가 기독교만큼이나 초기 역사에 기초하고 있고 성서를 위한 역사책들을 가지고 있다는 사실을 그가 떠올리지 못했다는 점은 이상해 보인다. 이것이 완전히 동화된 유대인이 가진 기억의 착오였을까? 무엇보다도 아이의 질문이 유대인의 질문으로 여겨질 수 있기 때문에 이것은 매우 아이러니하다. 네 아들—현명한 아들, 악한 아들, 단순한 아들 그리고 무엇을 질문해야 할지 아직 모르는 아들—은 매해 기념일과 과월절(Passover)[2] 전날에 엑소도스(Exodus)[3] 서사의 의미에 대해서 그들의 아버지에게 이 질문을 해야 했다.

마르크 블로흐가 이러한 유대인 경험을 억압했거나 무시했다는 사실은 유대인의 종교적 실천에서 기억이 사용되는 특별한 방식과 관계가 있을지 모른다. 내가 더 분석하고자 하는 것이 바로 이 기억의 사용이다. 그러나 그러한 논의의 첫머리에 명백하게 할 특성이 하나 있다. 그 특성은 유대인들을 둘러싸고 종종 억압했던 민족들 속에서 유대인들이 소수집단을 형성하면서, 그 기원과 원칙에서 종교적인 집합기억이 유대인 정체성의 기초였다는 것이다. 성스런 역사는 유대인의 정체성을 어떻게 주장하고 어떻게 알려주었을까, 그리고 유대인 집단들이 경험한 역사적 사건들을 어떻게 정교화시켰을까. 이는 우리의 오랜 질문들 중의 하나다.

우리는 오늘날 유대인들의 기억이 부활하고 있는 것을 목격하고 있고, 이것은 분명하게 두 가지 역사적 충격이 준 시련과 관련이 있다. 첫째, 유럽의 유대인들에게는 제2차 세계대전의 대학살이 있었다. 그다음으로 북아프리카와 중동 유대인 지역사회에서는 그들을 떠나게 했던 정치적 사건들, 즉 이스라엘 국가의 창조, 민족주의 운동의 봉기, 새로운 독립국들의 출현이 있었다. 집합기억은 국지적인 유대인 모임에서, 정치적 의식에서, 종교적인 깨달음에서, 그리고 다양한 형태의 문학적 표현들에서 부활하여 나타난다. 후자의 정치적 사건 중에서도 역사적 충격에도 살아남은 사람들의 자서전들이 폭발적으로 나타났다.

이 논문에서 나는 유대인의 경험에서 역사와 기억 사이의 관계, 그로 인해 만들어진 구성물과 조작의 몇몇 기원적인 특성들을 분석하길 원한다. 그런 다음 나는 전통적인 틀에 따라 집합적으로 정교화된 사례인 제르바(Jerba)[4] 유대인들의 경우를 다룰 것이다. 마지막으로 나는 북아프리카에서 태어난 유대인들과 프랑스에서 현재 살고 있는 유대인들이 쓴 출판 되거나 출판 되지 않은 전기들을 검토함으로써 집합기억과 개인의 기억들을 비교할 것이다.

유대인의 과거에서 기억의 정책

집합기억으로서 성스런 역사

만약 마르크 블로흐가 기억을 사회적으로 사용하는 것에 대해 다시 생각할 기회가 있었다면, 정말로 어떤 종교적 집단이 [성서의] 말씀이 드러나는 순간과 종교가 세워졌던 장소나 그 전파의 대리인들에 대한 특정한 기억을 가지고 있다는 것을 인정했을 것이다. 주요한 보편적 종교들에 속한 하부 집단들도 또한 그들 집합기억의 근거를 역사책에 둔다. 구약과 신약 성서의 경우에 성스런 역사는 신학이 되거나 최소한 그것의 일부분이 되었다. 이슬람조차도 그 기본적인 텍스트인 코란은 역사적인 서술이 아니지만 그 종파들의 정체성을 성립하는 기반이 되는 사건에 기초를 둔다. 예를 들면 시아파교도(Shiites)[5]들에게 알리(Ali)와 그 아들들이 살해된 사건이, 카리지트(Kharijites)[6]들에게는 어떤 신도들의 회의가, 한 수피 종파(sufi order)[7]에게는 왈리(wali)[8]의 밀고 행위가 정체성의 성립 기반이 된다.

이러한 현상은 종교적 실천이 과거를 기념하는 것이라고 결론짓게 한다. 이것은 종교가 죄, 망명, 구원과 같은 개념들과 같이 추상적인 개념에 뿌리를 두고 있는 것이 아니라, 그러한 개념들이 구체화된 사건들에 뿌리를 두고 있다는 것이다. 그래서 종교적 실천은 독점적이지는 않지만 그 사건들의 기념들로 구성된다. 그리고 신도들은 과거의 에피소드들을 다시 연행함으로써 그 사건들을 기념한다. 그러나 성스러운 역사가 오랫동안 펼쳐지는 반면, 기념은 한 해 안에 순서가 정해져 있는 모든 기억된 사건들과 함께 달력의 순환 속에서 엄격하게 조직되어야 한다. 그래서 전체 연대기는 한 해 안에 순서대로 축약되어야 한다.

이러한 축약의 결과로 기념은 종종 하나의 편찬물과 같다. 하나의 기념일이 성스런 역사의 몇 개의 층위를 언급할 수 있다. 그래서 모든 유대인들에게 압(Av)[9] 9일은 하나 그리고 동시에 몇 개의 비극적인 사건들을 기념한다. 그 사건들은 느갓네살부(Nebuchadnezzar)[10]가 첫 번째 사원을 파괴한 것, 사실상 기원전 586년 압 7일 또는 10일에 일어났던 팔레스타인의 유대인 왕국의 몰락, 기원후 70년에 티투스(Titus) 황제에 의한 두 번째 사원의 파괴, 그리고 마지막으로 132~135년에 하드리아누스(Hadrian)황제 지배하의 바르 코시바(Bar Kochba)[11]의 반란을 말한다.

미국에서 대통령 기념일(President's Day)이 미국의 과거 모든 대통령들과 미래의 모든 대통령들을 기념하는 것이 된 것처럼, 이러한 기억의 침전은 기념의 강화와 역사의 반복으로 나아간다. 그리고 유대인 전통에서 압 9일에 대한 더 일반적인 랍비적인 해석이 존재한다. 그 해석에 따르면 신은 압 9일을 시나이 사막에서 운명을 불평했던 유대인들을 벌주기 위한 가해의 날로 만들 것을 결심했다. 그날에 두 개의 사원이 파괴되었을 뿐만 아니라, 유대인들은 같은 날 스페인에서 추방되었고, 러시아의 차르는 1914년 압 9일에 군대들을 동원했다. 1938년에 유럽의 한 유대인 저자는 다가오는 두려운 위협[유대인 대학살]을 인식하지 못하고, 1915년 차르가 러시아의 국경 지방으로부터 유대인들을 추방할 것을 명령한 것이 바로 압 9일이었다는 것을 다시 한 번 강조했다. 이것은 압 9일의 비극적인 중요성을 새롭게 조명하는 것이었다. 1941년 바그다드 유대인 대학살과 다른 중심지들에서 폭력의 희생자들이었던 이라크의 유대인들은 "사자처럼 나는 포효할 것이다"라는 한탄의 구절을 도입함으로써 그 사건을 기념하기 시작했다.[12] 그런데 이 구절은 특별히 작사 되어 다섯 단식(Five Fasts)의 기도서에 삽입되었던 것이다.

그러나 이러한 축적 과정이 무한정 진행되는 것은 아니다. 기념은 시작과 끝을 가진 한정된 시리즈를 형성하는 경향이 있다. 유대인의 패러독스는 그들의 역사가 두 가지 주인공, 신과 유대민족을 연관시킨다는 것이다. 역사의 출발점은 첫 번째 주제인 창조와 신과 사람이 동시에 연루된 엑소도스(Exodus)이다. 역사의 마지막은 두 번째 사원의 파괴가 표시한다. 이 둘 사이에서 성서의 이야기는 두 번째 사원의 재건축까지 연속적으로 성스런 역사를 만들어낸다. 두 번째 사원의 시기는 마카비(Maccabees)[13]의 반란, 하누카(봉헌절, Hanukkah)이야기[14]와 70년 후의 바르 코시바의 실패한 반란을 포함한 것으로 이 시기는 성서의 부분이 아니다. 이러한 에피소드들은 마카베오 책과 같은 독립적인 이야기들을 통해서 또는 랍비 문학을 통해서 산재해 있는 문헌들이나 이야기들을 통해서 전승되었다. 그럼에도 불구하고 그것들은 성스런 역사의 부분이고 최후의 사건들을 모든 유대민족의 공통적인 달력에 각인시켰다.

이 기억할 만한 사건들은 어떤 즉발적인 과정에 의해서 진행된 것이 아니라 정당화하는 권력을 가진 권위의 존재, 즉 팔레스타인의 야브네(Yabneh) 랍비의 중재 결과였다. 예루살미(Y.H. Yerushalmi)는 다음과 같이 이 점을 훌륭하게 지적했다.

> 마지막 경전화는 100 C.E. 경 팔레스타인의 야브네에서 일어났다. 로마인들이 두 번째 사원을 파괴한 지 30년이 지난 후였다. 야브네의 랍비들에 의해서 성전이 밀봉되어서 성서의 역사적인 책들과 서술들은 불멸성을 가지게 되었다. 그래서 그 후의 어떤 역사가도 그 책들을 열망할 수 없었고 이미 존재하는 어떤 역사적 연구들도 언급할 수 없었다.[15]

그들의 역사를 봉인하는 것은 종교적인 집단이면서 동시에 하나의 민족인 유대인들이 처한 상황의 애매함을 드러내는 것이다. 한 번 분산되었던 민족으로서 유대인들은 역사를 공유할 수 없기 때문에 그들의 기억을 보존해야 했다. 유대인 대이산은 유대민족의 분산된 조각들을 갈라놓았고 나라와 국가가 사라져서 공통의 역사는 더 이상 발전의 여지가 없었다. 대신 기억은 집합적 정체성의 구성 요소 그 이상인 전승과 재생산의 기반 중의 하나가 되었다. 유대인들은 이산으로 기억의 민족이 되었다. 유대인적이라는 것은 기억하는 것이다. 유대인의 존재는 신학에 의해서가 아니라 역사의 의례화, 과거의 사건들을 끊임없이 회상함으로써 만들어진다.

마르크 블로흐가 그의 목록으로부터 유대인들을 배제한 것은 잘못이 아니었다. 그들은 역사학을 불가능하게 만들었다. 유대인 대이산은 역사의 과정을 멈추게 했고 지식인 엘리트는 역사적 글쓰기의 경계를 고정시켰다.

그러나 지식인 엘리트에 의해 한 번 고정된다고 해서 모든 기억할 수 있는 사건들이 똑같이 강조되어 기념되는 것은 아니다. 각 집단은 사회적 실천에서 무엇을 기억할지, 무엇을 망각할지를 선택한다. 종교적 기억은—역사적 기억이나 다른 집합적 또는 집합적이지 않은 기억처럼—정책의 결과다. 즉 보존되거나 잊혀질 인물들과 사건들이 정교화의 과정을 거치는 전략적 선택의 결과다. 또한 종교적인 실천은 항상 다시 협상될 수 있는 기억할 만한 사건들 가운데서 선택한다. 모든 축하연들이 똑같은 중요성을 가진 것은 아니다. 각 축하연 속에서도 의미의 각 수준이 똑같이 고려되는 것은 아니다. 각 수준에 얼마나 주목받는가는 또한 집단마다 변화할 수 있다. 예를 들면, 미국에서와 같이 프랑스에서 압 9일을 기념하는 것은 거의 잊혀져왔지만 다른 세 가지 기념일들, 과월절(Passover),[16] 하누카(봉헌절, Hanukkah) 그리고 속죄일(Kippur)[17]은 더 현저하게 기념되고 있다. 과월절과 봉헌절은—후자는 프랑스보다 미국에서 더 광범위하게 기념되는데—거의 이방인들의 두 가지 주요 명절에 상응한다. 부활절과 크리스마스는 공개적으로 과시적으로 기독교도들에 의해 그리고 비기독교도들에 의해서조차 준수되고 있다. 이러한 일치는 문화접변의 표시로서 간주될 수 있다. 반면 속죄일은 기념하는 축하가 아니라는 점에서 의례에서 특별한 위치를 차지하지 않는다. 속죄일은 집합적인 운명이라기보다는 개인의 구원에 대한 것이다. 유대교 법을 준수하지 않는 유대인들에게도 다른 모든 축하연들이 포기되었음에도 속죄일만은 남아 있다. 이런저런 방식으로 특별히 단식이나 기도를 하지 않아도 비교도들도 이날 어떤 종교적인 형식성을 준수한다. 아마도 이러한 변화는 유대인들이 세속적인 사회에서 계속 만연하는 회개와 개인의 구원을 강조하는 주류 집단들의 가치들과 태도들을

채택해왔다는 표시로서 이해될지도 모른다.[18]

집합기억은 비망록에 영향을 주고 또한 다른 방식으로 성스런 역사를 조작한다. 집합기억은 위대한 전통을 전유하고 지방적 맥락 속에 그 근거를 둔다. 불분명하고 잘 알려지지 않은 특정 지역 출신의 성인들이 기독교의 보편적인 메시지를 집으로 가져오는 것과 마찬가지로 다양한 유대인 지역사회들은 일반적 역사를 채택해서 지방적으로 확장하고 확대한다. 므리스 알브바크스는 『성지의 성서적 전설의 지형도』의 분석에서 무엇보다도 복음서 그 자체가 집합적인 노력의 결과임을 보여주었다. 복음서는 "이미 한 집단이 가지고 있는 공통적인 하나의 기억 또는 기억의 세트"였다.[19] 그는 이러한 집합적 구성은 상응하는 공간적 구성물로 번역되었다고 덧붙였다. 즉 그것은 유럽에서 발전된 신앙의 형태들에 맞게 십자군에 의해 만들어진 기독교적 예루살렘이라는 공간적 구성물로 번역되었던 것이다. 유대인의 대이산과 발생지의 경계를 벗어나는 종교적 확대와 함께 역전의 과정이 일어났다. 성지가 다른 공간들로 이전되었다. 즉 유대인들이 정착했던 곳 또는 주민들이 유대인이 되었던 곳 또는 유대인적이라고 낙인찍힌 곳으로 말이다. 성서가 영토에 대한 은유가 되었다고 말할 수도 있다.[20] 이러한 과정은 신중하면서도 집의 한 벽면이 예루살렘의 방향을 가리키는 것과 같이 강한 상징적 형태를 취했다. 또는 이것은 각 중심지가 또 하나의 예루살렘이 되는 것과 같은 공간의 전유로서 변형되었다. 수많은 소도시가 제2의 예루살렘(그 예는 므잡의 갈다이아다, Ghardaia, in Mzab), 예루살렘의 옛 방(북아프리카의 진주로서 불리기도 하는 알제리의 트렘센, Tlemcen, Algeria)[21]으로 불렸다. 유럽의 유대인들도 비슷한 상징적인 지도를 그렸다는 것을 지적할 필요가 있다.

이러한 모든 실천들은 위대한 전통을 언급하고 그것과 일치하고 있다. 성스런 역사의 한정된 사건들 속에 새로운 에피소드들을 도입해서 또 하나의 발전이 나타난다. 여기서 나는 북아프리카 전통으로부터 온 예들에 한정할 것이다. 첫 번째 예는 튀니지 유대인 의례에 속한다. 그것은 두 가지 종류의 축하연을 포함하는데, 하나는 소년들을 위한 것이고, 다른 하나는 소녀들을 위한 것이다. 후자(sh'udat atl-bnat)는 특별한 '사건'을 언급하지 않고(봄의 시작에 열리는 단순히 주연의 즐거운 시연이고), 전자(sh'udat Ithru)는 '역사적' 에피소드를 기념하도록 되어 있다. 전설에 의하면 젊은 유대 소년들을 죽였던 공포의 디프테리아가 모세의 장인인 이트로를 위한 토라(Torah)[22] 읽기의 날에 사라졌다는 것이다. 이트로의 만찬을 매년 기념하는 것은 명백하게 아이들을 보호하기 위한 숭배의 표현인데…, 소녀들의 것도 마찬가지다.

다른 종교적 실천들은 역사적 사건들과 연관되어 혁신되었다. 예를 들면 알제리와 모로코에서 유대인들은 부림절(Purims)[23]을 기념했다. 알제리에서 사람들은 1541년 10월 23일 카이르 아드딘 발베루스(Khair ad-Din Barberousse)에서 [프랑스] 찰스 5세에게 무슬림이 승리한 것과 1775년 7월 8일 알제리 군대가 오렐리(O'Reilly) 백작에게 승리한 것을 기념했다. 1950년대까지 헤쉬완(Heshwan)[24] 4일과 타무즈(Tammuz)[25] 11일에 일치하는 날짜들은 반복되는 부림 축제일이었다.[26] 모로코에서 1578년 8월 4일 포르투갈의 세바스찬 왕이 모로코의 두 왕자들[알 무타와킬(al Mutawakil)과 압 알 말리크(Abd-Al-Malik)]과 동시에 목숨을 잃은 유명한 세 왕들의 전투는 승리자 알 만수르(Al-Mansur)에게 승리를 주었다. 이러한 에피소드는 또 하나의 부림절로 모로코 유대인들에 의해 기념되었다. 같은 식으로 역사적 사건들은 의례와 달력의 순환에 통합될 수 있다.

가족 의례들과 순례들에서 지방 랍비들의 죽음을 매년 기념함으로써 성스러운 역사는 또 하나의 발전을 이루었다. 그래서 북아프리카 여러 곳에서는 랍비의 묘지를 중심으로 죽음 자체를 기념하거나 위에서 언급한 축적과정을 통해서 순례가 구성되었다. 그것들은 마그레브(Maghreb)지방 전체를 통해서 열렬한 신앙의 대상인 랍비 시몬 바르 요카이(Shimon Bar Yochai)와 메이 발 하네스(Mei Bal Haness)를 위한 기념들과 연관되어져 있다. 모로코의 와잔느(Wazzane)와 알제리의 트렘센 또는 튀니지의 제르바에서는 지방민들이 과월절 30일 이후에 라그 바 오메르(Lag ba-Omer)를 기념하는데, 이들의 신앙은 이백 년이 된 이 두 랍비에 대한 좀 더 일반적인 신앙과 겹쳐졌다.

지방 랍비들에 대한 신앙과 그들의 묘지를 매년 방문하는 것을 북아프리카 유대인들의 종교적 실천과 이슬람교도들의 대중적 종교 실천과의 상호작용의 표시로서 보는 것은 일반적이고 옳은 해석이다. 이 종교적 헌신은 은자숭배에 대한 유대인들의 판본일 것이다. 그러나 랍비 시몬과 랍비 메이에 대한 종교적 헌신에는 특수하게 유대적인 차원이 있고, 그것은 다시 집합기억이 축적되어온 결과다. 왜냐하면 신비주의적 유대학파(Kabbalistic)전통에서 시몬 바르 요카이는 실제로 13세기에 스페인에 의해 쓰인 조하르(Zohar)[27] 『광휘의 책』(the Book of splendor)의 저자로 여겨지기 때문이다. 랍비 시몬은 라그 바 오메르에서 죽었고 그때 그의 제자들에게 그 이후에 조하르에 결합될 진리들을 드러냈다고 전해진다. 젤솜 쇼렘(Gershom Sholem)이 주장하듯이 조하르적인 신비주의의 전파가 유대인들이 스페인에서 겪었던 종교적 박해 중에서 일어났다면, 그리고 망명과 구원의 주제들이 가지고 있는 대중성이 억압과 추방에 대한 대응이었다면, 은자 숭배들은 또한 역사적 경험이 종교적으로 정교화된 것으로서 보여질 수 있다.[28]

여기서 제시된 집합기억이 발전된 모든 예시들은 의례화되었고 달력 속에 그 날짜가 있다. 그것들은 성스런 시간으로 도입되어 히브리어[유대어]

로 번역되어 종이에 기록되고 결과적으로 위대한 전통과 조화를 이루게 된다. 그러나 모든 주요 사건들이 위대한 전통으로 삽입되지는 않았다. 유대인 대학살 이후 『에레미야의 애가』(*Book of Lamentation*) 중 어떤 것도 성서에 추가되지 않았다. 텍스트나 의례에 의해서 곁코 경전화되지 않았지만 집합적 기억으로 남아있는 사건들이 있다. 그것들은 구술 기억과 대중문화의 한 부분으로 세속화된 역사가 고려하기 전까지 노래, 저주, 전설에서 나올 수 있다. 크멜니츠키(Chmelnitsky)의 대학살(1648),[29] 드레퓌스(Dreyfus) 사건[30] 또는 1904~1905년 키치네브(Kichinev) 대학살[31]이 어떤 종교적인 제제 없이 집합기억으로 들어갔던 것을 보라. 독일 유대인 대학살과 좀 더 최근의 6일 전쟁[32]은 또한 즉각적으로 결정적인 사건으로서 받아졌고 집합기억이 되었다.

이러한 사건들은 계속적으로 회상되고 집합기억의 일부가 되는 것 같다. 왜냐하면 그것들은 종교적 기억의 패러다임과 일치하기 때문이다. 유대인들은 기억해야만 한다. 예루살미가 제시하듯이 "동사 zakhar[기억하다는 성서에서 다양한 어형 변화로 최소한 169번 정도 나타난다. … 그 동사는 그 반대—망각하다—에 의해 보충된다."[33] 기억되어야 하는 것은 두 가지 범주로 나뉜다. 유대인들의 적들인 파라오(Pharaoh), 모압인들(the Moabites), 가나안인들(the Canaanites)의 잔인함을 보여주는 에피소드거나 또는 성스런 중재에 의한 유대인들의 해방을 보여주는 것이다. 최근의 집합기억은 이러한 두 가지 단계의 박해와 그 이후의 해방을 단순히 증명하는 것이다. 이러한 두 가지의 단계들에 세 번째 것이 추가되어야 한다. 그것은 종말론, 즉 메시아를 기다리는 것이다.

그럴듯하지 않은 역사적 기억

19세기에 유럽 유대인들을 둘러싼 사회적·정치적 그리고 지적인 상황에서의 변화는 최초로 유대인 역사학과 유대인 기억이 세속적인 구성물로 나타나는 조건들을 만들어냈다.[34] 사회적 용어로서 계몽된 그리고 '해방된' 엘리트의 발전과 유대인 게토의 개방은 성스런 역사만으로는 더 이상 만족시킬 수 없는 환경을 만들어냈다. 이것은 다른 종교적 집단들과 민족 운동에서도 일어났던 현상이다. 예루살미의 행복한 표현에서처럼 그 순간 역사는 '몰락한 유대인의 신념'이 되었다.

지적으로 유럽 문화에서 역사주의의 전파는 역사에 새롭게 접근할 수 있는 근거를 만들어놓았다. 정치적으로 유대인들의 동화뿐만 아니라 민족주의적·사회주의적 이데올로기들에 의해 제기된 문제들은 유대인 지식인들과 학자들에게는 도전이었고, 유대인의 과거에 대한 해석은 정치적 논쟁과 갈등에서 주요한 사안이 되었다. 처음으로 종교적 전통에 속하지 않은 양식에 따라서 몇 가지 요소들이 유대인 기억 형성에 관련되었다. 이러한 점에서 우리는 유대주의의 과학(Wissenschft des Fudenstums),[35] 이디시(Yiddish)[36] 문학의 충격, 그레츠(Graetz)와 두브나우(S. Dubnow)와 같은 역사가들에 의한 이디시어로 번역된 책들의 출판, 정치적 집단들에서 역사적 문제에 대한 토론들 그리고 양차 대전 사이에 폴란드 유대인학교에서 유대인 역사를 교과과정에 포함한 것들이 중요하다는 사실을 강조해야 한다.

그러나 성스런 역사로부터 물려받은 범주들이 창고에 버려졌던 것은 아니었다. 몇몇 학자들이 이미 지적했던 바와 같이 유대인 역사학의 창립자인 준즈(Zunz)는 "그가 창립한 바로 그 작업[유대인 역사학]을 방해했다. 그것은 보통 주장되는 바와 같이 부당하게 그가 변명에 몰두하기 때문이 아니라 그가 열망했던 학문이 궁극적으로 단순히 기념이었기 때문이다."[37]

준즈 이후 다른 유대인 지식인들은 방어적인 자세를 취하면서 역사를 정치적 싸움의 무기로서 간주했다. 그리고 유대인 역사학에서 '죽은 이의 망령'이 19세기 말 전에 쇠락하기 시작했음에도 불구하고, 박해와 해방의 패러다임은 그대로 남아있었고 확실하게 아직도 유대인 역사학의 한 부분으로 남아 있다.

이스라엘이 민족 국가로 형성되면서 공적인 역사가 존재하게 되었다. 이것은 일련의 사건들을 안정시키고 잊혀진 에피소드들을 끄집어내고 과거를 다시 창출하는 것이었다.[38] 이러한 작업은 민족 대이산에 대한 유대인의 기억에 영향을 주게 된다. 어떤 이스라엘 명절들은 독립기념일과 같이 유대인 지역 사회들이 행하는 기념에 도입된다. 가장 두드러지는 마싸다(Massada)[39]처럼 재생된 에피소드들이 공통의 유산으로서 받아들여졌다. 그리고 이스라엘 정부가 바르샤바 게토(Warsaw Ghetto) 반란의 발발을 이 비극적 시기의 핵심적 순간으로 선택한 이후로 모든 유대인들이 같은 방식으로 또는 같은 날에 기념하지 않았던 대학살조차 그 날짜가 고정되고 있다. 대학살을 기념하기 위해 미국의 백악관도 이를 따라서 히브리 달력에서와 같은 날짜를 잡았다. 전형적으로 몇몇 정통 유대인들은 이 기념일이 압 9일에 이루어지길 원했었다.

성스런 역사, 유대인 역사학 그리고 집합기억 사이의 대화에 대한 분석으로부터 몇 가지 관찰이 이루어질 수 있다. 무엇보다도 성스런 역사는 유대인 전통에서 특별한 위치를 지닌다. 성스런 역사는 단독으로 모든 유대인들에게 공통적인 **정통 기억**(ortho-memory)이 될 것을 요구해왔다. 그러나 법도 신비주의도 이러한 작업에 종속되지 않았다. 후자의 두 영역에서는 개혁이 가능했고 또한 개혁이 일어났다. 그러나 기억의 영역에서는 그렇지 않았다. 부계상속을 통해 물려받고 고정되고 보편적인 준거를 가진 성스런 역사는 사실상 영원한 협상에 종속될 수밖에 없고 끊임없이 지방적 상황들과 경험에, 즉 기억의 정책(policy of memory)에 영향을 받기 쉽다는 것이 판명되었다. 그러나 이러한 정책은 단지 종교적 전통의 패러다임에 따라서 조직될 수 있었다. 집합기억으로 통합되어 발전된 것들은 아직도 전통에 의해 제한된 순환적 모델—즉 박해, 전달 그리고 메시아를 기다리는 것—속에 있다. 기념의 실천에 새로운 것을 가져오는 듯한 축하연들은 실제로 전통적 패턴과 일치했다. 역사적 기억조차도 처음에 세속적·정치적 구성물처럼 보이지만 또한 성스런 역사의 표지를 가지고 있다.

제르바, 또는 전통적 맥락에서 기억의 기술

이 사례 연구는 사회적 실천에서 성스런 역사가 무엇이 되는지 그리고 지방적 경험과 최근의 사건들이 집합기억에서 어떻게 취해지는지를 조명해 줄 것이다. 제르바의 유대인 지역사회들이 지난 25년 동안의 변동에 깊이 영향을 받았지만 그들의 지방적 경험들은 전통의 지속성 속에 적지 않게 각인되어 있다.[40]

제르바의 유대인들은 그들의 정체성을 바로 성스런 역사의 중심에 위치시킨다. 하라 시라(Hara Sghira, 작은 게토)의 주민들은 모세의 형인 아론, 코하님(Kohanim)의 후손들이라고 주장한다. 그런데 그 종족은 사제 계층을 형성한다. 그들은 그들의 기원을 성지인 예루살렘에 두고 있다. 그들은 제르바에 정착한 이유를 첫 번째 사원의 파괴에 따른 이주로 설명한다. 그들은 첫 번째 사원의 조각 또는 문 조각을 가져와서 현재 하라 시라의 유대교회인 그리바(The Ghriba)의 초석에 결합시켰다.

이 전설에서 성스런 역사의 세 가지 중요한 점들, 계보, 영토적 기원 그리고 사원 조각의 소유는 제르바의 유대인 정체성의 기초적인 구성물을 제공한다. 게다가 역사는 또한 의례적이다. 이들 지역사회가 충실하게 종교적인 규정들을 따르기 때문에 그들은 과거의 에피소드들을 다시 구현하는 기술을 완현했다. 그들은 기도문이 요구하는 단 하나의 의례도 놓치지 않는다. 각 축하연은 전체 지역사회를 동원하고 각 역할이 각자 적당한 범주로, 남자, 여자, 소년과 소녀에게 할당된다. 각 축하연은 풍성한 말, 제스처, 기도, 헌납, 특정한 음식, 특정한 몸 관리 속에서 가녀와 지역사회 공간을 특별히 준비하고 사용하면서, 최종적으로 한편으로 우대인 사이에서의 또 한편으로는 유대인과 무슬림 사이에 정해진 상호작용 속에서 진행된다. 그리고 마침내 축하연은 의례에서 모든 수준의 의미들을 설명한다.

이 관점으로부터 보면 제르바 유대인들은 다른 종교적 집단들과 같은 정통성을 가지고 유대교 정통을 실천하고 있고, 가장 두드러지게 그들의 역사를 유사한 방식으로 의례화한다고 말할 수 있다. 그러나 모든 유대인들에게 공통적인 이 틀 안에서 그들은 특별히 다양한 역사를 발전시켜왔다. 지금은 잊혀진 마그레브 지방의 다른 유대인 사회와 같이 그들은 라그 바 오메르를 기념하고 제르바는 아직도 주요한 순례의 장소다. 이 축하연의 세 인물은 전설적인 여성이며 몇 가지 모순적인 이야기들의 대상인 그리바와 북아프리카 종교적 실천에서 그 위치가 이미 알려진 랍비 시몬 바르 요카이와 메이 발 하네스다. 여기서 주목할 점은 바로 이 두 랍비의 스승이고 기억할 만한 반란의 지도자였던 랍비 아키바(Akiva)가 기념되지 않는다는 것이다. 이것은 로마인들에 저항한 반란이 아니라 두 랍비가 매년 기념하는 유대인 메시아주의의 지방적 형태와 연관되어있기 때문이다. 다시 한 번 무엇이 기억될 것인가는 선택되고, 그 선택은 성스런 역사로부터 나온 패러다임에 따르는 것임을 알 수 있다.

19세기 이후로 지방적 기억의 또 다른 측면이 번창해왔다. 제르바 유대인들은 수많은 책을 쓰고 출판해왔는데, 그중 몇몇은 부분적으로 또는 전적으로 지역사회의 역사와 그들의 랍비를 다루고 있다. 제르바 유대인들은 고문서를 가지고 있지 않지만 그들은 전기, 역사책, 제르바와 그 부근의 유명한 랍비들의 교화적인 이야기들을 써왔다. 1771년 레곤(Leghorn)에서 출판된 가장 오래된 책들 중의 하나는 하라 쉬라(Hara Sghira)의 코헨 집안 사람들을 성지로 연결시키는 아론 집안 계보의 가장 오래된 판본을 보여준다.[41] 또 하나, 1976년에 출판된 '페얼 소션'(Pirrhe Soshan)은 일반적 역사로 시작하여 제르바의 특수한 기관들과 관습들을 보여주는데, 가장 주요한 부분은 과거 랍비들의 역사다. 이 부분은 편집자인 슈샨 하 코헨(Shushan Ha-Cohen)이 투니스(Tunis), 가베스(Gabes), 제르바의 몇몇 랍비들의 전기를 수집했던 '파일리 하-싸디큄'(Piley ha-Tsadiquim)(1932), 또는 한 주요 랍비의 삶을 이야기하는 '메이즈 니씸'(Mase Nisim)에서와 같이 때때로 그 자체가 문학적 장르가 된다. 제르바 랍비의 전기들은 다른 업적들에서 탈무드 또는 법률적 주석 등과 함께 나란히 발견될 수 있다.

말할 것도 없이 학문적 역사의 범주들은 이러한 역사적 장르에 적용되지도 않고 그 목적이 같지도 않다. 우리가 '역사적 사건들'이라고 부르는 것은 단지 하나의 암시로서 이해되고 랍비들은 완전하고 정확한 전기라기보다는 이상적인 형태로서 묘사된다. 그래서 '페얼 소션'에서 저자 슈샨 하 코헨은 그의 스승인 랍비 사씨 하 코헨(Sassi Ha-Cohen)의 삶을 이야기한다. 그 이야기는 두 부분으로 구성되어 있다. 첫 번째는 그 랍비의 스승들, 그 랍비 자신이 한 기능들 그리고 그가 쓴 책들이다. 이러한 책들은 모두 여덟 또는 열 권 정도인데, **트렉타트**(Tractate)라는 탈무드를 연구하는 방법에 대한 주석과 **제라스 다비드**(Zera' s David)라는 제목의 두 권이 법률적 의견들을 포함한다. 그리고 그 책은 랍비의 삶으로부터 기적의 이야기들을 연결시킨다.

그 전기의 두 부분은 이러한 문학적 장르의 모델에 일치한다. 두 부분으로의 분리는 하나의 패러다임을 따른다. 왜냐하면 랍비는 두 가지 미덕의 결합을 보여주어야 하기 때문이다. 하나는 합리주의, 즉 그의 글쓰기가 전달할 수 있고 법률 책을 출판해서 보여주는 공교(公敎)적인 지식이다. 두 번째는 비밀의 지식, 다음의 이야기로서 증명되는 신비적 영감이다.

어느 날 도살하는 사람들 사이에서 논쟁이 생겼다. 그들은 시비를 가리기 위하여 랍비 사씨 하 코헨(Sassi Ha-Cohen)과 네씸 비탄(Nessim Bittane)에게 갔다. 또 한 사람이 있었다. 그는 부자고 진정한 신자였지만 그의 의견은 오히려 가혹했다. 랍비들은 그 일을 논의했다. 한 랍비는 쇼세이트(shosheit) 편을 들었고 다른 랍비는 그의 상대편을 들었다. 그 부자는 랍비 네씸 비탄의 편이었고 논쟁 과정에서 랍비 사씨에게 불경하게 말하면서 그가 율법을 마음대로 하고 있다고 암시했다. 랍비 사씨는 화가 났고 부자는 그의 주장을 밀어붙이고는 마침내 집으로 갔다. 바로 그 날 밤 그는 병이 나서 몇 주 동안 아팠다. 죽을 무렵 그는 꿈을 꾸었다.

그는 산에 세워져 있는 금이 덮인 궁전을 보았다. 그는 이것이 무엇이냐고 물었고 랍비 네씸이 판정을 내리는 궁전이라고 들었다. 그때 그는 랍비 사씨 코헨의 궁전을 보았다. 어떻게 이 사람들은 마을에서 주는 보잘것없는 월급을 가지고 이러한 궁전을 가질 만큼 부자가 될 수 있었을까? 그때 누군가가 그에게 말했다. 당신이 감히 어떻게 랍비 사씨가 율법을 마음대로 한다고 말할 수 있습니까? 당신이 감히 거기 광휘가 있는 곳에서 논의에 참여할 수 있습니까? 그가 말했다. "나는 죄를 지었습니다." 그러나 "너무 늦었습니다. 당신의 회개는 아무 소용이 없습니다"라는 답변을 들었다. 그는 어떤 다른 곳으로 끌려갔다.

그를 끌어낸 사람이 말했다. "내가 당신에게 이 사람을 데려왔습니다." 누군가가 대답했다. "그를 데려가시오. 우리는 그의 재판을 거절했습니다." 그는 끌려가서 금빛 말이 끄는 이륜 전차를 보았다. 그 안에는 한 노인이 있었는데, 다음과 같이 말했다. "나의 아들아, 너의 판결이 무엇이었을 뻔 했는지 알겠느냐. 나는 네가 너의 아버지의 즈하르를 읽었기 때문에 재판을 연기시켰다. 그리고 너는 밤에만 공부했지만, 네가 할 수 있다면 낮에도 또한 공부할 수 있을 것이다. 가거라." 그래서 그 부자는 몇 년 더 살게 되었다.

그는 깨어나서 울고 있는 집사람들을 보고는 음식을 요청했고 그 음식이 준비되었다. 그는 회복되어서 유대교회에 갔다.

이 이야기의 주인공 중의 하나인 랍비 네씸은 그의 동료 랍비 사씨처럼 그 자신이 엄격한 재판관, 정의의 인간, 기적을 행하는 사람임을 보인 성인전의 한 영웅이다.

이 이야기는 같은 형태의 다른 것들과 마찬가지로 다수의 의미들을 가지고 있다. 무엇보다도 그 의미들은 새로운 문제들을 설명하고 해결하기 위한 패러다임적인 상황을 제공한다.[42] 그것들은 또한 제르바 지역사회를 위한 에토스를 제공한다. 그것들은 겸손, 자비, 지식, 정의 등에 대해서 말한다. 그것들은 부에 대해 경건의 우월성, 부자에 대한 랍비의 우월성 그리고 더 일반적으로 여기서 인용된 것 외의 이야기들에서 인근의 종교들에 대한 유대교의 우월성을 증명한다. 그것들은 독자에게 말씀의 힘이 폭력을 어떻게 대체하는가를 가르친다. 그것들은 독자에게 구원이 멀지 않았음을 이야기한다. 그것들의 기능은 동시에 인지적이고 윤리적이고 정치적이다.

제르바 랍비의 이야기는 또한 지방적 지도력을 정당화하는 노력의 일부다. 목표는 이러한 지도력을 재생산하는 것이 아니라 다른 북아프리카 유대인 지역사회의 지도력을 분출시키고 휩쓸어간 세속적인 흐름들의 도전에 저항하는 것을 돕는 것이다. 이러한 정당화의 또 하나의 측면은 의례의 주요 의식에서 나타난다. 예를 들면 그 해의 가장 엄숙한 기도인 콜 니드르(Kol Nidre)[43]와 함께 열리는 속죄일 의식 동안 제르바 유대인들은 유대인 전통의 위대하고 학식 있는 랍비들의 이름을 포함하는 기도를 추가한다. 그리고 18세기부터 현재까지 섬의 유명한 랍비들을 적은 완벽한 목록을 따라 과거의 영적인 마스터들과 지방 지도자들 사이의 연속성을 확인한다. 마찬가지로 위에서 인용된 이야기와 같은 종류의 다른 이야기들은 성서 속의 주요 인물들의 연대기적 역사를 지칭하는 톨레돗(Toledot)[44]의 범주에 해당한다. 마지막으로 라그 바 오메르 순례 동안 사람들이 들고 행진하는 가지 달린 촛대들은 육각형 피라미드의 형태로 되어 있다. 밑 부분에 이스라엘 열두 종족의 이름들이 각인되어 있고, 중간 부분에는 다양한 지방 랍비들, 위에는 중요한 성서 속의 인물들의 이름이 각인되어 있다. 이는 다시 한 번 위대한 성서 속의 인물들과 지방 랍비 사이의 연속성이 확인되는 것을 말한다.

지방적 경험의 발전은 동시에 제르바에서 위대한 전통에 근거를 두고 있다. 기원의 전설은 한편으로 성서와 성지 사이의, 다른 한편으로는 성서와 지역사회 사이의 연관성을 만들었다. 랍비들의 전기와 그들이 의례에 포함되는 것은 지방적 실제들과 조화를 이루면서 유대인 전통을 끊임없이 재확인하는 것이다. 이러한 배열과 적응은 과거에 다른 유럽과 동부 지역 사회들에서 일어났지만 제르바 지역사회에서는 그 과정이 아직도 계속되는 것이 관찰될 수 있다.

제르바의 유대인 학교의 교과과정에서 성스런 역사는 지방 랍비의 역사와 함께 가르쳐지는 유일한 역사다. 그 [제르바 유대인] 학교에서는 (제르바의 유대인들이 인식하고 있는) 가장 주목되는 최근의 발전들을 포함하는 대이산이라는 유대인의 역사가 설 자리가 없다. 단지 한 당대의 '역사적 사건'이 공통의 의례로 인정되었는데, 그것은 이스라엘 국가의 성립으로 매년 휴일로 되어 있다. 이것이 마침내 현재까지 종교에 뿌리를 두고 있는 실천에 세속적 역사가 침입했다는 증거인가? 그렇지 않다. 왜냐하면 이스라엘 국가의 성립이라는 사건은 역사를 의례화함으로써 포함되기 때문이다. 그 사건을 축하하기 위해 일을 하지 않을 뿐만 아니라 과월절 이후 중간의 일곱 주 동안 애도한다. 그런데 이 애도 기간도 라그 바 오메르를 위해서만은 유일하게 중단된다. 다시 한 번 그 사건은 연대기적·인과적 순서의 한 부분으로서가 아니라, 미래의 종말론적인 전망에서 하나의 징표로서 유지된다.

프랑스에 살고 있는 북아프리카 유대인의 생애 이야기들
―성스런 역사로 돌아가기

종교적 규정들을 엄격하게 적용하는 것, 정통, 그 기원에 대한 전설, 지방 성인들의 전기 그리고 제르바섬을 '아프리카의 예루살렘'으로 동일시하는 이 모든 것의 특징은 제르바 유대인들을 성스런 역사에 계속적으로 연결되게 하고 전통의 틀 속에 그 지역사회를 유지하게 한다. 성스런 역사와 집합기억 사이에 모순은 없고 대신 연속성이 있다. 그러나 식민화에 의해 이미 서구화된 북아프리카에서 1956년부터 1960년대 말까지 일어났던 대규모의 이민으로 현재 프랑스에서 살고 있는 북아프리카 유대인들에게 무슨 일이 일어났을까? 새로운 환경에서 몇 년간의 침묵 후에 그들은 일종의 기억상실에서 회복되고 있고 다양한 방식으로 그들의 경험을 정교화하기 시작하고 있다. 이러한 회복을 표현하는 방법들은 여러 가지인데, 그것은 집합적·종교적 재생으로부터 물건과 서류를 사적으로 수집하는 것에 이르기까지, 최근의 랍비들을 중심으로 새로운 축하연을 만들어내는 것에서부터 모든 지역사회로부터 유대인의 조직들을 증가시키는 것에 이르기까지, 새롭게 된 순례의 실천으로부터 역사와 민족학 또는 북아프리카 유대인들의 지적인 생산물에 대한 학구적인 탐구에 이르기까지 다양하다. 세속적이건 종교적이건, 또는 공적이건 사적이건 간에 과거를 회복시키는 모든 형태가 동시에 번성하고 있다.

    이러한 운동에 참여하면서 우리는 수년 동안 프랑스에 사는 유대인들의 전기들을 수집해왔다. 수집은 피면담자가 그 밖에 다른 곳에서 태어났거나, 그 또는 그녀가 우리에게 중요해 보이는 경험을 했거나, 이야기할 만한 가치가 있다거나, 현재 사라진 지역사회에 대한 증언으로 시작된 개방적 인터뷰에 기초하고 있다. 동시에 지난 십 년 동안 자서전의 출판이 증가하였다. 몇몇 저자는 글 쓰는 것이 주업인 소설가, 저널리스트, 교사들이고, 다른 것들은 자서전적 소설의 형태로 되어 있다.[45] 그러나 몇몇은 그 자신이 직접 쓰지 않은 저자의 단행본도 있고, 몇몇 경우에는 자신의 비용으로 살아온 이야기를 출판한 저자의 것도 있다.[46]

    다음 페이지들에서 우리가 분석할 것이 바로 이러한 텍스트들이다. 왜냐하면 우리는 이 프로젝트의 시작에서 개인의 운명들은 역사에서 대규모 집단의 증인이 된다는 것을 가정했고 수집된 자료에 근거하여 해석을 통하여 같은 주장을 해왔다. 이 가정은 우리 인터뷰들의 초기 질문에 있었지만, 우리는 저자들이 즉각적으로 서술한 전기들에서도 똑같이 유효하다고 생각한다. 자서전은 문학 장르 중에서 가장 주관적이고 내성적인 것인 듯하지만, 사실 그것은 패러다임적인 여정을 다룬다.

    인류학자, 역사학자 그리고 문학가는 주저 없이 다음과 같이 주장할 것이다. 자서전적 이야기는 개념의 정의로 볼 때 유일하지만 구술자의 문화와 그가 살고 있는 역사적 맥락이 제공하는 용어로써 체계적으로 서술된다.[47] 필립 르전느(Philippe Lejeune)는 장르로서 자서전에 대한 연구에서 이것을 표현하기 위해서 랭보(Rimbaud)로부터 한 문구를 빌려온다. "나는 그 밖의 누군가다"(Je est un auture). 유대인 전기들의 경우에 서술의 형식에서뿐만 아니라 그 내용에서 명백하게 보이는 바와 같이 나는 우리를 대변한다.[48]

제1장
나의 어머니는 1908년 12월 7일에 나를 낳았다. … 우리 유대인에게 첫 번째 태어난 아들은 하늘로부터의 축복이었다.[49]

그리고 윗글의 저자인 제이툰(Zeitoun)은 우리가 방금 읽은 그의 자서전에서 어린 시절 에피소드들을 즉각적으로 단수에서 복수로 바꾸면서 첫 번째 줄을 계속해서 묘사한다. 프랑스어에서 그가 그에게만 일어났던 유일한 사건들을 과거시제로 서술하다가 지속되고 되풀이되는 행위들을 표시하는 미완성 시제로 끊임없이 바꾸는 것을 주목하는 것은 흥미롭다.[50] 슬그머니 한 개인의 역사는 그 규칙성에서 집단의 역사가 된다. 그의 청년기를 말하는 장들에서 같은 저자는 12월에 있는 하누카(8장), 2월에 있는 소년들의 축제와 뒤이어 부림절, 로쉬 호데쉬 니싼(Rosh Hodesh Nissan)[51](11장)을 불러낸다. 과월절은 13장에서 묘사되고, 랍비 시몬의 힐루라(Hillulah)[52](5월)와 샤부트(Shavuot)[53](6월)는 14장에서, 압 9일은 17장에서, 가을 휴일들은 19장에서, 마침내 수콧(초말절, Sukkot)[54](10월)은 20장에 나온다. 그의 삶의 2년 동안에 대해서 이야기하면서 저자는 연중 순환되는 의례적 축하연 전체를 다룬다. 제이툰은 문화기술지 학자처럼 엄격하게 종교적 사건들의 순서를 따라서 구체적인 묘사를 제공한다.

카이타 루빈스테인(Kaita Rubenstein)은 자서전적 소설 『문맹인의 회상』(*La memoire illettree*)의 저자로, 그녀의 책은 비톨 곰브라우츠(Witold Gombrowicz)의 인용구로 시작된다. 거기서 나는 익명의 주체가 된다. "… 그리고 '나는 이것을 믿는다', '나는 그것을 느낀다', '나는 그러저러하다', '나는 이것을 옹호한다'라고 소리 지르고 으르렁대는 대신 우리는 더 겸손한 방식으로 말한다. 즉 나를 통해 사람들은 믿고, 느끼고, 말하고 행위하고, 생각하고, 만들어낸다. …" 모로코에서 태어난 또 한 작가는 그의 이야기에 '자기 판결적 글'(Autojudeographie)이라는 작은 제목을 붙여서 명백하게 그의 이야기의 두 가지 차원들, 개인적 그리고 집합적 차원을 보여준다. 마지막으로 안니 골드만(Annie Goldmann)은 그녀가 그 중 하나인 세 명의 튀니지 여성들의 삶을 이야기하면서 교묘하게 그녀 자신을 주관적으로 드러내는 것을 배제하고 명백하게 그녀가 한 세대, 한 사회적 집단 그리고 한 시대를 증언하기 원한다고 천명한다.

> 전문
> 이 책은 단순한 증언이다.
> 이것은 내 주체성을 드러내기 위한 것이 아니라 어떤 세대의 전형적인 특수한 환경의 산물이고 특정한 영향들 아래에 있는 증언이다.[55]

그러므로 우리가 '기억의 사회적 틀'을 구별하기 위해서 이러한 서술들에서 의미 있게 되풀이되는 것들과 공통적인 특징들을 찾는 것은 정당하다.

내가 기억하는 한

단지 유대인들의 것뿐만 아니라 많은 전기의 공통적인 첫 번째 특징은 기억[이 다루는 시기]이 짧고 문헌의 도움이 없다면 가족사나 기원지를 추적하는 데 백 년 이상 거슬러가지 못한다는 것이다. 사람들이 이 짧은 기억을 넘어설 때는 사실을 정립하기 위해서가 아니라 어떤 것에 대한 주장을 공식화하려고 하는 것이다.

이것은 단지 유대인만의 특징은 아니다. 개인뿐만 아니라 집단에게 계보적 구성물, 세대 목록 또는 상징적인 출생지의 지명은 정치적 관심, 고유성에 대한 주장, 정당성과 고귀함의 표현이다. 유대인 전기들 가운데 구술자의 기원에 대한 몇몇 모순적인 이야기들이 발견될 수 있다. 콘스탄틴(Constantine)에서 태어난 한 남자는 다음과 같이 말했다.

> 나는 1916년에 태어났다. 나의 부모, 조부모, 중조부모들은 프랑스인이었다. 1830년 이후로 유대인들은 프랑스인이었다. 우리는 전형적인 아랍 알제리에서 프랑스 시민이었다. 우리는 대부분 프랑스어로 말했다.

'역사적 사실'은 알제리 유대인들은 1870년 크렘뮤 칙령(Cremieux Decree)[56] 이후로 프랑스인이 되었다는 것이다. 그의 오래된 프랑스 조상에 대한 주장뿐만 아니라 구술자의 연대기적 착오에서 드러나는 것은 과거의 문제가 아니라 이 구술자가 가지고 있는 가치와 열망의 현 상태다. 즉 그는 프랑스 문화의 우월성을 인정하고 프랑스 사회로 완전히 통합되길 바란다는 것이다.

이것은 다른 두 구술자와는 다르다. 한 사람은 튀니지 출신이고 다른 사람은 알제리 출신이다. 첫 번째 인물인 나훔(Nahum)은 1962년 튀니지를 출발하는 것으로 책을 시작하는데 어릴 때 나이 든 랍비인 삼촌과 한 대화를 이야기한다. 그 랍비는 그에게 튀니지에 있는 모든 유대인들은 "이백 년 이상 전에" 사원의 파괴 이후에 그 나라로 왔다고 말했다. [당시] 아이였던 그는 다음과 같이 반응했다. "그러면 우리는 이 나라의 첫 번째 주민이네요?" "그렇단다" 하고 랍비가 대답했다. "그리고 아랍사람들은 그것을 안다." 이야기의 맥락을 보건대 이 대화는 튀니지 유대인 존재의 정당성과 아랍인보다 먼저 왔다는 것과 현재 망명의 부당성을 성립시키고 있다. 즉 유대인들은 아랍인들보다 더 토착민이라는 것이다. 두 번째 인물인 쉐누일리(Chenouilli)는 『무시된 이산』(*Une diaspora meconnue*)에서 비슷한 메시지를 전달한다. 이 책은 작가의 기억들과 역사적 이야기들이 결합된 것으로 유대인들이 유대주의로 전향한 베르베르인들의 직접적인 후손들이라서 결과적으로 가장 고유한 원주민이라는 것이다. 니홈과 쉐누일리 두 사람의 텍스트는 역사에 대한 심판을 언급한다. 즉 북아프리카에 있어야 하는 유대인들이 이산된 것에 대한 일종의 절차적인 실수에 대한 책망이다.

그러면 이들은 프랑스인인가 아니면 원주민인가? 슈라키(Chouraqui)의 자서전에서는 둘 다 아니다.[57] 나홈처럼 슈라키는 성지를 자신의 가장 먼 기원으로 삼고 모든 마그레브 지방 유대인들에게 공통적인 기원의 전설에 그 자신의 이름을 연결시킨다. 즉 슈라키라는 그의 이름은 아랍어 "Sherqi"이고 동쪽으로부터 온 사람을 말한다. 그의 삶의 두 번째 단계는 스페인이 무대인데 그는 여기서 작가를 고귀하게 만든 유명한 수학자와 자신이 밀접한 관계임을 내세웠다. 나홈과 달리 북아프리카에서 지낸 기간은 그를 원주민으로 만들지도 않고 마그레브에 뿌리를 두게 하지 않는다. 그는 이 단계를 '아프리카에서의 망명'으로 부르지만 몇몇 페이지에서 '그의' 알제리에 대한 깊은 사랑을 주장한다. 네 번째는 개인적인 단계로 프랑스가 무대이고 그는 프랑스가 근본적으로 기독교적이라고 배운다. 몇 가지 사건들은 그가 완전한 프랑스인이 되고자 하는 것이 헛됨을 보여주고, 그것은 구술자-영웅이 한 바퀴를 완전히 돌아서 다시 출발점, 즉 그가 이스라엘로의 '귀환'이라고 부른 출발점으로 이끈다. 다시 한 번 개인들의 기원, 즉 개인이 더 오래된 집합적 과거들과 맺는 관계에 대한 '기억'은 정치적 태도를 취하는 것과 같다.

종족적 기억

기원에 대한 이야기 외에 이러한 이야기들은 문화적 정체성을 구성하는 모든 요소들을 지니고 있다. 이 이야기들은 집이건, 이웃이건, 소도시이건 공간에 대해 말한다. 그러나 어떤 차원이건 간에 그 장소는 폐쇄적이고, 비슷하고, 보호되는 따뜻한 공간이다. 이 이야기들은 중심에 있는 구술자들과 함께 사회적 환경에 대해서 말한다. 그것들은 모국에 대해 말하면서 어떤 단어, 어떤 어구적 표현을 원래의 형태로 말한다. 이것은 마치 더 이상 쓰지 않는 사투리의 더 이상 축소될 수 없는 파편으로 만들어진 『친숙한 사전』(lessico familiare)[58]과 같다. 한 경우에 모국어는 바로 이야기의 주제가 된다. 카티아 루빈스테인(Katia Rubenstein)의 소설은 전적으로 1940년대와 50년대 튀니스에서 말해진, 오히려 노래로 불리고 외쳐진 프랑스어로 쓰여 있다.

구술자들은 또한 부엌으로부터의 냄새와 맛, 향기, 소음과 식사를 준비하는 데 동반되는 모든 움직임들을 불러낸다. 그들은 더 이상 쓰이지 않는 관습들, 더 이상 그들의 리듬이 아닌 리듬을 회상한다. 즉 그들은 모든 면에서 다른 어떤 모국과 똑같은 모국에 대해서 말한다.

그러나 이러한 모국에서는 특별히 이 모든 특성들이, 그 색깔, 빛, 소리, 맛과 냄새들이 확실하게 북아프리카적이고 유대인적이다. 너무 자세하게 들어가지 않고 나는 최소한 이러한 연금술의 구성요소들 가운데, 이야기 그 자체가 종종 전통으로부터 물려받은 범주들 안에서 형태를 취한다는 것을 지적하고 싶다. 때때로 이야기는 더 오래된 텍스트들에서 온 인용문처럼 들린다. 때때로 개인에게 일어난 사건들은 프랑스어로 표현된 사실적 이야기의 주제이지만, 그 이야기는 토착 전통으로부터 빌려온 암시적 체계를 드러낸다.

이러한 전기들에서 그려지는 문화적 정체성 또한 시공간적으로 지방적이라는 점에서 특수하다. 처음 출현하는 것은 공간적으로 인접해 있는 듯한 다양한 종족적 단위들로 구성된 사회에 대한 이미지다. 그러나 이러한 사회를 구성하는 요소들은 모든 동일한 가치가 있는 것이 아니고, 그 부분들의 관계들은 모든 같은 질이나 성격이 아니다. 다양한 수준의 모자이크 조각들은 많은 방식으로 보여진다. 1910년 알제리 세티프(Setif)에서 태어난 한 여성의 이야기에서 56가족들의 이름이 나오는데, 그 중 43가족은 유대인이고 13가족은 유럽인이거나 프랑스인이다. 단 한 가족도 무슬림은 없다. 원주민은 익명으로 남아 있다. 구술자가 1934년 콘스탄틴 학살에 대해 말할 때 그녀는 그녀의 가족을 구해준 한 '아랍인'을 기억한다. 이 '아랍인'은 이웃집 사람이었는데 이름을 가지고 있지 않을 뿐만 아니라, 그 나머지 이야기에서 그가 베르베르말을 하는 카빌인(Kabyle)이고 결코 아랍인이 아니라는 것이 드러난다. 이야기에서 나오는 유대인에 대해 말하자면 구술자와의 관계는 항상 긍정적이지는 않더라도, 친족, 우정, 사업과 같이 관계가 많고 관계도 강하다. 유대인 고용주의 입장에서 볼 때 가족 내의 증오와 동료 사이의 경계심이 있고 관대함이 부족하지만, 작가는 그녀가 '내 종족'(my own race)이라고 부르는 사람들이 보여준 그녀가 기대하지 않았던 잔인함에 대해 쓴소리를 거의 하지 않는다. 마지막으로 구술자가 이웃들, 사용주들, 친구들로부터 환영을 받았던 것은 유럽인들 안에서였다. 그들은 그녀의 분신이 되었고 의미심장하게 스페인 이웃들의 이름을 따라서 그녀의 아이들의 이름을 붙였다.

제이툰의 이야기에서는 모든 종류의 사람들이 밀집되어 사는데 유대인들이 가장 주류를 구성한다. 그들은 구술자와 가까운 관계를 나타낸 후에 대개 내 사촌 X, 내 친구 Z 등과 같이 성을 생략한 이름(first name)으로 불렸고 종종 별명 또는 친밀하게 축약된 명칭으로 불렸다. 아랍인들은 대개 익명이거나 단순히 성을 생략한 이름으로 지칭되거나 대개 신중하게 그들의 활동으로 자격이 주어졌다. 그럼에도 불구하고 그들 중 한 명은 지방장관, 즉 나라의 주인이라는 직함을 가졌고 몇몇 다른 이들은 X 씨(Ba X), 늙은 X(Old X)와 같이 다른 유대인처럼 구술자와 가까운 관계를 가졌다. 몰타섬 사람들과 이탈리아인들 또한 성을 생략한 이름으로 나타나고, 외의 무슬림과 같이 그들은 구술자에게 가깝고 익숙한 것 같다. 또한 위의 무슬림처럼 그들이 하는 일이 그들을 열등하게 만든 것은 사실이다. 반대로 프랑스인들은 직함, 누구 씨(Mister), 의사선생님(Doctor)이라고 소개되고, 성을 생략한 이름이 아니라 성이 뒤따른다. 그리고 그들은 존경할 만한 활동, 의사, 법률가 등의 자격을 갖추었다.

우리가 이미 본 바와 같이 작가는 모든 중요한 유대인 의례들을 묘사한다. 그는 기독교 달력에서 모든 성인의 날, 크리스마스, 바스티유날, 성모승천대축일, 카니발을 기억해낸다. 제이툰은 모든 성인의 날에 방문한 기독교도들의 이름이 나타나는 묘지에 대해 기술한다. 다른 축하연에서 주인공은 행위자가 아니라 관람객으로 떨어져 서 있다. 그와 축하연에 참여하는 사람들 사이에 언어적인 소통은 없다. 반면 유대인 축하연은 모든 종류의 소음이 동반된다. 무슬림 명절에 관해서는 전혀 이야기가 없다.

개인들이 묘사되고, 이름이 붙여지고, 직업의 중요도에 따라 위치 지워지는 방식은 사회구조에서 구술자와 그 집단의 위치를 보여준다. 한 방식은 나란히 나타났다가 그 위계질서가 드러나는 것이고, 또 한 방식은 이야기의 주체가 한 단계에서 다른 단계로 움직이는 것이다. 위에서 언급된 이야기는 한 종족집단이 하나의 문화와 나라의 위계 속에서 더 우월한 단계로 이동한 경우다.

이주는 다양한 방식으로 묘사되고 설명되고 평가된다. 몇 가지 이야기들에서 프랑스 학교 체계는 이러한 지리학적·문화적 이주의 추진력이다. 안니 골드만이 기술한 세 여성의 진보적인 '해방'에서 이러한 점이 암시되고 있다. 취학과 교육은 또한 펠리스 나타프(Felix Nataf)의 자서전, 『마그레브의 유대인들』(*Juif magrhébin*)에서 사회적 상승의 수단이다. 지비

(Zibi)의 자서전적 소설인 『어머니』(Ma)에서 교육의 효과들은 다시 한 번 익살스럽게 상기된다. 그 책에서 작가는 그의 어머니가 다음과 같이 말하게 한다.

> 우리는 예전에 누구누구가 그렇게 말했기 때문에 다른 누군가가 마침내 그것을 믿었다고 생각했었어. 그런데 요즘은 누구도 누구누구가 말했다는 것에 대해서 조금도 상관하지 않을 거야. … 혁명은 '메이저 상사'(Sarjeant Major)⁵⁹ 펜과 보라색 잉크와 함께 시작되었음이 틀림없어. … 남자아이들이 여자아이들을 주목하기 시작했고 여자아이들은 여성 잡지들에 관심을 가지게 됐지. 미쓰 무엇 또는 다른 것을 뽑는 데도 가고, 영화를 만들기도 하고, 몰타사람과 함께 해변에서 밑을 타러 가기도 해. 그것으로 충분해. 내가 말하건대. 너는 더 똑똑해지기 위해 글 쓰는 것을 배우지. 다른 애들은 그렇게 해서 나쁜 결말을 보았지. 마찬가지로 사업을 배우고 삶이 가는 데로 가게 해. … 내가 어렸을 때 여자아이는 엄마를 따르고, 아내는 남편을, 남자는 자기 종족을 따랐어. 그리고 각 종족은 여기저기에 숙소를 가지고 있었지만 어딘가에서는 다른 이들로부터 보호받을 수 있었지. 병이 생기면 우리는 모두 함께 죽었지.

그리고 '메이저 상사' 펜과 보라색 잉크는 전통과의 단절에도 책임이 있었다. 이 단절은 제이툰의 이야기에는 분명하지 않지만 그가 사용한 상징들은 그것을 암시한다. 왜냐하면 가족과 함께 지내는 시간은 규칙적으로 되풀이되어 일어나는 의례들과 제스처들로 닫혀 있고 순환적이고 반복적이다. 그런데 프랑스 학교 체계는 다른 형태의 시간 또 다른 종류의 나선형에 속한다. 각 새 학년과 새 선생님과 함께 구술자는 한 계단을 오르고 책의 끝인 교과과정의 끝에 그가 취득하는 학위에 다다른다. 책들이 유대인 성년식(bar mizvah)이 아니라 프랑스 학교에서 성공을 주는 시험과 함께 끝난다는 것은 중요하다. 학업증명서(certificat d'etudes)는 아이가 어른이 되는 새로운 통과 의례가 되었다.

그러나 프랑스 학교와 문화에 대한 접근이 필연적으로 이민을 야기하지는 않았다. 우리 주인공의 무슬림 학교 친구는 나라를 떠날 필요가 없었다. 역사가 구술자들의 삶 속에 침입하자 또 하나의 충격이 왔다. 다양한 정치적 사건들이 그들의 삶에 결정적인 영향을 주었다. 그녀의 어머니의 죽음과 일치한 튀니지의 독립은 나인 모아티(Nine Moatti)에게는 결정적인 이민의 신호이다. 한편으로 나홈은 애매하게 독립의 뉴스를 접한다. 아랍어로 쓰는 것을 배우고 "역사의 바람"에 적응하는 동안 그는 어려울 때 떠날 수 있도록 프랑스 시민권을 요청한다. 그리고 구술자가 튀니지에서 그의 새로운 프랑스 여권을 기다리고 있었던 사이에 일어난 짧은 전쟁인 1961년 '비제르트(Bizerte) 위기'[60]에 그에게 어려움이 들이닥친다.

> 그것은 나를 밤새 깨어 있게 했다. 내 아내와 아이들은 함께 불안해했다. 무서운 비밀이 내 삶을 불가능하게 만들었다. 나는 떠나기로 했다. 모든 것을 버리고, 내 사무실, 내 집, 내 부모와 내가 태어난 나라를 떠날 결심을 했다. … 몇 주 동안 나는 문 두드리는 소리가 날 때마다 떨었다. 그들이 나를 체포하러 올 것이라고 확신했다. … 나는 몇 세기 전에 내가 태어났던 나라에서 나 자신이 이방인임을 발견했다.[61]

아무도 작가를 잡으러 오지 않았지만 두려움은 그의 기억의 한 부분이었던 아주 오래된 두려움, 즉 보호령 시기 전 유대인들이 겪었던 수치와 부당한 대우의 유산이었다. 그 사건들은 두려움을 자연스럽게 동반하였고 그것이 작가를 프랑스로 이끌었다.

같은 두려움은 또 한 사람의 구술자를 알제리에서부터 마르세유로 이끌었다. T 부인은 다음과 같이 썼다.

알지에르(Algiers)에서의 상황은 나빴다. 사람들은 오른쪽 왼쪽에서 죽어가고 있었다. 우리는 밖에 나가는 것이 두려웠다 모두가 모두를 쏘고 있었다. 개인적인 원한—특히 비밀무장조직들은—임이 틀림없었다. 그들은 유대인들에게 무자비했다. 유대인에게 무자비하게 대하는 것 외에는 그들에 대해 할 말이 없다. 우리는 어디로도 갈 수 없었다. 알지에르에서는 상황이 더욱 악화되고 있어서 내 남편은 스트라스부르에서 사회복지사로 일하는 칸(Kahn) 양에게 편지를 썼다. 그녀의 어머니는 하숙집을 운영했고 남편은 그녀에게 우리의 이혼한 딸에게 일을 찾아주고 네 아이를 유대인 학교에 넣을 수 있는지를 물었다. 이틀 후에 우리는 우리 딸이 하다싸(Hadassah) 병원에서 일자리를 얻고 아이들이 유대인 학교에 있을 수 있다는 대답을 들었다. 우리가 이스라엘에 가서 딸을 데리고 올 수 있을 때까지, 딸은 아이들과 함께 남았고 우리는 더 걱정할 필요가 없었다. 내 남편은 알지에르에 있는 유대인 대행인을 보러 가서 전 가족의 여행비를 내고 싶다고 설명했다. 오랜 시간이 걸렸고, 우리는 61년 10월 7일에 결혼한 아이 셋을 포함해서 다섯 아이와 알지에르를 떠났다. 말할 것도 없이 우리는 아무것도 가지고 가지 않았다. 가구와 그림은 제외하더라도 린넨이 가득 찬 장롱, 접시로 가득 찬 테이블과 찬장, 세탁기, 냉장고, TV, 라디오, 그리고 침대 매트리스는 새것이었다. 6개월 전에 나는 두 딸을 결혼시켰고, 막내딸을 위한 영성체를 가졌고, 우리에게 깨끗함은 항상 신성함 다음이었는데, 이 모든 것을 버리고 모든 것을 뒤에 두고 모르는 것을 향해 떠나는 것, 무엇을 찾을지 모르는 것, 전 생애를 뒤로하고 떠나는 것은 정말 힘들었다. 모두가 마음이 괴로웠다. 우리는 떠나야 했다. 10월 7일 우리는 마르세이유행 비행기를 탔다.

그리고 1967년 6일 전쟁 이후 B 부인이 모로코를 떠난 것도 또한 두려움 때문이었다.

나는 두려웠다. 나는 두려웠다. 내가 두려워한 것은 아랍인들이었다.

나는 모로코를 떠날 거라고 말했다. 내 남편은 "프랑스에 가서 자리를 잡아, 아이들과 함께 한두 달간만, 그리고 나는 일을 할 게"라고 말했다. 내 남편은 정말 착했고 좋은 직업을 가지고 있어서 걱정하지 않았다. … 우리는 집과 모든 것을 남겼다. 우리는 두 개의 여행 가방을 가지고 갔다. 우리는 돈 한 푼도 없이 거기에 갔다. 우리는 마르세유에 머물렀다.

일 년 후에 나는 걱정되었다. 나는 남편에게 말했다. "돌아가자." 그러나 그때 아이들은 가려 하지 않았다(Madame B., Strasbourg).

구술자들은 모두 프랑스로의 이민에 대해 같은 평가를 하지 않지만 그들 사이의 연령집단, 성(sex) 또는 사회적 성공이 그 평가에 영향을 준 것 같지 않다. 1930년대에 태어난 사회학자인 골드만과 지난 세기 말에 태어나서 모로코에서 프랑스 관료로서 성공적인 커리어를 누렸던 나타프에게 그들 삶의 의미는 개인적인 해방이었다. 1930년대에서 1950년대까지 튀니지에서 의사이며 사회주의 지도자였던 코헨 해드리아(Cohen-Hadria)에게 그 경험은 해방의 경험, 즉 불분명과 무지로부터의 도피였다. 이것은 우리가 생애사를 수집했던 사람들이 공유한 감정이었다. 그런데 어떤 이야기들은 애매모호하다. 즉 이러한 해방에 대한 대가가 너무나 커서 아마도 삶 전체가 그 대가가 되었다. 그래서 몇몇 이야기에서 죽음이 중심적 주제가 된다. 지비의 소설인 『어머니』(프랑스어로 '나의', 유대-아랍어로 '어머니')에서 주제는 작가의 어머니의 죽음이다. 나인 모아티의 『나의 아이, 나의 어머니』(mon enfant, ma mère)에서 어머니의 죽음은 튀니지의 독립, 프랑스로의 이민과 일치하지만, 죽음은 지속적으로 출생, 즉 프랑스에서 작가의 딸이 출생한 것과 결부되어 있다. 일종의 부활이 그녀 어머니의 죽음을 구원한다. 슈라키의 경우 그의 출생(그의 어머니는 찢겨졌다)과 (또한 찢겨진) 알제리의 탄생을 묘사하기 위해서 같은 은유가 사용되었다. 알제리에서 보낸 그의 삶의 부분에 대해서 작가는 절멸, 생체해부, 파괴, 정신분열증으로 기술한다. 그런데 역설적으로 그가 자비를 경험하고 마침내 신앙심을 가질 수 있었던 곳은 바로 알제리 사막에서였고, 그는 "신은 위대하다"는 신의 말씀을 아랍어로 들었다. 의미심장하게 그는 이러한 경험들을 '사막에서의 세례'라고 부른다. 그러나 그는 이스라엘 시민으로서 자유를 얻기 전에 '또 하나의 인간'으로 전환되기 위해서 '파괴되어야만' 했다.

죽음은 수많은 제목, 서문 또는 묘비명에서 매우 중요하다. 나훔의 이야기는 사람의 생명을 주다라는 의미의 유대-아랍어적 표현을 반(半)문학적으로 번역한 『카파라로 떠나다』(*Patir en Kappara*)가 제목이다. 속죄일에서 닭들이 제물로 바쳐지는 것처럼 나훔의 출발은 제물과 같은 역할을 한다. 콘스탄티노플에서 태어난 카밀 엘 바즈(Camile El Baz)는 그녀의 자서전이 그녀가 곧 죽을 것이라는 느낌과 그녀가 알았고 잃었던 세계가 사라진다는 것에서 동기를 얻었다고 설명한다. 에드몬드 엘 말레(Edmond El Maleh)의 『동요하지 않는 길』(*Parcours immobile*)은 모로코의 작은 도시에 있는 유대인 묘지에서 일어났고, 계속해서 아실르(Asilah)의 작은 도시에서 마지막 유대인이 죽음을 말하는 문단을 '머리말'로서 시작한다. 벤 수산(Ben Soussan)의 『밑바닥으로』(*Au Nadir*)는 유령의 말들, 잃어버린 땅들, 불행, 눈물, 애도, 난파 그리고 지옥으로 떨어지는 이 모든 것들이 몇 줄로 나타나는 전문으로 시작한다. 이러한 서술들의 대부분은 고인에 대한 찬사처럼 들린다. 분리, 죽음, 애도 그리고 이 모든 부속물들이 끊임없이 다시 나타난다.

이 구술들은 또한 상실감, 단절감, 죽음의 위협, 잃어버리고 가버린 세계에 대한 감상을 전달한다.

나는 부림절 후에 나의 어머니가 납작한 빵을 만들기 위해서 밀을 사던 것을 기억해요. 그때는 만들어져 있는 빵이 없어서 손수 빵을 만들어야 했어요. 각 가족은 밀알을 가져와서 그것을 갈기 위해서 방앗간에 갔어요. 각 숙소에는 아랍인이 운영하는 오븐이 있었고 일 년 내내 모든 이가 빵을 구우러 왔어요. 아무도 빵가게의 빵을 먹지 않았어요. 간혹 부림절 이후에 오븐의 주인이 안에 큰불을 만들어서 빵부스러기들을 태워서 오븐 벽을 청소하기도 했어요. 사람들은 빵을 만들러 왔고 우리는 가족들끼리 함께 모였어요. 서로 잘 몰라도 우리는 서로 도왔어요. 그것은 큰 파티였어요. 우리가 빵을 만드는 동안 오븐 주위에는 즐거움이 있었어요. 물론 빵이 오늘날처럼 맛있지는 않았지만 사람들은 살아있는 것을 행복해했고 우리는 걱정들을 잊었어요.

    사람들은 서로를 도왔기 때문에 당신은[우리는] 혼자가 아니었고 지금처럼 버려지지 않았어요. 사람들은 무심하지 않았어요. 과월절 주 시장에는 모든 신선한 야채들, 양파, 마늘, 보라색 아티쵸크, 첫 번째로 수확한 완두콩과 콩들이 있었어요. 이 모든 야채들을 보는 것은 즐거웠어요. 우리는 봄이 왔다고 느꼈어요. 전체 도시에 하나의 시장이 있거나 일주일에 두 번 장(suk)[62]이 섰어요. 푸줏간들은 시장에 있거나 상점에 있었어요. 그러나 닭은 아랍인에게 사야만 했어요. 그 아랍인은 우리가 닭을 살 수 있는지를 보기 위해서 함께 랍비에게 갔고 그런 다음에만 돈을 냈어요. 닭은 작은 멍조차도 있을 수 없었어요. 랍비는 그것을 거부했어요. 지금하고는 다르죠. 지금 푸줏간들은 모두 부러진 날개를 가진 닭을 팔거나 부러지고 멍든 것을 팔아요. 우리는 선택할 수 없기 때문에 모든 나쁜 부분들을 버려야 해서 닭이 매우 비싸졌고 그것에 대해서 아무런 불평도 할 수 없어요. 그것이 프랑스예요. 나는 결코 익숙해지질 않을 거예요. 특히 내 나이엔 너무나 힘들어요. 나는 70세가 될 것이고 내 불쌍한 남편을 잃은 이후로는 더 상실감을 느껴요. 우리는 48년 동안 함께 살아왔기 때문에 이렇게 혼자 사는 것은 어려워요. 단지 빨리 그를 따라갔으면 좋겠어요(T 부인, 알제리 출생).

    기록된 이야기들과 생애사들은 하나의 사망자 명부를 만들어낸다. 그것들의 마지막 메시지는 하나의 성지가 파괴된 이후 나타나는 새로운 망명에 대한 것이다. 알제리의 최남부 지역으로부터 온 한 유대인은 다음과 같이 설명한다. "내가 예루살렘을 향해 갈다이아(Ghardaiä)를 떠났을 때 나는 진짜 예루살렘이 갈다이아라고 배웠다." 개인의 기억은 다시 한 번 성스런 역사 속에서 안주하고 있다.

그리고 일인칭으로 글을 쓰는 첫 번째 경험은 생애에 대한 구술과 마찬가지로 집합적 운명에 대한 지각, 성서의 피난, 반복되는 망명의 주제를 가진 종교적 전통의 유산과의 유대를 다시 만들어낸다. 그러나 이제 망명에는 구원이 없다. 이러한 이야기들에서 메시아적인 차원은 사라졌고 단지 애도가 남아 있다. 무엇을 위한 애도인가? 어린 시절과 모국에 대한 것인가? 만약 그것이 단지 상처라면 북아프리카 유대인들은 상처를 경험한 유일한 민족이 아닐 것이다. 이익사회(Gesellschaft)보다 더 공동체(Gemeinschaft)적으로 통합된 사회에 대한 애도인가? 다른 무너져버린 사회에서 살아남은 사람들에게도 같은 징후가 나타날까? 이것은 연구되어야 할 과제이다. 그러나 최소한 프랑스에 있는 비교할 만한 문헌들은 다른 그림을 보여주는 듯하다. [다른 문헌에서] 생애 이야기들의 메시지는 삶은 의미가 있고 풍성하고 충만하고 해방(La soupe aux herbes sauvages)이나 사회적 이동(Macon de la Creuse)을 향한다는 것이다. 이것은 엄밀하게 그녀, 또는 그가 자신을 주체적인 구술자로 내세우기 때문이다.[63] 이 책에서 나탕 바슈텔이 연구한 유럽의 유대인들과 비교할 수 있는 북아프리카 유대인들에게서는 종교적 기억의 도식이 개인적 기억의 층위들에 깊이 들어가 있는 듯하다. 그들이 최근의 운명을 표현하기 위해서 찾을 수 있는 유일한 방식은 새로운 언어를 가지고 유대인 전통으로부터 배운 교훈들을 암송하는 것이다.

노라 스코트(Nora Scott) 번역

억압으로서의 신화
— 1936-1939년 마드리드 여성들의 모성과 역사의식[*]

까베살리, 꾸에바스, 치꼬타[**]

'여성이라는 것'(being a woman)에 관련된 요소들은 수세기 동안 만들어진 이데올로기적 상부구조에 속한 현상들이다. 자질과 태도뿐만 아니라, 느낌, 지각 그리고 다른 형태의 의식조차도 여성이라는 존재 탓으로 돌려졌다. 이러한 이데올로기적 구성물 안에서 신화는 개인들이 행동모델을 내면화하는 사회화와 교화의 과정에서 독보적인 자리를 차지하고 있다. 여기서 우리는 여성을 어머니로서 보는 수세기 동안 지속된 신화가 어떻게 스

---

[*] 이 논문은 Samuel, Raphael and Paul Thompson. eds. *The Myths We Live By*. (London: Routledge, 1990)에서 발췌한 것이다. 논문의 원제는 "Myth as suppression: motherhood and the historical consciousness of the women of Madrid, 1936-9"이다.

[**] 저자들의 영문 이름은 Elena Cabezali(엘레나 까베살리), Matilde Cuevas(마띨데 꾸에바스), Maria Teresa Chicote(마리아 떼레사 치꼬따)다. 이들은 모두 스페인 마드리드의 꼼쁠뤼땅스 대학(Complutense University)에서 현대사를 가르치고 있고, 구술 자료 세미나에 참여하고, 스페인 내전 시 여성에 대한 연구들을 출판해왔다. 꾸에바스는 20세기 스페인에서 도시 장인들에 대한 글을 써왔다. 까베살리는 전쟁 동안 가내 노동에 대해 현재 연구하고 있고, 치꼬타는 시골 여성들에 대해 연구하면서, 둘은 구술 자료 방법론에 대한 연구조사를 하고 있다.

페인 내전[1]의 비극적 시기에 그 사회화의 역할을 수행했는가를 탐구해보고자 한다. 동시에 이러한 이데올로기적 구성물에 있는 틈새들이 전쟁 상황으로 인해 더욱 명백해졌다는 것을 보이고 싶다.

　이 연구 주제의 성격은 우리가 적합한 방법론을 구상해야 한다는 것을 의미했다. 언론에 반영된 것과 같은 이데올로기적·사회적 담론과 삼 년 전쟁 동안 여성들의 활동들에 대해서 여성 자신들이 가지고 있는 인식을 비교 분석하는 데 근거가 되는 방법론 말이다. 우리는 그 시기 마드리드 언론에서 여성에 관한 모든 것을 수집했다. 표본의 범위는 매우 넓어서 극우를 제외하고 공화당 지역[2]에서 출판되지 않았던 각양각색의 정치적 여론들이 포함됐다. 우리가 얻은 정보는 연대기적으로 분석되어 마드리드에서 전쟁의 각 단계와 여성을 향한 메시지에서의 변화들 사이의 관계를 분석하는 데 사용되었다.

　우리는 이것을 사회적 담론이 여성의 의식에 어떻게 작동하는가를 드러내기 위해서 구술증거와 함께 비교하였다. 분석에 구술 자료들을 사용할 때의 어려움들, 즉 신뢰성, 과거에 대한 현재의 영향, 기억 상실 등에도 불구하고, 우리는 어떻게 여성들이 자신들의 사회적 역할을 내면화하였는가를 밝히는 데 이보다 더 나은 대안이 없다고 생각한다. 우리는 또한 전쟁시기 마드리드의 전체 정치적 스펙트럼을 포함하는 넓은 표본을 사용함으로써 그리고 구술증거와 기록 문헌을 함께 비교함으로써 그 어려움들을 최소화하고자 했다.[3]

　신화는 하나의 의사소통 체계이고 특정한 사회적 기능을 수행하는 특징적 구조를 가진 메시지다. 그래서 신화는 행동 모델을 제공한다. 부분적 현실을 규정하는 비시간적 구성물로서 신화는 개인을, 그 또는 그녀를, 허위적 현실로 데려가고, 동시에 그 존재에 의미를 부여하면서 본질적인 것을 우연한 것으로부터 분리시킨다. 우리가 1930년대 신문들에서 발견한 바와 같이 '여성의 신화'(Myth of Woman)는 모든 신화적 담론에 적합한 특성들, 즉 반복, 대조적인 전형들, 상호작용과 같은 특성들을 가지고 있다. 이것은 한 중심 개념, 즉 여성의 본질적인 존재는 모성[4]에 있고 그것은 여성의 존재를 정당화하는 최고의 목적이라는 개념을 중심으로 형성되어 있다. 그 신화는 직접적인 형태를 취하거나, 아내 또는 누이의 이미지로 전환되기도 한다. 이것은 항상 자제, 희생, 보호와 같은 특성들과 연결되어 있다. 일반적으로 이것은 근본적으로 남성의 필요에 의해 지배되는 소극적인 역할이다.

> [여성들]은 생명, 건강, 존엄의 수호자다. 그들은 자유를 수호하고 공화국을 위해 싸우고 자식들의 고결성을 보존하는 데 혁명적이다. … 그들은 오랫동안 고통스럽게 낳은 생명들을 열정적으로 자기 안에 보존하길 원하기 때문이다.[5]

아직 어머니가 아닌 젊은 여성들에게 투영된 이미지는 다르다. 그 이미지는 섹스어필을 포함한다. 비록 직접적으로 기술되지 않지만 그것은 오히려 아름다움, 우아 그리고 매력의 이미지 속에서 그려지고, 열성, 민감성, 이해, 섬세 그리고 겸손과 같이 좋은 모성이 될 가능성을 보이는 특성들을 가지고 있다. 아래에는 어머니가 될 사람들을 위한 행동 지침서가 있다.

> 그러나 고통과 손을 맞잡은 간호사들의 다정하고 젊은 얼굴에는 항상 열린 희망적인 미소가 있다. 이 착한 소녀들은 신부들처럼, 그들의 첫 영성체 의복을 입은 어린아이들처럼 하얀 옷을 입고 겸손하고 관대하다.[6]

그 당시 신문에 제시된 이미지들 속에는 놀라운 획일성이 있다. 마드리드의 신문들에 반영된 모든 정치적 경향들은 같은 의견을 가지고 있는데,

그 메시지는 신문 모두에서 넘칠 정도로 반복된다.[7]

그러나 갈등으로 인하여 전쟁 기간 이러한 이미지들은 변화하게 되었다. 1936년 10월 이후로 마드리드는 반란군의 주요 목표였고, 최근의 모든 연구들은 마드리드가 공격에 저항할 힘을 가지고 있지 않았음을 보여준다. 그래서 적에 대항하여 무장하고 생산을 유지하고 전투에서 사기를 강화하기 위해서 마드리드 방어에 여성을 포함하여 더 다양한 집단들을 결합시키는 것이 필수적이었다. 마드리드가 1939년 4월까지 계속 포위되어 공격당하고 있었기 때문에 이러한 조건들은 전쟁 내내 지속되었다.

이러한 상황 속에서 인민전선(Popular Front)에 속한 모든 정치적 당파들의 담론은 여성을 어머니로 보는 전통적인 신화를 조작함으로써 여성들을 집단적으로 이용했음을 보여준다. 그런데 이 이미지의 변종들이 나타나서 이중적 메시지를 전달했다. 그 이중적 메시지에는 [전쟁 중에 등장한] 새로운 가치들이 전쟁의 변화하는 필요조건과 연결되어 있었다. 일반적으로 이 같은 새로운 상황 속에서 여성들은 생명을 보호하는 것으로 되어 있지만 그 기능은 때때로 정반대가 되기도 했다. 모성의 위대함은 아들을 사지에 보내는 것이었다. 왜냐하면 아들을 사지에 보내는 것이 필요했기 때문이다. 그리고 모성의 위대함은 영웅주의적 행위로서 내면화되어야만 했다. 두 사례가 이것을 증명해준다. 한 예를 보면 "작별은 매우 짧았고 오랫동안 포옹을 하면서 키스를 하고 몇 마디 말을 했다. '아들아, 나는 패배하는 것보다 네가 죽는 것을 보길 원한다.' 이렇게 말한 이가 어머니였다."[8]

또 하나의 예는 '라 빠시오나리아'(La Pasionaria)[9]의 유명한 구절에 있다. "겁쟁이의 아내보다는 영웅의 과부가 되는 것이 낫다." 이렇게 다양하게 변화된 모성 신화는 확실하게 사회적으로 받아들여졌다. 왜냐하면 이것이 매우 오래전에 만들어졌고 대중적 믿음에 깊은 뿌리를 두고 있기 때문이다. "믿지 않을지 모르지만, 무릎에 죽은 아들의 시체를 안고 있는 신의 어머니의 이미지를 불러일으키는 당신…."[10]

사람들에게 전통적인 아내와 어머니 신화를 형성하는 특질들은 여성들이 피난, 식량 공급, 그리고 부상자 돌보기와 같이 전쟁이 주는 새로운 임무를 수행하도록 하는 데 충분했다.

전쟁통에 마드리드는 만성적으로 공급이 부족했다. 사람들은 배고팠고, 피난은 끝이 없어서 피난민들이 계속해서 마드리드로 왔다. 가족들에게 기초적인 물품들을 공급하고 전쟁 때문에 사라졌던 서비스들을 대체하는 것은 저항에 필수적이었다. 이런 심신을 지치게 하는 일 외에도 어머니들은 싸울 의지를 유지하고 시민들의 사기 저하를 방지하는 데 필수적임을 입증하였다. 당시 신문에 나타나는 어머니들을 향한 계속적인 찬사들은 어머니들의 자제와 희생을 강화하는 역할을 했다.

> 어떤 것도 그들의 기분을 저하시키거나 동요하게 할 수 없었다. 그들은 완강히 그들의 자리를 지키는 영웅적인 파수병, 가정의 보호자, 열심히 일하는 개미, 극적인 긴장 속에서 사람들의 살과 피와 같았다. 조용한 전사들, 풍요로운 협력자들인 그들은 순교자들과 희생자들이었다. 얼마나 많은 이가 쓰러지고 추위의 비수에 죽고 또는 질병의 고통에 상처를 받았는가? … 지난 극적인 몇 달 동안 이름 모를 여성들이 우리에게 빵을 찾아주었고 우리의 사기를 진작시켜주었다.[11]

마드리드에서 전쟁 동안 젊은 여성들에게 주어진 다양한 행동 지침서들이 주목된다. 1936년 4월까지 가장 긴급한 일은 마드리드를 방어하는 것이었다. 이때 전통적인 이미지에 대비되는 새로운 이미지가 나타난다. 권총을 들고 싸우는 여성, 전선에서 망을 보고 참호를 방어하는 여성이 포스터와 사진들에서 무장을 호소하는 중심적인 주체가 된다. 이러한 이미지는 아라곤의 아구스띠나(Agustina of Aragon), 마리아나 뻬네다(Mariana

Pineda) 또는 마누엘라 말라사나(Manuela Malasana)의 경우와 같이 집합 기억에 뿌리를 둔 신화들을 강화한다.[12] '피스톨을 쥔 우아함', '탱크 위의 아름다운 소녀들', '여성성을 잃은 여성군인들'이라는 새로운 이미지들은 [여성의] 전통적인 행동과 모순되지 않는다.

> 그들은 숄을 청색 또는 빨간색 저지와 바꾸었고 용맹스럽고 진지했으며 애국적인 의무를 의식하고 있었다. 그들은 더운 여름밤에 선풍기를 다루듯이 쉽게 다룰 수 있는 광을 낸 권총을 가지고 단호한 발걸음과 경계의 눈빛으로 시가지를 자랑스럽게 지나간다. … 이들은 우리의 용감한 여성들이다. 여전히 다정하고 어머니의 희생을 지닌 사랑하는 아내들, 애정 어린 누이들, 열정적인 마음을 지닌 신부들이고 또한 게릴라다.[13]

그러나 1937년 여름 이후로 여성들을 전선으로부터 퇴각시키라는 명령에 따라서 여성 전사의 이미지는 여성적 자질과 모순되는 부정적인 것이 되었다.

> 여성들의 입대가 지속된다면 그것은 인류의 재난이다. 커다란 불행과 고통 속에서 사랑과 위로의 근원이 영원히 사라져버리게 될 것이다. 이상적인 사랑은 동물적인 성교 후에 찾아오는 비통함(Animalia post coitum tristia)과 혼동될 것이다. 미래의 어머니들은 남성화되고 부드러움이 없어져서 그들의 역할을 수행할 수 없을 것이다.[14]

[당시] 신문의 중심적 주제였던 군대에서의 여성들은 전선에서 싸우는 남성들을 지원하는 데 필요한 모든 일들을 수행하는 여성으로 대체된다. 이제 여성은 곧 끝날 것 같지 않은 전쟁에서 후방에서 서비스와 생산을 담당하는 데 필요했다.

이 단계에서 젊은 여성들에게 노동과 정치적 참여가 요구되었는데, 그것은 그들의 이미지를 선반 또는 기계 옆에서 적극적으로 일하는 소녀 또는 부상자들을 돌보거나 회의를 하고 있는 모습의 이미지로 변화시키려는 목적을 가지고 있었다. 이 이미지는 여성들이 남자들이 했던 것을 할 수 있다고 하면서도 여성으로 남아있게 재현했다. 한 작업장 보고서에는 다음과 같이 쓰여 있다.

> 새로운 전망이 젊은 여성들에게 열린다. 소녀들이여! 우리는 여성들이 남성들에게 서비스를 주는 화분이 아니라 모든 일에서 그들과 함께 협력할 삶의 동반자이고 작업동료라는 것을 보여주어야만 한다. … 소녀들은 자제할 수 없이 시시덕거리고 본능적으로 손은 섬세하게 머리를 매만진다. 조심스럽게 만져진 머리 모양에는 항상 [머리에] 꽃을 무엇인가가 있다. 그리고 젊은이들의 떠드는 소리와 전염성 있는 즐거움이 작업장에서 가득 울려 퍼진다.[15]

여성들은 그들이 익숙하지 않았던 일을 할 수 있는 능력이 있다는 것을 확신해야만 했고, 신문 기사들은 어떤 작업이라도 남녀 모두에게 능력이 있다는 것을 보여주고 확인하기 시작했다.[16] 노동하는 여성의 예는 [러시아 여성인] 스타카노비트(Stakhanovite)에서 구현되었다.[17]

또 다른 한편으로 파시즘에 대한 승리와 여성 해방을 동일시하는 것이 지속적인 주제였다. 많은 사례 중의 하나는 우니온 데 무차차스(Union de Muchachas: 소녀 연맹)의 프로그램에 나타난다. "인민 전선과 인민군이 우리를 해방시킬 것이다. 파시즘은 우리의 억압자고 적이다. 왜냐하면 그것은 여성들을 무지 속에 가두고 여성들의 지위를 낮추려고 하기 때문이다."[18]

여성 해방에 대한 이러한 약속은 공화국 시기의 정치적 담론을 분석해 보면 확실한 근거가 없었던 것으로 판명된다. 정당들 중 단지 소수만이 여성 문제를 과제로 삼았고, 당 지도자들은 여성 문제에 전혀 관심이 없었다. 공화국이 부여한 자유의 흥분 속에서 자신들의 권리를 주장하기 시작하는 여성 집단들이 생겨났다. 그러나 사회가 보는 여성 역할에 대한 견해는 실제로 변화하지 않았다는 것이 분명하다. 그런데 사실 단 하나의 실제적인 결과가 있었다. 그것은 [여성에게] 투표권을 주는 것이었다. 이것은 가장 진보적인 집단들의 반대에도 불구하고 얻어진 한 성과였다. 그러나 전쟁 동안 그들이 방어하려고 했던 체제의 다른 성격들과 함께, 여성의 해방과 권리의 문제를 제기한 것은 바로 이러한 진보적인 부분들이었다.

반란 지역에서 여성들의 사회적 역할에 어떤 변화도 부정하는 전통적인 모델이 원칙적으로 여성들에게 홍보되었던 것은 의심의 여지가 없다. 전쟁 이전시기에 인민전선의 당파들이 당시의 필요에 부응하기 위해서 명백히 도구적 목적을 가지고 다른 이미지들을 제시했다는 것 또한 확실하다. 이러한 모순적인 요소들 때문에 '해방'이 의미하는 것을 명백하게 하지 못하는 매우 혼란된 이미지가 나타난다. 그것은 아마도 견고하지 않은 허구적 구성물로 서로 양립할 수 없는 특징들을, 즉 완전한 시민권을 가지고 더 잘 교육 받고 일할 권리를 가졌으나 기본적으로 가사에 헌신하고 기본적으로 어머니이고 기본적으로 아름답고 여성적인 특징들, 항상 같은 여성의 이미지를 포함했다. 결과적으로 이러한 이미지는 직관적으로 자유로운 체제에서 해방을 성취해야 할 것을 감지하기 시작한 젊은 여성들을 충원하는 현수막으로 사용되었다.

우리는 모든 여성들이 전쟁에 참여하도록 동기 부여했던, 추가적 요소로 도입된 중요한 측면을 언급하지 않을 수 없다. 어떤 갈등에서도 '적'에 대한 신화를 정교화하는 것은 양편의 정치적 전략에서 주요한 역할을 한다. 방어를 위한 전투적 정신은 적이 완전하게 '사악하다'면 훨씬 더 효과적으로 고양된다. 적은 모든 부정적인 면들로 만들어져 괴물로 보일 정도다. 파시즘은 노동 대중의 부정적인 반응을 확신시키기에 충분한 특질들을 만들지 않아도 그 자체가 가지고 있었다. 그러나 정말 극단적인 가공물로까지 상상을 악화시키는 황당한 이야기들이 그 자체로 충분한 사실들에 덧붙여졌다.

> 전선에서 싸우는 남자들은 그들의 어머니들, 누이들, 약혼자들, 아내들과 딸들을 기억해야 한다. 프랑코(Franco), 몰라(Mola) 그리고 그들의 한패들은 그녀들을 무어군(the Moors)과 레지옹네르군(Legionnaires)들에게 가장 소중한 전승물로 제공했다. 그들이 항복하거나 도망간다면 그녀들의 목숨을 구하지 못할 것이다. 그들은 그들의 여성들을, 그들 존재의 즐거움인 사람들을 아프리카 야만인들과 국제적 폭력배들의 무서운 탐욕에 건네주게 될 것이다.[19]

파시즘 체제는 사회의 억압자로서뿐만 아니라 특히 여성의 억압자로서 그려지고 파시즘에 대한 승리와 여성 해방이 동일시되었다. "우리는 책임 있는 존재로서 살기를 원한다. 우리는 자유를 원한다. 그리고 파시즘은 우리에게 이것을 줄 수 없다. 왜냐하면 파시즘은 죽음, 파괴, 전멸, 억압, 무지를 의미하기 때문이다."[20]

그러나 정당들 또는 여성 조직들의 가장 대표적인 사람들도 여성에 대한 낡은 태도를 없애야 한다고 제안하지 않았다. 여성들에게 적합하다고 여겨지고 본질적으로 여성적인 미덕을 지닌 아내-어머니-배우자-누이라는 신화는 지속되었고, 새로운 이미지들은 같은 근거로 구성되었다. 한편에서는 어머니들의 특질들이 다른 한편에서는 전투하는 여성들과 노동자로서의 특질들이 끊임없이 반대의 전형성을 가진 메시지들을 통해서 전달되었다. 특질들은 변하지만 부정적인 전형성은 항상 같다.

[다음 표의] 모든 집단에서 부정적인 이미지는 동일하고, 여성들에게 전달하려는 메시지의 성격은 노동, 자제 그리고 희생이라는 것을 보여준다.

집단	긍정적 특질	부정적 특질
어머니들	자제	이기적인
	희생	나쁜 어머니
	누이	무지한
	아내	겁먹은
	지칠 줄 모르는	무책임한
	역할 수행	
젊은 여성들	예쁜	경박한
	아름다운	무책임한
	미소 짓는	겁먹은
	우아한	게으른
	생기 있는	이기적인
전투하는 여성들과 여성정치가들	용감한	경박한
	영웅적인	무책임한
	존엄한	겁먹은
	진지한	이기적인
	열성적인	논쟁적인
		호전적인

그래서 부정적인 전형성은 동시에 그 메시지가 가장하는 이미지를 전달한다. 이미지들과의 동일시를 통해서 신화를 내면화하는 것은 개인의 정체성을 그들 자신과 다른 이들이 인정하는 것으로 고정시키고, 확고하게 그들이 그러한 이미지로 규정되지 않는 다른 가능성들을 인식하지 못하도록 한다.

  무의식적인 수준에서 일어나는 동일시와 포섭의 이러한 메커니즘은 삼년 동안 마드리드의 여성들이 실제로 했던 것과 그들이 내면화하고 그들이 기억하는 것 사이에 있는 차이를 설명해준다. 그들[마드리드 여성들]이 선택적으로 기억하는 것은 주목할 만하다. 왜냐하면 그 기억들은 신화를 통해서 전달되었던 여성의 본질적 성격을 가지고 여성들의 정체성을 확인하는 특질들만을 가지고 있기 때문이다. 인터뷰들의 분석은 우리에게 내면화의 과정이 활동의 종류와 그 활동이 수행되었던 장소에 따라서 다르게 작동되었다는 것을 보여주었다. 우리는 이러한 두 변수가 어떻게 작동되었는지를 조사하기 위해서 분석을 위한 네 집단, 아내, 여성 전투원, 노동자 그리고 정치적 활동가를 선택했다.

전쟁 기간 마드리드에서 가사일은 인구의 생존에 근본적인 경제적 활동이었다. 군수 산업의 작동과 전선에 물품을 공급하는 것이 인구의 생존에 달렸다는 것은 분명했다. 도시가 살아있게 하기 위해서 가사일은 파괴된 시장과 분배의 통로들을 대신해야 했다. 이러한 역할을 수행하기 위해서 여성들은 도시를 벗어나 먼 거리를 걸어서 상품들이 팔리는 장소들을 찾아서 며칠 밤낮을 줄을 지어 기다리면서 또는 집에서 만든 흔치 않은 물건을 바꾸거나 땔감을 찾거나 나르면서 보건소를 통해서 환자와 어린이들을 위한 음식을 구하거나 기타 등등을 하면서 피로한 나날들을 보냈다. 이런 심신을 지치게 하는 일은 지역사회 서비스가 없는 도시의 저항에 필수적인 것이었지만, 여성들은 이 일들을 전쟁 시기 가족생활로, 아이들을 먹이는 데 들인 노력으로 기억하고 있다.

아내-어머니 신화와 동일시할 필요가 있었기 때문에 여성들은 일했지만 자신들이 일했다는 의식이 부족하거나 잊어버렸거나 그 일이 연관이 있다고 생각하지 않거나 또는 전쟁에서 승리나 패배와 연관되지 않는다고 생각했다. 그래서 꼰라다 마르띤(Conrada Martin)은 전쟁 동안 그녀가 열심히 일하지 않았다고 주장하면서 우리에게 다음과 같이 말한다.

> 우리는 모든 것을 조금씩 했어요. 나는 물건들을 교환했지요. 나는 비누를 만들어서 그것을 담배와 바꾸곤 했어요. 그리고 100그램의 담배를 7킬로미터 떨어진 도시에 가져갔어요. 많이 걸은 만큼 차익을 볼 수 있었어요. 그리고 아이들에 대해서 말하자면 너무나 아이들이 많았어요. 아이들이 계속 태어났어요.. … 나의 삶은 노예의 삶과 같았어요.. 이쪽 아니면 저쪽으로 항상 일을 했죠. 아홉 명의 아이들을 길러내기 위해서. … 계속적인 일과 고통의 삶이었어요.[21]

사회 질서에서 신화의 보수적인 기능은 명백하다. 이 여성들은 자신들이 했던 것에 대한 인식이 없다. 왜냐하면 그들은 그러한 상황에서 '어떤 어머니라도 해야 하는 것', '변화되어서는 안 되는 것'을 '자연스러운' 것으로서 내면화하였기 때문이다. 이것은 대부분의 여성들, 가정주부들이 그들의 정치적 입장이 어떠하든 간에, 왜 프랑코 정권(Francoism)의 출범을 특별한 억압으로 경험하지 않았는지 설명한다. 그들은 확실히 가내영역으로 되돌아가 있었다. 아이들, 남편, 아버지와 남자형제들에게 억압이 가해져서 그들에게 영향을 주는 경우를 제외하고, 그 [프랑코 정권의] 공격은 직접적으로 그들에게 가장 중요했던 가족에 대한 것이 아니었다.

>하나님 감사합니다! 보세요. 나는 우익들에 대해서 어떤 것도 듣고 싶지 않아요. 나는 그들을 좋아하지 않아요, 나는 왜 그들이 나를 그렇게 고통받게 하는지 알 수 없어요. 그들은 우리를 매우 고통스럽게 만들었어요.. … 아무도 내가 경험했던 것을 알지 못해요. 나는 내 살과 피인 두 자식을 묻었고 이로 인해서 전쟁 동안, 그 후에도 고통을 겪었어요.[22]

또한 전쟁 시기 변이로 나타난 신화들은 새로운 상황에 적응하게 해주었다. 전선에 갔던 여전사들조차도 자신들을 '용맹한 여성들'로 생각했던 것 같지 않다. 그들의 충원은 강력하고 즉각적인 필요에 대한 대응이었던 것 같다. 모두가 새로운 자기 이미지와 동일시하기보다는 마드리드에 대한 공격을 멈추게 하는 것을 도와야만 했다. 이러한 소집(9개월) 시기는 새로운 이미지가 충분히 내면화되기에는 너무 짧았다. 그래서 그 이미지는 그들의 기억 속에서 흐려지고, 남아있는 모든 것은 병사들을 돕기 위한 가내적인 종류의 일, 바느질, 세탁 등의 보충적인 작업들에 대한 회상뿐이다. 전선에 있었던 여성들은 보초를 서고 참호를 방어했다. 그러나 그들이 한 것들을 물어보았을 때 그들은 즉각적으로 다음과 같은 종류의 활동을 기억한다. "우리는 전투하는 남자들의 옷을 세탁해서 그들의 남루함을 많이 없애주었어요."[23]

총을 다루었다고 말하거나 전쟁에서 입은 상처를 보여주거나 전선에서 많은 동료가 영웅적인 죽음을 맞이했다고 먼저 말하는 여성은 없다. 그들이 수행했던 군사적 행동들에 대해서 구체적으로 질문받았을 때만 말해줄 뿐이다.

집합 의식에 신화의 효과가 가장 명백하게 보이는 사례 중 하나는 1937년 여름 여성들이 전선에서 떠날 것을 요구했던 법령하에 여성들을 군대에서 철수시킨 일이다. 정부가 이러한 법령을 제정한 분명하고 객관적인 이유들이 있었다. 한편으로 군인 모집방법이 지원병에서 전업군인으로 전환되어서 거의 여성들의 존재를 받아들일 수가 없었고, 또 한편으로는 처음에 생각한 것과 달리 전쟁이 오래 지속될 것임을 깨닫게 되어서 후방으로부터 안정적인 지원을 받는 것이 필요했다. 젊은이들이 소집되고 전선 뒤에서 여성들의 도움이 절대적이었다. 그럼에도 불구하고 인터뷰한 여성들의 증언에서 반복되어 나타나는 기본적인 주장은 군대 자체에서 여성의 존재를 통해서 성병이 번졌다는 것이었다. 문제에 대한 이러한 견해는 마드리드 전선에서 온 병사들이 매춘이 성했던 도시에서 휴가를 보냈다는 것을 기억할 때 놀라운 것이다. 그러나 사실에 대한 이러한 이해는 우리가 인터뷰했던 사람들의 반응에서 보인다.

> 여전사들을 철수시키는 것은 내게는 옳았던 것 같아요. 왜냐하면 많은 스캔들이 있었거든요, 그렇지 않아요? 틀림없이 그들이 남자들을 참호 밖으로 데려갔어요. … 여전사들 … 틀림없이 몇몇은 공화국을 수호하고 동료들을 돕기 위해서 좋은 이유로 갔죠, 그러나 다른 이들은 즐기려고 갔어요. …[24]

'성병의 확산' 주장에 특별한 힘을 주는 무엇이 있다. 그것은 '착한' 그리고 '나쁜' 여자들의 머리를 맞대는 대결 그리고 후자는 불행의 근원이고 가정을 파괴하는 자로서 간주되었다. 전쟁 동안 마드리드에서 매춘은 제5열 분자, 배반자의 행동으로 인식되었다. 이러한 이미지가 강력하게 지속되어서 다른 덜 직접적인 주장들이 잊혀지고 집합기억은 단지 부정적인 이미지만을 가지게 되었다. 그러나 반대로 이것은 여성들을 전통적이고 긍정적인 전형성과 동일시하게 한다.

다양한 여성 집단들은 여성의 노동과 정치적 참여를 통해 선전된 더 새롭고 더 긍정적인 여성의 이미지를 다른 방식으로 취했다. 여성 노동자들로 말하면, 당시 부족한 서비스들을 보충하는 어떤 일도 마다하지 않았던 많은 여성 노동자들이 마드리드에 있었다. 수많은 시간의 무임금 노동 작업은 수를 셀 수도 없었다. 그리고 이것들이 광범위하고 전쟁 경제에 근본적인 직업들을 포함했다는 것은 의심할 수 없다. 예를 들면 작업장에서 옷을 만들고 정상적인 노동 시간을 초과하여 공장에서 일하고 그리고 집에서 일하는 것 말이다. 여성들은 또한 지역사회 식당, 탁아소, 보육원, 모자보호소와 같은 모든 종류의 사회적 서비스에도 참여했다. 이 작업을 했던 여성들은 이것을 전쟁 노력을 위한 '도움을 준 것'으로서 경험했고, 이것은 그들의 기억 속에서 참호 속에 있는 남편들, 아들들, 남자형제들을 위한 '도움'으로 남아 있다. 저널리스트 나타샤(Natacha)가 말하길, '이것은 매시간 스페인의 미래를 만들어가면서 자신들의 피로 우리를 지키는 이들에게 도움이 되기 위해서 위락할 수 있었던 최소한의 것이었다.'[25]

임금을 위해서 일했던 이들은 거의 모두 노동자계급 여성들이었고 이들은 금전적인 필요와 전쟁에 이기려는 정치적 의지라는 두 가지 이유로 일했다. 후자는 특별작업반과 스타카노비스트 연대(Stakhanovist brigades)의 형성과 함께 작업 시간이 확대되고 생산이 증대되는 것을 의미했다.

> 공장에서 모터 소리는 승리의 음조다. 나는 작업장에서 가장 훌륭한 '특별작업반' 노동자가 될 준비를 할 것이다. 우리는 일해야 했다. 우리는 그 밖의 아무것도 생각하지 않았다. 우리는 일해야 했다. 우리는 전쟁에서 이기기 위해서 일해야 했다.[26]

무임금의 초과 시간 노동을 자원해서 일하는 스타카노비스트 여성이라는 소비에트 모델이 공장들을 지배했다. 공장에서 [여성 노동자들이] 남성들을 대체하는 것이 필요했고, [남성들이 했던] 예전의 생산 수준에 대등할 뿐만 아니라 그것을 능가할 필요가 있었다. "자, 여러분은 남자들이 공장에 있을 때 자기들이 40개를 만들 동안 여자들은 20개밖에 만들지 못한다고 말했던 것을 알고 있습니다. 그래서요? 남자들이 여자들보다 더 훌륭한 노동자입니까?"[27]

여성들이 대규모의 노동력으로 동원되는 것은 단지 일시적인 현상으로 보였던 것 같다. 수세소 뽀르딸레스(Suceso Portales)는 의미심장하게 다음과 같이 말했다. "우리는 공장들이 결코 문을 닫지 않았다는 것에 자부심을 느끼며 남자들에게 공장들을 돌려줄 것이다."[28]

대조적으로 정치 활동가들은 육체적 고통과 항상 존재하는 죽음의 불확실성에도 불구하고 전쟁 동안을 그들 삶의 최고의 시기로 기억한다. "종종 전쟁을 저주하는 사람들이 있습니다. … 저는 당신에게 제게는 행복한 시기였다고 말할 수 있습니다."[29] 그들은 새로운 사회적 프로젝트의 한 부분이 되어 오래된 질서의 파괴로 인해 들뜬 기분을 느꼈다. 그들이 가졌던 소극적이고 수용적인 역할은 적극적으로 변했다. 그들은 사회적으로 쓸모 있다는 느낌을 내면화하였고 진정으로 국민의 역할을 수행한 시기로 기억하였다. 그러나 그들의 인식은 '여성인 것'에 관해서는 변하지 않았다. 모성은 그들에게조차도 여성다움의 신성한 기둥으로 남아있었다. 그들이 혁명적인 운동들에 참여한 것은 여성으로서가 아니라 계급으로서였다.

> 우리의 훈련은 여성들로부터 남성들을 분리시키는 것이 아니라, 여성들을 사회에 통합시키는 것입니다. 저는 두뇌에는 성(sex)이 없다고 말해야만 하겠습니다.
>
> 저는 그 당시 페미니스트 운동에 대해서 아는 바가 없었습니다. 왜냐하면 그때 페미니스트들의 주장들은 저를 위한 것이 아니었어요. … 저는 사실 그들과 함께할 사람들이 많을 것이라고 생각하지 않았습니다.
>
> 페미니즘? 결코 아니었어요! 그러나 휴머니즘은 영원합니다.[30]

정치적으로 적극적인 여성들은 그들 자신이 내면화했던 이미지를 받아들였을 뿐만 아니라 전수시켰다. [여성] 동원의 정치적 과제는 그들이 자신들을 새로운 종류의 여성으로 보여주어야만 했다는 것을 의미했다. 동시에 그들은 모범적인 어머니들의 점잖고 도덕적으로 흠이 없는 전통적인 미덕들을 가져야 했다. 페데리까 몽세니(Federica Montseny)와 같이 영향력 있는 여성들은 이러한 생각의 많은 예를 제공한다. "아이들이 없는 여성들은 열매가 없는 나무, 장미가 없는 장미 덩굴과 같다."[31]

아오라(Ahora) 공장 소녀들은 전선에 있는 그들의 애인들에 대한 꿈을 꾸었다.

> 당신의 손을 저버릴 수 없어요. 당신의 눈도 돌릴 수 없어요. 당신 총의 포신은 항상 준비가 되어 있죠. 나는 행복하게 확신을 가지고 당신을 기다리고 있어요. 그래서 우리가 함께 뿌린 자유의 익은 열매를 수확하도록 말예요.
>
> 내 사랑, 내 삶의 동료, 내 손가락 끝이 당신 것처럼 아파요. 마치 내 심금이 울리듯이. 그러나 우리는 웃으면서 태양이 수평선에 나타날 때까지 참아야 해요.
>
> 왜냐하면 미래는 우리에게 아름다우니까요. 우리의 집은 어디에서나 꽃들과 책들로 즐거울 거예요. 나는 항상 행복 속에서 자라난 큰 소년을

꿈꾸었어요. 이제 그의 시대가 왔어요.

당신은 말해요. "모든 사람들이 전쟁을 위해 일하기만 한다면…" 나 또한 이제 일하고 있어요. 물론 나는 일을 많이 하지 않았어요. 오늘부터 나는 더 많은 일을 할 거예요. 내가 우리의 오래된 스페인을 감쌀 만큼 많은 손을 가지고 있지 않다는 것이 유감스러워요.

공장의 모터 소리는 승리의 음조예요. 나는 작업장에서 가장 훌륭한 특별 작업반원이 될 준비를 할 거예요. 그리고 내 머리가 병원 일에는 너무 모자라도 나는 우리 전사들의 피나는 상처를 조심스럽게 그리고 부드럽게 다룰 거예요. 그리고 내 심장이 밤낮의 고통으로 쪼그라들고 떨고 있어도, 나는 당신을 따뜻하게 하려고 옷을 만드는 바늘을 부지런히 움직일 거예요. 바느질에 지쳐서 내 눈꺼풀이 내려와도 나는 소녀들과 여성들에게 소리칠 거예요, "행복한 우리의 시대가 왔어요. 그것을 위해서 일하세요, 일하세요." 그리고 내가 지쳐버릴 때까지 계속 할 거예요.

그것이 가야 할 길이에요. 이렇게 작은 몸에는 신뢰나 환희를 위한 더 이상의 여유가 없어요. 방아쇠를 늦추지 마세요. 당신의 총이 항상 불을 뿜게 준비하세요.[32]

내전 동안 여성들이 직접적으로 겪었던 극적인 역사적 변화들에도 불구하고 마드리드 여성들에게 여성을 아내와 어머니로 보는 영원한 신화적 핵심 이미지는 그들의 의식에 항상 중심적으로 남아있었다. 여성들의 나머지 기능들을 사회적 인식과 그녀 자신들로부터 숨기는 모성 신화는 여성들의 사회적 존재를 한 가지로 제한했다. 이러한 신화적 설계의 작동을 통해서 여성은 무엇인가와 이제 여성은 무엇을 해야 하는가 사이의 모순이 안치되고, 그 신화는 '상황 속에서 자연스러운 것'으로 변한다. 이것은 예를 들면 일을 위한 동원 캠페인을 발전시키는 것을 가능하게 하지만, 여성들이 그들에게 요구된 것만을 할 뿐 그 이상은 하지 않을 것이고 사회가 그들에게 요구하는 역할을 전복시키지 않을 것이라는 것을 확인해준다. 경험을 조직하는 체계로서 신화는 최면적인 효과를 발휘해서 여성들은 그들이 했던 것을 잊어버리고 그것을 공개하지 않고 미래 세대에게 전수하지도 않았다. 신화의 언어는 넓은 사회적 장(social field)에 미치면서 이 자체가 집합기억을 억압할 수 있다. 그래서 너무나 많이 저술된 스페인 내전과 같은 주제에서 여성들의 행위들이 제외된다면 전쟁의 과정이 설명될 수 없음에도 불구하고, 여성들이 무엇을 했는지에 대해서 아무것도 알 수 없다.

그래서 신화는 여성들이 지배되고 종속적으로 남아있는 권력관계에 기초해서 기존 상태를 유지했다. 이 오래된 사회적 개념은 혁명적인 과정에서도 변함없이 출현하여 새로운 이미지의 색깔 뒤에 자신을 숨겼다. 즉 신화는 역사를 전수하는 간단한 방식일 뿐만 아니라 과거가 전래되거나 말살되는 선택적인 양면적 과정이기도 하다.

10

키비텔라 발 디 키아나에서의 학살
―신화와 정치학, 애도와 상식[*]

알레산드로 포르텔리

애도와 상식

나는 1995년 8월 21일 이 논문의 초안을 작성하기 시작한다. 이번 달 들어 두 번째로 어제 모르는 사람이 내가 사는 곳의 모퉁이 근처에 있는 한 장소를 기념하는 비석에 검은 칠을 했다. 그 장소에서 1944년 6월 로마로부터 퇴각하는 독일군들이 13명의 죄수, 군인, 시민을 죽였다. 죽은 이들 중 한 사람인 부루노 부옷찌(Bruno Buozzi)는 이탈리아 노조운동의 창립자다. 몇 주 후에 독일군들은 토스카나 아렛쪼(Arezzo, Tuscany) 근처에 방어선을 구축했었다.

---

[*] 이 논문은 알레산드로 포르텔리의 *The Battle of Valle Giulia. Oral History and the Art of Dialogue*(Univerity of Wisconsin Press, 1997) 중에서 발췌한 것이다.
논문의 원제목은 "The Massacre at Civitella Val di Chiana(Tuscany, June 29, 1944): Myth and Politics, Mourning and Common Sense"이다.

6월 29일 독일 점령군이 토스카나 아렛쪼 근처의 언덕에 있는 작은 소도시인 키비텔라 발 디 키아나에서 115명의 남자 시민들을 처형했다.[1] 같은 날 여자들과 아이들을 포함한 58명이 라 코르니아(La Cornia)의 근처 마을에서 죽임을 당했고, 산 판크라찌오(San Pancrazio) 마을에서는 39명이 죽었다. 독일군의 이러한 행위는 6월 18일 키비텔라에서 레지스탕스 당원들이 3명의 독일 군인들을 죽인 것에 대한 명백한 보복이었다.

    나는 시끄러운 총소리와 총으로 문을 탕탕 두드리고 거칠게 명령하는 소리를 들었어요. 갑자기 우리 집 문이 격렬한 탕탕 소리에 흔들렸어요. 나는 문을 열었고 두 독일군이 우리에게 총을 겨누면서 집으로 들어왔어요. 그들은 각 방을 수색하고 우리에게 밖으로 나가라고 명령했어요. 아이들이 내 뒤를 따라오고 총소리와 고함이 함께 나는 시내 밖으로 걸어가기 시작했어요. 내 눈앞에 얼마나 충격적인 장면이 나타났는지! 많은 남자는 이미 시체가 되어 있었고 피에 젖어 있었어요. 집들은 불에 타고 있었고 반쯤 벗은 여자들과 아이들을 독일군들이 집 밖으로 끌어냈어요. 우리는 남편, 남자 형제 또는 아버지가 살해된 여자들과 함께 숲으로 피했어요.(Anna Cetoloni, widow Caldelli).[2]

    교회 옆에 있는 광장에 도착했을 때 우리가 본 것은 우리를 소름끼치게 했어요. 가슴이 무너져 내리는 것 같았어요! 열린 집들의 문에서 학살된 남자들이 줄이어서 나왔어요. 뇌 조각들이 어디에나 있었고 피가 온 천지에 흐르고 있었어요. 그건 정말로 살육이었어요. 불에 탄 집들이 무너지기 시작해서 먼지와 연기를 참을 수 없었어요. 내 남편의 형제들 중 한 명과 삼촌이 또한 살해되었어요.(Rina Cadelli, RB, 256-7).

    [다음날] 우리는 다른 여자들과 함께 우리 남편들을 찾으려고 시내로 돌아왔어요. 우리는 모자들과 피가 혼재해 있었던 광장에 도착했어요. 고함과 울음소리 속에서 우리는 집 안의 끔찍한 상태에 처해 있는 우리

의 사랑하는 이들을 발견했어요. 모두 머리를 맞았고 어떤 이들은 머리가 날아가 버려져 있었어요. 우리 여자들에게 이 모든 일을 할 용기를 누가 주었는지 모르겠지만 서로를 도우면서 죽은 이들을 모두 교회로 옮겼어요. 이 일을 끝내고 난 후에 우리는 어디에 머물러야 할지를 몰랐어요. 왜냐하면 시내는 끔찍한 상태였기 때문이에요. 우리는 숲으로 갔어요. 다음날 우리는 다시 한 번 용기를 내어 시내로 들어가서 모두 함께 관을 만들고 죽은 이들을 그 안에 넣어서 묘지로 운반했어요. 거기서 우리는 무덤을 파고 관을 놓고 그 위에 흙을 덮었어요(Lucia Tippi, widow Falsetti, RB 286).

이러한 사건들은 지오반니 콘티니(Giovanni Contini)가 '분열된 기억'(divided memory)이라고 적절하게 기술한 것이다.[3] 콘티니는 한편으로 이 학살을 레지스탕스의 한 사건으로 기념하면서 그 희생자들을 자유를 위해 쓰러진 순교자에 비유하는 '공식적'인 기억을 확인한다. 그러나 다른 한편으로 생존자들, 과부들과 아이들이 만들어내고 보존해온 기억은 그들 개인의 집합적 애도와 상실에 거의 전적으로 초점을 맞춘다. 이 기억은 레지스탕스와의 어떤 관련도 부정할 뿐만 아니라, 무책임한 공격을 해서 독일군의 보복을 야기한 것에 대해서 레지스탕스 당원들을 비난한다. "이제 이 모든 비난이 독일군에게 향하고 있어요. … 그러나 우리, 우리는 당원들을 책망해요. 왜냐하면 그들이 그런 짓을 하지 않았다면[레지스탕스 당원들이 독일군을 죽인 것], 이 일은 일어나지 않았을 것이기 때문이에요. 그들은[독일군] 보복하기 위해서 죽인 거에요."(M.C.)[4]

키비텔라의 현 교구목사이고 학살의 생존자인 다니엘레 티에찌(Daniele Tiezzi) 신부는 당원들이 '매우 무책임'하게 행동했다고 판단했는데, 아마도 그의 판단은 옳을 것이다.[5] 키비텔라 근처의 당원들은 잘 조직되어 있지도 않았고, 정치적으로 의식화되어 있지도 않았다. 그래서 그들의 행위가 유용했는지는 거의 불확실하다. 그들이 독일군들을 죽이려고 했는지, 또는 그들을 무장 해제시키려 했는지, 그들이 독일군들을 잔인하게 또는 자기 방어로서 죽였는지는 명확하지 않다. 그들은 키비텔라의 성벽 안에서 독일군을 죽였고 시체들과 다른 흔적들을 제거하지 못해서 주민들 모두를 필연적으로 연루되게 하여 사태를 더 악화시켰다. 이후에 어쨌든 그들은 시를 방어하거나 도울 수 없었다. 그러나 살육에서 방아쇠를 당긴 것은 독일군들이었다. 그래도 당원들의 그럴듯한 무책임은 그들이 책임이 있다고 추정된 것을 약화시키거나 정당화할 수는 없다.

　이러한 두 기억, 레지스탕스가 장려하는 기념과 제도의 기억과 지역사회의 기억은 과거에 여러 차례 서로 부딪혀왔다. 지방민들은 레지스탕스의 이름하에 이루어지는 공식적인 축하가 그들이 지닌 기억을 위반하고 상실한 것으로 파악하면서 물리적으로까지 부딪혀왔다. 이 논문이 출발한 "기억에서: 냉전의 끝 이후 나치 범죄에 대한 유럽인의 기억을 위하여"(In Memory: For a European Memory of Nazi Crimes after the End of the Cold War) (1994년 6월 22-24, 아렛쪼)라는 국제회의는 좌파에 가까운 학자들이 키비텔라의 무시되고 침해된 기억을 회복시키기 위해서 개최하였다.

　그러나 이러한 기억의 회복은 애매한 역사적 맥락 속에서 일어났다. 회의가 있었을 때 유럽에서 처음으로 파시즘으로부터 직접적으로 나온 한 당파인 알레안자 나찌오날레(Alleanza Nazionale)가 이탈리아 정부의 일부가 되었다. 그 이유를 확실히 모르면서 모든 이데올로기에 주의하면서 그 패배에 충격을 받은 좌파[우파가 정부에 들어갔으므로]는 종종 무비판적으로 예전의 적들을 포함하여 다른 이들의 판단과 이데올로기를 채택한다. 키비텔라의 경우도 그럴 가능성이 매우 컸다. 그 사건의 극적인 성격, 과거 실수의 중대성과 생존자들의 열렬한 분노 때문이라면 말이다.

　키비텔라 사람들의 이야기들은 우리를 숨막히게 한다. 그러나 그 충격을 받아들이고 뒤로 한발 물러서서 깊게 숨을 쉬고 다시 생각하기 시작하는 것이 학자가 할 일이다. 관련된 사람들과 그들의 슬픔의 진정성과 그들이 가지고 있는 이유들의 진지함을 존중하면서, 우리의 작업은 그들의 것을 포함하여 모든 문헌들과 이야기들을 비판적으로 해석하는 것이다. 내가 이 논문에서 보이고자 하는 것처럼 사실 우리가 '분열된 기억'을 말할 때, 우리는 즉각적이고 순수하고 공동체적인 기억 대 공적이고 이데올로기적인 기억 사이의 대립만을 상상해서는 안 된다. 왜냐하면 우리가 후자를 해체하면 즉시 우리는 전자가 가지고 있는 때 묻지 않은 고유성을 암시적으로 당연하게 받아들일 수 있기 때문이다. 그러나 우리는 오히려 다수의 파편화되고 내적으로 분열된 기억들을 다루고 있는 것이다. 그리고 그 기억들은 모두가 한편으로 또는 다른 이데올로기에 의해 그리고 문화적으로 중재된 것이다.

그러나 그 회의에서 발표된 논문들 중 많은 논문의 분석과 해석에는 사건의 극적인 성격과 증언자들의 감정과 고통이 의심할 수 없이 정당화되는 경건한 묵상이 만연했다. 그래서 지오반니 콘티니가 당원들의 증언에서 모순들을 분석한 반면,[6] 누구도 생존자들의 증언을 분석하지 않았다. 그들의 신뢰성을 묻지도 않았고, 최소한 사건에 대한 서술 구성의 구조와 의미에 대한 조사도 하지 않았다. 발레리아 디 피아짜(Valeria Di Piazza)는 생존자들이 말하기를 망설이는 것과 말할 필요성을 전적으로 인정하면서, 그녀의 논문에서 "표현될 수 있는 / 표현될 수 없는"의 딜레마와 애도와 상실을 의사소통하고 공유하는 어려움에 초점을 두고 있다. "모든 시민들이 말하는 것은 사실이다. 당신은 말할 수 없고, 당신은 설명할 수 없고, 당신은 다른 이들이 이해하도록 하지 않는다. 이런 종류의 사건을 경험하지 않았던 누구도 결코 키비텔라 사람들이 느꼈던 것을 느낄 수 없을 것이다."[7] 피에트로 클레멘테(Pietro Clemente)가 기술하는 바와 같이, "그것은 마치 사고가 통제할 수 없는 애도와 함께 대화에 참여하는 연구자들이 애도에 감염되어 스스로 그러한 상실을 정교화하기 시작할 필요가 있는 것과 같다."[8]

클레멘테는 레지스탕스 당원들의 실수가 독일군들의 죄를 없애지는 못한다는 역사적 평가에 동의한다. 그러나 그는 인류학적 관점은 "사실의 진실 또는 가치의 경향보다는 지역사회의 재현들"에 관심이 있다고 지적한다. 그는 계속해서 키비텔라의 자기 안으로 닫힌 공동체적 애도는 근대적 사고인 원자화된 개인주의에 대항하는 저항의 행위라고 말하면서, 그렇기 때문에 "세속적이고 레지스탕스적인 사고들이 그들 자신의 모델 외의 다른 것을 이해할 수 없었던 것"에 저항하는 '스캔들'이라고 주장한다.

나는 자신 외의 경험과 사고방식을 이해하지 못하는 것이 세속적이고 진보적인 사고의 특권이라고 확신하지 않는다.[9] 아마도 종교적인 특별히 가톨릭적인 사고도 전적으로 그러한 비난으로부터 면제되지 않는다. 또한 다른 경험들을 마주치고 이해하는 것은 인류학적 경험의 바로 본질을 구성해야 한다. 그래서 죽음, 애도, 그리고 상실이 그 자체로서 그리고 언어의 내재적인 한계 때문에 말해질 수 없다는 것은 정말로 사실이다. 그러나 어떤 경험이 정말로 **말해질 수 있는지**는 불확실하다. 고통스럽건 아니건, 다른 이의 경험을 공유할 수 없다는 것은 흔한 일이다. 그러나 다른 곳에서와 마찬가지로 키비텔라에서는 말해질 수 없는 것이 말해졌다는 사실이 남는다. 말할 수 없는 것을 말하는 어려움은 해석될 수 있는 이야기들, 즉 말과 생각으로 이루어진 문화적 구성물을 낳는다. 그래서 프란체스카 카펠레토(Francesca Cappelletto)와 파올라 카라만드레이(Paola Calamandrei)는 키비텔라에서 '집단기억'(group memory)을 발견했다. 그것은 "수차례 이야기하는 상황 속에서 만들어진", "매우 응집적인 형태를 가지고 정치적인 테마를 중심으로 구조화되고 초점을 가진" 서술로서 형식화되었다.

인정된 구술자들, 어떤 '테마의' 전문가들, 이야기의 특정한 부분이나 에피소드에 대한 전문가들이 있다. 또한 이야기하는 상황에서 그 사건들이 이야기되는 방식에 대한 사회적 통제를 분명하게 감지할 수 있다.[10]

이러한 구조화되고 사회적으로 통제된 서술들과 탈레리아 디 피아짜가 기술한 '표현될 수 없는' 것들 사이의 모순은 귀에 거슬리고 피상적이다. 왜냐하면 면밀하게 보면 그 경험들은 말해질 수 없고 그러나 말해져야만 하기 때문에, 구술자들은 언어, 서술, 사회적 환경, 종교, 정치와 같이 중재하는 구조들에 의해 지탱되고 있다. 완성된 서술들은—그것들이 묘사하는 고통이 아니라 그것들이 재현하는 언어와 이데올로기들—그래서 비판적으로 이해될 수 있을 뿐만 아니라, 그렇게 이해되어야간 한다.

피에트로 클레멘테가 기술하는 것처럼, "처음의 스캔들은 … 생존자들의 집합기억이 그 사건을 레지스탕스 운동의 일부로 보는 것을 거절할 뿐만 아니라 그것에 공개적으로 대항 자세를 취했고 학살을 일으킨 상황적인 이유로 지방 당원들을 비난했다는 것이다." 그러나 내게는 이 '스캔들'이 완전히 이탈리아 이데올로기의 '회색 지대'인 상식에 속하는 정치적·서술적 구성물로 보여진다. 그런데 이 회색지대는 '정상 상태', 희생자와 처형자 사이의 '책임 없음과 무죄'의 영역이다.[11] 예를 들면, 32명의 독일군이 죽은 것에 대한 보복으로 335명의 시민이 처형된 로마에서 일어난 포쎄 아르데아티네 학살(Fosse Ardeatine massacre)이 일어난 이틀 후에, 교황청 기관지 『로세르바토레 로마노』(*L'Osservatore Romano*)는 당원들을 '죄가 있고', 독일군들을 '희생자들'로, 희생자들을 '희생물이 된 사람들'로 기술했다.[12] 아마도 '스캔들'은 이 점에서부터 시작할 것이다.

스캔들이 보수적인 진부한 말로 표현되었다는 사실이 키비텔라 생존자들의 존엄성과 고통을 손상시키지 않는다. 정말로 이러한 상식을 결코 심각하게 받아들이지 않는 것이 바로 레지스탕스 역사학의 약점이다. 레지스탕스 역사학이 너무나 '순수하고' 대체로 정당화된 형태로 있을 때, 레지스탕스의 윤리적 한계들과 현 정치적 영역에서 그 신성 모독에 기여하는 이데올로기적인 구성물의 힘들을 이해하는 기회를 만들어야 한다.

정말로 기억과 마찬가지로 애도는 사고와 언어가 침투할 수 없는 밀집된 핵이 아니라, 특정한 역사적 시기에 형성되는('정교화되는') 하나의 과정이다. 예를 들면 레지스탕스 당원들의 증언과 같이 생존자의 증언도 시간에 따라 변한다. 1945년에 영국의 심문에서 주어진 증언들과 1946년 로마노 빌렌키(Romano Bilenchi) 작가가 수집한 것들에서는 당원의 죄가 때때로 간접적으로 드러나지만 반세기 후에 수집된 서술들에서와 같이 지배적인 구조적 요소가 아니었다. 콘티니는 "당원들과의 갈등이 출발점이라기보다는 도착점이다"라고 쓰고 있다. 1946년에는 독일군에 대한 분노가 공공연하게 만연했다. "거기서 우리를 사로잡은 슬픔을 생각하면서 독일군들을 저주하면서, 우리는 모두 함께 울었습니다."(Ada Sestini, widow, Cadelli, RB, 55). 많은 구술자는 독일군들의 비인간적인 면과 잔인성을 주장한다. "열 시가 되어서 총소리가 거의 고요해졌어요. 그러나 우리는 그 짐승 같은 놈들이 죄 없는 사람들을 찾아서 노래하고 웃고 악기를 연주하는 것을 들었어요." "살육이 끝나고 독일군들은 아직도 손과 옷에 죽은 이들의 피를 묻히고 도시가 무너지는 가운데 왕성한 식욕으로 빵과 치즈를 먹었습니다."(Rina Caldelli, Zaira Tiezzi, RB 256, 280). 이러한 이미지들은 그 후의 증언에서 모두 사라지고 반레지스탕스적 분노가 압도한다. 이야기들의 어조가 1946년에는 물질적인 구체성을 띠었는데 1993~1994년에는 애처로움을 강조하고 때때로 진부한 어귀로 변화해왔다.

몇몇 요인들이 이러한 변화들을 설명할지 모른다. 증언자들은 전쟁이 끝나자마자 레지스탕스 당원들이 높은 위세와 정치적 권력을 누릴 때 그들을 비판하기를 주저했을 것이다. 전후에 당원들이 저지른 권력의 남용, 즉 지역사회에 의해 존경받고 나머지 사람들보다 더 파시스트적이라고 볼 수 없는 사람들을 '처벌한' 것은 키비텔라 사람들 속에 적대감을 강화시켰다. 반당원 재판들의 물결, 포쎄 아르데아티네 학살의 책임에 대한 공방과 위에서 언급된 상식과의 결합이 생존자들의 분노에 [전쟁 직후] 초기 증언 시 아직 만들어지지 않았던 서술적이고 이데올로기적인 장치를 제공했을지 모른다. 이렇게 침투될 수 없는 것으로 보이는 기억과 상실은 사실상 역사와 시간에 강력하게 관련되어 있는 것이 사실이다.

시간에 적용되는 것은 또한 공간에도 적용된다. 키비텔라로부터 불과 몇 마일 떨어진 바루치올(Vallucciole)에서 1944년 4월 15일 독일군들이 108명의 남자, 여자, 아이들을 다시 한 번 표면상 보복으로 죽였다. 그러나 바루치올에서 수집된 인터뷰에서, 카펠레토와 카라만드레이는 "[당원들]의 죄라는 테마는 … 약화되어있거나 거의 없는 듯하다. … 피면담자들의 중심적인 테마와 준거들은 나치와 파시스트의 책임이다"라고 한다. 다른 사회적·인구학적 구조와 다른 사건의 구조를 말하는 이 두 역사가들의 설명을 넘어서서 이러한 불일치는 키비텔라의 '스캔들'이 영원하거나 보편적인 것이 아니라 오히려 역사적이고 특수하다는 것을 확인해준다. 이것은 그 충격을 감하는 것이 아니라, 오히려 그 충격에 초점을 맞추고 구체화하고, 다른 이야기들과 대조되는 한 이야기가 지닌 갈등적인 힘을 인정함으로써 포괄적인 보편주의로부터 나오게 한다.

클레멘테가 역사가의 '사실들'과 인류학자의 '재현들'을 구별한 것은 전적으로 옳다. 그러나 우리가 그 둘을 함께 고려해야만 그것들을 구별할 수 있다.[13] 재현들과 사실들은 분리된 영역에 존재하지 않는다. 재현들은 사실에 작용하고 사실이길 주장한다. 사실들은 재현에 따라서 인정되고 조직된다. 사실들과 재현들은 둘 다 인간의 주체성에서 모아지고 인간의 언어로 옷을 입는다. 이러한 상호작용을 창조하는 것이 구술사의 작업이다. 그것은 역사로서 사실들을 재구성하면서 또한 대화로 이루어지는 현지조사를 하면서 구술자의 타자성(otherness)을 비판적으로 대면하면서 재현들을 이해하는 것을 배우는 것이다.

결백

8월 22일 이 지역 기계공과 장인인 서너 명의 자원자들이 기념비 옆에서 사포와 스펀지를 가지고 희생자들의 이름을 회복시키는 데 필요한 도구들에 대해서 전문가적 지식을 가지고 이야기한다. 이곳이 고급 주택가가 되기 오래전부터 이웃으로 남아있는 머리가 허예진 사람들은 아마도 기억할 것이다.

> M.C.: 저기서! 그것이 슬픈 역사의 시작이었습니다!
> 면담자: 무슨 일이 일어났나요?
> M.C.: 당원들이 독일군들을 죽였습니다.

키비텔라 학살에 대한 거의 모든 이야기들은 독일군들의 죽음으로 시작한다. "6월 18일 … 당원의 손에 2명의 독일군이 죽었어요. 그 이후 나의 고통과 이 도시 모든 사람들의 고통이 시작되었어요." "6월 18일 새벽에 나는 정확하게 시간을 기억하지 못하지만 전선이 다가오고 있음에도 불구하고 시내를 지배하던 비교적 평온함을 총소리가 갑자기 깨버렸어요."[14]

서사학적 용어에서 이야기의 시작이라는 단어인 incipit는 균형, 평온, 질서로부터 무질서, 갈등, 움직임으로의 이동을 나타낸다. 그 단어의 정의

상 이야기가 시작하기 전에는 아무것도 일어나지 않거나 최소한 이야기 할 가치가 있는 것은 없다. 이러한 표준적인 키비텔라 이야기들의 시작은 1944년 6월 18일 당원들의 행위[독일군을 죽인 것] 전에는 거기서 아무것도 일어나지 않았다는 것을 제시한다. "우리는 키비텔라에서 평온하게 있었는데 왜냐하면 6월 18일까지 우리는 단지 어느 정도만 전쟁을 느꼈기 때문이에요"(P.F.).[15] 키비텔라는 "향기나는 숲 속의 녹음으로 둘러싸인" 소도시, "조용하고 신비로운 매력으로 가득한 작은 고대적인 세계"였다. 그곳에서는 "사람들을 분열시키고 증오에 불을 지르는 극단적인 정치적인 파벌주의는 결코 없었어요." 파시스트도 독일군도 누구도 괴롭히지 않았다. "선의에서 그 [파시스트] 정치를 믿었던 사람들은 어떤 극악한 행위를 저지르지 않았어요." 독일군들에 관해서는 "그들은 우리에게 고통을 주지 않았어요"(M.C.).[16] "때때로 그들은 실제로 마실 것이나 어떤 것을 요구하기 위해서 집에 왔지만 우리를 결코 괴롭히지 않았어요." 카라만드레이와 카펠레토는 이러한 재현들을 '잃어버린 파라다이스'의 이미지와 '결백'의 시대로서 묘사한다.

> 나는 여덟 살이었고 행복한 아이였다고 생각해요.. 전쟁 동안 우리는 시내에 있는 집에서 부모님, 조부모님, 두 누이와 형제들과 우리에게 가까웠던 많은 다른 사람과 모두 함께 살았어요(Maria Teresa Paggi, CR 303).

'파라다이스'와 '결백'은 파시즘과 전쟁에도 살아남았고 당시 나치 점령하에 있었던 소도시의 이미지로는 이상하다. 우리는 이 이미지들을 재현들로 받아들이고 '사실들'과 이미지들의 관계에 대해서 물어볼 필요가 있다.

당시 열다섯이었던 알베르토 로씨(Alberto Rossi)의 증언을 들어보자. 그는 당시를 '전쟁과 슬픔'의 시기로 묘사하지만 사춘기의 즐거움과 유희의 시기로도 묘사한다. 그러나 놀랍게도 그는 즐거움의 동기들을 바로 전쟁의 현장에서 찾는다.

> 그 해 초에 독일군들이 시 근처에 연료와 무기 창고를 세웠을 때 우리의 욕구를 만족시킬 수 있는 기회가 왔어요. 그때 우리는 그 장소들을 습격하기 시작했고 독일군들의 면밀한 경계를 피해서 종종 우리를 열광시키는 물건들을 가져올 수 있었어요(CR, 229).

물론 이러한 톰 소여 식의 아동기에 대한 회상에는 잘못된 것이 없다. 실제로 이것은 우리에게 오늘날 생존자들 대부분의 회상이 당시 아이였거나 청소년이었고 아동기와 청소년기 말에 그 학살을 보았던 사람들의 기억이라는 것을 상기시켜준다. 그러나 이 아동기 기억이 그대로 어른이 된 구술자들에 의해서 그대로 반복될 때 그리고 현재의 기억의 형성에 기여할 때 문제가 생긴다. 그래서 알베르토 로씨는 1944년 4월 같은 무기 창고 습격 때문에 독일군들이 열일곱 살 소년인 지울리오 카냐치(Giulio Cagnacci)를 죽였다는 것을 기억하지 않는다. 로씨는 잊어버릴 모든 권리를 가지고 있다. 우리는 역사가로서 인류학자로서 카냐치의 죽음을 사실로서 받아들이고, 로씨의 증언에서 그것이 빠져있는 것을 재현으로서 고려하고, 전자가 어떻게 후자로 변화하였는지를 고려해야 하는 의무를 가지고 있다.[17]

이것은 전쟁 전 키비텔라에 대한 더 폭넓은 재현들에도 같이 적용된다. 이 도시에서 영토적 그리고 계급적 구분과 긴장은 낯선 것이 아니었다. 고대의 성벽들은 시의 주민(토지 소유자, 장인, 전문인들)을 시골과 외곽의 마을로부터 위계적으로 분리시켰다. "근처의 도시들이 이 시를 매우 시기했어요… 왜냐하면 잘 살기 때문이었어요."(V.L.) "우리는 성 안에서 태어난 사람들이에요! 우리는 농부들과 잘 지내지 않았어요. … 우리는 도시민적 경향이 있었어요! 우리는 그들보다 더 잘 살았어요"라고 M.C.가 말했다. S.M.은 더 잔인하게 키비텔라와 군소재지인 바디아 알 피노(Badia al Pino) 사이의 '증오'에 대해서 말한다. 그는 키비텔라와 코니아 마을들 사이에 길이 열렸을 때 "많은 일꾼이 시로 오기 시작했고 이 일꾼들은 정말 한 무더기의 똥 같은 놈들이었어요. [에도아르도(Edoardo)] 수키엘리(Succhielli)[당원 대장]가 거기에 살았어요"라고 덧붙인다.[18]

이 마지막 구절로 S.M.은 '성 안에서 태어난 사람들'과 '농부', '장인'과 '일꾼' 사이에 이미 존재하는 긴장들의 맥락 속에서 생존자들과 당원들 사이에 있었던 갈등의 틀을 잡는다. 성벽 안에서 독일군들을 죽이는 무책임한 당원에 대한 분노는 또한 시골의 하층계급들이 도시의 공간을 침범한다는 느낌을 포함한다. 이러한 침범은 전후에도 지속되어서, 아마도 부분적으로 과거의 모욕을 보상하기 위해서, 시골의 '젊은 공산주의자들'이 시로 와서 사람들을 좌지우지하였다(Duilio Fattori, CR, 448).

그런데 [이들의 서술에서는] 시간적으로 공간적으로 이중적 치환이 있다. 공간에서 침입자들은 독일군이라기보다는 당원들이다. 시간에서 역사는 전쟁과 함께 시작되는 것도, 독일군에 의한 첫 번째 희생자로 시작되는 것이 아니고 당원들의 첫 번째 반응과 함께 시작된다.

이것이 내게는 키비텔라의 '스캔들'의 기초적이고 급진적인 의미인 듯하다. '스캔들'을 일으킨 것은 좌파다. 왜냐하면 좌파는 필연적인 사물의 질서, 즉 자연, 인간의 불평등, 시장에 대항할 것을 주장하기 때문이다. 좌파의 존재 그 자체가 하나의 침략과 간섭이었고, 고요함과 자연에 투쟁과 역사를 주입시킨 것이다.[19] 물론 자연의 질서는 강자가 약자에게 권력을 휘두르는 것이기 때문에 좌파의 죄는 또한 약하다는 죄다. 약자의 몫은 항상 하늘에 대항하여 무기를 들지만 결코 그것을 정복하지 않는 것이다. 키비텔라 이야기들은 이 점을 체계적으로 강조한다. "내 말은, 당신이 힘이 없을 때 어떻게 독일군에게 가서 [그들을] 죽입니까?"[P.C.].

대신 키비텔라 이야기들은 [공화국의] 질서를 문제 삼지 않는다. 그들은 명백히 반당원적인 이데올로기적 선택이라는 맥락 속에서 당원들에 대해 격렬히 공격하는 것이 아니다. 구술자들은 문구 대로 혹은 예전에 그랬던 것처럼 '레지스탕스로부터 태어난 공화국'으로 이탈리아를 보는 일반적인 이데올로기에 반대하지 않는다. 그러나 그들 가까이에 있었던 특정한 레지스탕스에 대한 분노로 그 이데올로기를 대체한다. "당원들에 대한 증오가 있었어요, 북쪽에 있는 사람들이 아니라 유사당원들, 즉 지방민들에 대한 증오가"(V.C.).[20] "나는 공장들을 보호했던 북쪽의 사람들을 당원으로서 구할 것이지만 이 사람들은 아닙니다!"(P.E.) "나는 북쪽 당원들을 존경합니다. 그들은 좋은 일들을 했어요. 그러나 우리 지역의 사람들은 아닙니다!"(B.B.).[21]

이것은 '님비'(not-in-my-backyard) 증상의 한 변이이다. '회색 지대'에서 모든 레지스탕스 행위들은 추상적으로 멀리서는 옳지만 확실히 집 근처에서는 결코 옳지 않았다. 물론 모든 상식처럼 이러한 담론은 한 줌의 진리를 가지고 있어야만 성립할 수 있다. 당원들이 조직될 시간이 더 적었기 때문이라면, 중앙 이탈리아의 당원들은 종종 북이탈리아의 당원들보다 방향과 전략에 대한 감각이 더 적었다. 그러나 이러한 담론의 이데올로기적인 의미는 그것을 지지하는 준거적인 기능과 구별된다. 레지스탕스를 넓게는 칭송하지만 구체적으로는 비난하는 반당원적인 이야기들은 북이탈리아를 포함하여 이탈리아 전역에서 발견된다. 그렇기에 이 담론의 몇몇 가정들은 좀 더 면밀하게 볼 필요가 있다.

우선 당원의 행위가 과연 즉각적으로 유용했는가는 논쟁의 여지가 있지만 그것은 단지 부분적인 문제다. 게릴라 전투에서 어떤 하나의 행위가 결정적인 것으로 생각될 수 없다. 그러나 당원의 소모전은 독일 전선의 후방에서 영토를 끊임없이 '청소'하기 위한 주력 부대를 빗나가게 하기에 충분한 골칫거리를 야기했다.[22] 개별 당원의 행위들에 대한 보복과 응징이 동기가 되었다 해도, 토스카나 아펜니네(Tuscana Apennine)에서 있었던 독일군이 자행한 무수한 학살은 주로 이러한 혼란으로부터 전선을 보호하기 위한 것이었다. 이것은 일반적 주민 대부분의 비협력을 포함했다. 초기 증언에서 키비텔라 여성들은 독일군들이 십 일이 지난 후에야 보복했다고 지적했다. "생활이 전처럼 고요했었습니다." "독일군들이 완벽하게 그 부끄러운 기만을 연출하는 동안"(Corinna Stopponi, widow Caldelli: Elda Morfini, widow Paggi, RB, 260, 278). 이것은 당원의 행위와 학살 사이의 연계가 의도되었던 것보다 덜 직접적이었다는 것을 의미하는 듯하다. 학살이 일어난 지 3일 후에 키비텔라는 후퇴하는 독일 전선의 방어축으로 선정되었다. 독일군이 진입한 7월 2일까지 그 지역은 효과적으로 척결되었다.

둘째로, 당원들의 중요성은 군사적이기보다는 도덕적이다. 독일, 이탈리아, 일본 주축국(The Axis)은 레지스탕스의 개입이 없었다 해도 전쟁에서 졌을 것이다. 그러나 이탈리아인들이 그들의 해방에서 단순한 대상이 아니라 행위자였다고 주장할 수 있는 것은 당원들이 존재했기 때문이다. 미국 남북전쟁에서 흑인 군단과 같이 당원들은 다른 이들이 그들의 죄를 보는 곳에서 쓸모가 있다. 즉 그들이 존재했다는 사실에서 말이다. 우리가 이것을 명심하면 아마도 키비텔라에서 오인된 공격 뒤에 있는 심리적 필요를 이해할 수 있을지 모른다. 당원들은 때때로 다른, 아마도 덜 고귀한 동기를 가지고 그들이 존재하고 있음을 증명할 필요가 있었다. 왜냐하면 그들의 존재에 나라 전체의 구원이 있었기 때문이다.[23]

당원들의 역사적 존재는 구술자들이 자신들의 존재를 비하하는 경향과 대조된다. V.C.는 예를 들면 "파시스트들에 아무런 저항을 하지 않았고 제1차 세계대전에서 싸웠고 나라에 목숨을 바쳤던 [키비텔라의] 순교자들을" 칭송한다. 이렇게 그는 키비텔라의 희생자들을 위해 위대한 기독교적이고 써브얼턴적인(subaltern) 순종과 복종의 미덕을 주장한다. 그는 그들을 '순교자'로 묘사하여 기독교의 위대한 서사 속에 포함시킨다. 하지만 그들은 당원들이 자신들을 레지스탕스의 '순교자'라고 주장하는 것과 정확하게 똑같이 그들[키비텔라 희생자들] 죽음의 의미를 교란시킨다. 순교자들은 항상 전투적 불복종의 '죄'를 짓고 있고 그 결과를 충분히 알고 있다. 대신에 키비텔라의 희생자들은 "죄 없이 죽었다." "우리는 아무것도 잘못한 것이 없었다. 우리는 단지 일과 가족에만 관심을 가졌다." 키비텔라의 죽은 이들은 그들의 죽음을 설명할 수 있는 것은 어떤 것도 하지 않았다. 순교자가 아닌 희생자들, 그들의 상실은 상세하게 설명하고 이해하기가 더욱 어렵다.

　이러한 죽음들은 또한 어원적인 의미에서 해가 없다는 순수함의 부정적인 정의(definition)에 의존하기 때문에 설명하기가 어렵다. 그러나 죄가 없다는 것이 책임이 없다는 것을 의미하는 것은 아니다. 잘못한 것이 없다는 것과 잘못에 저항한 것이 없다는 것은 다른 것이다. 이 서술들에서는 파시즘과 독일 점령에 아무런 저항도 하지 않았다는 것이 거의 하나의 미덕이 된다. 이것은 '회색 지대', 소위 관망의, '정치에 휘말려 들지 않는', 역사의 밖에 머물고자 하는, 그런데 단지 갑자기 잔혹하게 역사에 던져진 사람들의 결백함이다.[24]

　탈역사적인 접근은 또한 독일군들에 대한 판단에 영향을 준다. 『모비 딕』(*Moby Dick*)에서 아압 선장(Captain Ahab)이 하얀 고래를 추격해서 처벌하려 한다고 말할 때, 그의 첫 번째 동료인 스타벅(Starbuck)이 "당신의 가장 분별없는 본능을 찌른" "말 못하는 짐승"을 벌주려고 하는 것은 불경한 것이라고 반대한다.[25] 자연의 존재로서 고래는 도덕적으로 책임이 없었다. 고래가 배의 돛대를 부러뜨려서 배를 가라앉혀서 선원들을 물에 빠지게 한다 해도 잘못은 오직 선장이 고래를 공격했기 때문이다.

> M.C.: 누구나 독일인들이 나쁜 인종이라는 것을 압니다. … 그들이 잔인하다는 것을. 왜 당신은 그들에게 쓸데없는 참견을 합니까? 들어보세요. 여기에 사자가 있고 그 사자는 야만적입니다. 그러나 사자가 이미 잡아먹었어요. 왜 당신은 사자에게 무모한 짓을 합니까? 사자가 배고프지 않더라도 잡아먹어 버릴 겁니다. 사자는 야만적이에요!

V.C.는 또한 같은 점을 지적한다. 당원들이 독일근들이 야만적이고 잔인하다는 것을 알고 있었고, 그래서 그들을 화나게 허서는 안 되었다는 것을 지적한다. 키비텔라 구술자들이 독일군들을 '야만적 짐승들'로 말하면 할수록 더욱더 원래 독일군들의 사악한 잔인성을 비난하기 위해서 도입된 이러한 용어들은 도덕적 판단의 영역으로부터 독일군들을 벗어나게 함으로써 그들을 흡수하는 방식으로 변화되어온 것으로 보인다. 이 '나쁜 인종'의 사나움은 모두 자연적인 사실의 불가피성을 가지고 있다.[26] 현재 기록된 증언과 구술 증언에서 단 한 번도 누구도 살해된 독일 병사 한 명을 위해서 많은 이탈리아 시민들의 생활을 강제했던 '법'을 문제 삼지 않는다.

> 그들은 시청에 그것(전단)을 붙여놓았어요. 독일군 한 명이 죽으면 15명의 시민이 죽음을 당할 것이라고요. 그렇게 그들은 주민들에게 경고했습니다. 그래서 그들이 이렇게 보복을 하러 온다면 그것은 누군가가 그들이 그렇게 하게끔 했기 때문이라고 나는 생각해요![27]

당원들은 "일당 십이라는 규칙이 강제되고 있다는 것을 알고 있었습니다"(V.C.). "그들은 독일군 한 명에 열 명의 시민들이 죽을 것이라는 것을 알고 있었어요"(P.C.). "시민들이 죽음을 당할 것이다"와 같은 소극적인 익명의 형식을 통해서 독일군들은 문법적 주체와 도덕적 주체의 위치로부터 벗어나게 된다. 그 법은 존재하고 그것이 전부다. 아무도 누가 그것을 만들었는지, 어떤 합법성과 동의를 가지고 만들었는지 묻지 않는다. 아무도 그러한 강제가 항상 불가피한지, 혹은 이것이 매번 도덕적 선택을 필요로 하는 것인지 묻지 않는다.

피지배자의 동의 없이 적용되는 그리고 중재 없이 불가피하게 강제되는 유일한 법들은 자연의 법칙들이다. 만약 누군가가 우리 안에 있는 사자의 팔을 막대기로 찌른다면 사자는 그것을 물 것이다. 만약 누군가가 모비딕을 사냥한다면 그 고래는 배를 파괴할 것이다. 독일군들은 책임이 없다. 단지 인간으로서 자연과 그 법칙에 끼어들려고 하는 사람들에게만 책임이 있다. 아마도 이것이 '법'이 독일군 한 명당 열다섯 명의 시민을 요구했으면서도 왜 아무도 키비텔라에서 그 비율이 40대 1이었는지를 묻지 않는 이유일 것이다.

신화와 정치학

8월 23일 기념비가 깨끗해지고 이름들이 복원되었다. 죽은 이들을 기념하기보다는 그 일을 한 사람들에게 감사하면서 약간 창피하기도 해서 아무도 나를 보지 않길 바라면서 나는 꽃을 사서 기념비 옆에 놓았다.

아렛쪼 회의의 가장 감동적인 순간은 살육이 시작되었던 키비텔라 광장에서 일어났다. 그 지역사회와 그 기억의 대변인인 이다 발로(Ida Balò)는 그 이야기를 다시 서술하고 그녀의 이웃들과 친구들의 이야기들을 극적으로 엮어내면서 각 장면이 일어났던 장소들을 지적했다. 후에 교회에서 한 감동적인 연행[파올라 발로(Paola Balò)의 '기억의 목소리들'(Voices of Memory)]이 같은 이야기들에 성스런 연극의 형태를 부여했다.

광장에서의 서사와 교회에서의 연극 모두에서 전에 내가 들어보지 못했던 세 가지 에피소드들이 눈에 띄었다. 그리고 그것들은 모두 신화의 힘과 탁월함을 가지고 있었다. 첫 번째 에피소드는 교구 목사인 알치데 랏체리(Alcide Lazzeri) 신부가 독일군들에게 그를 죽이고 그의 교인들을 살려줄 것을 애원하고는 나머지 사람들과 함께 처형되었다는 것이다. 두 번째는 한 독일 병사가 희생자들을 불사를 것을 거절하여 장교에게 처형당했다는 이야기다. 세 번째는 후에 두 독일 퇴역군인이 시에 와서 교구목사에게 용서를 구해서 자유롭게 용서받았다는 것이다.

랏체리 신부가 희생적인 제안을 했다는 이야기는 1946년 한 이야기에서 나타났으나 다른 이야기들과는 일치하지 않는다. 마리아 아순타 멘케티(Maria Assunta Menchetti)에 의하면 그가 독일군들에게 "나를 데려가고 내 교인들을 놓아주시오"라고 말했다. 코린나 스토포니(Corinna Stopponi)와 지노 바르토루치(Gino Bartolucci)는 그 장면에 가장 가까이 있었는데 (지노는 인질들 중의 하나였고 신부가 죽는 것을 보았다) 단지 신부가 "그의 교인들을 축복하면서 영웅적으로 죽었다"(RB, 268, 261,277)고 말한다. 그러나 좀 더 최근의 이야기들은 단지 전자만을 믿고 신부에게 기독교 순교자의 역할을 부여하였다(CR, 95, 285, 211). 그러나 그 신부가 자신을 구하길 거절하고 그의 교인들과 함께 기꺼이 죽었다는 것은 거의 의심할 수 없다.[28]

다른 두 에피소드들 또한 각각 단지 한 증인만이 입증한 것이다.

갑자기 나는 상사가 명령을 주려는 듯 생각하고 있는 것을 보았어요.

다섯 명이 유치원 쪽으로 밀어붙였어요. 그들 중에 젊은 신학생과 함께 신부가 있었습니다. … 그 상사는 한 무장한 병사에게 사격을 명령하는 듯했어요. 그런데 이상한 일이 생겼어요. 그 명령을 받은 병사가 죄수들을 뚫어지게 쳐다보고는 움직이지 않았어요. 장교는 그를 야단쳤고 우리는 그의 제스처와 어조를 통해서 알 수 있었어요. 다시 한 번 장교는 그에게 총을 쏘라고 명령했어요. 그러나 그는 결심하지 못한 채로 있었어요. 그래서 그 상사는 그를 옆으로 밀어젖히고 기관총이라고 생각하는 무기를 가지고 다섯 명에게 총을 쐈어요.

[그때 상사는] 그 '반역자'를 옆으로 밀치고 이해할 수 없는 크고 화난 목소리로 말을 중얼거리면서 그 병사를 돌아서게 하고 그의 머리에 총을 쏘았어요(Luigi Bigiarini, CR, 259-60).

1983년 7월 어느 상큼한 아침에 좀 나이 든 남자 두 명이 키비텔라 델라 키아나의 사제관으로 나를 찾아왔어요. 그들은 교구목사를 만나게 해달라고 요청했어요. 그들은 두 명의 독일군이었는데 그 중 한 명은 1944년 6월 29일 아침에 키비텔라에 죽음과 파괴를 뿌리고 간 무장군인들 중의 하나였어요.

[그는 내게 말했어요] "저는 그날 보복을 위해서 이곳에 있었던 독일군 중에 하나입니다. 신부님, 내가 살아오는 동안 깊은 슬픔 속에 있었고 우리는 당시 매우 어렸으며 히틀러가 우리의 청춘에 독을 주었다고 이 도시의 사람들에게 말해주십시오. 저는 그 모든 것에 대한 용서를 구합니다"(신부 Enrico Biagini, CR, 453).

이 이야기들의 신화적 차원을 증명하기 위해서 그것들의 신빙성을 문제 삼을 이유는 없다. 왜냐하면 신화가 반드시 거짓된 혹은 만들어진 이야기일 필요는 없기 때문이다. 오히려 신화는 (사실이건 아니건) 개개의 사건의 의미를 한 문화가 가지고 있는 자기 재현들의 상징적이고 공식적인 서술로 확장시키면서 중요해지는 이야기다. 이번 경우에는 희생, 자비, 용서의 서술들을 통해서 키비텔라라는 지역사회는 그 역사에서 가장 극적인 사건에 대한 관계를 공식화하고 그 자신의 정체성을 기독교적 지역사회로 규정한다. 이것이 신부가 모두를 대신해서 아무런 상의 없이 [독일 퇴역군인들을] 용서하는 권위를 가질 수 있었던 이유를 설명한다.

인상 깊게 남아있는 것은 독일 방문자들이 자신들의 책임을 약화시키면서 모든 것을 청춘과 히틀러의 탓으로 돌려 비난했다는 것과 신부는 당시에 확인되지 않았던 그의 이름이나 주소 또는 군 소속을 물어볼 생각도 하지 않았다는 것이다. 그러나 이 이야기의 더 직접적인 신화적 측면은 반대편들을 화해시키는 그 고전적인 기능에 있다. 기독고적이고 용서하는 지역사회로서의 키비텔라 이미지와 당원들에 대한 비관용적인 태도 사이의 대조 말이다.

> V.L.: 우리는 50년이 지난 지금도 당원들에 대한 적대감을 갖고 있어요. 우리는 아직도 그렇게 느끼고 있어요. 그렇지 않나요? … 우리의 신앙심에도 불구하고.
>
> I: 어쩌다 한번 그들이 와서 "우리가 잘못 했어요"라고 말했어야 하기 때문입니다.[29]
>
> V.L.: 우리는 아직도 용서할 준비가 되어 있지 않아요 …
>
> I: … 우리는 교회에 갑니다. …
>
> V.L.: 그러나 우리는 용서해야 해요. 우리는 변해야 해요.
>
> M.C.: 신을 믿으면서 우리는 용서해야 합니다. …
>
> V.L.: 그들도 또한 실수를 했기 때문에, 그들은 단지 소년들이었고 그들은 무기를 보았고 너무나 쉽게 다가온 것을 했을 뿐이기 때문에 용서해요.
>
> I: 그 결과를 생각하지 않고. … 그들은 젊었어요. …
>
> V.L.: 우리는 50년이 지난 지금 다르게 봐야 해요. …
>
> I: 우리가 신에게 물어야만 해요. 우리는 힘을 가지고 있지 않아요.

M.C.: 그것은 우리가 통제할 수 없는 것이 아니에요. 우리 자신 안에 있어요.

결정적인 요인이 I의 진술에 있다. 최소한 한 명의 독일군이 그 사건에 대해서 용서를 구했지만 당원들은 결코 그렇게 하지 않았다는 것이다. V.L.은 이 점을 후에 지적한다.

"그 많은 세월 동안 단 한 번도 당원들은 '우리의 행위들 중에 이것은 실수였다'라고 말하지 않았어요." 독일군들을 용서함으로써 키비텔라는 당원들을 용서하지 않는 것에 대한 의구심을 약화시킨다. 왜냐하면 독일군들은 회개했는데 당원들은 그렇지 않았기 때문이다. 이렇게 키비텔라는 기독교 지역사회로서의 그 이미지와 당원들에 대한 분개를 모두 가질 수 있다.[30]

다른 한편으로 주저하는 병사의 이야기는 포쎄 아르데아티네 학살을 포함하여 유럽 전역에 걸쳐서 발견되는 '착한 독일군'(good German)의 이야기로 알려진 신화적 서술의 일부다. 이 신화는 빈번하게 포쎄 아르데아티네을 포함하여[31] 제2차 세계대전의 에피소드들과 연결되어 있고 다른 맥락들에서도 발견되는 더 넓은 서술의 한 변종이다. 예를 들면 구술 원자료와 국회 기록 모두는 테르니에서 경찰이 죽인 루이지 트라스툴리라는 노동자의 죽음에 대한 한 판본을 가지고 있다. "루이지 트라스툴리는 성벽을 오르고 있었고 그는 기관총에 맞아 죽었습니다. 그리고 우리는 아마도 더 인간적인 다른 경찰이 총을 내리는 동안 성벽의 가장자리를 잡았던 그의 손이 풀어지는 것을 보았습니다."[32]

실제로 루이지 트라스툴리는 길 한복판에서 살해됐다. 그 장면을 성벽 너머와 성벽 옆에 위치시키는 것은 처형되는 당원들의 이미지라는 레지스탕스의 그림 구도(iconography)에 그리고 더 중요하게 십자가에 매달려 처형되는 그림 구도에 그 사건을 연결시킨다. 사실 이 신화의 뿌리는 아마도 저자가 의심스러운 복음서가 불어넣는 옛날이야기들에서 발견될 수 있다. 그 복음서에서는 로마의 백부장이 그 동료가 예수를 창으로 찌르는 것을 막는다.

모든 신화적 이야기들처럼 이것은 단성적(univocal)인 서술이 아니라 의미들의 모체이고 대립들이 만나는 격자선이다. 왜냐하면 신화는 궁극적으로 두드러지는 인물이 나머지 모두를 대표하거나 혹은 대안으로 감지되는 것에 달려있기 때문이다. '착한 독일군'과 자비로운 백부장은 가장 잔인한 고문자들에게조차 남아있는 인간성의 잔재에 대한 우리의 믿음을 확인하거나, 혹은 하나의 인간성을 통해서 모든 이의 인간성을 강조하는 것이다. 이것은 병사들이 강제로 불을 놓거나 아니면 목숨을 잃거나 했다는 것,[33] 혹은 저항이 가능했다는 것, 그리고 한 사람 이상이 저항했다면 아마도 비극은 피할 수 있었을지 모른다는 것을 의미한다. 프리모 레비(Primo Levi)가 아우슈비츠(Auschwitz) 사건에 대해서 말한 것처럼 "만약 이러한 온당한 용기를 가진 이례적인 독일군들이 더 많았다면 과거의 역사와 현재의 지리학은 달라졌을 것이다."[34]

이들 신화의 중심적인 진술은 집합적인 폭력이 죄 없는 희생자(예수, 아르데아티네 사람들, 트라툴리 사람들, 키비텔라 사람들)들을 만들 때, 항상 살인자 중에는 거부하는 무엇인가, 누군가가 있다는 것이다. 아마 그럴 수도 있고 또는 단지 우리가 그것을 믿을 필요가 있을지도 모른다. 역사가이며 당지도자인 누토 레벨리(Nuto Revelli)가 쓴 호기심을 자극하는 『말브르그의 행방불명 병사』(*Il disperso di Marburg*)에서 그는 전쟁 동안 쿠네오(Cuneo)의 시골에서 말을 타곤 했던 '착한 독일군' 이야기들을 조사하면서, 이 이미지를 믿고 그것에 대해서 더 알고자 하는 그 자신의 저항할 수 없는 충동 속으로 들어간다. 마지막에서 레벨리와 그의 동조자들은 ['착한 독일군'이라는] 그 이미지에 이름과 전기를 찾아주는 데 성공하지만, 그 사람이 그들 지역에서 일어난 나치 학살에 대해 결백하고 연루되지 않았다는 것을 확신하지는 못한다. 레벨리의 젊은 독일군 편지 교신자 중 하나는 다음과 같이 쓴다.

> 아이들을 돌봐주고 여가시간에 바하를 연주하는 '외로운 기사'의 이미지는 사라지고 있습니다. 제 생각에는 그가 그 지역을 순찰하고 있었다고 하는 것이 더 그럴 듯합니다. 우리 머릿속에 만들어진 이미지들보다는 현실을 직면하는 것이 더 좋습니다. 그러나 우리는 그러한 이미지들 없이 무엇을 할까요?[35]

음악을 사랑하는 나치의 이미지는 나치 수용소의 그림 구도에서뿐만 아니라 그렇게 많은 미국 영화에서 반복되는 아이들에게 사탕을 주는 점령 군인들의 고전적인 이미지와 유사한데, 이 둘의 이미지는 레벨리의 교신자에 투영되었다. 다른 한편으로 그것들은 키비텔라에서도 사실적인 기초를 가지고 있다. 즉 티에지 신부는 학살 전에 성당 미사에서 노래를 부르러 왔던 4명의 가톨릭 오스트리아 군인들을 기억한다. 사탕을 주는 사람[독일 병사]들은 바로 어린이들에 둘러싸여서 키비텔라의 거리를 걸었고 후에 당원들에 의해서 살해된 같은 병사들이었다(Albert Rossi, CR, 231). 그들은 이 이야기에서 첫 번째 '착한 독일군'이다. 그러나 1946년 서술들은 그들을 단지 '술 취한' 그리고 '포도주에 흠뻑 취한' 것으로 기억한다. 반면 유일하게 음악적인 나치로서 언급된 이들은 키비텔라가 불타는 동안 노래하고 악기를 연주했던 이들이었다(RB, 272, 278, 256).

이러한 이미지들이 사실적인 근거를 가지고 있다는 것이 그들의 신화적인 지위를 약화시키지 않는다. 사실 키비텔라의 기억에서 작동하는 주요한 신화 만들기 과정은 즉각적인 창출이라기보다는 개개 사건들의 의미를 확대시킨 듯하다. 정말로 중요한 것은 착한 독일군들이 있었고 그들이 사탕을 주었는지가 아니라, 그들의 희생자들 또는 적들조차 그 이미지의 존재를 믿고자 하는 뿌리 깊은 필요성을 가지고 있다는 것이다. "그러한 이미지들 없이 우리가 무엇을 할까요?"

나는 이다 발로의 공적인 서술에 너무나 깊은 인상을 받아서 다음날 회의의 점심 휴식 시간에 이다 말로에게 용서와 착한 독일군의 이야기들을 다시 말해주고 몇 가지 질문에 대답해줄 것을 부탁할 기회를 잡았다. 그녀가 내게 말한 가장 놀라운 것은 오랫동안 키비텔라 사람들은 착한 독일군의 이야기를 믿지 않았다는 것이었다. 왜냐하면 유일한 증인이 키비텔라의 토착민이 아니었기 때문이었다. 분명히 그의 이야기는 이 도시의 이야기들로 가정될 수 없었다.[36] 사람들은 그것을 믿지 않았거나 혹은 그것이 중요하다고 생각하지 않았다. 단지 '10년 정도 전에' 이다 발로는 그 이야기가 도시의 집합기억과 그녀 자신의 공동체적 이야기의 일부가 되었다고 설명했다.[37]

발로는 또한 용서를 구했던 독일군의 이야기를 고구 사제의 문헌 증언에서 만큼이나 반복했는데 단지 두 개의 다른 점이 있었다. 그녀는 그 방문이 밤에 있었고, 그 사건이 '10년 정도 전'에 일어났다고 생각했다.[38] 우리의 대화는 1994년에 학살의 50주년 기념일에 있었다. 명백하게 '10년 정도 전에' 키비텔라는 또 하나의 50주년 기념일을 축하할 준비가 되고 있었고 이러한 두 개의 신화적 이야기들은 그 과정에서 기능하게 되었던 것이다.

키비텔라는 항상 레지스탕스의 이름하에 행해진 연중 기념 축하들을 거부했다. 오랫동안 광장에서 진행되는 시민들의 기념 축하들과 교회와 묘지에서 진행되는 종교적인 의식들 사이에 대립이 있어왔다. "우리는 지난 50년 동안 6월 29일을 기념하지 않은 적이 없어요. … 나는 종교적인 축하를 말하고 있어요. 이해하겠지요? 우리는 결코 다른 의식에 참여하지 않았어요."(V.L.). 그러나 저항은 발전하여 생존자들의 신화들과 가치들에 기초하고 그들 자신의 기관들이 내놓은 공식적 서술들에 기초하여 만들어진 대안적 공공 기념들이 나타나게 되었다. 의미심장하게 V.C.가 1984년의 기념을 '첫 번째'로 기술한 것은 그것이 첫 번째였기 때문이 아니라, 그가 공적으로 재현되었다고 느꼈던 첫 번째 기념이었기 때문이다.

> P.C.: 첫 번째 기념일은 그들이 묘지에서 예배를 시작할 때였어요. 그리고 판파니가 왔어요.
> V.L.: 84년에…[39]

아민토레 판파니(Amintore Fanfani)는 거의 반세기 동안 몇 차례 수상을 포함하여 이탈리아 정부의 모든 직위에 있었던 보수적인 가톨릭 정치가인데, 그는 아렛쪼 지방에 그의 선거구를 가지고 있었다. 그의 이름은 키비텔라 이야기들에서 도시가 전후에 활성화되도록 도왔던[40] '신의 뜻에 의한' 수혜자로서 빈번하게 기억된다. 물론 이것은 구술자들의 이야기들과 느낌들의 고유성과 힘을 감하지 않는다. 한동안 판파니가 다른 이들보다 사람들의 물질적·정서적 요구들에 진정 더 가깝게 있었을지도 모른다. 그러나 특별히 1984년 흥미를 끄는 결정적인 기념과 관련되어 그가 눈에 띄게 나타나는 것은 기억이 '공식적'과 '공동체적' 기억 사이에서뿐만 아니라, 또한 대립적인 정치적·제도적 집단들이 운영하는 두 개의 공식적인 기억들과 두 개의 대안적인 의례들로 '나누어져' 있다는 것을 확인해준다. 키비텔라 기억의 역사는 그 공적으로 명시된 것을 포함하지 않으면 불완전하다.

그 자체의 이야기들과 인정된 구술자들, 증언집들, 성스러운 연극, 정치 대표들 속에서 구현된 이 공적인 기억은 완전히 정당할 뿐만 아니라, 결백, 연약, 복종, 자비, 용서, 가족과 집단 연대와 같은 중요한 가치들로 가득 차 있다. 그것은 삶의 경험과 깊은 감정에 기초하고 있다. 그러나 이 공적 기억은 그것이 기초하고 있는 개인의 기억들과는 구별되는 매우 이데올로기적이고 제도적인 구성물인 것이다.

피아트로 클레멘테는 키비텔라의 '집합기억'에 대해서 말한다. 지오바니 콘티니는 '도시의 기억', 카펠레토와 카라만드레이는 '집단기억'에 대해서 말한다. 이러한 것은 모두 최소한 모리스 알브바크스의 연구 이래로 역사적 담론의 정당한 용어들이다. 그러나 우리는 기억의 정교화와 기억하는 행위가 항상 개인적이라는 것을 잊어서는 안 된다. 집단들이 아니라 개인들이 기억한다. 모리스 알브바크스가 개인의 기억은 존재하지 않는다고 주장할 때조차 그는 항상 "나는 기억 한다"라고 쓴다. 다른 한편으로 알브바크스는 기억의 본질적인 활동인 망각을 개인의, 아마도 외로운 과정으로 기술한다.[41]

만약 모든 기억들이 집합적이라면, 한 중인은 전치 문화를 위해서 기여할 수 있다. 그러나 우리는 그렇지 않다는 것을 알고 있다. 특히 근대 시기와 근대 사회에서 각 개인은 다양한 집단들로부터 기억들을 끌어오고 그것들을 개개의 특수한 방식으로 조직한다. 모든 인간의 활동처럼 기억은 사회적이고 공유될 수 있다. (이것이 각 개인이 '사회'사에 기여할 수 있는 무엇인가를 가지고 있는 이유다.) 그러나 구어(parole)에 반대인 언어(langue)와 같이 기억은 단지 개인의 회상과 말하는 행위에서 구체화된다. 기억이 개인들로부터 추출되어 분리될 때, 즉 ('착한 독일군'과 같이 많은 이가 공유한 이야기와 같은) 신화와 민속에서, (이다 발로와 같이 한 사람이 여러 이야기들을) 위임해서 하는 것에서, (학교, 교회, 국가, 정당과 같이 추상적인 주체들이 분리된 부분들의 합이 아니라 총체적으로 기억들과 의례들을 조직하는) 제도들에서, 기억은 집합기억이 된다. 이러한 세 종류의 기억은 키비텔라에서 모두 발견된다. 잊어버리지 말아야 하고, 기억들을 단지 한 집단(생존자들의 결속된 집단)으로부터 끌어와야 하는 압력은 카펠레토와 카라만드레이가 '개인의' 기억에 대한 '집합적' 기억의 압력으로 기술한 '사회적 통제'를 구체화한다.

일단 우리가 '집합적' 기억이 개인들의 기억들이 아닌 것을 깨달으면, 우리는 더 이상 그것을 고통, 애도, 또는 스캔들의 직접적이고 즉각적인 표현으로 묘사할 수 없고, 이데올로기, 언어, 상식, 제도들이 개입하는 동일하게 정당하고 의미 있는 형식화된 것으로서 봐야 한다. 우리는 기억들의 장[field] 사이에서만 아니라, 그것들 안에 있는 대립들을 찾아야만 한다. 훌륭한 정의인 '분열된 기억'은 레지스탕스의 제도적인 기억과 지역사회의 집합 기억 사이의 이분법(그것이 암시하는 위계질서)뿐만 아니라, 다른 기억들의 파편화된 다수성을 규정하기 위하여 확대되고 급진화되어야 한다.

'도시의 기억' 자체도 확고한 전체가 아니다. 가족끼리에서조차 억누르는 말할 수 없는 기억들이 광장과 교회에서 공식적으로 표현된 똑같이 고유하고 감동적인 기억들과 함께 공존한다. 그래서 기억은 세대에 의해 분열된다. 더 극적으로는 개인들조차도 침묵하고 잊고자 하는 욕망과 말할 필요성 사이에서 내적으로 분열되어 있다. "나는 아무것도 쓰고 싶지 않았습니다. 왜냐하면 이것은 내게 괴로운 일이었고 나는 내 형에게 그렇게 하지 않겠다고 약속했기 때문이에요. 이것을 유감스럽게 생각합니다. 그러나 나는 해야 했습니다. 왜냐하면 나의 어머니가 기뻐할 것이었기 때문입니다."(Giuliana Sabatini Migliorini, CR, 322).

도시의 기억은 또한 사회적으로 나누어져 있다. 최소한 '도시'는 우리에게 1944년에 정지한 이미지보다는 오늘날의 키비텔라와 그곳에 사는 사람들을 의미한다. 전후에 현재의 거주자들이 많이 유입되었다. 그들 중에는 도시 성벽 밖에 있었고 오늘날 서술의 밖에 있는 '농민'과 '한 무더기의 똥 같은 놈들'의 후손들도 있다. "우리는 키비텔라에 살고 있지 않았던 다른 사람들과 그것에 대해서 이야기하지 않아요. 그들은 모두 농부들이었어요."(S.M.). 그러나 이 새 주민들 또한 그들 자신의 기억들을 가지고 있다. 그것은 아마도 현재 그들의 도시가 지닌 기억의 일부로서 인정되어야만 한다.

기관들의 기억과 레지스탕스 기억도 또한 나누어져 있다. 아렛쪼 회의의 패러독스는 그 회의가 때때로 마치 유일한 '공식적인 기억'이 레지스탕스 기억인 것처럼 그리고 유일한 '이데올로기'는 좌파의 것인 양 보았다는 것이다. 여론 조성가들과 정치가들이 '마르크스주의 헤게모니'와 '공산주의 정부'가 이탈리아를 지난 반세기 동안 지배했다고 주장할 수 있고, 더 잘 알아야 하는 사람들로부터 어떤 반대도 없이 이런 웃긴 거짓말이 상식이 될 수 있는 시기에 우리가 살고 있다는 것은 사실이다. 또한 아렛쪼 지역이 전후로부터 좌파적 정부를 가졌다는 것도 사실이다. 그러나 아렛쪼에서 일해왔던 어느 누구도 키비텔라 기념들에 대한 논쟁에서조차 좌파가 장악한 지방 기관들과 아민토레 판파니같이 강력한 인물이 통제하는 국가의 중앙 기관들 사이에 역사적 긴장이 있었다고 인정하지 않는다.[42] 무엇보다도, '빨간'(Red) 토스카나에서조차 교구는 내무부가 지명했고 은행들은 자본이 통제했고 통신망은 국가적 네트워크가 지배했고 주요 신문은 보수적인 『라 나찌오네』(*La Nazione*)였다.

당원들의 기억은 결코 국가의 심오한 담론과 일치하지 않았다. 레지스탕스는 매우 늦게 '공식적' 기억이 되었다. 레지스탕스가 기념석과 화환의 의례로 변한 대가로, [레지스탕스에 대한 기념은] 보통사람들이 점차 무관하게 느끼는 정치적 영역에 속하는 타협된 그리고 무해한 의식이 되었다. 그때조차, 레지스탕스의 공식적인 기억은 전 당원인 산드로 페르티니(Sandro Pertini)와 같은 대통령이 기념하건 혹은 지오바니 레오네(Giovanni Leone)와 같이 반동적이고 타락한 대통령이 기념하건 마찬가지였다. 사실 V.C.는 현재 대통령이고 가톨릭인 오스카 루이지 스칼파로(Oscar Luigi Scalfaro)가 키비텔라 기념식에 참석해야 한다고 주장하면서, 만약 페르티니가 그의 얼굴을 보였다면 그는 조롱받아서 도시 밖으로 쫓겨났을 것이라고 주장한다.

마지막으로 지방 당원들의 기억도 복수적이고 나누어져 있다. 6월 18일 행위에 대해서 당원들이 내놓은 모순된 판본들은 또한 그 결정적인 사건에 대한 [당원들의] 파편화된 인식과 평가의 결과다. 그러한 분열된 기억의 하나는 당지도자인 에도아르도 수키엘리(Edoardo Succhielli)다. 그는 법정 소송과 책들을 통해서 공적으로 그의 판본을 고수했지만 그가 역사가인 지오바니 콘티니에게 인정했던 것을 아마도 내내 알고 있었을 것이다. 즉 그것은 그 행동이 실수였고 도시와 주민들에게 파멸을 가져다주었다는 것이다.[43] 또 하나의 분열된 기억은 의사 감바씨니(Dr. Gambassini)의 것이다. 그는 시의 내과 의사였는데 당원들을 도왔고 전후에 키비텔라를 떠났다. 그가 평생 깊은 죄의식을 가지고 살았다고 말해지지만 명백하게 그는 그의 출간된 자서전에서 죄의식을 억제했다.[44]

아렛쪼 회의는 이런 몇몇 다른 기억들을 듣고 그 기억의 담지자들을 존중하고 그들과 함께 대화를 즐겼기 때문에 중요했다. 나는 그들도 또한 우리말을 들었길 희망한다. 그리고 아렛쪼 회의는 키비텔라 사건을 전체 대륙을 포함하는 역사의 시각에 위치시켰다. 그러나 키비텔라 기억들을 사고가 불가능하고 역사와 정치에 무관하고 비판적인 분석으로 접근할 수 없는 하나의 확고한 핵으로 보는 것은 실수일 것이다. 다른 사람들의 기억들을 대면하고 그 만남으로 변화하는 것이 대화다. 무비판적으로 우리 자신의 기억을 포기하는 것은 패배다.

8월 24일 비가 내린다. 하지만 내 꽃들은 아직도 거기 있다. 오늘 신문은 "시가 아무런 조치도 취하지 않는 동안, 최소한 두 달 동안, 스와스티카스(swastikas)가 오스티아에서 레지스탕스 순교자들의 기념비를 더럽혔다"고 한다. 로마의 해안가 교외인 오스티아 자치시는 알레안자 나찌오날레(Alleanza Nazionale)의 전 파시스트가 시장이다. 신문에서 전국 뉴스는 아르헨티나의 한 판사가 나치 고문자이고 포쎄 아르데아티네 학살의 장교인 에릭 프리브케(Eric Priebke)를 본국으로 송환할 것을 거부했다는 것을 알려준다. 그는 누구의 용서도 결코 구할 필요가 없었다.[45]

후기

내가 이 책을 출판하기 위해서 준비할 때, 에릭 프리브케는 본국으로 송환되어 포쎄 아르데아티네 학살에 대한 재판 중이었다. 그는 희생자 가족들에게 그의 '애도'를 표시했다. 재판 동안, 한 독일 군역사가가 나치 병사들과 장교들이 학살 집행에서 제외될 것을 요청했고, 그 결과 학살이 일어나지 않은 사례가 있다는 것을 증언했다. 또 당시 로마에서 지휘 상 프리브케의 두 번째였던 전 나치 증인에 의하면, 프리브케는 내 이웃에 있는 비석이 기념하는 인질들의 학살에도 책임이 있었다. 이 증인은 "그가 책임지고 있었습니다." "그는 다른 명령을 따르지 않았습니다"라고 말했다.[46]

주석

편역자 서문, 기억과 역사가 만날 때: 구술사

1. Alessandro Portelli, 1997, The Battle of Valle Giulia: Oral History and the Art of Dialogue, The University of Wisconsin Press, p.3.
2. 한국구술사 연구의 맥락에 대해서는 『새로운 역사 쓰기를 위한 구술사 연구방법론』(윤택림, 함한희 공저, 2006, 아르케)의 2장 참조.
3. 국사편찬위원회 편, 2004, 『현황과 방법, 구술-구술 자료-구술사』, 국사편찬위원회.
   한국구술사연구회 편, 2005, 『구술사: 방법과 사례』, 선인.
   윤택림, 함한희 공저, 2006, 『새로운 역사 쓰기를 위한 구술사 연구방법론』, 아르케.
4. Thompson, Paul. 2000. The Voice of the Past: Oral History(3rd edition), Oxford University Press. p.308.
5. 구술사의 개념 정의에 대한 부분은 『새로운 역사 쓰기를 위한 구술사 연구방법론』(윤택림, 함한희 공저, 2006, 아르케)의 3장 1절을 참조.
6. Perks, Robert and Alistair Thomson, 1998, p.2.
7. 대표적인 저서로는 Samuel, Raphael and Paul Thompson. eds. The Myths We Live By. London: Routledge.
   Bertaux, Daniel and Paul Thompson. eds. Between Generations: Family Models, Myths and Memories. Transaction Publishers.
8. Thompson, Paul. 2000. "1. History and the Community" in The Voice of the Past: Oral History(3rd edition), Oxford University Press. p.24.
9. 윗글, p.26.
10. 윗글, p.28.
11. 톰슨의 경험주의적 구술사 연구방법에 대한 부분은 그의 책의 "interpretation" 부분을 참조.
12. 톰슨에 대한 구체적인 비판 내용은 이 책의 4장과 7장에 잘 나타나 있다.
13. Vansina, Jan. 1980. "Memory and Oral Tradition" in Joseph Miller. ed. The African Past Speaks. Dawson: Archon. p.262.
14. 윗글, p.263.
15. 윗글, p.264.
16. 윗글, p.272.
17. 미국에서 출판된 그의 저서는 다음과 같다.
    Portelli, Alessandro. 1991, The Death of Luigi Trastulli and Other Stories. State University of New York Press.
    _____, 1997. The Battle of Valle Giulla. Madison: University of Wisconsin Press.

_____, 2003, The Order Has Been Carried Out: History, Memory and Meaning of a Nazi Massacre in Rome. Palgrave Macmillan.
18. Portelli, Alessandro. 1991. "What makes oral history different" in The Death of Luigi Trastulli and Other Stories: Form and Meaning in Oral History. State University of New York Press. © State University of New York. p.46
19. 윗글, 같은 쪽.
20. 윗글, p.47.
21. 윗글, p.48.
22. 윗글, p.53.
23. 윗글, p.57.
24. Nathan Wachtel. 1990. "Introduction". Marie-Noelle Bourguet, Lucette Valensi and Nathan Wachtel. eds. Between Memory and History. Harwood academic publishers. p.5.
25. Nathan Wachtel. 1990. "Introduction", Marie-Noelle Bourguet, Lucette Valensi and Nathan Wachtel. eds. Between Memory and History. Harwood academic publishers. p.2.
26. 윗글, p.5.
27. 윗글, p.7.
28. 윗글, p.12.
29. Nora, Pierre. 1989. "Between Memory and History: Les Lieux de Memoire" in Representations. 26, p.11.
30. 윗글, p.13.
31. 윗글, pp.23-24.
32. Foucault, Michel. 1975. "Film and Popular Memory", in Radical Philosophy. 5(11), p.25.
33. Foucault, Michel. 1975. "Film and Popular Memory" in Radical Philosophy. 5(11).
34. 윗글, p.27.
35. Popular Memory Group. 1982. "Popular Memory: Theory, Politics, Method" in Johnson, et al. eds. Making Histories. Minneapolis: University of Minnesota. p.207.
36. 윗글, p.213.
37. 윗글, pp.226-231.
38. Portelli, Alessandro. 1997. "The Massacre at Civitella Val di Chiana(Tuscany, June 29, 1944): Myth and Politics, Mourning and Common Sense", in The Battle of Valle Giulla. Madison: University of Wisconsin Press, p.142.
39. Valensi, L, 1990, "From Sacred History to Historical Memory and Back: The Jewish Past", Marie-Noelle Bourguet, Lucette Valensi and Nathan Wachtel eds. Between Memory and History. Harwood academic publishers. p.83.
40. Elena Cabezali, Matilde Cuevas and Maria Teresa Chicote, 1990. "Myth as Suppression: Motherhood and the Historical Consciousness of the Women of Madrid, 1936-39", R. Samuel and P. Thompson. eds. The Myths We Live By. Routeldge. p.167.
41. 김현아, 2004, 『전쟁과 여성: 한국 전쟁과 베트남 속의 여성, 기억, 재현』, 여름언덕. 이임하, 2004, 『여성, 전쟁을 넘어 일어서다: 한국전쟁과 젠더』. 서해문집.

42. Portelli, Alessandro. 1997. "The Massacre at Civitella Val di Chiana(Tuscany, June 29, 1944): Myth and Politics, Mourning and Common Sense" in The Battle of Valle Giulla. Madison: University of Wisconsin Press, p.155.
43. 윗글, p.157.

1. 구술사란 무엇인가

01. 폴 톰슨, 구술사: 과거의 목소리

1. [역주] 남아프리카에서 백인과 분리된 흑인들의 거주지인 반투스탄(Bantustan)을 말한다.
2. [역주] 1409년 웨일즈가 영국 헨리 4세에 의해 복속되었고, 그 후 웨일즈 시인들은 독립의 꿈을 키워왔다. 웨일즈의 예언적 시들은 메시아와 같은 운명의 아들(The Son of Destiny)이 나타나서 영국으로부터 웨일즈를 독립시켜줄 것이라고 믿었다.
3. [역주] 중국의 문화혁명 당시 지도층은 기층민에게 네 개의 낡은 것을 폐지하도록 하였다. 그것들은 낡은 관습, 낡은 문화, 낡은 습관, 낡은 사고였다.
4. [역주] 1927년 영국에서 보건부가 실직 광부와 그 가족들에게 구호를 제한하는 것에 대해 반대하고, 새로운 실업 법률안에 대항하는 행진이었다.
5. Thomas B. Macaulay(1800-1859) 영국의 역사 평론 정치가.
6. Oral History, 1973, vol.1, no.4, p.57.

02. 얀 반시나, 기억과 구전

1. Moses I. Finley, "Myth, Memory and History", History and Theory, vol.4, 1965, pp.281-302.
2. 내가 이 논문을 쓸 때, 나는 훌륭한 도서관을 이용할 수 없었다. 그래서 각주가 다소 부족하다. 기억에 대한 심리학적인 연구결과들에 대한 기초적인 조사는 Alain Lieury, La mémoire: résultats et théories(Brussels, 1975)에 의한 것이다. 이 책에는 심리학적 실험과 이론들에 대한 충분한 참고자료가 있으므로 독자는 이 논문에서 주어진 결론들에 대한 근거들을 이 책에서 발견할 수 있다.
3. 위의 책, p.177. 이 용어는 위의 책 175-176쪽에서 있는 바와 같이 삐아제의 이론에 준거한 것이다.
4. 의견들에 대한 실험들을 보려면 위의 책, pp.185-186를, 논리적 재구성을 보려면 p.176을 참조하라.
5. 위의 책. p.130.
6. 위의 책. pp.21-27, 153-156.

7. 위의 책. pp.133-141.
8. 위의 책. pp.141-149.
9. 위의 책. pp.149-153
10. 위의 책. pp.154-156.
11. Harold Scheub, The Xhosa Ntsomi(Oxford, 1975), pp.12-16.
12. Lieury, La Mémoire, pp. 154-172.
13. 위의 책, pp.189-192. 이 책은 Sigmund Freud, The Pschopathology of Everyday life(New York, 1914)에서 두 사례를 인용하고 있다.
14. Lieury, La Mémoire, pp.42-47. 63-67. 93-97.
15. [역주] 불어와 같은 언어는 명사에 남성형과 여성형이 있다.
16. 위의 책, pp.35-36, 193-198. 여기서 저자는 Pierre Janet, Principles of Psychotheraphy(New York, 1924)와 Maurice Halbwachs, Les cadres sociaux de la mémoire(Paris, 1925)의 이론들을 인용한다. 모리스 알브바크스는 뒤르켐의 추종자로서 개인의 역할을 과소평가한다고 이야기된다.
17. '메아리 상자'(echo-box)효과에 대한 실험이 보여주는 바와 같이, 어떤 작가는 자신의 회상들을 먼저 구술로서 만들어내기조차한다. Lieury, La Mémoire, pp.9樫 91, 97-105.樫 91, 97-105.
18. 인류학적 생애사에 대한 좋은 소개서는 L. L. Langness, The Life History in Anthropological Science(New York, 1965).
19. 나는 40세인 한 사람의 생애사 연구는 여섯 달에서 일 년 정도가 걸리고 한 연구자가 아마도 동시에 그러한 연구를 두 개 이상을 할 수 없으리라 생각한다. 정신분석가들의 의료행위들을 볼 때, 경험적 연구로부터 오는 나의 인상은 과한 것 같지 않다.
20. 첫 번째 경험은 그 사람이 새로운 무엇인가가 그에게 일어나고 있다는 것을 깨달은 첫 번째 순간을 말한다. 그것은 반드시 그 사건이 일어난 첫 번째 시기를 말하는 것이 아니다. 초기 아동기로부터의 회상들을 다룰 때 이 구별은 중요하다.
21. 이에 대한 직접적인 실험은 1954년 쿠바(Kuba) 아이들과 이루어졌다. 그들은 더 어린 아이들의 실수를 고쳐주는 큰아이들과 함께 집 놀이를 했다. 실험의 목적은 모든 종류의 친척들에 대한 적절한 친족태도를 발견하는 것이었다. 나는 당시 내게 당시 이러한 유익한 정보를 귀띔해주었던 L.de Heusch 교수에게 감사한다. 이후에 르완다(Rwanda), 룬디(Rundi), 티오(Tio)에서 한 실험들도 일반적으로 이 일반화를 확인해주었다.
22. 구술사의 장르는 공공의 서사들, 공공의 노래나 시, 개인의 서술들, 강요된 정보-'자연적'으로 끌어져 냈건 아니건, 예를 들면 생애사를 가르치는 것을 포함한다. 이 유형화는 아마도 최종적인 것은 아닐 것이다.
23. 이것이 구술 자료가 양화될 수 없다는 것을 의미하지는 않는다 인물연구와 같은 연구기술들은 그 반대임을 보여준다.
24. 역자주: 아프리카 부족사회에서 혼인 시 신랑 측에서 신부 측에 보내는 재화. 신부가 혼인 후 신랑에게 낳아주는 자손들에 대한 지불의 의미로서 자손대(progeny price)라고도 한다.
25. 이것은 다른 경우와 마찬가지로 의견이 전체적으로 역전될 때도 사실이다. 그러한 '개종'의 경우에서도 사람들은 현재 자신의 견해와 정반대가 되는 과거의 의견을 놓거나, 더 종종 확

신없이 그러는 경향이 있는 듯하다.
26. 암기가 반복으로 강화되는 배움의 연상이라는 것이 믿어졌다. 그러나 연상은 그 현상을 설명하지 않는다. Lieury, La Mémoire, p.168, p.12榜130에서 저자는 마술 숫자 칠에 대한 밀러(Miller)의 유명한 발견에 기초하고 있다.
27. 일기를 쓰는 사람의 경우는 특히 애매하다. 그 사람은 단지 자신만을 위해서 사적인 일기를 쓴다. 하지만 일기를 쓰는 사람들은 언젠가 다른 사람들이 그 일기를 발견할 것을 바란다는 것은 명백하다.
28. Dan Sperber, Rethinking Symbolism, trans. Alice L. Morton(Cambridge, 1975).
29. Jan Vansina, La Légende du passé: Traditions orales du Burundi(Tervuren, Belgium, 1972).
30. 구어에서 변화의 속도는 언어연대학자들이 예전에 믿었던 것처럼 지속적이지 않다. 그럼에도 불구하고 경험적 증거는 대부분 경우에는 오히려 느린 속도를 보여준다. 예를 들면, 17세기 콩고 텍스트들은 오늘날 콩고어로 잘 이해될 수 있고 언어적 차이는 미비하다.
31. 이러한 개별성을 보이는 아프리카의 예는 심술쟁이 무초나(Muchona 'the hornet')다. 무초나는 빅터 터너(V.Turner)가 제시한 넘부(Ndembu) 상징주의와 종교의 해석에 강한 영향을 주었다. 'Muchona, the Hornet', J. Casagrande (ed), In the Company of Man(New York, 1959)를 보라.
32. Alain Delivré, L'histoire des rois d'Imerina: interprétation d'une tradition orale(Paris, 1974). '왕권 문화기술지'(the ethnography of kingship)에 대한 그의 장들은 전통의 이해에 핵심적이다. 게다가 그는 문화기술지와 역사가 같은 전통들에 의해 함께 전승되었다는 것을 보여준다.
33. 그래서 쿠바(Kuba) 성년식에서는 소년들에게 삶에 대한 기본적인 태도와 생각들을 직접적으로 가르치기 위해서 수수께끼들이 사용된다.
34. 가능한 비교검토의 부족은 대부분 구조주의적 분석의 주요한 결점이다. 구조주의적 분석은 이 문단에서 그려진 접근방식들을 이용해야 한다.
35. A. F. C. Ryder, Benin and the Europeans, 1485-1897(New York, 1969), Jacob U. Egharevba, A Short History of Benin(Ibadan, 1968), R. E. Bradbury, Benin Studies(London, 1973), pp.17-43. Daniel F. McCall, Africa in Time Perspective (Boston, 1964) 결론 부분.
36. 그러나 다시 생각하면 그렇게 놀랍지도 않다. 기억은 인류의 생존에 필수적이고, 진화론은 기억이 이러한 목적을 위해 충분히 정확해야 한다는 것을 제시한다.
37. 특별히 동일한 사회에서 구술 자료 사이의 오염은 매우 빈번하다.
38. Henri-Irènée Marrou, De la connaissance historique, 2nd ed. (Paris, 1955).
39. 고대 트리폴리타니아(Tripolitania)의 올리브 기름 짜는 도구가 그 진정한 성격이 근대 연구자들에게 떠오르기 전에는 고전적인 고고학자들에 의해 '어떤 선사시기 숭배의 한 기념비'로 여겨졌다. D.E.L. Haynes, The Antiquities of Tripolitania(Tripoli, 1965), pp.142-143.

03. 알레산드로 포르텔리, 무엇이 구술사를 다르게 하는가

1. B.Placido, La Repubblica, 1978년 10월 3일자.
2. 이탈리아에서의 한 예외는 밀랑(Milan)에 있는 독립적이고 급진적인 연구 조직인 Istituto Ernesto De Martino인데. 여기서는 문화기구공고에 아무도 없이, 1960년대 중반부터 장시간 레코드에 '음성 고문서'(sound archives)를 출판해왔다. F.Coggiola, 'L'attivitá dell'Istituto Ernesto de Martino' in D.Carpitella (ed), L'etnomusicologia in Italia, Palermo, Flaccovio, 1975, pp.265-270. 참조.
3. La Passerini, 'Sull'utilità e il danno delle fonti orali per la storia'. Introduction to Passerini(ed), Storia Orale. Vita quotidiana e cultura materiale delle classi subalterne, Torino, Rosenberg & Sellier, 1978, 는 구술사와 사회사와의 관계를 논의한다.
4. [역주] 문자의 최소 단위로 음소(phoneme)에 대응한다.
5. 말소리의 재생산으로서 음악기보에 대해서는, G. Marini, 'Musica popolare e parlato popolare urbano', in Circolo Gianni Bosio(ed), I giorni cantati, Milano, Mazzotta, 1978, pp.33-34를 보라. A. Lomax, Folk Song Styles and Culture, Washington DC, American Association for the Advancement of Sciences, 1968, Publication no. 88은 목소리 스타일의 전자적 재현을 논의하고 있다.
6. 비표준적 말의 표현적인 자질에 대해서는 W.Labov, 'The logic of non-standard English' in L. Kampf and P.Lauter (eds), The Politics of Literature, New York, Random House, 1970, pp.194-244를 보라.
7. 이 논문에서 나는 이러한 용어들을 게네뜨가 Figures III, Paris, Seuil, 1972에서 사용하고 정의한 대로 사용한다.
8. 민속과 구술 서사에서 장르 구별에 대해서는, D.Ben-Amos, 'Categories analytiques et genres populaires', Poétique, 1974, no.19, pp.268-293을 보라. 그리고 J. Vansina, Oral Tradition, Harmondsworth, Penguin Books, 1973, 참조.
9. 예를 들면, 로마의 공산주의 운동가인 G.Bordoni는 가족과 지역사회는 사투리로 주로 말했고, 그가 당에 대한 그의 충성을 재확인할 때마다 좀 더 표준화된 형태의 이탈리아어로 짧게 말을 바꾸었다. 이러한 언어적 변화는 그가 비록 당의 결정을 받아들였지만 그것들은 그의 직접적인 경험과는 다른 것으로 남아 있다는 것을 보여주었다. 그가 반복한 어귀는 '당신이 할 수 있는 것은 아무것도 없습니다'였다. Circolo Gianni Bosio, I giorni cantati, pp.58-66을 보라.
10. 파블라와 플롯에 대해서는 B.Tomaševskij, 'Sjužetnoe postroenie', in Teorija literatury. Poetika, Moscow-Leningrad, 1928, 이탈리아 번역은 'La costruzione dell'intreccio', in T. Todorov (ed), I formalist russi, Torino, Einaudi, 1968이고 Théorie de la littérature, Paris, Seuil, 1965는 불어 번역이다.
11. [역주] 테르니(Terni)에서 중요한 역사적 사건인 노동자 루이지 트라스뚤리(Luigi Trastulli)의 죽음은 실제로 죽은 날짜와 상황이 그 사건을 기억하는 생존자들에 의해 잘못 회상되고 있다.

12. 이 이야기들은 A. Portelli, The Death of Luigi Trastulli, Albany, State University of New York, 1991의 1장과 6장에서 논의되었다.
13. R.Jakobson and P.Bogatyrev, 'Le Folklore forme spécifique de creation', in R. Jakobson, Questions de poétique, Paris, Seuil, 1973, pp.59-72.

II. 기억과 역사

04. 나땅 바슈텔, 기억과 역사 사이에서

1. Philippe Joutard, Ces voix qui nous viennent du passé, Paris, 1983, p.159.
2. Polish Peasant, 1918-1920, 5 vols.
3. The Autobiography of a Winebago Indian, 1920.
   Crashing thunder, 1926.
4. Dominique Aron-Schnapper and Danièle Hanet, Histoire orale ou archives orales. Rapport d'activité sur la constitution d'archives orales pour l'histoire de la Sécurité Sociale, Paris, 1980.
5. Joseph Goy, "Histoire Orale", Supplement to l'Encyclopédia Universalis, vol. I., 1980; Yves Lequin et Jean Mettral, "A la recherche d'une mémoire collective: les métallurgistes retraités de Givors", Annles E.S.C., 1980, p.149-163.
6. Ralph Samuel, "Déprofessionnaliser l'histoire", Dialectiques, (30), 1980, p.14.
7. Y.Lequin et J. Metral, 같은 책, p.156.
8. Henri Moniot, "L'Histoire des peuples sans histoire", in Faire de l'histoire, edited by J. Le Goff and P. Nora. vol. I, Paris, 1974, p.110.
9. 베르그송은 알브바크스의 첫 번째 스승 중의 하나다.
10. Henri Bergson, Matière et Mémoire. Paris, 1950, 1968 edition. p.118.
11. Maurice Halbwachs, La Mémoire collective, Paris, 1950, 1968 edition. p.118.
12. 윗글, p.132.
13. 윗글, p.137.
14. Maurice Halbwachs, La topographie légendaire des Evangiles en Terre Sainte. Etude de mémoire collective, Paris, 1941, 1971 edition, p.125.
15. Maurice Halbwachs, La Mémoire collective, Paris, 1950, 1968 edition, p.42.
16. 윗글, p.52-53.
17. 윗글, p.75.
18. Marc Bloch, "Mémoire collective, traditions et costumes. A propos d'un livre récent", Revue de Synthese Historique, 1970, p.85.
19. Roger Bastide, "Mémoire collective et sociologie du bricolage", L'Annee sociologique. 1970.

p.85.
20. [역주] 캉동블레는 아프리카 신앙과 풍습을 따른 브라질의 종교의식. 초기에는 살바도르(Salvador)에서 시작하여 주로 브라질에서 이루어졌으나 다른 라틴아메리카 지역에서도 이 의식을 하고 있다. 애니미즘적인 신앙이나 브라질에서 아프리카 사제직을 도입하여 발전시켜 아프리카 요루바 오리샤(Yoruba Orisha)라는 종교의례의 주요한 특징들을 따르고 있다.
21. 윗글, p.87.
22. [역주] 아이티 부두는 제설혼합주의적 종교로 서아프리카에서 온 종교적 의식과 가톨릭의 종교적 의식이 혼합된 것이다.
23. 윗글, 같은 쪽.
24. 윗글, 같은 쪽.
25. 윗글, p.88.
26. 윗글, p.94.
27. [역주] 에슈는 아프리카에서 아메리카로 이식된 신으로 인간의 기도를 전달하는 전달자이고, 모든 제물을 받는 첫 번째 신이다. 이 논문에서 더 자세하게 논의될 것이다.
28. 윗글, p.96.
29. Roger Bastide, Les Religions africaines du Bresil, Paris, 1960. p.352.
30. Pierre Nora, "Mémoire collective", in La Nouvelle Histoire, edited by J. Le Goff, R. Chartier, J. Revel, Paris, 1978. p.400.
31. 윗글, p.399.
32. Georges Huppert, L'idée de l'histoire parfaite, Paris, 1976.
33. G. Huppert, 같은 책. p.53에서 재인용.
34. Pierre Nora, "Ernest Lavisse: son rôle dans la formation du sentiment national", Revue Historique, July-September 1962.
35. 베르사유의 정부군이 파리 코뮌의 마지막 전사들을 처형했던 페르 라셰즈(Père Lachaise) 공동묘지의 벽.
36. Phillipe Joutard, La Légende des Camisards. Une sensibilité au passé. Paris. 1977. pp.342-343.
37. Freddy Raphael, "Le travail de la mémoire", Annles E.S.C. 1980. pp.127-145.
38. Yves Lequin et Jean Métral, 같은 책, p.149-163.
39. 윗글. p.153.
40. 윗글. p.160.
41. Les lieux de mémoire, edited by Pierre Nora, vol. 1. La République, Paris, 1984. XLII-674p.
42. 윗글. p.xxiii.

05. 피에르 노라, 기억의 장소들

1. [역주] 장 프로와싸르(Jean Froissart, 1337-1405)는 중세 프랑스에 대한 가장 중요한 연대기학자 중의 하나다. 그의 연대기들은 14세기 영국과 프랑스에서의 기사도정신의 부활에 대한 주요 저서로서 간주되었다.
2. [역주] 사도와(Sadowa)는 체코공화국의 한 마을인데, 1866년 오스트리아-프러시아 간 전쟁에서 가장 피를 많이 흘린 전투지였다.
3. [역주] 아껭꾸르(Agincourt)는 북부 프랑스의 한 코뮨이고, 1415년 영국의 헨리5세 프랑스 샤를르6세의 군대를 패배시킨 지역이다.
4. [역주] 프랑스와 라바일락(Francois Ravaillac, 1578-1610)은 가톨릭 맹신자로 프랑스 앙리4세를 개종시키려 했으나 안 되어 단도로 살해한 사람이다.
5. [역주] 듀페의 날(Day of Dupes)은 1630년 11월 프랑스 왕 루이13세를 설득하여 리쉘리우(Richeliu) 추기경을 해임시킨 날을 말한다.
6. [역주] 웨스트-팔리아(Westphalia) 조약은 1648년 30년전쟁을 끝낸 조약이다.
7. [역주] 작은 마들렌(petit madeleine)은 프로스트의 소설 『잃어버린 시간을 찾아서』(*In Search of Lost Time*)에서 무의식적인 기억과 관련하여 프랑스 외에서도 매우 유명하다. 그 소설의 서술자의 아동기 기억들은 마들렌의 향기와 맛에 의해서 상기된다.
8. [역주] 그레고리안 달력은 오늘날 세계에서 가장 많이 사용하고 있는 달력이다. 1582년 교황 그레고리13세의 이름을 따서 포고된 것이다.
9. [역주] 님웨겐(Nimwegen)은 1940년 독일군이 최초로 침공한 네덜란드 도시고, 1944년 미국의 맹렬한 폭격으로 도시가 크게 손상되었다.
10. [역주] 휴고 카페(Hugh Capet)는 987년 카롤링가의 루이5세를 이어서 카페왕조를 연 첫 번째 프랑스 왕이다.
11. [역주] 1918년 레똥데(Rethondes)에서 제1차 세계대전을 끝내는 독일과의 휴전조약이 체결되었다.
12. [역주] 몽뜨와르(Montoire)는 프랑스 중부의 한 마을로 1940년 10월 24일 히틀러와 쁘뗑이 함께 프랑스와 나치의 협력을 위해 만나 악수한 곳으로 유명하다.
13. [역주] 샹젤리제(Champs-Elysées)는 파리의 가장 유명한 거리다. 1944년 8월 25일 독일로부터 해방된 프랑스인들과 미군의 행진이 있었다.
14. [역주] 파리 몽마르뜨언덕에 있는 유명한 성당을 의미함. 성심성당.
15. [역주] 뽈 발레리(Paul Valéry, 1871-1945), 프랑스의 시인, 수필가, 철학자. 제2차 세계대전 프랑스의 나치 점령 기간, 나치에 협력하지 않고 활발하게 활동하였다.
16. [역주] 루드(Lourdes)는 남서부 프랑스 피레네산맥에 있는 지역으로 유명한 가톨릭 순례지의 하나이다.
17. [역주] 꼴롱베이(Colombey)는 프랑스-프러시아 전쟁에서 유명한 전투지로서 로렌의 한 마을이다. 또한 드골의 고향이고 드골이 죽은 후에 그곳의 묘지에 묻혔다.
18. [역주] 두오몽(Duaumonde)은 베르덩에 있는 한 요새로서 제1차 세계대전 시 가장 치열했던 베르덩 전투의 일부였다. 베르덩 전투는 1916년 2월에 시작되었고, 요새는 곧 독일군에 의

해 점령되었으나, 프랑스군은 쁘땡 장군의 지휘 하에 저항했다가 나중에 영국의 지원으로 점령지를 되찾게 되었다. 이 전투에서 약 34만 명의 프랑스군이 죽었다. 그러나 1915년 가스로 무장한 독일군이 다시 이프레를 공격하여 폭격하여 이프레를 초토화시켰다.

19. [역주] 페데레의 성벽(The Communards' Wall, Mur des Fédérés)은 파리의 페르라쉐즈(Père-Lachaise) 묘지에 있는 벽으로 1871년 147명의 파리코뮨 전사들이 사살되어 버려진 곳이다.
20. [역주] 페르라쉐즈(Père-Lachaise) 묘지는 단순히 신부의 묘지만이 아니라 유명 인사들의 무덤이 있다.

III. 대중기억

06. 미셸 푸코, 영화와 대중기억

1. [역주] 쁘땡(Henri Petain)은 제1차 세계대전 시 프랑스의 군사, 정치 영웅이다. 그러나 제2차 세계대전 시 프랑스의 패배 후에 친독일 정권의 우두머리가 되어 나중에 반역자로 유죄판결을 받았다.
2. [역주] 뽕삐두(Georges Pompidou)는 1969년부터 1974년 그가 죽을 때까지 프랑스의 대통령이었다. 그는 1962년부터 1968년까지 드골 대통령하에서 수상을 하였으며 1968년 학생 데모가 평화롭게 매듭지어지는 데 큰 공을 세웠으나, 그로 인하여 드골 대통령의 질시로 수상직을 그만두게 되었다. 그러나 1969년 드골의 사퇴로 대통령이 되었다.
3. [역주] 따르뒤(André Tardieu)는 1929년에서 1932년까지 세 번이나 수상을 한 프랑스의 유명한 정치인이다. 그는 보수적이지만, 수상이 되자 공공사업, 사회보험 등 복지 정책을 추진했었다.
4. [역주] 말르(Malle)는 바로 〈라콤 루시엔〉을 만든 영화제작자다.
5. [역주] 립(Lip)은 1860년대 시작된 프랑스에서 가장 큰 시계 제작회사였다. 립은 유럽 내에서 가장 좋은 품질의 시계를 만들어냈으나, 1970년대 대단한 노조 은동과 대대적인 신문보도로 인해 망했다.
6. [역주] 이프레(Ypres)는 벨기에의 중세 도시로서 제1차 세계대전 초기에 독일군에 의해 점령되었다. 그러나 1914년 영국군이 도시를 공격하여 약 14만 명의 독일군이 다치거나 죽은 첫 번째 이프레 전투가 벌어졌다. 두오몽(Duaumonde)은 베르덩에 있는 한 요새로서 제1차 세계대전 시 가장 치열했던 베르덩 전투의 일부였다. 베르덩 전투는 1916년 2월에 시작되었고, 요새는 곧 독일군에 의해 점령되었으나, 프랑스군은 쁘땡 장군의 지휘 하에 저항했다가 나중에 영국의 지원으로 점령지를 되찾게 되었다. 이 전투에서 약 34간 명의 프랑스군이 죽었다. 그러나 1915년 가스로 무장한 독일군이 다시 이프레를 공격하여 초토화시켰다.
7. [역주] 자끄 두클로스(Jacques Duclos, 1896-1975), 1929부터 프랑스 정치에서 주요한 활약을 한 프랑스 공산주의자.

8. [역주] 미쉘레(Jules Michelet,1798-1874)는 프랑스 역사가로 개인들의 관점에서 역사를 보는 자유주의적 시각을 가졌다.
9. [역주] 조레스(Jean Jaurès,1859-1914)는 프랑스 사회주의 지도자. 제1차 세계대전 발발 때 암살되었고, 프랑스 좌파의 주요 인물이다.
10. [역주] 마티즈(Albert Mathiez, 1874-1932)는 프랑스 혁명에 대한 연구로 유명한 역사가다.

07. 대중기억연구회, 대중기억의 이론, 정치학과 방법론

1. [역주] 햄몬즈(Hammonds)는 영국의 국제적인 법률회사다.
2. [역주] 영국의 대학 수준의 종합기술 전문학교.
3. History Workshop Journal(no.1, 1976)과 Social History(vol.1. no.1, 1976)에 있는 사설들을 비교하라.
4. Ken Worpole, "A ghostly pavement: the political implications of local working-class history", in Raphael Samuel, ed., People's History and Socialist Theory(Routledge and Kegan Paul, 1981), p.23.
5. Jean Chesneaux, Pasts and Futures or What is History For?(Thames and Hudson, 1978), pp.1, 11.
6. p.95에서 인용됨.
7. 여기서 우리는 1979-1980년 대중기억연구회의 멤버였던 Rita Pakleppa와 Hans Poser의 연구에 근거했다. 영국과 서독에서 제2차 세계대전에 대한 재현들에 대한 발표문은 대중기억연구회를 활기 있게 했고 많은 것을 알게 해주었다. 우리는 그들의 연구가 궁극적으로는 영어로 읽힐 수 있길 희망한다.
8. E.P. Thompson, Writing by Candlelight(Merlin, 1980), pp.130-131.
9. 흥미를 유발시키는 한 예외가 B. Hindess and P.Q. Hirst, Pre-Capitalist Modes of Production(Routledge and Kegan Paul, 1975)이다.
10. pp.94-95에서 인용함.
11. 예를 들면 리버풀에서 있었던 반실업 대중 집회에서 마이클 풋(Michael Foot)이 한 연설은 후에 1980년 12월 5일 노동당 정치 방송에서 사용되었다.
12. [역주] 레블러스(Levelllers)는 17세기 중반 영국 정치의 중요한 세력. 이들은 정당을 구성하지 않았지만, 국민주권, 참정권 확대, 법 앞에 평등 등을 주장하였다.
13. [역주] 디거스(diggers)는 1649년 진정한 레블러라고 지칭한 이들이 만든 정치적 집단. 농촌 사회에 준하는 소규모 토지 소유의 평등한 사회를 지향했던 정치 집단이다.
14. 이것이 투쟁의 순간들을 연결시킴으로써 에드워드 톰슨이 역사를 정치적으로 사용하는 방식들 중의 하나다. 특별히 Writing by Candlelight에 있는 표지 논문과 3장에 있는 그렉 맥레넌(Greg McLennan)의 평가를 보라.
15. 우리는 1940년대에 대한 역사적 연구가 붐을 이루는 것을 예상할 수 있다. 부분적으로는 예를 들면 고문서들이 새로 공개되었기 때문이다. 그러나 이것은 대중기억, 미디어와 정치

가들이 정치적 담론에서 점점 큰 비중을 차지하는 이 시기에 깊이 관혀한 지 한참 후에 이루어진다.
16. 이것은 특별히 그들의 특별한 기원을 '잊어버린'다는 국민적 사례로부터 온 이론화를 적용하려는 시도에 해당한다. 즉 그람시의 '헤게모니'를 적용시킨 것들. Ernesto Laclau, Politics and Ideology in Marxist Theory(New Left Books, 1977)에서 사회주의와 민족주의에 대한 논의말이다.
17. CCCS 대중기억연구회는 현재 1940년대에 대한 현재의 다양한 기억들을 연구하고 있다.
18. 초기 인종차별주의적 성격을 가진 대중적 보수역사학의 예로서, Sir Arthur Bryant, e.g. English Sage(Collins and Eyre and Spottiswoode, 1940)의 연구들을 보라.
19. 특별히 C.A.R. Crosland, The Future of Socialism(Jonathan Cape, 1960)을 보라.
20. 1장을 보라.
21. 특별히 Chris Cook과 John Stephenson, The Slump: Society and Politics during the Depression(Jonathan Cape, 1977)을 보라. 하지만 이 책의 인용문들에서 볼 수 있듯이, 경제사가들은 지금까지 한동안 병립적인 주장들을 발전시켜왔다.
22. Perry Anderson, "Components of the national culture" in A. Cockburn and R. Blackburn (eds.), Student Power(Penguin, 1969).
23. Quintin Hoare and Geoffrey Nowell-Smith(eds. and trans.), Selections from the Prison Notebooks of Antonio Gramsci (Lawrence and Wishart, 1971), passim, pp.324-325.
24. 특별히 Samuel, People's History에 있는 Ken Worpole, Jerry White and Stephen Yeo 사이의 논쟁을 보라.
25. FWWCP는 1976년에 만들어졌고 '전국적으로 약 이십 또는 그 이상의 노동자 계급 작가들의 워크샵과 지방에서 출판 발의를 연결시킨다.' History Workshop의 역사에 관해서 도움이 되는 글은 Raphael Samuel, "History Workshop, 1966-1980", in Samuel, People's History, pp.410-417.
26. 그 첫 번째 결과에 대해서는 Paul Thompson, The Edwardians(Weidenfeld and Nicolson, 1975)를 보라.
27. Paul Thompson, The Voice of the Past: Oral History(Oxford University Press, 1978).
28. Oral History: The Joural of the Oral History Society(1971년에 처음 발행되었다).
29. 우리는 폴 톰슨의 연구가 특별히 오류가 많다고 암시하고 싶지 않다. 우리는 좀 더 전문적이고 역사적인 관계 속에서 그것을 구술사의 전형적인 것으로 보는 데 관심이 있다. 우리는 동의하는 점들과 동의하지 않는 점들을 명확히 하는 데 도움을 준 서신과 토론들에 대해서 폴 톰슨에게 감사한다.
30. Luisa Passerini, "Work ideology and consensus under Italian fascism", History Workshop Journal, no.8(1979), pp.82-108. Luisa Passerini, "On the use and abuse of oral history"(인쇄물, translated from L. Passerini(ed.), Storia Orale: vita Quotidiana e Cultura Materiale delli Classe Subalterne(Rosenberg and Sellier, 1978). 우리는 저자가 이 논문의 사본을 보내준 것에 대해서 감사한다. Historical Workshop, 13: "Oral history and people's culture"(인쇄물, Nov.-Dec.1979)에 있는 그녀의 발의 논문을 또한 보라.
31. Passerini, "Italian fascism", p.83.

32. Passerini, "Use and abuse", pp.7-8.
33. Ronald Fraser, Blood of Spain: The Experience of Civil War 1936-39(Allen Lane, 1979). 또한 Ronald Fraser, Work: Twenty Personal Accounts, 2 volumes(Penguin, 1967)을 보라.
34. 우리는 이 책에 대한 그의 의견을 보내준 것에 대해서 Bill Schwarz에게 감사한다.
35. "A people's autobiography of Hackney", Working Lives, 2 vols.(Hackney WEA and Centreprise, n.d.). Centreprise에 대해서는 더 일반적으로 Ken Worpole, Local Publishing and Local Culture: An Account of the Centreprise Publishing Project 1972-1977(Centreprise, 1977), and Centreprise Report(December 1978)을 보라.
36. Keith Armstrong and Huw Beynon(eds.), Hello, Are You Working? Memories of the Thirties in the North East of England(Strong Words, 1977), Strong Words Collective, But the World Goes on the Same: Changing Times in Durham Pit Villages(Strong Words, 1979). 우리는 이 편찬 작업을 우리에게 소개해준 Rebecca O'Rourke에게 감사한다.
37. 윗글, p.7.
38. 예를 들면, J. Liddington and J. Norris, One Hand Tied Behind Us(Virago, 1978)에 있는 자서전적인 자원들의 사용을 보라.
39. Jean McCrindel and Sheila Rowbotham (eds.), Dutiful Daughters(Penguin, 1979).
40. Jeremy Seabrook, What Went Wrong? Working People and the Ideals for the Labour Movement(Gollancz, 1978).
41. Michel Foucault, "Interview" in Edinburgh'77 Magazine(원래는 Cahiers du Cinéma에 불어로 출판되었다). 또한 Radical Philosophy, no.16(1975)을 보라.
42. Philippe Hoyau, "Heritage year or the society of conservation", Les Révoltes Logiques(Paris), no.12(1980), pp.70-77. 또한 Cahiers du Forum-Histoire in Les Révoltes Logiques(Paris), no.11(1979-80)에 대한 보고서(p.104)를 보라. 이 그룹은 우리와 비슷한 관심사와 목적을 가지고 있다. 이 프랑스 논쟁은 pp.255-257에서 더 논의된다.
43. 그래서 영국에서는 급진적인 영화 실천과 역사적인 드라마에 대한 논쟁이 있다. 보기로서 다음과 같은 논문이 있다. Colin MacCabe, "Memory, phantasy, identity: Days of Hope and the politics of the past", Edinburgh'77 Magazine, Keith Tribe, "History and the production for memories", Screen, vol.xvii, no.4(1977-78), Colin McArthur, Television and History(British Film Institute, 1978).
44. G.R. Elton, The Practice of History(Sydney University Press and Methuen), pp.52-53.
45. The Practice of History는 많은 부분에서 E.H.Carr, What is History(Penguin, 1961)에 대한 대응이다.
46. Thompson, Voice of the Past, p.x.
47. 윗글, p.17.
48. Chesneaux, Pasts and Futures, chap.2.
49. Thompson, Voice of the Past, p.5.
50. 윗글, p.8.
51. 윗글, p.11.
52. 윗글, p.226.

53. Stephen Koss, "Review of the Edwardians", The Times Literary Supplement, 5, December, 1975.
54. Thompson, Voice of the Past, pp.91-98.
55. 윗글, pp.100-137.
56. "Graham Dawson, Oral history: a critique of Voice of the Past", CCCS Stencilled Paper(출판 예정).
57. Thompson, Voice of the Past, pp.91-98
58. 윗글, pp.100-1037.
59. 아마도 이것은 더 일반적으로 문화연구에 해당된다. 예를 들면 미디어에 대한, 특히 뉴스와 시사 프로그램에 대한 초기 비평들은 경험주의에 대한 두 가지 비판에 크게 영향을 받았다. 그 두 비판은 Roland Barthes의 초기 기호학적 글과 Schutz와 Cicourel의 현상학적 사회학이었다. 예로서 Stuart Hall, "The structured communication of events", CCCS Stencilled Paper, no.5를 보라.
60. 4장과 Gregor McLennan, Marxism and the Methodologies of History(Verson, 1981)를 보라.
61. Jerry White, "Beyond autobiography" in Samuel, People's History, p.47. White 자신의 연구를 보려면 다음 자원들을 보라. "Campbell Bunk: a lumpen community in London between the wars", Historical Workshop Journal, no.8(1979), Rothschild Buildings: Life in an East End Tenement Block 1887-1920(Routledge and Kegan Paul, 1980).
62. Yeo가 말하듯이, '그래요, 제리, 이 연구의 기조를 이루는 가정은 노동자들에게 그들 자신과 그들 자신의 역사에 대해서 말한다는 것이 어쨌든 그 자체로서 정치적 행위라는 겁니다.'(Stephen Yeo, "The politics of community publications", in Samuel, People's History, p.46.) 이런 방식으로 '긴 혁명'에 대한 생각들을 보려면, Worpole, "A ghostly pavement", 위의 책, pp.31-32를 보라. '경험'에 대한 이런 견해에 대한 충분한 비판을 보려면, Perry Anderson, Arguments Within English Marxism(Verso, 1980), pp.25-39를 보라.
63. 예를 들어, 확실히 작가인 에밀리 비숍(Emily Bishop)의 자서전과 확실히 이야기꾼인 존 웨일스(John Welsh)의 자서전을 비교하라. Working Lives, vol.1, pp.8-12, pp.31-50.
64. Working Lives는 처음 두 종류의 이야기들로 가득 차 있다. 뚜렷한 계급의식적 윤리를 가진 확신에 찬 '남성적' 형태를 보려면, 남자형제의 죽음(p.38)에 대한 존 웨일스의 이야기를 보라. 더 '개방적인' 종류의 예로는 '빌'(Bill)에 대한 베티 페리(Betty Ferry)의 이야기(pp.11-12), 릴리 스미스(Lil Smith)의 밤목욕에 대한 기억들(pp.62-63)을 보라. 속담적 형태의 집합적인 역사적 기억의 예로는 Dave Douglas, "Worms of the Earth: the miner's own story", in Samuel, People's History, pp.61-67을 보라.
65. '경험'을 '접합 개념'(junction concept)으로 보려면, E.P. Thompson, "The politics of theory", 위의 책, pp.405-407을 보라.
66. Passerini, 'Italian fascism', p.91.
67. 윗글, p.92.
68. 더 일반적으로 질적연구에서 '놀라움'에 대해서 알아보려면, Paul Willis, "Notes on method", in Hall et al.(eds.), Culture, Media, Language(Hutchinson, 1981), pp.90-91을

보라.
69. Roland Barthes, Mythologies (Paladin, 1972), p.112.
70. Thompson, Voice of the Past, pp.204-205.
71. 윗글, pp.219-220.
72. 윗글, p.129.
73. 윗글, p.209.
74. Thompson, The Edwardians, p.3.
75. 윗글, p.3.
76. 윗글, p.4.
77. 윗글, p.66.
78. The Edwardians에서 사용된 생애사들은 면담자들의 질문에 대한 대답들을 수집한 것이지, 자서전이 아니거나 아주 제한된 의미로서만 자서전이라는 것을 주목하는 것은 중요하다. 모든 서술들의 기초적인 자원들은 단순한 '사실적' 응답들이다. 생애사들은 서술적 형태로서 이러한 응답들을 엮어서 나온 것이다. 종종 질문들은 서술 아래에 재구성될 수 있다 (Voice of the Past, pp.243-252를 보라).
79. Thompson, The Edwardians, p.4. 분명히 조금 '정돈된' 것이다.
80. 윗글, p.4.
81. Louis Althusser, Essays in Self-Criticism(New Left Books, 1976), pp.201-204. E. P. Thompson, The Poverty of Theory and Other Essays (Merlin 1978), Victor Seidler, "Trusting ourselves: marxism, human needs and sexual politics", in Simon Clarke et al., One-Dimensional Marxism: Althusser and the Politics of Culture(Allison and Busby, 1980), pp.103-156.
82. Anderson, Arguments, chp.2. Raymond Williams, "Individuals and society" in The Long Revolution(Penguin 1965), Williams, Politics and Letters(New Left Books, 1979), pp.271-302.
83. Wal Suchting, "Marx's theses on Feuerbach", in John Mepham and D.H. Ruben (eds.), Issues in Marxist Philosophy, vol.ii, pp.5-34. Roy Bhaskar, "On the possibility of social scientific knowledge and the limits of naturalism", in Mepham and Ruben, Issues, vol.iii, pp.107-139.
84. 앞으로 나오는 것에 대해서 "What is Man?", Prison Notebooks, pp.351-357을 보라.
85. 윗글, p.356.
86. 그람시는 이 쟁점을 명확하게 인식하고 있지만 가장 평범한 마르크스주의적 태도로서 인간 본성에 대한 '생물학적' 개념들을 주 적대자로 받아들인다. 이 중요한 쟁점들에 대해서는 Kate Soper, "Marxism, materialism and biology", in Mepham and Ruben, Issues, vol.iii, pp.61-100을 보라.
87. 우리는 페미니스트적 사고가 동질적이라고 암시하고 싶지 않고, 다음에 나오는 것은 우리 자신이 페미니스트적 사고를 차용한 것을 나타난 것이다. 핵심적 쟁점들에 대한 최근의 진술들에 대해서는 Michele Barret, Women's Oppression Today(Verso, 1981), Christine Delphy의 연구와 '가부장제' 개념에 대한 Feminist Review에서의 논쟁, Samuel, People's

History,에 있는 Sally Alexander, Barbara Taylor, Sheila Rowbotham의 논의 교환을 보라.
88. Vera Brittain, Testament of Youth(Fontana with Virago, 1979). 우리는 이 예의 중요성에 주의를 주게 하고 책과 TV프로그램에 대한 토론에 대해서 Rebecca O'Rourke에게 감사한다.
89. 윗글, p.12.
90. 윗글, 같은 쪽.
91. Winston S. Churchill, The Second World War, 6 vols.(Cassell, 1948-54).
92. 다음에 나오는 것은 어떤 성격은 처칠의 책의 첫 권의 서문에서 나왔다. 예를 들면, '나는 아마도 고위 관리의 사무실에 있는 기록된 역사의 대변동을 경험한 유일한 사람일 것이다.' 윗글, vol.1, p.vii.
93. Thompson, Voice of the Past, pp.100-104.
94. 윗글, pp.129-137.
95. Betty Perry, in Working Lives, vol.i, p.125.
96. Emily Bishop, 위의 책, p.10.
97. John Welch, 위의 책, p.39.
98. Peggy Wood, Dutiful Daughters, p.174.
99. Janet Daly, 위의 책, p.19.
100. 편집자의 서문, 위의 책, pp.4-5.
101. 흥미 있는 사례를 보려면, 모든 역사적 평가가 '사물'을 중심으로 된 'Nowadays'에 대한 Maggi Fuller를 보라. 위의 책, pp.135-136.
102. Betty Perry, in Working Lives, vol.i, p.117.
103. Stuart Hall et al., Policing the Crisis (Macmillan, 1978), Stuart Hall, "Thatcherism-a new stage", Marxism Today(February 1980), pp.26-28. CCCS Education Group, Unpopular Education: Schooling and Social Democracy since 1944(Hutchinson, 1981).
104. Annie Davison, Dutiful Daughters, pp.65-66.
105. 윗글, pp.61-62.
106. Raphael Samuel, "British marxist historians, 1880-1980", part i', New Left Review, no.120(1980), pp.23, 34-37, 85-91. Schwarz, 이 책의 두 번째 장.
107. 미국에서의 구술사에 대해서 알려면, Passerini, "On the use and abuse of oral history"를 보라. (주 26에서 인용되었음)
108. 영국의 people's history는 좌파적이고 노동계급과 지방사를 추구하고 있어서 한국의 민중사와 비슷하기 때문에 민중사로 번역하였다.
109. 예를 들면, 러스킨의 예전 학생들의 기여들을 보려면, Raphael Samuel (ed.), Miners, Quarrymen and Saltworkers (Routledge and Kegan Paul, 1977), Village Life and Labour (Routledge and Kegan Paul, 1976)를 보라.
110. 이러한 생각들은 부분적으로 Coleg Harlech에서 학생들과의 토론에 기초하고 있고 CCCS 멤버들과의 주간학습날 거기서 자신들의 상황의 모순들에 대해서 학생들이 발표한 발표문에 자극을 받았다.
111. 특별히 우리는 리처드 호가트(Richard Hoggart), 레이몬드 윌리엄스(Raymond Williams)

를 생각하고 있지만, 더 많은 보기가 주어질 수 있을 것이다.
112. 특별히 Social Science Research Council의 급격한 축소, 고등교육의 축소, 단과대학, 전문대, 종합대학에서 새로운 자리가 사라진 것, 대학원 공부를 위한 솟아오르는 비용을 통해서 이 모든 것이 1960년대와 1970년대의 기대와 가능성들과 예리하게 대조된다.

IV. 기억의 정치학

08. 루세트 발랑시, 성스런 역사로부터 역사적 기억으로

1. Bloch 1963:3-4.
2. [역주] Passover은 한국 개신교에서는 과월절(逾越節), 가톨릭에서는 과월절(過越節)로 번역된다. 과월절은 유대인 역사에서 모세 이전에 유목민들의 풍습으로 양을 잡아 제물로 바치면서 가축을 잘 보살펴주길 바라는 의식이다. 구약성서에서는 모세가 이집트에서 유대인들을 탈출시키기 전에 양의 피를 유대인들의 집 문설주에 발라 맏아들의 죽음을 피하게 한 것을 말한다.
3. [역주] 유대인의 이집트 대탈출을 말한다.
4. [역주] 튀니지 남부 가베만에 있는 섬
5. [역주] 이슬람의 두 번째로 큰 분파.
6. [역주] 카리지트파는 7세기 말과 8세기 초에 만들어진 이슬람의 한 분파로서 현재 남부 이라크에 집중적으로 거주하고 있다. 이 종파는 주류 이슬람과 쉬아파와도 구분된다.
7. [역주] 수피는 이슬람의 내적이고 신비주의적인 면에 심취한 아랍인들을 말한다.
8. [역주] 왈리(Wali)는 Walillulah의 준말로 신의 친구라는 의미를 나타낸다.
9. [역주] 대략 8월에 해당하는 유대인 달력의 달이다.
10. [역주] 아람과 유다를 정복한 바빌로니아 왕을 말한다.
11. [역주] 132년 로마제국에 저항하여 반란을 일으킨 유대 지도자로 독립된 유대국가를 만들어서 3년간 다스렸고, 135년에 로마에 망하여, 이스라엘의 마지막 왕이 되었다.
12. 유럽 쪽 보기로는 다음의 책을 참조하라. Hayyim Schauss, Guide to Jewish Holidays, History and Observance(1st ed. 1938). 여기서는, Gershon Cohen이 연대기적으로 같은 시기를 이용하여 "일반적 역사 구도 안에" 사건들을 통합시키는 "구도학"(schematology) 이라고 부르는 것과 같은 요소가 작동하고 있다. G.Cohen, Sefer Ha-Qabbalah, A critical edition with a translation and notes of the Books of Tradition by Abraham Ibn Daud(Philadephia, Jewish Publication Society of America, 1967). 이라크의 사례는 보려면 다음 책을 참조하라. Nir Shohet, The Story of an Exile, A Short Story of the Jews of Irak(Tel Aviv, 1982, pp.49-59).
13. [역주] 그리스 세세우씨드 제국이 그리스 신앙을 강요하자, 기원전 163년에서 63년까지 독립된 유대국가를 만든 유대인 독립운동이다. 한국가톨릭에서는 마카베오라고 읽는다.

14. [역주] 하누카는 마카비 반란에 의해 예루살렘에 두 번째 사원이 세워진 것을 기념하는 8일간의 명절이다.
15. 예루살미 1982:15. 유대인 기억과 성스런 역사에 대한 더 정확한 뿐만 아니라 일반적인 쟁점에 대해서는 Yosef hayim Yerushalmi, Zakhor, Jewish History and Jewish Memory(Univeristy of Washington Press, Seattle, 1982, p.155)를 보라.
16. [역주] 과월절은 이집트에서 첫 번째 아이가 죽는 재앙이 유대인에게는 일어나지 않은 것을 기념하는 유대인 명절이다. 무교절의 첫날로 인식되기도 한다.
17. [역주] 속죄일은 유대인에게 가장 엄숙한 속죄와 회개의 명절이다. 25시간 동안 금식을 하며 기도한다.
18. 비유대인 아이는 그의 유대인 친구에게 속죄일이 무엇이냐고 물었다. 그 아이는 "그것은 사순절과 같아. 단지 더 집중되어 있어"라고 대답했다. 이 일화는 프린스턴 대학 종교학과의 하바 웨슬러(Hava Wechsler)에게서 들은 것이다.
19. 알브바크스 1971: 117-118
20. Legendre 1983: 508
21. Chouraqui 1982: 277
22. [역주] 토라는 모세의 5개 책의 텍스트를 말하며, 히브리어로 법, 교육, 가르침을 뜻한다. 한국 가톨릭 교회에서는 모세 오경이라고도 한다. 오경은 창세기, 탈출기, 레위기, 민수기, 신명기를 말한다.
23. [역주] 부림은 페르시아의 하만이 유대인을 전멸시키려는 것으로부터 도망나온 것을 기념하는 명절이다.
24. [역주] 히브리 달력에서 8번째 달로서 그레고리안 달력으로는 10–11월 사이다.
25. [역주] 히브리 달력에서 4번째 달로서 여름철이다.
26. Chouraqui, 1952: 64. 유럽과 오토만 제국의 다른 예들을 보려면, Jewish Encyclopeida, vol. IX, "Purim"을 보라.
27. [역주] 조하르는 14세기경 유대교 신비주의 경전.
28. Sholem, 1946.
29. [역주] 1648년 폴란드-리투아니아 지배에 저항하여 독립적인 우크라이나국가를 세우려 했던 사령관이다. 이때 수만 명의 유대인들이 반란군에 의해 살해당했고, 이차대전 대학살 이전 최대의 유대인 학살 사건이다.
30. [역주] 1894년 프랑스 장교인 유대인 드레이프스는 반역죄로 재판을 받고 유형당했으나, 그 후 실제 반역자가 밝혀졌음에도 프랑스 정부를 드레이프스를 처형했다.
31. [역주] 포그롬은 역사상 유대인에 대한 학살을 지칭하는 영어 단어다. 1904년에서 5년 키치네브에서 유대인들이 공격자들에게 저항하자 수천 명의 유대인들이 학살당했다.
32. [역주] 1967년 아랍국들과 이스라엘 간의 전쟁이다. 이 전쟁의 결과로 오늘날의 영토 구역이 정해졌다.
33. Yerushalmi, 1982:5.
34. Wissenschaft des Judenstums의 출현전과 이후의 유대 역사학의 문제들, 그 가능성과 제한들은 이 논문의 범위를 넘어선다. 최근의 연구들 중에서 G. Cchen은 중요한 점들을 지적했다. 그는 알렉산더 대제로부터 12세기 알모하이드가 스페인을 침략했던 시기까지 유대인

역사에 대한 기록으로서 현재까지 사용되어온 역사적인 논문인 Sefer Ha-Quabbalah이 어떻게 첫째로 역사로 유대주의를 방어하는가, 둘째로 Maimonides를 포함해서 다른 12세기 스페인 연구들과 함께 "역사기록은 위로와 같은 것이 풍부해서 어려울 때 유대인들을 지탱해줄 수 있다는 견해"를 공유하는가, 셋째로, 깊은 뿌리를 가진 메시아적인 차원들, 즉 설교와 같이 역사는 미래에 대한 희망을 길러주어야 한다는 차원을 가지고 있는가를 보여주었다.

같은 차원에서 더 후기에, 특히 스페인에서 쫓겨난 후에 유대 역사학의 불가능성은 예루살미에 의해 분석되었다. Yerusalmi, 1982, chap. II and in the chapter "Modern Dilemmas", pp. 77-103. Wieseltier(1981: 135-49).

35. [역주] the science of Judaism의 독어표현. 유대 문학과 문화에 대한 비판적 연구를 위해 제안된 19세기 운동을 말한다.
36. [역주] 이디시(Yiddish)는 이디시어말로 독일어에서 슬라브어와 히브리어를 섞어 히브리문자로 쓰는 것을 말한다. 유럽과 미국의 유대인 사이에서 주로 쓰며, 영국 런던의 이스트엔드(East End)에서도 사용된다.
37. Wieseltier, 1981: 149.
38. Lewis, 1975.
39. [역주] 마사다는 이스라엘 남부의 돌로 된 평원으로 첫 번째 유대-로마 전쟁에서 로마가 이곳의 요새를 점령하여 유대인의 대학살을 가져왔다.
40. Udovitch and Valensi, 1984.
41. Fraenkel 1982, I: 85.
42. Valensi, 1983.
43. [역주] 속죄일의 저녁 예배 시작에 유대인 회당에서 사용되는 기도.
44. [역주] 토라를 읽는 연중 주기 중 여섯 번째 주의 읽기 내용이다.
45. 다음의 연구들이 이 연구에서 사용되었다. Albert Bensoussan, Au Nadir(Paris, Flammarion, 1978), Henri Cheouilli, Une diaspora méconnue, Les Juifs d'Algérie(Paris, 1976), André Chyouraqui, Ce que je crois(Paris, Grasset, 1979), Elie Cohen Hadria, Du Protectorat francais à l'Indépendance tunisienne, souvenirs d'un témoin socialiste(Cahiers de la Méditerranée Nice, 1975), Paule Darmon, Baisse les yeux, Sarah(Paris, Grasset, 1980), Edmond El Maleh, Parcours Immobile(Paris, Maspero, 1980), Annie Goldman, Les filles de mardochée, histoire d'une émancipation(Paris, Demoël/Gonthier, 1979), J梠ns Francois Grunfeld, J'emporterai pas ma coquille d'escargot à las pointe de mes souliers(Paris, Saittaire, 1979), Victor Malka, La mémoire brisée es Juifs du Maroc(Paris, Ed. Entente, 1978), Albert Memmi, Las terre intérieure, Entretiens avec Victor Malka(Paris, Gallimard, 1976), Nine Moatti, Mon enfant, ma mère(Paris, Stock, 1974), Félix Nataf, Juif maghrébin(Paris, Fayolle, 1978), Katia Rubenstein, Mémoire illetrée(Paris, Stock, 1979), Robert Ouaknine, "Autojudéographie", Recherches, no. 38(Catalogue pour les Juifs de maintenant), Sept. 1979, pp.123-48. Jacques Zibi, Ma(Paris, Mercure de France, 1972).
46. 저자의 비용으로 출판된 책들은 다음과 같다. Camile El-Baz, Sarah, ou moeurs et coulumes des Juifs de Constantine(1971), André Nahum, Partir en Kappara(Paris,

Pirhanas éd., 1977), Jules Tarour, Carthage(Paris, Promotion et édition, 1969), Edmond Zeitoun, Les cadeaux de Pourim(Paris, La Pensée universelle, 1975). 여기에 Zede Schulmann, Autobiographie, l'histoire de ma collection(1980)이 첨가되어야 한다. 왜냐하면 저자는 성인 시절의 대부분을 모로코에서 보냈기 때문이다. 이들 저자 중에 누구도 전문적인 작가는 없다. 마찬가지로, Arlette Guez, La passagère de l'Exodus, récit recueilli par Madeleine Chapsal(Paris, Robert Laffont, 1978)을 보라.

47. 역사가들은 이 결론에 도달했지만 그것에 대한 정당한 이유를 제공하지 못하고 있다. 그들은 가능하다면 사회사의 사료로서 일기, 비망록과 다른 주관적인 문헌들을 사용해 왔다. 인류학자들은 오랫동안 이 문제에 대해서 토론해왔지만, 이 논문은 그 토론의 요소들을 보고하는 자리는 아니다. 다른 것들 중에서 다음을 보라. Clyde Kluckhohn, "The Personal Document in Anthropological Science", in The Use of Personal Documents in History, Anthropology and Sociology(New York, Social Science Research Council, bulletin 53, 1945), Kenneth Little, "Explanation and Individual Life: A Reconsideration of Life Writing in anthropology", Dialectical Anthropology, vol.5, no.3, Nov. 1980. Sidney Mintz, "The Anthropological Interview and the Life History", The Oral History Review, 1979, pp.18-26.

더 예기치 않게도, 문학비평 전문가들은 개인 경험의 패러다임적인 성격을 연구해 왔다. 특별히 다음 논문을 보라. La Revue française d'études américaines, no.14, May 1982, "L' Autobiographie en Amérique".

48. Lejeune, 1980.
49. Zeitoun, 1975.
50. Weinrich, 1973.
51. [역주] 로쉬 호데쉬는 히브리 달력으로 매월의 첫째날을 말하며 니산은 히브리 달력으로 첫째달(3월)을 말한다.
52. [역주] 랍비 시몬과 관련된 기념일이다.
53. [역주] 샤브오트는 시나이산에서 하느님이 모세와 이스라엘인들에게 십계명을 주신 것을 기념하는 기념일이다.
54. [역주] 가을에 열리는 성서 순례 명절로서 7일 동안 진행된다.
55. Goldmann, 1979: 9,10.
56. [역주] 1870년 프랑스 유대 법률가인 크렘뮤가 프랑스령 알제리에서 유대인의 프랑스 시민권을 보장한 칙령이다.
57. Chouraqui, 1979.
58. 나탈리아 긴즈버그(Natalia Ginzburg)가 쓴 자전적 소설의 제목이다.
59. [역주] 당시 등장했던 볼펜의 이름으로 보인다.
60. [역주] 아프리카 튀니지 지중해에 근접한 도시로서 프랑스가 계속 점령하고자 했으나, 1963년 포기했다.
61. Nahum, 1977: 153-154.
62. [역주] 아랍 시장을 말한다.
63. Emilie Carles, La Soupe aux herbes, Sauvages, Paris, Livre de Poche, 1979, Martin

Nadaud, Léonard Macon de la Creuse, J.P. Rioux ed., Paris, Maspero, 1976.

09. 카베잘리, 쿠에바스, 치코트, 억압으로서의 신화

1. [역주] 스페인 내전은 1936년 2월 19일 스페인 제2공화국의 인민전선 정부가 성립된 데 대하여 7월 17일 군부를 주축으로 하는 파시즘 진영이 일으킨 내란.
   좌익의 인민전선 정부는 정교(政敎) 분리·농지개혁 등의 정책을 내걸고 중산계급·노동자·농민의 지지를 얻었다. 이에 반대하는 교회·대지주·대자본의 지지를 얻은 군부·왕당파·우익 정당 진영은 프랑코 장군의 지휘하에 모로코 주둔군을 선두로 하여 군사반란을 일으켰다.
   반란군에는 독일·이탈리아가 군사 원조를 하였고 프랑코군측 지역에서는 공화국에 반대하는 세력이 크게 확산되었으며, 교회는 프랑코군을 '신(新)십자군'으로서 지지하였다.
   공화국측에서는 노동조합을 중심으로 시민군이 결성되어 방위의 주력이 되었으며, 파시스트 재산의 몰수·공공사업의 정부통할 등 사회 개혁이 급속도로 진행되었고, 9월 4일 사회당 좌파의 라르고카바예로가 수상이 되었다.
   독일·이탈리아·포르투갈은 프랑코군 원조를 계속하였고, 영국·프랑스는 불간섭이란 이름 아래 공화국으로의 병기(兵器) 수출을 거부하였다.
   독일·이탈리아에 대항하여 소련은 병기를, 그리고 코민테른은 국제의용군을 보내어 공화국을 도왔다. 공화국 내에서는 사회당 좌파와 무정부주의자들이 항전을 사회혁명의 실현으로써 추진하였으며, 소련의 원조를 배경으로 하여 세력을 확대하였던 공산당은 민주주의 옹호를 주장하는 등 인민전선 내의 대립은 격화하였고 무력 충돌이 빈발하였다.
   한편 프랑코 장군은 1937년 4월 19일 교권정치 부활을 주장하는 카를로스당(黨)과 협동국가를 내세우는 팔랑헤당을 통합하여 전선 배후의 지배를 확립하였다. 1939년 1월 26일 바르셀로나는 프랑코군에게 점령되었고, 영국·프랑스는 2월 27일 프랑코 정권을 승인하였다. 3월 23일 마드리드에서 프랑코군과의 화평을 요구하는 반공 쿠데타가 일어났으며, 28일 프랑코군이 마드리드에 입성함으로써 내란은 끝나고, 프랑코 체제가 성립하게 되었다.
2. 언론정보는 전쟁 삼년 동안 마드리드에서 정기적으로 출간된 모든 것을 조사해서 얻어졌다. 다음은 연구 주제에 대해서 가장 많은 정보를 준 것들이다; ABC, El Sol, Mundo Obrero, Ahora, El Socialista, La Libertad, El Liberal, Castilia Libre, CNT 그리고 Produccion, Vestido와 같은 작전지구의 출판물들이다.
3. 구술 자료들은 마드리드의 꼼쁘뤼땅스 대학(Complutense University)의 구술 자료 워크숍(Oral Sources Workshop)이 만든 표본으로부터 나온 것이다. 나이, 출신, 직업, 정치적 이데올로기, 전투성, 결혼 여부, 가족 상황을 고려하여 선택된 40명의 인터뷰가 있었다. 인터뷰는 마드리드에서 삼 년간의 전쟁 기간에 대한 것이다.
4. 이 신화의 중심 내용에 관해서, Castilia Libre의 1938년 기사는 흥미롭다. 5월 31일 기사는 여성에 대해서 '집의 불을 지키는 일을 맡고 있는 사람들의 어머니'라고 말하고 있다. 1938년 1월 1일자 기사는 여성을 '세계의 모체'라고 말하고 있다.

5. Informaciones, 21 July 1936.
6. Cronica, 13 March, 1938.
7. 특별히 흥미로운 것이 주2)에 나열된 출판물들의 1938년 10월, 11월, 12월호들이다.
8. La Libertad, 29 October 1936.
9. [역주] 스페인 바스크 출신의 공산주의자 돌로레스 이바루리 고메스(1895~1989)의 필명. 열정의 꽃이라는 뜻이다.
10. Margarita Nelken, Claridad, 11 December 1936.
11. '마드리드의 익명의 여성들에게 결혼', Mundo Grafico, 5 May 1937.
12. 나폴레옹에 대항하는 스페인 독립전쟁의 여영웅들은 이 나라의 구전에서 이상하게 인기가 높다.
13. La Liberal, 10 November 1936.
14. El Liberal, 10 November 1937.
15. Ahora, 10 October 1937. La Voz, 23 December 1937, Produccion, 12 May 1937, Ahora, 29 April 1937, La Libertad, 1 August 1937, CNT, 30 November 1937, Mundo Obrero, 17 February 1937에도 거의 같은 메시지가 있다.
16. 다음과 같은 메시지는 지속적이다: (여성들이 참호를 파고 있는 사진들에 표제) '그들은 또한 모든 활동에서 남성과 마찬가지로 효과적임을 보여줬다.' '우리는 생산에 참여하고 있는 마드리드 여성들의 행동을 찬탄하고 자랑스럽게 여긴다. 이것은 여성을 열등한 존재로서 보는 반동적인 생각들을 타파하는 위대한 운동이다.'
17. 예를 들면 1937년과 1938년 Ahora에는 스타카노비스트 여성들에 대한 많은 보고가 있다.
18. 'Union de Muchachas'는 전쟁 동안 형성된 반파시즘 여성 조직이었다.
19. La Libertad, 30 November 1936.
20. Mundo Obrero (5 October 1936)은 줄리아 비아(Julia Bea)가 스페인 공산당의 대표로서 한 모임에서 한 연설에서 나온 것을 보도했다. 그것은 '파스시트가 마드리드로 들어오는 것은 봉건적 전통과 여성을 노예화하는 것의 승리를 의미한다.'
21. 꼰라다 마르띤(Conrada Martin)과의 인터뷰.
22. 조세파 로뻬즈(Josefa Lopez)와의 인터뷰.
23. 여전사 레오노르 베니또(Loenor Benito)와의 인터뷰.
24. 마드리드에서 삼년을 보낸 좌파 노동자인 말세이디스 가르시아(Mercedes Garcia)와의 인터뷰.
25. La Libertad, 25 October 1938.
26. Ahora, Girls' Section, 26 December 1937, 칼멘 까마노(Carmen Caamano)와의 인터뷰. 이 생각은 줄리아 비그르(Julia Vigre), 오로라 알나이즈(Aurora Arnaiz), 뻬그라 꾸에바스(Petra Cuevas)와 같은 다른 여전사의 증언에서 반복된다.
27. 칼멘 까마노와의 인터뷰.
28. Castilia Libre, 27 June 1937.
29. 뻬트라 꾸에바스와의 인터뷰, 마루자 꾸에스따(Maruja Cuesta)와의 인터뷰에서 복잡한 설명으로 뒷받침된다.
30. 오로라 알나이즈, 칼멘 까마노와의 인터뷰와 페데리까 몽세니(Pederica Montseny)와의 이

야기
31. Federica Montseny, Revista Blanca 1935.
32. Ahora, Girls' Section, 26 December 1937, 우리 동료에게 부르는 노래.

10. 알레산드로 포르텔리, 키비텔라 발 디 키아나에서의 학살

1. 이 논문은 1994년 6월 22일에서 24일까지 아렛쪼에서 열렸던 "기억에서: 냉전 종식 후 나치 범죄에 대한 유럽인들의 기억을 위해서"라는 국제회의에서 발표했던 소견에 기초하여, 회의를 조직했던 레오나르도 파기(Leonardo Paggi)의 요청과 제안으로 발전되었다. 이 논문은 이탈리아어로 레오나르도 파기가 편집한 Storia e menoria di un massacro ordinario (Rome: Manifestolibri, 1996)에서 약간 다르게 출판되었다. 나는 그 회의에 참석하였고, 그것은 응답자로서 역사가들과 인류학자들의 토론에 구술사적 접근이 기여할 수 있는 환영받은 특별한 기회였다. 나의 임무는 논문을 발표하기보다는 토론에 참여하는 것이었다. 그래서 이 장은 발표문과 서류들을 회의에서 제출된 데로 그대로 반영하고 거기서 접근할 수 있었던 서류들을 이용한다.
2. Romano Bilenchi, Cronache degli anni neri(Rome: Editori Riuniti, 1984), p.254. 키비텔라 과부들과 생존자들의 기록된 증언들은 1946년 로마노 비렌키가 수집했고, 원래 Società 2, nos. 7-8(1946)에 출판되었다. 그래서 이 수집된 증언들은 텍스트에서 RB라는 이니셜과 쪽수로 언급된다. 키비텔라 여성들은 자랑스럽게 그들의 죽은 남편들의 이름에 과부라는 단어를 접두어로 붙이는 오래된 호칭관습을 사용한다. 그들의 기억을 그대로 살아있게 하는 것 외에, 이것은 또한 즉각적으로 그들을 학살의 생존자임을 밝힌다. 이러한 것이 이 논문에 그대로 보존되어 있다.
3. 이 국제회의에서 발표된 Giovanni Contini, "La memoria divisa. Osservazioni sulle due memorie della strage del 29 giugno 1944 a Civitella Val di Chiana". 이 장에서 나는 발표문과 서류들이 회의에서 발표된 대로 사용한다. 그것들은 발표문의 초안들, 1993년 수집된 많은 인터뷰(카라만드레이와 카펠레토가 녹음한 것들은 텍스트에서 피면담자들의 이니셜과 각주에서 다른 정보로 언급할 것이다), 비렌키가 수집한 1946년의 증언들, 회의 후에 즉시 출판된 Ida Balò Valli, Giugno 1944. Civitella raccounta(Cortona: Editrice Grafica L' Etruria, 1994)(텍스트에서 나는 CR이라는 이니셜과 쪽수로 이 책을 언급할 것이다)에서 수집된 기록된 증언들이다.
4. M.C., woman, 66, int, July 7, 1993.
5. 지오반니 콘티니가 1993년 8월 27일에 인터뷰했다.
6. 독일군에 대한 당원들의 공격에 대한 모든 이야기들에서 도덕적, 서술적 중심은 "누가 먼저 총을 쏘았는가?"라는 질문 여하에 달려 있다(Ida Balò, CR, 35). 이것은 서구문학과 영화, 이 책의 다른 저항 서술(이 책의 9장, "The Battle of Poggio Bustone: Violence, Memory, and Imagination in the Partisan War")에서 모두 발견되는 방어적인 구성물이다. 이 행위에 참여했던 당 지휘관인 에도아르도 수키엘리(Edoardo Succhielli), 당원 바스코 카르톨티(Vasco

Caroti)는 중요한 세세한 부분에서는 서로 모순을 보이지만, 한 독일병사가 무기를 찾지만 당원들이 더 빨라서 방어하기 위해서 그를 죽인 장면을 모두 묘사한다. 당원들 이야기의 모든 판본들은 CR에서 수집되었고, 콘티니의 발표문에서도 논의된다.
7. 이 국제회의에서 발표된 Valeria Di Piazza, "Civitella della Chiana 50 years after the massacre".
8. 이 국제회의에서 발표된 Pietro Clemente, "Ritorno dall'apocalisse".
9. 예를 들면, 공산주의 저널리스트이고 정치인인 로사나 로산다(Rossana Rossanda는 다음과 같이 쓰고 있다. "질병과 죽음, 행복한 환상, 그리고 고독의 비합리성, 이 모든 것들은 노동자와 혁명운동이 그들의 시각으로부터 제외한 것이다… 힘들지만, 삶과 죽음 사이에 매달려있는 인간 조건, 이 생물학적이고 역사적인 격언, 인간 고통에 남아있는 파괴되지 않는 개인성이 정치적 해방의 길을 제한하는 어두운 한계라는 것이 인정되어야 할 것이다." "Bergman: un dolore senza storia"(Il Manifesto, Nov.8, 1973)를 보라
10. 아렛쪼 회의에서 발표된 논문인, Paola Calamandrei and Francesca Cappelletto, "La memoria lontana di paesi diversi: I massacri nazi-fascisti nei racconti."
11. "회색지대"(grey zone)라는 표현은 나치당국에 협력했거나 중재됐던 수용소 죄수들을 기술하기 위해서 프리모 레비(Primo Levi)가 만들어냈다. "La zona grigia", in I sommersi e I salvati(Turin: Einaudi, 1991, pp.25-52)를 보라. 더 최근에 여기서 내가 인용한 작가 스테파노 레비 델라 토레(Stefano Levi Della Torre)는 파시즘과 레지스탕스 사이에서 "어느 쪽에도 가담하지 않은" 이탈리아 사람들에 이 개념을 적용했다. S.Levi Della Torre, Mosaico. Attualità e inattualità degli ebrei(Turin: Rosenberg & Sellier, 1992, p.66)을 보라.
12. Giogio Bocca, Storia dell'Italia partigiana(Bari: Laterza, 1970), p.288.
13. 내가 1953년 그들의 동료인 루이지 트라스툴리를 경찰이 죽인 날짜를 알려주었던 테르니의 노동자들의 서술들을 조사했을 때, 나는 그것들을 재현들로, 그것들이 최소한 어떤 종류의 재현인지 확인할 수 있었다. 왜냐하면 나는 또한 그 사건인 1949년에 일어났다는 사실을 또한 알았기 때문이다. "The Death of Luigi Trastulli: Memory and the Event" in The Death of Luigi Trastulli and Other Stories: Form and Meaning in Oral History(Albany, N.Y.: State University of New York Press, 1991), pp.1-26.
14. Clemente, "Ritorno dall'apocalissi"에서 인용된 Uliana Merini, widow Caldelli, in Società, 1946. Lara Lammioni Lucarelli(CR, 271). 나는 이 접근이 보급된 정도를 보여주기 위해서, 의도적으로 다른 시기(전후시기와 현재)와 다른 미디어(구술과 기록된 증언)로부터 사례들을 선택했다. Contini, "La memoria divisa"는 또한 서술의 서두로서 독일인들을 죽인 것이 나오는 것을 비판적으로 논평한다.
15. Man, 67, July 7, 1993.
16. Ida Balò (CR, 3, 9-10), Don Daniele Tiezzi, "Paese mio", poem(CR, no page number), Teresa Milani widow Bernini(CR, 365).
17. 카냐치(Cagnacci)를 언급하는 몇 개의 증언들 중 하나는 또한 국가의 이미지를 확인하지 않는 몇 개들 중의 하나다. "1944년 초부터 우리는 키비텔라에서 전쟁이라는 긴박하고 두려운 미래를 불안하게 기다리며 살았다." 당시 열한 살이었던 구술자의 아버지가 매일 일하러 가기 위해 무기고를 가로지를 때 서류를 보여주어야 했던 사실로서 이 불안은 그에게 전해졌

다. "몇 달 전에 이 지역에서 지노 카냐치(Gino Cagnacci)가 살해되었다..."Dino Tiezzi(CR, 292).
18. Man, 62, Sept.11, 1993.
19. 잃어버린 파라다이스의 비유는 또한 당원들의 존재에 대한 필요에 의문을 제기하는 기능을 한다. "그들이 비록 독일인이라 해도 아무도 괴롭히지 않았다는 것을 그들은[당원들] 깨달아야만 했기 때문에, 그렇게 해서는 안 되었다."(A.M., man, 64, Sept.9, 1993). 여러 구술자들은 당원들이 도둑질을 했거나 징집을 피하기 위해서, 즉 파시스트와 독일인들을 위해 싸워야 하는 것을 피하기 위해서 그렇게 했다고 기회주의적 또는 불순한 동기를 부여하여 당원들의 투쟁의 의미를 과소평가한다. 이것들은 넓게 퍼진 상식적인 비난들이다.
20. Man, 63, Oct.4, 1993.
21. Woman, 86, July 9, 1993.
22. 아렛쪼 회의에서 발표된 논문인, Enzo Droandi, "I massacri avvenuti attorno ad Arezzo dei documenti della 'Wehrmacht'".
23. 모든 생존자들은 부정하지만 당원인 바스코 카로티(Vasco Caroti)는 또한 도시 사람들이 당원들이 아무것도 하지 않고 있다고 불평했기 때문에 그 행위가 이루어졌다고 주장한다.
24. 한 나치 협력자가 회상하는 바와 같이, 도시가 해를 입지 않았고 평정되었다는 주장은 정확하게 독일인들의 "배반당했다"는 느낌을 강조했다. (Costantino Civitelli, CR, 265). 바스코 카로티의 주장, "그들은 아무것도 하지 않았다"는 테르니의 노동자들이 좌절된 분노 속에서 그들의 동료 중의 한 사람인 루이지 트라스툴리가 경찰에 의해 살해당했을 때, 그들은 "아무것도 하지 않았다"고 반복적으로 회상하는 것과 같다(Portelli, "The Death of Luigi Trastulli"). 테르니는 큰 공업 도시이고 키비텔라는 작은 농촌 지역이어서 같은 반응을 기대하는 것은 어리석은 것일 것이다. 그러나 한 곳에서 부끄러운 것이 다른 곳에서는 미덕이 되는 아이러니가 있다. 나는 비록 인터뷰들에서 그 흔적을 찾을 수 없지만, 키비텔라에서 반당원적 분노가 또한 파시스트와 독일인들에 대항해서 아무것도 하지 않았던 불편함을 포함하고 있지 않았는지 궁금할 수밖에 없다. 유일한 흔적들은 생존자들이 "단지 당원들이 도와주었더라면 우리는 도시를 지킬 수 있었을 텐데"라고 주장하는 페이지들이다(Ml.C., M. C.).
25. Herman Melville, Moby Dick, (Harmondsworth, Midds.: Penguin, 1986), pp.261-262.
26. RB256, 258, 268, 276, 279-281을 보라. "마치 나치즘이 '외계인의' 현상처럼 우리가 거의 종적으로 '우리'와 '그들' 사이의 분리를 추적한다면, 우리는 단지 우리를 안심시켜주는 귀신 쫓기를 하는 것일 뿐이다." S.Levi Della Torre, Mosaico, p.72.
27. Woman, 68, July 7-8, 1993. 구술자는 또한 독일인들이 " 명령 하"에 있었다고 그리고 그들이 "배반당했다고" 주장한다.
28. 이다 발로는 사제가 신도들을 위해서 자신을 희생할 것을 제안한 것을 사실로 보여준다. 이 이야기는 제단 소년으로 사제 곁에 있었던 루치아노 지오바네디(Luciano Giovannetti) 주교와 사제의 질녀인 리나 로시(Lina Rossi)가 확인하고 있다. 그러나 이 이야기들은 시간적으로 연속적이지 않다. 1944년 영국의 심리에서 바르토루치(Bartolucci)의 증언에서도, 그의 딸의 최근 증언에서도 언급되지 않았다(CR, 100, 123). 한편으로 독일인들이 명백하게 사제와 나머지 사람들을 모두 죽이려고 할 때 자신을 다른 이들의 목숨과 바꾸려고 제안하

는 것은 별로 말이 되지 않는다. 리나 로시와 다니엘 티에지 신부 모두 사제가 도망할 수도 있었지만, 죽어도 기꺼이 돌아왔다고 증언한다. 그러나 그들의 이야기는 도망갈 길을 가르쳐 준 것이 한 독일 병사였다고 티에지가 말하지만, 로시는 그것을 확인해주지 않는다는 점에서 다르다.

29. 여성, 면담자들이 어떤 자료도 제공하지 않았다.
30. 다니엘 티에지 신부는 그는 당원들을 "대단히 어렵게" 용서했다고 말한다.
31. 로마에서 당원들이 공격했던 독일파견대를 책임지고 있었던 장교는 종교적인 이유로 보복에서 면제되었다. 한 병사는 335명을 대량 학살하는 동안 기절했다. 지오르지오 보카(Giorgio Bocca)는 "그는 종교적 이유로 불을 붙이는 것을 거절했다고 말했어요. 어떤 독일인도 주저하지 않았다는 것은 거짓입니다"라고 말한다(Storia dell'Italia partigiana, p.285). 그 학살을 수행한 장교들 중 하나인 에릭 프리브케(Eric Friebke)는 바티칸이 전쟁 말에 그를 이탈리아에서 안전하게 나갈 수 있게 도와주었다고 주장한다(La Republica, May 9 and 10, 1994).
32. Ivano Sabatini, Terni, Jan.25, 1976, int. by Valentino Paparelli. 포르텔리의 "The Death of Luigi Trastulli", p.9에서 인용됨. 1949년 4월 2일 국회 연설에서 사회주의 대표인 티토 오로 노빌리(Tito Oro Nobili)는 한 경찰관이 한 창문으로부터 군중들에게 불을 놓으려고 했고 그의 동료들 중 한 사람이 그를 제지했다고 주장했다. Francesco Bogliari, Tito Oro Nobili(Perugia: Quaderni Regione dell'Umbria, 1977, pp.219-228).
33. 코르니아(Cornia)대학살에서 한 독일 병사에게서 안전하도록 도움을 받은 제나라 마지니 괄다니(Gennara Magini Gualdani)의 아버지는 또한 "착한 독일인"이 그 동료들에게 살해 당했다고 말한다(CR, 433-34). "착한 독일인"의 다른 지방적 변형들은 M.C.(그녀는 그녀의 아버지가 무릎을 꿇고 살려달라고 애원한 한 독일 병사가 살려주었다)의 이야기에서, 그리고 라제리 신부의 죽음에 대한 다니엘 티에지 신부의 이야기에서 나온다. 이렇게 죄인들을 속죄하는 한 의인은 또한 성서적 뿌리를 가지고 있다. 창세기 18장 23-33절.
34. Primo Levi, "Lettre di tedeschi", in I sommersi e I salvati(1986; rept. Turin: Einauidi, 1991, p.139).
35. Nuto Revelli, Il disperso di Marburg (Turin: Einaudi, 1994, p.165).
36. 1944년 지노 바르토루치가 영국 조사단에 한 증언에서 "착한 독일인"에 대한 언급이 없다. 바르토루치는 다른 이들과 함께 총살당했지만, 단지 다치기만 하고 죽은 척해서 살아났다. 그래서 그는 전체 대량학살을 목격하는 위치에 있었다. 그의 딸의 증언도 또한 그 이야기에 대한 언급이 없다(Ilva Bartolucci Saletti, IB, 323).
37. 이것은 비공식적 대화여서 나는 그것을 녹음할 생각을 하지 못했다. 나는 대화가 끝난 직후에 내가 적어 놓은 메모들을 사용하고 있다. 이 논문의 논의는 회의에서 내가 한 논평에 기초하고 있다. 발로부인은 청중 속에 있었고, 후에 나는 그녀에게 내가 그녀가 한 이야기들을 왜곡했는지를 물어보았다. 그녀는 내가 그것을 정확하게 보고했다고 말했다.
38. 사실, 비아지니(Biagini) 신부는 내가 이다 발로와 이야기하기 11년 전인 1983년에 그 에피소드의 날짜를 말했다. 그러나 발로부인과 같이 권위가 있는 구술자가 두 사건 모두에 같은 공식을 사용한다는 사실이 그녀가 그것들을 대략 같은 시기로 보고 있음을 알려준다.
39. 여성, 55, July 7, 1993.

40. "읍내의 사정을 잘 이해하고 다른 것 중에서도 수도관, 값싼 임대 주택 건설뿐만 아니라 과부들을 위한 연금을 확보하는 데 적극적이었던 당시 젊은 국회의원이었던 아민토레 판파니는 신의 뜻으로 우리를 도와주었다"(Ida Balò Valli, CR, 167). 나는 "신의 뜻으로"라는 단어가 그렇게 종교적인 증언에서 그 신성한 의미가 없이 단순한 구어로서 받아들여졌을지 모르겠다. 다음 문단은 다음과 같이 시작한다. "키비텔라는 느리게 부활한다 (저자가 이텔릭으로 표기)." M.C.는 "후에 그들은 값싼 임대주택, 판파니 주택들을 지었어요.... 그때 그가 책임지고 있었어요. 사람들이 판파니의 물을 기념한 것이 1948년이었음에 틀림없어요"라고 회상한다. A.M.은 판파니가 "키비텔라로 간 유일한 사람이었고, 그는 어떤 조직들을 통해서 기념비를 위한 기금을 모았고, 그는 아렛쪼로부터 왔다"고 회상한다. 다시 한 번 구술자들은 역사적으로 자신들에게 소극적인 역할을 투사한다. 판파니 주택들과 물은 그들의 권리도 아니고, 그들의 행위의 결과도 아니고, 막강한 중재자의 선물이었다.
41. Maurice Halbwachs, La mémoire collective (Paris: Presses Universitaires de France, 1968). 기억의 메커니즘으로서 망각에 대해서는, Jurij M. Lotman and Boris A. Upsenskij, "Sul meccanismo semiotico della cultura", in Tipologia della cultura (Milan: Bompiani, 1973, pp.46–47. Italian translation by Remo Faccani).
42. 나는 씨에나 대학의 아렛쪼 캠퍼스에서 1975년부터 1981년까지 가르쳤다.
43. 이 책의 서문에서 인용된 수키엘리(Succhielli)와의 인터뷰의 그 페이지를 보라.
44. Contini, "La memoria divisa".
45. La Republica, June 4, 1996, p. 17. Il Messaggero, June 5, 1996, p.1,9. La Republica, June 8, 1996, p.3.
46. 1996년 1월 신원을 확인할 수 없는 신나치주의자들이 독일 "희생자들"을 기념하고 프리브케를 칭송하는 기념비를 당원들의 행위가 일어났던 라셀라에 세웠다. 이것은 후에 정부당국이 제거했다. 기억을 위한 투쟁은 계속된다. 1966년 6월 군사법정은 프리브케에게 유죄 판정을 내렸지만, 그에게 참작할 수 있는 상황을 인정해서 출소기한으로 석방을 명령했다.

찾아보기

⟨주요 개념⟩

ㄱ

가족사 8, 36, 39, 42, 43, 44
거리-기억 136
거울-기억 138
경제학자 41
경험주의 10, 13, 15, 22
계보 연구 134
고문서 80, 87, 93, 100, 113, 129-131, 133, 134, 138, 140
고문서-기억 136
공공 담론 190
공공의 역사 21
공공 재현 21
공적인 기억 97, 344
과월절 266, 271, 274, 283, 286, 298
교사 37, 41, 46, 47, 52, 187, 259, 285
교차분석 226, 227
구두 코드 57
구비 문학 57
구술사 14-23, 25
구술사가 8-13, 23, 24, 28, 199, 231
구술사 연구방법 11, 12, 204
구술사 인터뷰 62, 67
구술사 프로젝트 11, 46, 47, 48, 80
구술성 13, 15, 78, 80, 87
구술자 81-84, 86, 88-90, 92, 94
구술 자료 10, 12, 14, 15, 22, 25, 28
구술 주체 80

구술 증거 43, 212, 227
구술 증언 8, 12, 14, 18, 23, 26, 27
구술 채록 7
구전 12, 13
구조적 읽기 22, 218, 222, 223, 231
국민됨 194
권력 17, 20, 22, 23, 37, 38, 39, 41, 113, 116, 155, 156, 164-172, 174
권력애 166
기념 130, 140, 142, 146, 148
기록 131, 132, 134, 139, 145, 159, 174, 188, 190, 199-211, 227, 242, 243, 246, 275, 298, 335, 340
기록관 48
기록 관리사 10
기억 183, 200, 201, 210-213, 240, 242-244, 246-248, 250, 252, 255, 257, 260
기억상실 223, 284
기억 연계망 108, 117
기억의 민족 24, 25, 123, 147, 270
기억의 장소 18, 19, 118, 122, 123, 125, 128, 130, 135, 140-150
기억의 정책 267, 278
기억의 정치학 19, 20, 23, 24, 28, 259
기억의 환경 122
기억 코드 63, 69-73, 76

ㄴ

노동사 39, 42, 197, 200
노동자 계급 11, 38, 39, 51, 92, 93, 115, 117,

찾아보기 377

164, 165, 175, 202, 206, 219, 223, 248, 256
녹음테이프 13, 57, 79
녹취 79, 86, 92, 220
녹취문 13, 79
농민 문화 122

ㄷ

다큐멘터리 21, 186, 187
당파성 14, 15, 23, 75
대안적 기억 115
대중기억 180, 181, 183, 190, 191, 193, 196, 199-203, 205, 215, 221, 230, 239, 240, 247, 251, 252, 254, 256
대중기억연구회 20, 21, 22, 23
대중문화 122, 275
대중사 200
대중소설 186
대중 자서전 180, 190, 198, 201, 204, 205, 219, 226, 240, 247
대표성 213, 227, 231, 239
도서관 48, 129, 132, 182
도시사학자 42
드골주의 155, 156, 157, 158

ㄹ

라디오 37, 49, 50, 87, 187, 295
레지스탕스 320, 321, 322, 324-326, 332-334, 340, 343, 346, 347, 349

ㅁ

마드리드 301-305, 310, 311-314, 317
마르크스 175, 181, 182, 193, 219, 232
마르크스주의 168, 172, 175

망각 200, 213, 239, 271, 275, 345
맥락 16, 28, 72, 85, 87, 92, 112, 119, 155, 195, 196, 204, 226, 228, 229, 236, 238, 248, 251, 259, 272, 278, 285, 288, 322, 331, 332, 340
면담자 89, 90, 133, 213, 229
모성 이데올로기 27
목격자 11, 13, 41, 55, 56, 68, 71, 73-75, 98, 132, 187
문헌 자료 39, 43
문화연구 180, 197, 200, 258
문화적 권력 205, 259
문화적 읽기 22, 220-223
문화적 자본 206
물신숭배 156, 248
미디어 185, 187, 188, 202, 251
미완성 14, 15, 91, 94, 286
민족 국가 127, 140, 146, 277
민족문화 196
민족 유산 128, 186
민족적 기억 113
민족주의 155, 158, 194, 239, 267, 276
민중사 257, 260

ㅂ

박물관 37, 48, 49, 125, 129, 132, 147, 186, 203, 246, 252
방송 49, 50, 251
복화술 92
부분성 14, 15, 94
분열된 기억 321, 323, 346, 348

ㅅ

사료 38, 39, 40, 46, 50
사실성 208, 215, 229
사실적 진실 14, 18, 28

사실주의 217, 218, 225, 232, 253
사투리 44, 70, 72, 83, 86, 290
사회사 181, 198-200, 203, 214, 248
사회적 급진성 23
사회적 분업 205, 206, 213, 219, 224, 241, 257, 259
사회적 사고 104, 105, 110
살아있는 연계 107
상식 319, 325, 327, 332, 346, 347
상호접근 137
생애사 60-62, 64, 220, 222, 223, 226, 227, 229, 231
생애이야기 97, 99, 117, 227
생활문화 190, 231
서사적 진실 14
서술성 15
서술의 귀환 138
서술적 역사 115
성스런 역사 266, 268-270, 272, 276, 277, 279, 283, 284, 299
순교자 321, 333, 334, 337, 349
스페인 내전 301, 318
시대정신 107
신뢰성 12, 15, 85, 91, 127, 242, 302, 323
신빙성 14, 15, 16, 338
실증주의 10, 12, 14, 15, 16

ㅇ

아프리카 12, 24, 64, 103, 108-112, 119
어머니 신화 305, 311
어의적 코드 58, 59
억압 192, 194, 204, 219, 223, 236, 237, 239, 247, 266, 274
엑소도스 266, 269
여성사 39, 43
역사 고고학 156
역사의식 25, 190, 254, 301

역사의 정치학 193
역사작업소운동 188
역사적 과정 146, 190, 226
역사적 기억 108, 113, 114, 143, 145, 271, 276, 278
역사적 세대 141
역사적 장치 184, 187, 198
역사적 재현 20, 184, 190
연행 69, 70, 220, 268
영화 37, 122, 138, 155, 157, 159-166, 169, 173, 174, 175
운동성 23
원자료 38, 40, 45, 50, 216, 219, 340
유대인 9, 24, 25, 48, 106, 116-118, 123, 136, 147, 237, 266-277
유대인 대학살 237, 269, 275
유대주의 266, 276, 289
음성파일 13
의례 123, 130, 140
의무-기억 136
의식 122, 124, 125, 129, 133, 140, 148, 149
이민사 42
이산 24, 270, 289
이스라엘 267, 277, 283, 289, 295, 297
이야기하기 220, 247
이탈리아 319, 322, 325, 332, 333, 335, 344, 347
인본주의 248, 252, 253

ㅈ

자발적 구성 111, 112
자서전 40, 60, 135, 143, 145, 186, 190, 198, 201, 202, 204, 218, 231, 238, 239, 259
재현 56, 80, 103, 106, 107, 108, 114, 123, 124, 125, 137, 138
저작권 198, 201, 206, 220, 259

전기 99, 138, 186, 239, 267, 280, 283, 284, 285, 287, 290, 342
접합 개념 222
정신의 지도 13, 57, 59, 71, 72, 73
정체성 17, 68, 97, 108, 113, 114, 119
정치성 12, 22, 23
정통 기억 277
제르바 24, 25, 267, 274, 278-280, 282-284
제보자 39, 43, 47, 50, 52, 60-65, 68, 71, 72, 214, 226
종교적 기억 25, 271, 275, 299
종이 기억 132
종족적 기억 25, 289
주관성 13, 14, 15, 72, 75, 84, 92, 199, 200, 207, 224, 230, 231
지방사 36, 38, 49, 51, 52, 219, 220
지방적 기억 27, 147, 279
지배적인 기억 116, 148, 184, 189, 202
지역사회 36, 38, 42, 44, 45, 48, 49, 51, 52, 59, 69, 72, 86, 114, 117, 180, 187, 190, 198-220, 240, 258, 260, 267, 272, 278, 279, 280, 282-285
집단기억 324, 345
집합기억 13, 17, 18, 24, 25, 28, 83, 98, 105, 107-113, 115, 116, 117
집합적 투쟁 232, 254

ㅊ

축하연 130, 271, 273, 278, 279, 284, 286, 292
침묵 36, 116, 118, 121, 156, 188-190, 202, 223

ㅋ

큐레이터 49, 246

ㅌ

테르니 84, 88, 91, 340
텍스트 비평 102
텍스트화 28
토스카나 319, 320, 333, 347
튀니지 273, 274, 287, 288, 294, 296

ㅍ

판본 61, 69, 70, 87, 90, 98, 114, 137, 143, 156, 186, 239, 274, 280, 340, 348
페미니스트 180, 181, 187, 189, 191, 192, 196, 197, 202-224, 225-237, 239, 247, 251, 256, 257
페미니스트 역사학 195
페미니즘 200, 202, 207, 236, 316
편들기 14, 93, 94
표준어 83

ㅎ

학문적 역사 97, 98, 116
학살 24, 27, 28, 129, 291, 320, 321, 325, 327, 328, 330, 333, 340, 342, 343, 349
학생 8, 37, 41, 44-47, 49, 52, 238
해석 8, 10, 13, 15, 18-20, 26, 27, 28, 323, 324
행위성 232
허위 기억 117
헤게모니 193, 347
화자 80-84, 86
회상 13, 15-17, 52, 55-62, 64, 67-69
회상적 편견 213, 243

〈주요 인물〉

가브리엘 모노 127
굴모 118
그람시 190, 196, 232, 235, 252
나탕 바슈텔 16, 299
데리브레 72
데이브 써튼 195
도미니크 슈나페르 99
뒤르켐 104
라비스 125, 126, 142, 145
랄프 사무엘 99
레이몬드 윌리엄스 192, 232
로만 제이콥슨 89
로제 바스티드 97, 104, 108-111, 117
롤랑 바르트 225
루세트 발랑시 16, 24
루이사 파스리니 199
뤼시앵 페브르 108
르캥 99, 101, 117
리만 코퍼랜드 드레이퍼 98
마로 75
마르셀 오풀 157, 174
마르셀 프루스트 104
마르크 블로크 108
마리-노엘 부르게 16
마이클 앤더슨 42
말르 162, 166, 168, 173
모니오 103, 119
모리스 알브바카스 17, 97, 104, 108
미셸 푸코 155, 156, 203
미쉘레 125, 144, 145, 150
발레리아 디 피아짜 323, 325
밴크로프트 98
베라 브리튼 203, 237, 239
볼테르 114, 125
브라이언 해리슨 44
빌 슈왈츠 191, 256

빌 윌리엄스 48
삐오트르 보가트레프 89
샤를르 세뇨보 127
쉴라 로보탐 192
스탕달 107, 145
스테판 코스 211
알레산드로 포르텔리 10, 13, 24, 27
알렉스 헤일리 89
앙리 베르그송 104
앨렌 네빈스 99
얀 반시나 10, 12
에드워드 톰슨 39, 192, 222, 232
에티엔느 빠스퀴에 145
에티엔 베르나르드 48
에티엔 파스키에 114
오귀스탱 티에리 114, 127
위페르 114
윈스턴 처칠 194, 239
제니엑키 99
제라르드 제네프 82
조세프 콘라드 94
조지 에워트 에반스 52
존 톨랜드 37
지오반니 콘티니 321, 323
치코트 24, 25, 28
카베잘리 24, 25, 28
켄 월폴 182, 198, 219
쿠에바스 24, 25, 28
토마스 99
페리 앤더슨 193, 232
폴 래딘 99
폴 톰슨 10, 11, 16, 22
프랜시스 예이츠 151
프레디 라파엘 116
피에르 노라 113, 118, 121
피에트로 클레멘테 323, 325
필립 요따르 133
필립 주타르 116

원전 출처

I. 구술사란

Vansina, Jan. 1980. "Memory and Oral Tradition". in Joseph Miller. ed., *The African Past Speaks*. Dawson. pp.262-279.

Thompson, Paul. 2000. "1. History and the Community" in *The Voice of the Past: Oral History*(3rd edition), Oxford University Press. pp. 1-24.

Portelli, Alessandro. 1991. "What makes oral history different". in *The Death of Luigi Trastulli and Other Stories: Form and Meaning in Oral History*. State University of New York Press. pp.45-58.

II. 기억과 역사

Nora, Pierre. 1989. "Between Memory and History: Les Lieux de Memoire". in *Representations*. 26:7-25.

Nathan Wachtel. 1990. "Introduction". in Marie-Noelle Bourguet, Lucette Valensi and Nathan Wachtel. eds., *Between Memory and History*. Harwood academic publishers. pp.1-18.

III. 대중기억

Foucault, Michel. 1975. "Film and Popular Memory". in *Radical Philosophy*. 5(11).

Popular Memory Group. 1982. "Popular Memory: Theory, Politics, Method". in Johnson. et al. eds., *Making Histories*. Minneapolis: University of Minnesota.pp.205-252.

IV. 기억의 정치학

Valensi, L, 1990, "From Sacred History to Historical Memory and Back: The Jewish Past". Marie-Noelle Bourguet, Lucette Valensi and Nathan Wachtel. eds., *Between Memory and History*. Harwood academic publishers. pp.77-97.

Elena Cabezali, Matilde Cuevas and Maria Teresa Chicote, 1990. "Myth as Suppression: Motherhood and the Historical Consciousness of the Women of Madrid, 1936-9". in R. Samuel and P. Thompson. eds., in *The Myths We Live By*. Routeldge. pp. 161-173.

Portelli, Alessandro. 1997. "The Massacre at Civitella Val di Chiana (Tuscany, June 29, 1944): Myth and Politics, Mourning and Common Sense". in *The Battle of Valle Giulla*. University of Wisconsin Press. pp.140–160.

편역자 | 윤택림(尹澤林)

현 한국구술사연구소 소장. 미국 미네소타 주립대학교 인류학과에서 박사학위 받음. 저서로 『새로운 역사쓰기를 위한 구술사연구방법론』(공저), 『문화와 역사 연구를 위한 질적연구방법론』, 『인류학자의 과거여행』, 『한국의 모성』, 『주민생애사를 통해 본 20세기 서울 현대사』(공저) 등이 있다. 주요 논문으로는 「기억에서 역사로: 구술사의 이론적 방법론적 쟁점들에 대한 고찰」, 「탈식민 역사 쓰기」, 「구술사와 지방민의 역사적 경험 재현: 시양리 박형호 씨의 구술 증언을 중심으로」 등이 있다.

구술사, 기억으로 쓰는 역사

1판 1쇄 펴냄 2010년 6월 10일

편역자 윤택림 | 펴낸이 이형진 | 펴낸곳 도서출판 아르케
출판등록 1999. 2. 25. 제2-2759호 | 주소 서울특별시 마포구 연남동 509-28 2층
대표전화 (02)336-4784-5 | 전송 (02)6442-5295
E-Mail arche21@gmail.com | Homepage www.arche.co.kr

값 28,000원

ⓒ 아르케, 2010

ISBN 978-89-5803-098-0 93300